港珠澳大桥桥岛隧集群工程设计创新与实践

孟凡超　刘晓东　刘明虎
金秀男　张志刚　　　　著

人民交通出版社

北京

内 容 提 要

本书系统总结介绍了港珠澳大桥主体工程暨跨海桥梁、海底隧道、离岸人工岛的建设历程、设计创新与工程实践的主要内容，全面反映了港珠澳大桥桥岛隧集群工程设计和建造的新理念、新理论、新方法、新材料、新技术、新工艺和新装备，总结并展望了我国大型跨海通道工程的技术成就和发展方向，最后介绍了我国未来极具挑战性的三大世界级跨海通道——台湾海峡跨海通道、琼州海峡跨海通道、渤海海峡跨海通道的建设构想。

本书可供从事土木工程设计、施工、科研和管理的广大技术人员参考使用，也可供大专院校土木工程专业师生教学参考，亦可供对工程科技感兴趣的广大读者阅读。

图书在版编目(CIP)数据

港珠澳大桥桥岛隧集群工程设计创新与实践／孟凡超等著. — 北京：人民交通出版社股份有限公司, 2024.10. — ISBN 978-7-114-19717-8

Ⅰ. U448.19;U459.5

中国国家版本馆 CIP 数据核字第 2024GC9673 号

Gang-Zhu-Ao Daqiao Qiaodaosui Jiqun Gongcheng Sheji Chuangxin yu Shijian

书　　名：	港珠澳大桥桥岛隧集群工程设计创新与实践
著 作 者：	孟凡超　刘晓东　刘明虎　金秀男　张志刚
责任编辑：	侯蓓蓓
责任校对：	赵媛媛　卢　弦
责任印制：	刘高彤
出版发行：	人民交通出版社
地　　址：	(100011)北京市朝阳区安定门外外馆斜街 3 号
网　　址：	http://www.ccpcl.com.cn
销售电话：	(010)85285857
总 经 销：	人民交通出版社发行部
经　　销：	各地新华书店
印　　刷：	北京印匠彩色印刷有限公司
开　　本：	787×1092　1/16
印　　张：	27.25
字　　数：	576 千
版　　次：	2024 年 10 月　第 1 版
印　　次：	2024 年 10 月　第 1 次印刷
书　　号：	ISBN 978-7-114-19717-8
定　　价：	149.00 元

(有印刷、装订质量问题的图书，由本社负责调换)

献给

曾经为港珠澳大桥而奋斗的人们

PREFACE 前言

港珠澳大桥工程全长约55km,桥岛隧集群主体工程长约29.6km,是世界上最大规模的桥岛隧集群工程。在现代工程学的史册中,港珠澳大桥以其宏伟的建筑规模、复杂的工程技术和深远的经济社会影响,被誉为"新世界七大奇迹"之一。当我们凝视港珠澳大桥那蜿蜒于海天之间的壮丽身姿时,我们不仅仅是在欣赏一座桥梁,更是在目睹一个时代的印记和一个文明的成就。这座桥是梦想与现实的交汇,是勇气与智慧的结晶,是中国工程技术跨越自身界限、挑战自然极限的生动实践。它不仅连接了地域,更架起了文化和心灵的桥梁。

美好的背后往往充满着艰辛的历程,面对这样一座"前无古人"的超级工程,中国的工程师们基于当代的时代背景、科技发展水平、工业化发展实力,以"千淘万漉虽辛苦,吹尽狂沙始到金"的不懈精神,攻克了一个又一个难题,走出了一条属于自己的"无路之路"。

创新是永恒的主题,创新永无止境。在港珠澳大桥建设过程中,我们遇到了诸多的"第一次",历经了一次又一次从"无"到"有"、由"0"到"1"的过程,个中滋味唯有亲历者才能体会。大桥的设计者作为整个建设过程的亲历者,不仅为整个工程注入了"灵魂",更是牵引建设团队不断进行技术创新,解决了工程上一个又一个技术难题。本书希望在对整个工程进行系统梳理的基础上,将工程设计创新及技术创新的精华提炼并凝萃好,以飨读者。

诚如所言,"这是一座圆梦桥、同心桥、自信桥、复兴桥"。"圆梦桥":大桥从1983年提出兴建构想至2018年通车运营,历经数十载,几代交通人的梦想终于成真;"同心桥":大桥连接的不仅是粤港澳三地时空的距离,更是制度与人心的距离;"自信桥":我们背靠伟大的祖国,依靠国家科学技术的进步和强大的工业化实力,建造了属于自己的大桥;"复兴桥":国家和民族历经沧桑,筚路蓝缕、坎坷奋进至今，如今我们正"桥"向未来、踏向复兴之路。

大桥的高质量建成是国家经济实力和社会发展上升到重要历史阶段的一个重要标志，也可以说是国家的综合经济实力和社会发展成就支撑了港珠澳大桥的高质量建成。港珠澳大桥是我国经济实力、科技实力、工业化实力的体现，是改革开放以来国家发展繁荣的缩影，彰显了"中国精神""中国智慧""中国制造"和"中国力量"！

港珠澳大桥自1983年提出兴建构想，到2004年设计团队开展工程可行性研究，到2009年工程可行性研究获得国家批复，到2009年12月大桥正式开工建设，到2018年2月完成交工验收，再到2018年10月正式通车运营，最后到2023年4月大桥完成竣工验收，虽然作者很难将这漫长岁月中所积累的工程经验和自身所有感悟完全凝聚于此书，但我们希望竭尽所能让读者们对港珠澳大桥的整个设计建造过程有一个比较清晰的了解，对大桥工程设计创新和技术创新的特点有一个比较深入的认识，更希望犹如老朋友般将大桥过去、现在和将来的故事与读者们娓娓道来，产生共鸣共振。

本书共分四篇：第一篇为总体历程，主要内容包括：工程建设前期历程、设计历程和建设历程；第二篇为工程设计，主要内容包括：总体设计理念、总体工程方案、路线设计方案、桥梁工程设计、岛隧工程设计、耐久性设计和环保设计；第三篇为综合创新，主要内容包括：桥梁工程技术创新、岛隧工程技术创新、岛隧工程管理创新；第四篇为展望未来，主要内容包括：港珠澳大桥的意义及影响、大型跨海通道工程技术发展与展望，以及台湾海峡跨海通道、琼州海峡跨海通道、渤海海峡跨海通道的建设构想。

传世经典之所以为经典，不仅在其形，更在于其魂；不仅在于工程之浩大，更在于工程蕴含的精髓、精神。我们要建设的不仅是一座连接三地的跨海大桥，更是一座连接三地人民的心灵之桥。在浩瀚的宇宙大自然面前，人类终究是渺小的，每一个个体都有其自身的局限性，而我们所能做的是将每一个个体联结为整体，让个体的有限性扩展为整体的相对无限性，最终依靠自己的力量跨越大海，与自然和谐共生。

"人生一征途耳，其长百年，我已走过十之七八，回首前尘，历历在目，崎岖多于平坦，忽深谷，忽洪涛，幸赖桥梁以渡。桥何名欤？曰奋斗。"这是"中国现代桥梁之父"茅以升先生回首自己一生历程的感慨，也可称之为中国桥梁界建设者们用奋斗与创新打造出港珠澳大桥这样亮丽"国家名片"的生动注脚。

希望本书可以为读者提供有益的参考、借鉴和启发，并对我国跨海通道工程、桥隧工程技术的发展产生裨益。希望本书能够为读者打开一扇窗，让大家感受到那份对极致工程的追求，那份对未知挑战的勇气，以及那份对成就伟业的执着。"时间"是专属于我们每一个人的财富，过去的已经过去，未来的只能期待，唯一可以把握的只有现在，愿读者学会与时间为伴，在现实中努力前行，让生命绽放出美丽的光芒！

本书成果是港珠澳大桥建设、设计、施工、科研、监理等全体参建团队的智慧结晶，在此，向所有曾经为港珠澳大桥而奋斗过的同仁们表示由衷的敬意！设计团队的张革军、刘凌锋两位同仁分别参与了本书第 8 章、第 9 章内容的撰写，并得到林巍同事的大力支持，在此一并表示感谢！由于时间仓促且水平有限，书中难免存在不足之处，敬请广大读者批评指正。

作　者

2024 年 7 月　北京

CONTENTS 目录

第一篇　总体历程

第1章　前期研究

1.1　项目简介 ··· 3
1.2　项目缘起 ··· 5
1.3　工程可行性研究 ·· 6
1.4　工程立项 ··· 14

第2章　设计历程

2.1　设计阶段 ··· 17
2.2　设计历程 ··· 18

第3章　建设历程

3.1　桥梁工程 ··· 22
3.2　岛隧工程 ··· 25

第二篇　工程设计

第4章　工程建设条件

4.1　气象 ··· 31

4.2	水文	33
4.3	航道及通航	35
4.4	航空限高	36
4.5	地质构造	37
4.6	工程地质	38
4.7	地震	38
4.8	环境保护	39
4.9	建设条件影响分析	39

第5章 工程建设理念

5.1	建设目标	41
5.2	工程挑战	43
5.3	建设理念	44

第6章 总体方案及技术标准

6.1	路线设计方案	46
6.2	桥梁与隧道之"争"与"和"	52
6.3	桥隧组合方案达成	53
6.4	技术标准确定	54

第7章 景观设计

7.1	总体景观设计	58
7.2	桥梁景观设计	60
7.3	人工岛景观设计	63
7.4	夜景设计	66
7.5	色彩设计	66

第8章 桥梁工程设计

8.1	总体布置	68

8.2 通航孔桥设计 ······ 69

8.3 非通航孔桥设计 ······ 93

第9章 岛隧工程设计

9.1 总体设计 ······ 125

9.2 人工岛设计 ······ 130

9.3 沉管隧道设计 ······ 141

9.4 明挖隧道设计 ······ 176

第10章 耐久性设计

10.1 工程区域腐蚀环境 ······ 179

10.2 桥梁工程耐久性设计 ······ 180

10.3 岛隧工程耐久性设计 ······ 187

第11章 环保设计

11.1 环境保护主要内容 ······ 197

11.2 环境影响因素 ······ 198

11.3 主要环保措施 ······ 199

第12章 运营维养设计

12.1 维养通道及装备设计 ······ 204

12.2 运营期维养 ······ 209

第三篇 综合创新

第13章 桥梁工程技术创新

13.1 技术创新背景 ······ 217

13.2 主要创新技术成果 ······ 218

13.3　推广应用及前景 ·· 275

第14章　岛隧工程技术创新

14.1　技术创新背景 ·· 278
14.2　主要创新技术成果 ·· 282
14.3　推广应用及前景 ·· 319

第15章　工程管理创新

15.1　工程管理创新 ·· 321
15.2　岛隧工程设计施工总承包模式 ··· 323

第四篇　展望未来

第16章　港珠澳大桥的意义及影响

16.1　大桥成功建造的意义 ··· 329
16.2　大桥通车的影响 ·· 331
16.3　120年后的港珠澳大桥 ·· 334
16.4　港珠澳大桥的经验与启示 ·· 336

第17章　我国大型跨海通道建设成就及启示

17.1　大型跨海通道工程特点与技术挑战 ·· 338
17.2　我国大型跨海通道建设发展 ·· 340
17.3　代表性工程 ··· 341
17.4　对我国未来跨海通道建设的启示 ·· 348

第18章　台湾海峡跨海通道

18.1　概述 ·· 352
18.2　建设条件 ··· 353

18.3 通道特点与挑战 …… 356
18.4 工程方案构想 …… 357
18.5 建设机制 …… 368
18.6 工作保障 …… 368

第19章　琼州海峡跨海通道

19.1 概述 …… 371
19.2 建设条件 …… 372
19.3 通道特点与挑战 …… 375
19.4 工程方案构想 …… 375

第20章　渤海海峡跨海通道

20.1 概述 …… 383
20.2 建设条件 …… 384
20.3 通道特点与挑战 …… 389
20.4 工程方案构想 …… 391

参考文献

大事记

跋

索引

第一篇
总体历程

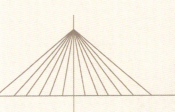

第1章 前期研究

工程前期研究是项目成功的基石,承载着科学决策与规划的重任。本章将介绍港珠澳大桥项目的起源、工程可行性研究、前期主要研究内容、主要研究成果和工程立项过程,这些研究为后续工程设计和工程建设奠定了坚实的基础。大桥建设的复杂性和创新性,要求工程师们对工程立项和工程方案必须要考虑周全,并通过系统工程的思维分解复杂的技术问题,高效地应对工程中的各类挑战。

1.1 项目简介

港珠澳大桥跨越中国珠江口伶仃洋(又称零丁洋)水域,连接香港特别行政区、广东省珠海市和澳门特别行政区,集跨海桥梁、人工岛、海底隧道(以下简称桥岛隧)于一体,是目前世界上最大规模的跨海交通集群工程,同时也是我国近几十年来继三峡工程、青藏铁路、南水北调工程、西气东输工程和京沪高铁之后又一重大基础设施工程。

港珠澳大桥(图1-1)东起香港礁石湾,接香港口岸,经香港水域,向西穿越珠江口铜鼓、伶仃西等航道,经珠海/澳门口岸人工岛,止于珠海洪湾,接入内地高速公路网,全长约55km,其中,香港连接线长约12km,珠海连接线长约13.9km,澳门连接线长约0.15km,跨海段桥岛隧主体工程长约29.6km。跨海段桥岛隧主体工程由粤港澳三地共同建设,三地口岸和连接线由三地各自建设。

图1-1 港珠澳大桥实景

1）跨海段桥岛隧主体工程

主体工程采用桥岛隧组合方案。桥岛隧集群工程总长约29.6km,东起粤港分界线,止于珠海/澳门口岸人工岛,其中穿越铜鼓和伶仃西航道约6.7km采用海底隧道方案,以确保深水主航道实现无障碍通航;主体工程隧道两端各设置一个面积约10万m^2的海中人工岛,两个人工岛最近边缘间距为5.25km;主体工程除岛隧工程外,其余路段约22.9km采用桥梁方案。

港珠澳大桥设计使用寿命为120年,主体工程采用双向六车道高速公路标准,设计速度为100km/h,桥梁桥面总宽33.1m,隧道路面宽度为2×14.25m,净高5.1m。

2）三地口岸

口岸采用三地三检模式,分别由各方负责建设、各自独立管理。香港口岸位于香港国际机场东北面,填海兴建,占地约130hm^2;内地(珠海)口岸和澳门口岸在澳门明珠点附近内地水域填海同岛设置,填海面积217hm^2,分为三个区域,包括大桥主体工程管理区、珠海口岸管理区、澳门口岸管理区。

3）三地连接线

珠海连接线起自珠海口岸人工岛,经湾仔、珠海保税区北,止于珠海洪湾,接拟建的珠江三角洲地区环线高速公路珠海南屏至洪湾段,采用双向六车道高速公路标准,设计速度80km/h,全长约13.9km。全线在南湾、横琴北、洪湾3处设置互通式立交。

澳门连接线(桥)自澳门口岸连接至规划建设澳门填海A区,长约150m。

香港连接线自粤港分界线的大桥主体至香港口岸,采用双向六车道公路标准,全长约12km,包括海上桥梁、穿山隧道和沿机场岛东岸的地面道路等。

4）管理模式及资金筹措

香港口岸及连接线工程不收费,由香港特别行政区政府提供资金进行建设及运营。澳门口岸及接线工程不收费,由澳门特别行政区政府提供资金进行建设及运营。珠海连接线由广东省按照政府还贷公路模式进行建设。三方共建的跨海段桥岛隧主体工程采用政府还贷公路模式,资本金占比45.3%,由中央人民政府、广东省人民政府、香港特别行政区政府、澳门特别行政区政府共同出资;资本金以外部分,由项目法人通过银行贷款解决。项目法人由广东省牵头,粤港澳三方共同组建,名称为港珠澳大桥管理局,负责项目的具体实施和运营管理。项目还清贷款后的运营、管理、养护费用问题另行研究。

此外,由于本项目建设规模宏大、工程技术复杂,为确保工程建设的优质和安全,中央人民政府牵头研究建立了三地政府共建共管的港珠澳大桥决策机制,建设管理采用"专责小组-三地委-项目法人"三个层面的组织架构,其中专责小组由国家发展和改革委员会牵头,国家有关部门和粤港澳三地政府参加,主要履行中央人民政府明确的职责,协调项目建设过程中涉及中央事权和相关重大问题;三地委由广东省人民政府作为召集人,粤港澳三地政府各派代表共同组成,代表三地政府协调、解决项目建设和运营过程中涉及的重要问题;项目法人即港珠澳大桥管理局,由广东省牵头、粤港澳三方共同组建,负责大桥主体部分的具体实施和运营管理。同时,国务院批复同意由交通运输部牵头组织成立了由40余位著名专家组成的港珠澳大桥技术专家组,在重大技术方案、施工方案的论证以及重大工程问题的处理措施等方面提供咨询和技术支持。

1.2 项目缘起

700多年前,我国南宋末年政治家、文学家、民族英雄文天祥在伶仃洋留下了著名诗篇《过零丁洋》:

"辛苦遭逢起一经,干戈寥落四周星。

山河破碎风飘絮,身世浮沉雨打萍。

惶恐滩头说惶恐,零丁洋里叹零丁。

人生自古谁无死?留取丹心照汗青。"

伶仃洋!这个曾留下爱国诗人慷慨浩叹的悲壮之地,这片因战乱流离而深烙于民族记忆中的悲情海域,"人生自古谁无死?留取丹心照汗青"成为无数爱国志士的人生范式。

"天地有正气,杂然赋流形。"斗转星移,沧海桑田,伶仃洋上秋风徐来、涛声阵阵,这片海域正酝酿着桥梁人心中的虹与梦,准备见证国家的强大与复兴。

20世纪80年代以来,香港、澳门与内地之间的运输通道特别是香港与广东省珠江三角洲东岸地区的陆路运输通道建设取得了明显进展,有力地保障和推进了香港与珠江三角洲地区经济的互动发展,但是香港与珠江西岸的交通联系却一直比较薄弱。因此,1983年,香港率先提出兴建连接香港与珠海跨海大桥的大胆设想,但当时正值中英双方主要精力集中于香港回归祖国的艰苦谈判时期,方案实施的时代背景与机缘尚不够成熟,正所谓"时也势也",但这一提议对处于改革开放前沿的珠海人民产生了极大的启发,点亮了珠海更快发展路径中的一盏灯。

1987年,珠海市委、市政府开始酝酿在珠海和香港之间开辟跨海运输通道的方案。1989年,珠海正式向外公布了拟建的并为后人所熟知的伶仃洋大桥(该通道为港珠澳大桥前身,位于港珠澳大桥北约30km)计划。之后,伶仃洋大桥的预工程可行性研究、工程可行性研究分别于1992年和1993年相继完成。此后,珠海方面主动与香港方面沟通、协调,并于1996年正式向国家计划委员会申请立项。

1997年是一个特别的年份,对全体国人而言有着重要且特殊的意义。"小河弯弯向南流,流到香江去看一看,东方之珠,我的爱人,你的风采是否浪漫依然……"这首来自香江的旋律,萦绕在我们耳畔的歌曲《东方之珠》,与我们一起见证了 1997 年 7 月 1 日的香港回归,见证了漂泊在外的游子最终回归祖国母亲的怀抱!

正值举国上下欢庆之时,伶仃洋大桥项目在香港回归后不久,于 1997 年 12 月 30 日获得了国务院的批准立项。伶仃洋大桥的方案为连接香港和珠海,由香港的屯门烂角咀起始,经过内伶仃岛、淇澳岛,到达珠海的金鼎。珠海为此于 2001 年建成了该大桥的一部分,即淇澳大桥。然而,世事难料、好事多磨,1998 年亚洲金融危机的到来,对亚洲经济产生了重大影响。香港虽然经历"金融保卫战"并在中央人民政府的支持下渡过难关,但仍旧受到一定程度的影响。亚洲金融危机的到来使得原本水到渠成的项目骤然冷却、沉寂许久。

时代的车轮滚滚向前,时间来到了 1999 年,伴随着《七子之歌·澳门》悠扬而饱含深情的旋律,我们见证了 1999 年 12 月 20 日澳门回归祖国,多少国人为之激动而潸然泪下。

随着香港、澳门的相继回归,亚洲金融危机的终结,中央人民政府关于促进内地与香港、澳门地区交流与合作的措施不断出台,这样的时代大背景为修建三地间的跨海大桥提供了新的契机,展现出广阔的前景。历史上,但凡倾国家之力、聚社会之功而成就的大工程无不彰显着鲜明的时代特征,深深地打上了时代的烙印。

2002 年初,香港特别行政区政府再一次提出修建珠港跨海大桥的建议。在国家大力提倡改革发展的政策下,同时在中央人民政府平衡各方利益的基础上,跨海大桥工程的再次提出,得到了中央人民政府与香港、澳门特别行政区政府及有关部门的高度重视和认可。在香港特别行政区与国家发展和改革委员会共同委托下,国家发展和改革委员会综合运输研究所展开了对港珠澳大桥工程的宏观经济评价,并于 2003 年 7 月完成了《香港与珠江西岸交通联系研究》报告。该报告认为:港珠澳大桥将大大缩短两地的行车距离和时间,多项宏观社会经济效益明显,具有重要的政治与经济意义,建议项目尽快启动建设。

至此,港珠澳大桥工程的建设正式提上议程,并且在中央人民政府的明确支持下,正式进入实质性的阶段。

1.3 工程可行性研究

对于即将"横空出世"的超级工程,当读者面对这片波澜壮阔的海域时,心中会浮现出建造一座怎样宏伟的大桥?会从哪些角度去思考和回答"能否建成?如何建造?怎样管理?效益如何?"等一系列问题。对于这样一座跨越边界、规模宏大、建设环境复杂多变的工程,许多核心且关键的问题都需要在工程可行性研究(简称工可研究)阶段得到解答。作者所在的中交公路规划设计院有限公司在整个过程中主导完成了港珠澳大桥的工可研究,进行了大量艰苦卓绝的研究工作。作者有幸主导并参与其中,亲身见证了工程的整个策划与决策过程。

1.3.1 建设必要性

工可研究开始于2004年,通过广泛且深入的研究,作者团队于2008年12月正式提交了《港珠澳大桥工程可行性研究报告》。研究认为:建设港珠澳大桥的功能主要是解决香港与内地(特别是珠江西岸地区)及澳门三地之间的陆路客货运输要求,建立连接珠江东西两岸新的陆路运输通道。港珠澳大桥建成后,将从根本上改变珠江西岸地区与香港之间的客货运输以水运为主和陆路绕行的状况,从而改善广东省珠江三角洲西部地区的投资环境,并为香港持续繁荣和稳定发展创造条件。

作者作为工可研究的主要负责及牵头人,广泛开展了国际调研,先后赴丹麦与瑞典间的厄勒海峡通道、韩国釜山至巨济岛隧道交流学习,选择了丹麦科威(COWI)、艾亦康(AECOM)等国际咨询公司参与专题研究,针对项目路线总体走向,不同体制下的跨界交通、跨界建设和运营管理模式,口岸设置等问题,联合国内多家单位开展了46项专题研究,确定了大桥技术标准、工程线位及总体方案等。

1.3.2 需求及建议

工可研究过程中,项目组赴香港、澳门、广东进行现场调研,搜集调查有关交通经济、工程建设条件、投资估算等方面的资料,听取各方对大桥建设的意见和建议。

1) 澳门方面

(1) 大桥的建设对澳门的发展是有利的,支持大桥的建设;

(2) 倾向于大桥采用BOT(建设-运营-转让)方式建设;

(3) 大桥建成后,将对进入澳门的车辆进行限制,除特殊外来车辆可进入澳门外,其余车辆不直接进入,通过换乘进入澳门;

(4) 关于大桥西岸着陆点,澳门方面不主张在路环点登陆,推荐明珠点线位方案,不反对北安点线位方案,不反对珠海连横琴;反对大桥上跨澳凼一、二、三桥;反对采用水下隧道下穿澳凼一、二、三桥。

2) 广东方面

(1) 广东方面希望"一桥连'香港、深圳、珠海、澳门'四地",但最终尊重特别行政区意见,服从中央决定;

(2) 珠海方面迫切希望大桥尽快建成,推荐的西岸登陆点方案是从北安穿越澳凼一、二、三桥后连接到横琴。

3) 香港方面

(1) 强烈希望大桥早日建成,认为大桥建成与香港的再次腾飞紧密相连;

(2)由于大屿山地区为香港的环境保护区,为确保大桥香港段工程顺利通过环境影响评价,要求大桥香港连接线不进入大屿山陆域;

(3)希望大桥建设采用"统一建设、统一管理"的模式,倾向于采用 BOT 方式建设;不排除采用政府出资方式建设。

基于上述各方意见和建议,可行性研究项目组在研究过程中,充分考虑并吸纳可取的建议,制订的方案尽量充分权衡各方利益,以期寻求各方都可接纳的一个平衡点。

1.3.3 主要研究内容

项目可行性研究在现场踏勘、资料收集和征求各方意见和建议的基础上,对项目影响区内社会经济发展及远景交通量进行了预测,依据交通量预测结果,结合项目功能、在路网中的作用,研究论证了项目建设规模、技术标准,对多个桥位走向方案及各线位可能的桥型方案进行了深入研究,同时,对工程施工期及运营期对环境的影响进行了评价,对投融资方案及项目的经济效益进行了分析,对项目跨界建设、施工、管理中需协调解决的问题进行了研究。

工可研究内容涵盖交通经济、工程方案、经济效益、跨界管理、工程生态影响等。

1)交通经济研究

主要研究分析港珠澳大桥项目对区域内社会经济发展的影响,预测交通运输发展趋势,并论证项目建设的必要性和迫切性。主要内容包括:预测区域社会经济发展趋势及交通运输总需求;分析港澳间、港澳与内地特别是与珠江三角洲地区的经济贸易关系,预测三地间旅客量、货物流通量等。

2)工程方案研究

研究不同线位处的气象、水文、地质、地震、通航、航空等建设条件,对各线位可能的工程方案进行比选,并对线位及工程方案进行综合比选,提出推荐的线位方案,并进行口岸模式研究。

(1)交通量分析及预测

开展交通起止点调查(OD 调查)、出行目的调查、出行路径及时间费用调查等,根据综合收集调查的资料,分析区域交通出行特点,重点对珠江两岸跨界交通需求、大桥工程对珠江西岸港口及水运的影响、香港迪士尼乐园建成对大桥交通量的诱增影响等进行专项研究,并分析三地车辆通行不同配额制度、南沙大桥建设及经济预测不确定性等对交通量预测结果的影响,分析不同收费标准对大桥运营的影响。

通过跨界交通需求分析研究预测港珠澳大桥项目远景交通量,为确定本项目建设方案及运营期的管理提供了科学的依据。

（2）建设条件研究

主要包括气象、水文、通航、防船舶撞击、航空限高、桥位区地震安全性、桥位区的工程地质条件、工程建设所需建筑材料的来源及运输条件等。

（3）工程技术标准研究

根据交通量预测结果和对通行能力的分析，确定本项目合理的行车速度、公路等级及车道数，并在对内地、香港和澳门技术规范和标准进行比较后，合理提出本项目的技术标准。

（4）工程建设方案研究

根据大桥的功能、三地的城市规划及三地对大桥着陆点的意见提出大桥在三地的着陆点位置，并形成多个可能的大桥线位走向方案，同时结合桥位区开展的建设条件研究成果，对各线位上可能的工程方案进行比选，最终提出推荐的桥位和工程方案。

此外，由于大桥连接粤港澳三地，为满足边检、海关等查验要求，需配套建设查验口岸，并对口岸的查验模式、选址、规划及布置、查验程序等进行研究。

3）经济效益研究

主要针对工程经济效益进行评价，论证港珠澳大桥建设的社会经济方面的可行性，涉及的具体内容有：

（1）投资估算

依据三地现行的公路、水运、市政工可估算编制办法和当前材料价格及建设工期安排，对主要工程数量、建设用地和拆迁量估算工程总体投资。

（2）融资研究及财务分析

根据大桥投资估算及交通预测量进行项目财务效益分析和融资方案研究，并对本项目可能的社会投资、政府出资方案及政策支持提出建议。

（3）经济评价

根据三地不同经济体制进行项目经济评价，针对三地不同投资分摊方案进行项目经济费用效益分析以及项目区域宏观经济效果分析，并对项目进行经济风险分析。

4）跨界管理研究

港珠澳大桥是连接三地的重要陆路通道。由于三地政治制度不同，因而在法律法规、建设管理、建设标准上存在较大的差异，在工程跨界建设、施工与运营管理等方面存在许多需要协调解决的问题。研究过程中，主要是重点分析三地不同的工程管理现状，特别从跨界建设、安全、施工与运营管理4个方面着手论证大桥跨界管理的可行性，并给出跨界管理的整体性推荐方案。

5）工程生态影响研究

工程建设会对桥位附近的海洋环境、陆域生态环境、声环境、大气环境等产生一定影响，需要采取有效的污染防治和生态保护措施,以将环境影响控制在最低限度。因此,在可行性研究阶段,主要开展大桥建设对环境影响的评价工作,评估工程在施工期及运营期对环境产生的影响,并提出应采取的措施和对策。

研究过程中必然会面临一系列前所未有的问题,这就需要研究人员抽丝剥茧般将关键问题提炼、归纳好,逐个予以攻克。例如:港珠澳大桥应该采用什么样的道路等级、行车速度、车道数量?面对规模如此巨大的工程,应该采用什么样的原则来构思工程方案等。

对于上述第一个问题,工可研究阶段对大桥的道路等级、行车速度、车道数量及通行能力进行了详细的分析、论证。关于道路等级,主要是根据交通量预测结果,结合大桥的功能分析,依据《公路工程技术标准》(JTG B01—2003)并参照香港《运输策划及设计手册》(香港特别行政区政府运输署),确定了海中桥隧工程主线及珠海连接线采用高速公路标准修建,连接跨海大桥与澳门口岸间的连接桥采用城市主干道标准修建,参照采用一级公路标准。

关于行车速度,一方面,由香港驶往珠海、澳门的车辆,在大桥终点需减速进入口岸候检,由珠海、澳门驶往香港的车辆,也需先经过口岸查验后再加速离开,由于全部为海中结构物,高速行驶时的舒适性及安全性低于平原微丘区的高速公路;另一方面,在海中行驶,驾驶员也会为大海及桥梁景观所吸引而降低行车速度。综合考虑上述因素并为保证大桥的服务水平,最终确定海中桥隧工程主线设计速度采用100km/h。根据预测交通量及功能要求,珠海连接线设计速度采用80km/h,连接跨海大桥与澳门口岸间的连接桥设计速度采用60km/h。

关于大桥行车道数量的确定,当时研究依据《公路工程技术标准》(JTG B01—2003)规定,四车道高速公路适应的年平均日交通量为25000~55000辆(当量小客车),六车道高速公路适应的年平均日交通量为45000~80000辆(当量小客车)。

根据研究成果,港珠澳大桥2035年预测平均日交通量分别为:海中大桥低方案为53425辆(当量小客车),高方案为89975辆;珠海连接线低方案为41475辆,高方案为77125辆;澳门侧连接桥低方案为11950辆,高方案为15200辆。因此,比照技术标准规定,最终确定了海中大桥、香港连接线、珠海连接线采用双向六车道,同时,为给澳门将来发展留有余地,连接跨海大桥与澳门口岸间的连接桥采用了双向四车道。

关于工程方案构思原则,因为工程规模宏大、建设条件复杂、技术难度大,所以在工程可行性研究阶段综合考虑了以下原则:

(1)借鉴世界范围内类似工程建设的成功经验,结合桥位特点,通过认真分析和深入研究,全面贯彻"适用、经济、安全、美观"的技术方针,充分吸取当今世界范围内建桥的新理论、新材料、新工艺和先进经验,选用技术先进、经济合理、施工方便可行、结构安全耐久的工程方案。

(2) 桥位处通航密度大,等级高,航行条件复杂,跨越的航道较多,因此在工程方案拟定时,要考虑满足航运方面的要求,尽量减少建桥对航运的影响,在设计中考虑减少船舶撞击桥墩的可能性,采取必要的防撞和抗撞措施,以保证大桥和船舶航行的安全。

(3) 桥位附近东岸有香港大屿山机场,西岸有澳门机场,因此在确定桥型方案及施工工艺时,应满足航空限高及机场运作的要求,避免影响飞机飞行安全。

(4) 非通航孔桥跨越的海域最长,海上作业受风浪、潮汐、材料供应、作业场地等因素影响较大,而且繁多的施工船舶、工作平台很容易造成现场施工组织困难,因此非通航孔桥方案拟定中,应尽量减少海中现场工作量,缩短海上作业时间,宜将大型化、工厂化的预制装配方案作为研究、确定跨海大桥桥型方案的指导思想,以减小施工难度,降低施工风险,加快施工进度,保证工程质量,节约投资。

(5) 工程地处台风影响频繁地区,桥梁跨径大,抗风安全要求高,除需采用新技术、新结构外,还需充分重视抗风研究。

(6) 方案选择中应充分考虑施工组织设计的可行性,尽量使用大型设备,提高工效,以保证工期,降低施工难度及风险,节约投资。

(7) 工程方案选择中应尽量选择对环境影响小的方案,并充分重视景观设计,将大桥建成一座景观工程、环保工程,满足可持续发展要求。

1.3.4 主要研究成果

工可研究阶段针对关键问题开展了大量的研究,形成了诸多开创性的研究成果,而这些研究成果对工程立项及建设起到了有力的技术支撑(表1-1)。据统计,当时参与港珠澳大桥前期专题研究的研究人员达250余人,在桥位现场实测水下地形226km^2,布置了9个水文测验点,完成了地质钻孔46个,总进尺达3674.18m,采集原状土样306件、扰动土样和岩石样1018件,进行标准贯入试验1072次,布置物理测线504km,共完成专题研究报告46份。回首过往,应该说,正是前期研究取得的大量技术成果,才为大桥顺利开展勘察设计、开工建设奠定了坚实的基础。

港珠澳大桥工程可行性专题研究成果报告一览表　　　　表1-1

编号	成果名称	研究承担单位
1	港珠澳大桥工程可行性研究报告(含上、下册及附图册)	中交公路规划设计院有限公司
2	港珠澳大桥工程可行性研究阶段交通出行OD调查分析报告	华杰工程咨询有限公司
3	港珠澳大桥工程可行性研究阶段CEPA及香港迪斯尼乐园对诱增客货运量的影响研究报告	中交公路规划设计院有限公司
4	港珠澳大桥工程可行性研究阶段大桥对港澳及珠江西岸港口的影响研究报告	国家发展和改革委员会综合运输研究所

续上表

编号	成果名称	研究承担单位
5	港珠澳大桥工程可行性研究阶段交通需求分析研究报告	华杰工程咨询有限公司
6	港珠澳大桥工程可行性研究阶段大桥投融资方案研究报告	交通运输部规划研究院
7	港珠澳大桥工程可行性研究阶段大桥预留铁路可行性研究报告	国家发展和改革委员会综合运输研究所
8	港珠澳大桥工程可行性研究阶段国民经济评价方法及参数研究报告	中国国际工程咨询有限公司
9	港珠澳大桥工程可行性研究阶段桥位气象及风参数研究报告	广东省气候与农业气象中心
10	港珠澳大桥工程可行性研究阶段水文测验报告	自然资源部第二海洋研究所
11	港珠澳大桥工程可行性研究阶段海床演变分析报告	南京水利科学研究院
12	港珠澳大桥工程可行性研究阶段水下地形测量报告	自然资源部第二海洋研究所
13	港珠澳大桥工程可行性研究阶段通航净空尺度和技术要求论证研究报告	交通运输部规划研究院
14	港珠澳大桥工程可行性研究阶段船舶撞击力及防撞设施研究报告	上海船舶运输科学研究所
15	港珠澳大桥工程可行性研究阶段水文分析计算报告	南京水利科学研究院
16	港珠澳大桥工程可行性研究阶段三地坐标系统联测及工程勘察控制网布设报告	国家测绘局第一大地测量队
17	港珠澳大桥工程可行性研究阶段遥感工程地质调查报告	中国国土资源航空物探遥感中心
18	港珠澳大桥工程可行性研究阶段工程物理勘察报告	自然资源部第一海洋研究所
19	港珠澳大桥工程可行性研究阶段工程地质勘察报告	江苏省水文地质工程地质勘察院
20	港珠澳大桥工程可行性研究阶段珠海连接线地质勘察报告	江苏省水文地质工程地质勘察院
21	港珠澳大桥工程可行性研究阶段工程场地地震安全性评价报告	中国地震局地壳应力研究所
22	港珠澳大桥工程可行性研究阶段桥址区航空限高研究报告	中国航空工业规划设计研究院
23	港珠澳大桥工程可行性研究阶段海中人工岛关键技术研究报告	天津港湾研究所
24	港珠澳大桥工程可行性研究阶段口岸及设施布置研究报告	深圳市城市规划设计研究院
25	港珠澳大桥工程可行性研究阶段大桥景观研究报告	厦门高格桥梁景观研究中心
26	港珠澳大桥工程可行性研究阶段环境影响预评报告	交通运输部公路科学研究所
26	港珠澳大桥工程可行性研究阶段环境影响评价大纲	交通运输部公路科学研究所
27	港珠澳大桥工程可行性研究阶段项目跨界建设管理可行性研究报告	交通运输部规划研究院

续上表

编号	成果名称	研究承担单位
28	港珠澳大桥工程可行性研究阶段项目跨界施工管理可行性研究报告	中交公路规划设计院有限公司
29	港珠澳大桥工程可行性研究阶段项目跨界运营管理可行性研究报告	中国交通运输协会 北京华协交通咨询公司
30	港珠澳大桥工程可行性研究阶段项目跨界交通安全管理可行性研究报告	中国交通运输协会 北京华协交通咨询公司
31	港珠澳大桥工程可行性研究阶段大桥对珠江河口防洪影响评价报告	水利部珠江水利委员会 科学研究院
32	港珠澳大桥工程可行性研究阶段大桥建设对伶仃洋港口航道影响分析报告	南京水利科学研究院
33	港珠澳大桥工程可行性研究阶段大桥桥位与海洋功能区划关系研究报告	自然资源部第二海洋研究所
34	港珠澳大桥工程可行性研究阶段大桥建设对通航环境和安全影响研究报告	广州汇海技术服务中心
35	港珠澳大桥工程可行性研究阶段隧道方案专题研究报告	中交公路规划设计院有限公司
36	港珠澳大桥工程可行性研究阶段澳门连接线方案研究报告	澳门新域城市规划 及工程有限公司
37	港珠澳大桥工程可行性研究阶段珠海连接线方案研究报告	中交公路规划设计院珠海分院
38	港珠澳大桥工程可行性研究阶段交通工程及沿线设施布置研究报告	北京泰克公路科学技术研究所
39	港珠澳大桥工程可行性研究阶段香港境内工程环境预评报告	香港 Arup 工程顾问公司
40	港珠澳大桥工程可行性研究阶段海底隧道通风井间距及通风方案研究报告	长安大学
41	港珠澳大桥工程可行性研究阶段三地三检口岸方案对伶仃洋深水航道影响数学模型研究报告	南京水利科学研究院
42	港珠澳大桥工程可行性研究阶段三地三检口岸方案对珠江口防洪影响研究报告	珠江水利科学研究院
43	港珠澳大桥工程可行性研究阶段三地三检口岸及设施布置研究专题报告	深圳市城市规划设计研究院
44	港珠澳大桥工程可行性研究阶段投融资方案深化研究报告	交通运输部规划研究院/ 华杰工程咨询有限公司
45	港珠澳大桥工程可行性研究阶段港珠澳大桥工程对珠江口中华白海豚的影响专题研究报告	中国水产科学研究院 南海水产研究所
46	港珠澳大桥隧道人工岛对23DY锚地影响咨询报告	交通运输部水运科学研究院

对于如此规模宏大的超级工程,其成功的可行性研究模式给我们带来了深刻的启示:将系统工程中的复杂问题分解和简化,以核心问题——"工程物理方案"为研究中心,以问题为导

向,从不同视角审视问题的复杂性。将一个综合性的"复杂问题"拆解为多个单一的"技术问题",通过"总到分"的方法,再由"分汇合为总",在不断深入研究、磨合探索的过程中,最终解决所面临的问题。

这不仅是一种技术策略,更是一种哲学思维。复杂性在于它的多层次和多维度,而简化和条块化的过程,则是对复杂性的一种透彻理解和细致剖析。通过这种方式,我们能够更有效地应对工程中的挑战,确保每一个环节都得到科学的验证和优化。这种方法论不仅解决了当前的技术难题,还为未来类似的工程项目提供了宝贵的经验和范例,成为系统工程研究中的一盏明灯。

港珠澳大桥在工可研究阶段明确:

(1)按照"就高不就低、遵循属地运营管理规定"的原则,确定大桥设计使用寿命为120年,桥上车辆执行内地规定,靠右行驶。

(2)大桥香港侧登陆点为散石湾,珠海登陆点为拱北,澳门登陆点为明珠,在香港机场东北海域填海修建香港口岸,拱北湾填海布设澳门/珠海口岸。

(3)伶仃主航道预留30万吨级油轮进港的通航要求,采用隧道方案,其余区段采用桥梁方案;为实现桥隧转换连接,布设2个各10万 m^2 的海中人工岛。

1.4 工程立项

工程立项及决策是一个复杂而关键的过程。它包括根据国家发展目标和基本建设的相关规定,提出构思、分析机遇和条件、识别工程建设需求、明确工程目标和范围。在深入调查和分析研究的基础上,运用科学的方法和手段,对项目的建设方案、投资模式、建设工期及其对经济和社会发展的影响等方面进行全方位技术经济论证。最终,通过这个过程来确定是否建设项目。概括而言,最终的立项方案主要体现为"三定",即确定工程、确定方案、确定投资。

这不仅是一个技术性的决策过程,更是一种战略性的思考。通过系统分析和综合考量各种因素,能够确保每一个项目都符合国家的发展目标,并具备充分的可行性和可操作性。在"三定"框架下,不仅仅是在规划一项工程,而是在构建一条通向未来发展的道路。

对于国家重大基本建设项目,其立项及决策需遵循国家基本建设程序。我国现行的基本建设程序是1978年由原国家计委、国家建委以及财政部联合颁发的《关于基本建设程序的若干规定》及有关文件,在此基础上,不断借鉴发达国家经验,并结合我国重大工程建设实际情况形成的。按照国家相关规定要求,一般情况下,重大工程立项及决策的基本程序为提出项目建议、工可研究、项目总体评估、投资立项审批(图1-2)。

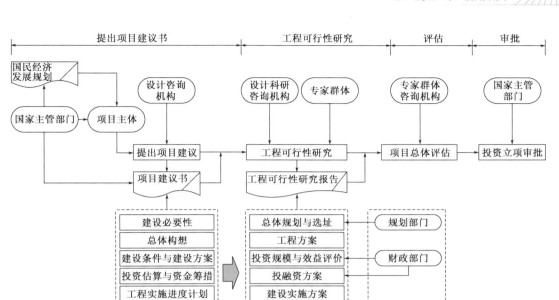

图 1-2　重大工程立项及决策基本程序(图片源自《港珠澳大桥工程决策理论与实务》第 2 章图 2-1)

工程项目,特别是重大工程项目,必须在立项和决策阶段,严格按照上述基本程序开展活动。无论是论证、决策还是评估,都应严格遵循科学化、法治化的基本要求。唯有如此,才能保证工程项目立项和决策的正确性、科学性与有效性,实现工程价值预期。

港珠澳大桥作为我国一项重大工程,其立项决策程序自然必须遵守国家规定的程序,然而,其立项和决策程序又有着自己独特的地方,主要体现在:①立项周期长、受宏观政治经济影响大;②评估次数不胜枚举;③立项审批需经国家多个部门审批,由国务院正式批准。

纵观港珠澳大桥的立项过程,自 20 世纪 80 年代中期珠海与香港讨论修建伶仃洋大桥,到 2003 年国务院正式批准广东、香港、澳门三地联合开展港珠澳大桥前期工作,再到 2008 年 12 月通过专家评审的《港珠澳大桥工程可行性研究报告》上报国家等待批复,直到 2009 年 10 月 28 日国务院常务会议正式批准港珠澳大桥工可研究报告,港珠澳大桥工程立项历经了 20 余年的曲折与反复。从决策时间维度,港珠澳大桥的立项及决策过程见图 1-3。

总体而言,港珠澳大桥立项和决策采用了科学的方法与手段,考虑了多指标、多因素,涉及的领域与部门齐全,考虑到了跨界管理、施工与运营等各种复杂要素之间的相互影响,应该说是一个科学的高水平的示范。经过研究者们及相关方的同心协力、精心准备,港珠澳大桥建设迈出了最坚实的关键步伐。

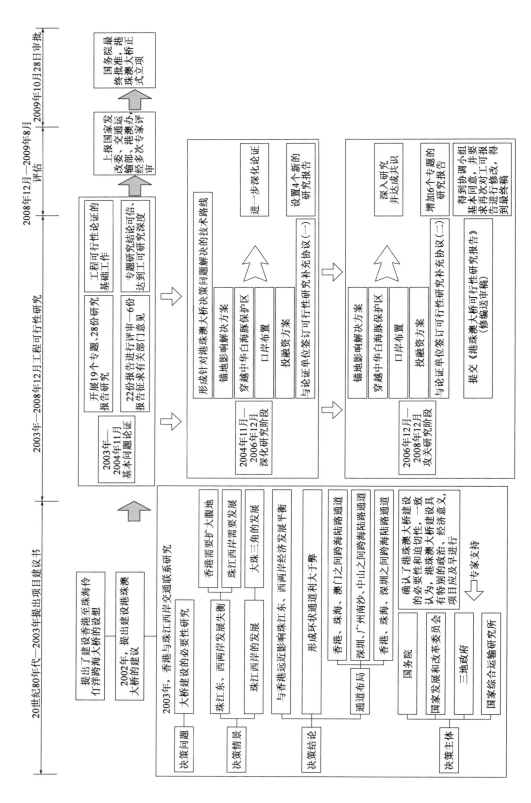

图1-3 港珠澳大桥立项及决策历程（图片源自《港珠澳大桥工程决策理论与实务》第2章图2-2）

第 2 章　设 计 历 程

设计是工程的灵魂,是工程之"核"。作为工程的"龙头",设计必须在实施阶段进行大量的方案比选和研究,深入分析和研判。恰似面对一张白纸,设计者需要将脑中的宏图绘制出来,这是对综合能力的真正考验。

作者所在的中交公路规划设计院有限公司在前期研究和设计各阶段均为联合体的主办人。作者团队在牵头开展了港珠澳大桥工可研究之后,又相继牵头开展了港珠澳大桥主体工程初步设计、桥梁工程技术设计、桥梁工程 DB01 标施工图设计、岛隧工程总承包施工图设计,以及各阶段相应的设计服务等工作。设计服务工作时间从 2009 年开始至 2018 年交工验收,时间跨度长达 9 年,这是一场漫长的旅途、艰苦的征程,唯有坚持到最后才能看见胜利的曙光。

2.1　设 计 阶 段

公路工程项目一般采用两阶段设计,即初步设计和施工图设计。对于技术难度大、建设条件复杂的建设项目,必要时采用三阶段设计,即初步设计、技术设计和施工图设计。

初步设计阶段的目的是基本确定设计方案。此阶段必须根据批复的可行性研究报告,批复的通航、地震安全性评价、地质灾害性评价、环境保护、水土保持等专题报告以及测设合同的要求,拟定修建原则,选定设计方案,拟定施工方案,计算主要工程数量和主要材料数量,编制设计概算,提供文字说明及图表资料。技术设计阶段应根据初步设计批复意见和测设合同的要求,对重大、复杂的关键技术问题进行进一步研究,解决初步设计中的若干技术难题,优化修建原则,落实技术方案,批准后作为编制施工图设计的依据。两阶段(或三阶段)施工图设计应根据初步设计(或技术设计)批复意见和测设合同,进一步对所审定的修建原则、设计方案、技术决定加以具体和深化,最终确定各项工程材料数量,提出文字说明和适应施工需要的图表资料以及施工组织计划,并编制施工图预算。

港珠澳大桥初步设计批复中提出"由于非通航孔桥里程长,建设规模大,技术复杂及制约因素多等,为降低施工风险,节省建设养护成本,决定增加技术设计阶段",对主体工程桥梁工程的非通航孔桥和钢桥面铺装的技术问题做进一步研究论证和补充完善,为此开展了技术设计。对岛隧工程,由于国内尚无此类工程经验,在初步设计之后,项目法人采用了设计施工总承包(EPC)模式开展后续工作。

2.2 设计历程

2.2.1 主体工程初步设计

2008年12月至2009年2月,港珠澳大桥前期工作协调小组办公室组织开展了港珠澳大桥主体工程初步设计阶段勘察设计招标、评标工作。

2009年3月,以中交公路规划设计院有限公司为主办人的设计联合体(联合体成员包括中交第一航务工程勘察设计院有限公司、上海市隧道工程轨道交通设计研究院、丹麦科威国际咨询公司、香港Arup工程顾问公司)中标港珠澳大桥主体工程初步设计阶段勘察设计合同,承担该项任务。

2009年3月,设计联合体在珠海启动主体工程初步设计阶段勘察设计工作。

2009年12月,完成主体工程初步设计。

2010年3月,交通运输部以"交公路发〔2010〕167号"文件批复港珠澳大桥主体工程初步设计。勘察设计工作流程及关键路线见图2-1,项目管理机构见图2-2。

2.2.2 主体工程技术设计

2010年1月至7月初,设计联合体在珠海开展主体工程桥梁工程的技术设计工作。

2010年11月,交通运输部以"交公路发〔2010〕622号"文件批复港珠澳大桥主体工程技术设计。

2.2.3 主体桥梁工程施工图设计

2010年12月至2011年1月,港珠澳大桥管理局组织开展了港珠澳大桥主体工程桥梁工程施工图设计阶段勘察设计的招标、评标工作。

2011年2月,以中交公路规划设计院有限公司为主办人的设计联合体(联合体成员为日本株式会社长大chodai)中标港珠澳大桥主体工程桥梁DB01标施工图设计阶段勘察设计合同,以中铁大桥勘测设计院有限公司为主办人的设计联合体(联合体成员为英国合乐公司Halcrow)中标港珠澳大桥主体工程桥梁DB02标施工图设计阶段勘察设计合同,分别承担各自任务。

2011年2月,港珠澳大桥主体工程桥梁工程施工图设计工作启动。

2011年11月,广东省交通运输厅印发主体工程桥梁工程施工图设计总体方案审查意见。

2012年4月,广东省交通运输厅印发主体工程桥梁工程施工图设计审查意见。

2012年8月,广东省交通运输厅印发主体工程桥梁附属设施施工图设计审查意见。

2012年9月,完成施工图设计。

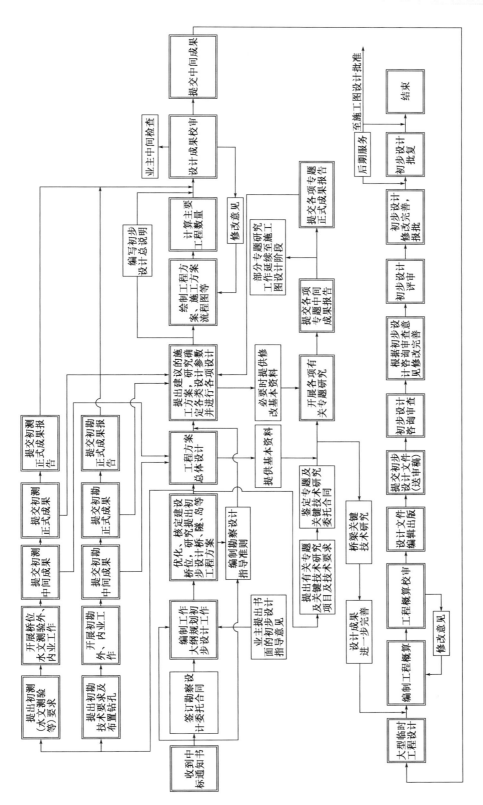

图2-1 勘察设计工作流程及关键路线（双线框为关键路线）

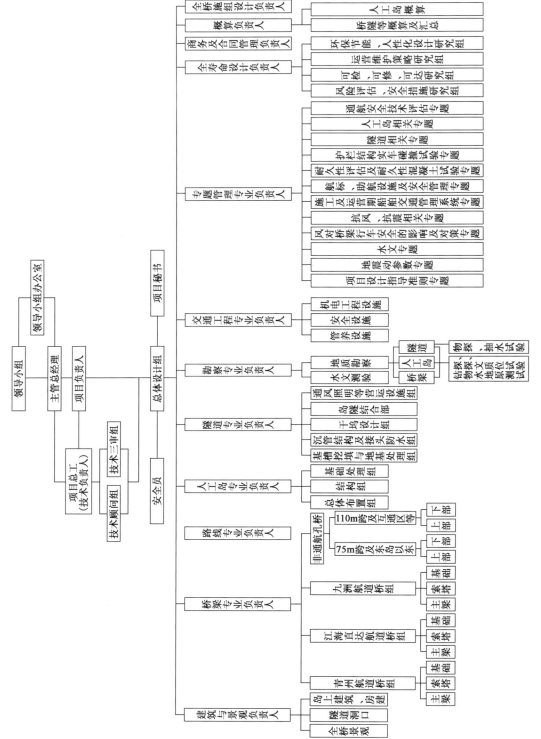

图2-2 项目勘察设计管理机构

2.2.4 岛隧工程施工图设计

岛隧工程是港珠澳大桥项目的控制性工程,采用了设计施工总承包(EPC)模式下的施工图设计。

2010年11月,中国交通建设股份有限公司联合体中标港珠澳大桥岛隧工程设计施工总承包项目。

2010年12月,广东省交通运输厅印发港珠澳大桥岛隧工程人工岛总体设计及基础挖泥施工图设计审查意见。

2011年8月,广东省交通运输厅印发港珠澳大桥岛隧工程东人工岛施工图设计审查意见。

2012年5月,广东省交通运输厅印发港珠澳大桥岛隧工程隧道主体工程施工图总体设计审查意见。

2012年5月,港珠澳大桥管理局印发港珠澳大桥岛隧工程西人工岛隧道暗埋段及E1~E23管节基础施工图设计审查意见。

2012年6月,港珠澳大桥管理局印发港珠澳大桥岛隧工程西人工岛隧道暗埋段及E1、E2管节结构施工图设计审查意见。

2012年9月,港珠澳大桥管理局印发港珠澳大桥岛隧工程沉管隧道E3、E4管节结构施工图设计审查意见。

2013年1月,港珠澳大桥管理局印发港珠澳大桥岛隧工程沉管隧道E5、E6管节结构施工图设计审查意见。

2013年4月,港珠澳大桥管理局印发港珠澳大桥岛隧工程沉管隧道E7、E8管节、西人工岛隧道暗埋段CW3、CW4、E24~E30-S3管节基础、沉管段回填防护施工图设计审查意见。

2013年7月,港珠澳大桥管理局印发港珠澳大桥岛隧工程沉管隧道E9~E27管节结构施工图设计审查意见。

2013年10月,港珠澳大桥管理局印发港珠澳大桥岛隧工程西人工岛暗埋段CW5、敞开段基础及结构和东人工岛暗埋段基础施工图设计审查意见。

2014年3月,港珠澳大桥管理局印发港珠澳大桥岛隧工程东人工岛暗埋段结构和敞开段结构、基础施工图设计审查意见。

2015年9月,港珠澳大桥管理局印发港珠澳大桥岛隧工程曲线段管节(E28~E33管节)施工图设计审查意见。

2016年3月,港珠澳大桥管理局印发港珠澳大桥岛隧工程隧道管内工程和东西两个人工岛岛上道路及附属设施设计审查意见。

2016年12月,港珠澳大桥管理局印发港珠澳大桥岛隧工程沉管隧道最终接头施工图设计审查意见。

第3章 建设历程

港珠澳大桥建设历时近9年时间,于2009年12月15日开工建设(项目珠澳口岸人工岛为首开工程),2017年7月7日实现主体工程全线贯通,2018年2月6日完成主体工程交工验收,2018年10月24日正式通车运营。

3.1 桥梁工程

港珠澳大桥主体桥梁工程的建设内容涵盖了建设期的准备、钢结构制造、土建工程施工、桥面铺装施工、交安机电工程安装与调试等。下面以时间维度作为主线简要介绍其建设过程。

1)2012年

2月,完成桥梁工程钢箱梁采购与制造(CB01标段、CB02标段)的开评标工作。

5月,完成桥梁工程土建工程施工(CB03、CB04、CB05标段)的开评标工作。

7月,港珠澳大桥CB01标段钢箱梁制造正式开工。

8月,港珠澳大桥CB02标段钢箱梁制造正式开工。

9月,九洲航道桥(以下简称九洲桥)206号墩施工平台钢管桩正式插打,桥梁工程CB05标九洲桥正式开工;港珠澳大桥桥梁工程CB03标钢圆筒围堰顺利振沉,正式拉开了预制墩台干法安装钢圆筒围堰试验的序幕。

11月,港珠澳大桥桥梁工程CB05标完成全桥首个永久混凝土结构——首块预制桥面板的浇筑施工。

12月,港珠澳大桥桥梁工程CB03标段桥梁工程首墩施工打桩告捷;港珠澳大桥桥梁工程CB05标九洲桥主桥206号墩钻孔桩施工正式开始。

2)2013年

2月,桥梁工程CB05标首个承台墩身在项目部中山基地预制完成。

3月,桥梁工程组合梁钢结构板单元首制件顺利通过验收。

4月,港珠澳大桥珠澳口岸连接桥第一个承台钢管复合桩钢桩插打成功,珠澳口岸人工岛连接桥主体工程施工正式拉开序幕。

5月,CB01标和CB02标钢箱梁小节段首制件顺利通过评审验收。

6月,港珠澳大桥首个整体埋床法预制承台及墩身整体顺利安装到位。

7月,青州航道桥(以下简称青州桥)主墩承台基础共计76根钢管复合桩施工告捷;九洲桥钢塔首制件顺利通过验收;组合梁钢主梁首制段顺利通过验收。

8月,九洲桥主墩44根钻孔桩全部完成;青州桥防撞钢套箱整体下放成功正式转入承台施工阶段。

9月,收费站暗桥、珠澳口岸互通立交C匝道桥主体结构施工正式拉开序幕;钢箱梁涂装正式开工。

10月,首联钢箱梁基础施工圆满完成;东人工岛非通航孔桥桩基施工完成;九洲桥主桥钻孔灌注桩基础全部施工完成。

11月,组合梁首件工程顺利通过验收。

12月,港珠澳大桥首片组合梁成功架设;青州桥索塔钢锚箱首制件正式开工;钢箱梁首件大节段制造通过验收。

3) 2014年

1月,桥梁工程浅水区非通航孔桥与九洲桥共2842片桥面板全部预制完成;桥梁工程CB03标成功完成港珠澳大桥首跨钢箱梁在深海区的架设,首跨钢箱梁长132.6m,宽33.1m,重2815t;九洲桥6个主墩全部施工完成,转入上部结构施工;江海直达船航道桥(以下简称江海桥)钢套箱安装成功,正式转入承台施工阶段。

3月,桥梁工程CB02标钢箱梁首制大节段顺利出跨;桥梁工程CB03标第2跨钢箱梁架设成功,并与首跨钢箱梁顺利对接。

4月,桥梁工程CB04标首片钢箱梁在深海区成功架设。

6月,桥梁工程CB05标钻孔桩全部完成,标志着CB05标水下基础施工全部完成,全面进入上部结构施工;九洲桥组合梁架设施工拉开序幕。

7月,非通航孔桥组合梁架设完成过半,85m组合梁桥简支变连续体系转换施工正式拉开序幕。

9月,桥梁工程CB03标成功施打第408根钢管桩,标段内钢管桩施工全部完成。

10月,珠澳口岸连接桥首跨现浇箱梁浇筑完成;桥梁工程CB05标承台墩身预制工程圆满完成。

11月,桥梁工程组合梁钢结构制造全部完成;江海桥140号钢索塔整体段制造完成并通过首件工程验收。

12月,桥梁工程CB04标最后一根桩基浇筑完成,该标段桩基施工全部完成;港珠澳大桥主体工程交通工程施工(CA02合同段)合同签约仪式在珠海举行;桥梁工程CB06标、CB07标珠澳口岸人工岛施工营地、沥青混合料拌和站顺利通过验收。

4）2015 年

1 月，青州桥主塔成功封顶；桥梁工程 CB05 标非通航孔桥承台墩身全部安装完成；钢混组合梁制造顺利收官；桥梁工程 CB04 标首个变宽段钢箱梁吊装成功。

2 月，九洲桥 206 号墩上塔柱完成整体提升竖转；最后一片组合梁顺利吊装，CB05 标全部贯通；青州桥 56 号墩索塔"中国结"结形撑首个节段（J3 节段）吊装成功。

3 月，青州桥 6 个承台施工全部完成。

4 月，桥梁工程 CB04 标中山预制场最后一个预制构件顺利浇筑完成；桥梁工程钢桥面铺装施工标段 CB06 标、CB07 标在珠澳口岸人工岛揭牌。

5 月，青州桥首个索塔结形撑全部吊装完成，具有景观标志的"中国结"屹立于伶仃洋上；九洲桥主塔 207 号上塔柱整体竖转提升到位，九洲桥扬起"双帆"。

8 月，江海桥首个"海豚"塔成功吊装。

9 月，主体桥梁工程 220 座墩台全线完工；桥梁工程 CB01 标最后一个钢箱梁大节段如期胜利完工。

10 月，桥梁工程 CB03 标非通航孔桥钢箱梁吊装全部完成。

5）2016 年

1 月，江海桥 139 号钢塔吊装成功。

3 月，青州桥边跨合龙段吊装全部完成；主体工程非通航孔桥箱梁吊装施工任务全部完成。

4 月，江海桥首个边跨大节段钢箱梁顺利吊装并安装完成。

5 月，江海桥 138 号钢塔成功实现 180°翻身。

6 月，江海桥 138 号钢塔成功吊装，港珠澳大桥主体工程 7 座桥塔施工全部完成；港珠澳大桥主体工程桥梁工程成功合龙。

7 月，港珠澳大桥 CB07 标组合梁桥面铺装首制件顺利施工完成。

8 月，江海桥最后一根斜拉索顺利完成安装及张拉，港珠澳大桥主体桥梁斜拉索安装工程全面完成。

9 月，主体工程桥梁工程全线贯通。

11 月，桥梁工程 CB06 标钢桥面铺装首件制工程铺装下层 GMA10 摊铺施工顺利完成；组合梁左幅桥面铺装工作全部完成；交通工程 CA02 标完成桥梁段高压电缆敷设。

12 月，交通工程 CA02 标完成桥梁段主干光电缆敷设。

6）2017 年

1 月，港珠澳大桥主体工程组合梁桥面铺装全面完成，转入钢桥面铺装施工。

4 月，总面积约 27 万 m² 的桥梁工程 CB06 标行车道防水体系施工全线完成；桥梁工程

CB06 标完成标段内浇注式施工。

5月,港珠澳大桥主体工程主线浇注式沥青铺装圆满完成。

7月,港珠澳大桥桥梁工程主线桥面铺装圆满完成,主体工程顺利贯通!

3.2 岛 隧 工 程

港珠澳大桥岛隧工程的建设内容涵盖了建设期的准备、东西两个人工岛建设、沉管隧道预制及安装施工、交安机电工程安装与调试等。

1)施工关键节点

2010年12月,岛隧工程沉管隧道管节预制工厂动工建设。

2011年1月,交通运输部批准岛隧主体工程正式开工。

2011年12月,东西两个人工岛成岛,主体岛壁围护工程完成。

2012年2月,珠海桂山岛沉管预制厂建成投入使用。

2013年5月,第一节沉管(E1)实现海底安装。

2017年3月,全部33节沉管完成水下对接安装。

2017年5月,沉管隧道最终接头完成水下安装。

2017年7月,港珠澳大桥主体工程全线贯通。

2)具体施工过程节点

(1)2010年

12月,岛隧工程沉管隧道干坞预制动工。

(2)2011年

5月,岛隧工程西人工岛首个钢圆筒打设成功。

9月,岛隧工程东人工岛首个钢圆筒顺利振沉。

(3)2012年

2月,岛隧工程桂山岛沉管预制厂隆重开厂。

4月,岛隧工程首节沉管预制正式启动。

8月,岛隧工程首节海底沉管 E2-S5 段开始进行混凝土浇筑。

9月,岛隧工程沉管预制厂深浅坞蓄水试验取得圆满成功。

(4)2013年

1月,岛隧工程首批沉管 E1 和 E2 管节顺利通过验收。

2月,港珠澳大桥岛隧工程举行首次沉管浮运演练。

3月,岛隧工程 E3、E4 管节预制完成,单个管节长180m,刷新国内最长沉管管节纪录。

5月,经过95h的艰苦鏖战,岛隧工程首节E1管节顺利完成浮运、沉放和安装,成功实现与西人工岛暗埋段的对接。

6月,岛隧工程E2管节顺利完成浮运安装。

7月,岛隧工程首个180m标准管节(E3)顺利完成浮运安装,实现了国内首次外海无掩护、深水条件下的大型沉管安装。

9月,岛隧工程E4管节顺利与沉管隧道对接,再次精确完成了深水外海无掩护条件下大型沉管安装。

10月,岛隧工程E5管节浮运沉放及水力压接顺利完成。

11月,岛隧工程E6管节安装完成,从沉管出坞浮运至水力压接完成用时约16h。

12月,岛隧工程沉管隧道E7管节浮运安装顺利完成,沉管隧道建设累计突破1000m大关。

(5) 2014年

1月,经过连续16.5h紧张作业,E8管节与已安装沉管成功对接。

2月,岛隧工程E9管节顺利沉放安装,最大水深突破40m,穿过临时航道,进一步走向深海。

3月,岛隧工程E10管节完成浮运安装。

4月,西人工岛敞开段隧道基础预应力高强度混凝土管桩(PHC桩)打设完成。

5月,西人工岛暗埋段隧道及空箱内立柱混凝土浇筑全部结束。

7月,岛隧工程E11管节完成浮运安装。

8月,岛隧工程E12管节成功安装,沉管隧道建设累计突破2000m大关。

9月,完成E13管节浮运安装,隧道建设顺利变坡上升。

10月,岛隧工程E14管节完成浮运安装。

(6) 2015年

3月,岛隧工程E15管节历经三次浮运、两次返航后,浮运对接终于取得圆满成功。

4月,岛隧工程E16管节完成浮运安装。

6月,岛隧工程E17和E18管节沉放成功,首次单月连续安装两节沉管,沉管隧道建设累计突破3000m大关。

7月,岛隧工程E19管节安装成功。海底隧道建设顺利挺进龙鼓西航道中心区域,已建海底隧道总长达到3285m。

8月,岛隧工程E20管节顺利完成水力压接,已建成隧道总长达到3465m。

9月,岛隧工程E21管节深海完成精准对接,已建成隧道总长突破3645m。

11月,岛隧工程E22和E23管节安装成功,已建成海底隧道总长达到4005m,当月完成两节沉管安装。

12月,岛隧工程E24管节安装成功。海底隧道向海底延伸至4185m。

(7) 2016年

1月,岛隧工程28个直线段管节预制全部完成;西人工岛现浇敞开段隧道主体结构施工圆满收官。

3月,岛隧工程E25管节在海底精准对接,隧道长度达到4365m。

4月,东人工岛岛头最后一个钢圆筒顺利拆除。

5月,岛隧工程E26管节安装成功,隧道延伸至4545m;东人工岛岛隧接合部隧道基础夯平施工顺利完成。

6月,海底隧道深槽区首个非标准管节E27管节安装成功,已建成隧道延伸至4702.5m。

7月,海底隧道直线段最后一段管节E28安装成功,隧道总长达4860m。

10月,E33管节安装成功,海底隧道与东人工岛成功对接。

11月,曲线段E32管节高精度沉放对接成功,沉管隧道建设里程突破5km。

12月,港珠澳大桥海底隧道33节管节预制全部完成。

(8) 2017年

2月,岛隧工程建设者连续鏖战27h,圆满实现E29管节精准安装,为最终接头施工奠定了良好基础。

3月,海底隧道最后一节管节——E30安装取得圆满成功。至此,沉管隧道33节管节全部安装完毕,已建成隧道总长达到5652m,距最终合龙长度仅差12m;港珠澳大桥沉管隧道最终接头钢壳混凝土浇筑完成,国内首次实施的"三明治沉管结构"高流动性混凝土浇筑圆满落幕。

5月,海底沉管隧道最终接头吊装到指定位置,完成临时止水作业并实现最终接头焊接合龙。

7月,港珠澳大桥海底隧道暨大桥主体工程顺利贯通。西人工岛主体建筑顺利封顶。

8月,港珠澳大桥东人工岛主体建筑顺利封顶。

9月,岛隧工程顺利完成沥青路面首制件AC10铺装施工,沥青路面铺装正式拉开帷幕。

10月,港珠澳大桥海底沉管隧道沥青路面摊铺正式启动。

12月,港珠澳大桥施工完成,主体工程点亮全线灯光。

第二篇
工程设计

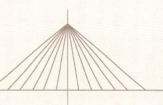

第4章 工程建设条件

工程建设条件是工程设计的基石,通常涵盖了区域环境和周围环境的各项因素。唯有在全面掌握这些条件的基础上,才能进行合理的工程设计,选择最优的施工方案,确保工程的安全,并有效控制投资。作者所在团队针对工程所在区域,开展了一系列详细的资料收集和专题论证工作,这些工作为工程方案的研究与选择提供了坚实的依据。通过对建设条件的全面分析,能够更加精准地制订设计方案,规避潜在的风险,确保工程的顺利进行。

港珠澳大桥建设条件因素与主要指标见表4-1。

港珠澳大桥建设条件因素与主要指标 表4-1

建设条件因素	主要指标
气象	气候气象特征(温度、风速、风向、大气湿度等)、灾害性气候等
水文	水域地形、水文特征、泥沙、盐度、海床演变等
通航	航道现状和规划、通航船舶现状和规划、通航水位、通航净空尺度等
船舶撞击	代表船型、船舶撞击力等
航空限高	东岸大屿山机场、西岸澳门机场对桥位区结构高度的限制
地震	区域地震活动的空间分布、近场区地震活动、历史地震、地震危险性分析
地质构造	地质构造背景、近场区断裂活动性
工程地质	地形地貌、地层岩性及特征、水文地质条件、不良地质现象、基础设计参数
建筑材料及运输条件	建筑材料质量、数量、平均运距、运输方式等

4.1 气 象

工程区域北靠亚洲大陆,南临热带海洋,属南亚热带海洋性季风气候区。桥位区天气特点温暖潮湿、气温年较差不大,降水量多且强度大;桥位区处于热带气旋路径上,登陆和影响桥位的热带气旋十分频繁。按照香港、珠海、澳门三地长期气象观测站(基本站)历史资料统计,本工程项目所在地区的气象要素特征值见表4-2。

桥位区主要灾害性影响天气为热带气旋,工程区热带气旋影响十分频繁,据1949—2008年60年间资料统计:热带气旋平均每年2个,最多时每年可达6个,主要集中在6—10月;正面袭击桥位或对桥位产生严重影响的热带气旋有21个。珠海附近区域的台风侵袭情景见图4-1。

港珠澳大桥桥位地区气象要素特征表　　　　　　表 4-2

要素			香港	珠海	澳门
气温	极端最高气温(℃)		36.1	38.7	38.9
	极端最低气温(℃)		0	2.5	-1.8
	年平均气温(℃)		23.0	22.6	22.4
	最高年平均气温(℃)		25.7	25.7	25.5
	最低年平均气温(℃)		20.9	20.2	19.8
	最高月平均气温(℃)		30.7	31.8	31.6
	最低月平均气温(℃)		13.8	12.3	12.1
	年最高气温不低于35℃日数(d)		0.25	3.68	3.5°
降水	年平均降水量(mm)		2308.2	2045.5	1877.4
	年最大降水量(mm)		3343.0	2894.6	3041.4
	年最小降水量(mm)		901.1	1200.9	981.4
	一日最大降水量(mm)		534.1	620.3	612.6
	平均降水日数(d)		139.6	139.0	144.8
	≥10mm 雨日数(d)		49.0	43.8	45.1
	≥25mm 雨日数(d)		27.4	22.85	22.01
	≥50mm 雨日数(d)		12.85	10.6°	9.06
风	历史最大风速(m/s)		—	—	31.4
	历史极大风速(m/s)		71.9	58.6	44.6
	主导风向	春季	E	E、ESE、SE	ESE
		夏季	E	SW	SW
		秋季	E	NE	ESE
		冬季	ENE	NE	N
	台风影响最早时间		4 月 19 日		
	台风影响最晚时间		12 月 2 日		
雾日	年平均日数(d)		5.1	9.77	18.65
湿度	年平均相对湿度(%)		78	79	80
雷暴	年平均日数(d)		35.75	61.49	50.35

图 4-1　台风侵袭情景

按以往常规设计方法,我国桥梁的设计风速参数根据现行《公路桥梁抗风设计规范》(JTG/D60)的规定,按照100年重现期取值。然而,港珠澳大桥风速环境复杂,设计标准高,实施过程中设计风速参数按120年重现期取值,大桥桥位10m高度处120年重现期的10min年最大平均风速即基本风速为47.2m/s,高于杭州湾跨海大桥的设计基本风速35m/s,港珠澳大桥的风环境更为恶劣。

此外,桥位区域还会遭遇强对流天气带来的龙卷风、雷电和短时雷雨大风等灾害性天气。其中,1951—2008年间,桥位附近区域共出现龙卷风125次。

基于上述气象条件,设计将面临一个问题,即气象条件对本工程的影响应如何考虑?设计给出的思路是:工程方案选择中要根据桥位区风力大且易受台风影响的特点,选择能够快速施工、保证海上施工安全的结构及施工工法,做好结构抗风设计;结构设计中要充分考虑温度变化在结构中产生的应力和变形;要根据结构所处的湿度条件分析混凝土的收缩徐变等。

4.2 水 文

4.2.1 水域地形

工程位于珠江口伶仃洋海域,伶仃洋是珠江口东部虎门、蕉门、洪奇沥和横门4个口门注入的河口湾,湾型呈喇叭形,南北长约70km,水域面积约2100km^2。习惯上,赤湾、内伶仃岛、淇澳岛、唐家湾一线以北的伶仃洋水域称为内伶仃洋,以南水域称为外伶仃洋。伶仃洋海域地形具有西部浅、东部深的横向分布趋势和湾顶窄深、湾腰宽浅、湾口宽深的纵向分布特点,水下地形呈"三滩两槽"分布格局。

4.2.2 水文特征

1)潮汐

本工程海区潮汐类型属不规则的半日潮混合潮型,日不等现象明显,其中大潮期间日潮现象较明显,小潮期间半日潮现象显著,中潮介于两者之间。研究表明珠江口东岸和西岸水位存在一定的差异,一般相差30～100cm。工程海域设计水位和潮差见表4-3。

港珠澳大桥桥位处300年重现期设计水位和潮差　　　　　表4-3

重现期(a)	高水位(m)	低水位(m)	潮差(m)
300	3.82	-1.63	3.74

2)水流

本海区浅水效应较为显著,具体表现在涨、落潮流的不对称性及涨、落潮历时不等较明显。实测资料表明,海域水流具有落潮流速大于涨潮流速,中部海域潮流流速比两边大的特点。此外,珠江口为我国台风频发区,台风过境时,在近岸水域会产生明显的水位升降,即台风暴潮,伶仃洋海区台风暴潮增水可达 2m 以上。

表 4-4 给出了桥位区域洪水及风暴潮条件下,各不同重现期设计流速的统计情况。

设计流速极大值统计表　　　　　　　　　　　　　　　表 4-4

重现期(a)	10	20	100	300
洪水(m/s)	1.66	1.83	1.87	1.90
风暴潮(m/s)	1.85	1.89	2.02	2.07

工程海域波况主要参考位于澳门路环岛九澳角的九澳波浪观测站来分析,该站对珠江口外海来浪具有较好的代表性,设计波要素主要考虑外海 SE~SSW 方向通过折射、绕射传播至本工程水域的台风浪(表 4-5)。

桥位区设计波流要素一览表　　　　　　　　　　　　　　　表 4-5

重现期(a)	10	20	100	300
$H_{1\%}$(m)	3.99	4.69	5.47	6.07
$H_{1/10}$(m)	3.51	4.11	4.73	5.26
$H_{5\%}$(m)	3.42	4.01	4.59	5.11
H_s(m)	2.98	3.48	3.92	4.38
T(s)	8.7	9.3	10.2	10.5
L(m)	68.6	80.8	109.5	114.5

注:1. $H_{1\%}$、$H_{5\%}$ 分别为波列累计频率 1% 和 5% 对应的波高。
　　2. $H_{1/10}$ 为将观测所得波高由高向低排序,前 1/10 的波高取平均值;H_s 为有效波高,即 $H_{1/3}$。
　　3. T 为周期,L 为波长。

3) 海床的稳定性

一般情况下,桥位特别是通航孔桥的位置应选择在海床稳定的区域。根据《港珠澳大桥工程可行性研究阶段海床演变分析报告》,研究结论为:

(1) 工程所在的西侧海域底层动力作用较弱,属微淤的淤积环境,海床稳定性良好。其中,九洲港航道在桥位区处的海床比较平坦,水深均小于 5m 且通航等级较低,其滩槽稳定性具备保障性。

(2) 青州航道位于研究区域的中部,形成的 5m 槽沟长期保持稳定,水道中心线两侧 1.5km 范围内的水深均大于 5m,总体处于较为稳定的状态。在上游不发生大的岸线变化下,无论南桥位还是北桥位,该通航孔的海床稳定性是有保障的。

(3) 桥位区东侧海域水深较大、水流较强,并有伶仃水道深槽与铜鼓浅滩分汊水道在此汇聚,高盐陆架水常年由此入侵和上涌,是侵蚀冲刷的主要地段。该区域海床冲淤变化较少,处于相对稳定的状态,如其上游的滩槽不发生较大的改变,这种状态将继续保持下去。

(4) 对桥位不同区域近 50 年来容积变化的统计结果表明:桥位区附近海区的海床近期相

对稳定,青州航道、伶仃航道以及九洲港航道所在水域的滩基本稳定,但同时需注意,铜鼓航道其航槽尚在发展、变动之中,对其后续需加以关注。

(5)从伶仃洋长期保持"三滩两槽"的基本格局和伶仃航道多年没有发生过因台风或大洪水引发碍航"骤淤"的工程实践,研究认为风暴潮与大洪水对本海区的水下滩槽分布不会带来破坏性的影响。

综上,水文条件对本工程影响主要体现在:桥位必须选择在海床稳定的区域,以保证通航孔位置能够适应主航槽的位置,且保持稳定,通过海床演变分析可得到验证。桥位区水位资料对于确定承台高程,选择施工方法十分重要,流速流量资料是计算基础冲刷深度的基础资料,需考虑波浪对桥梁产生的作用力是否会控制结构设计。此外,泥沙特性及水下地形是分析航槽及海床冲淤变化的基础条件。

4.3 航道及通航

珠江口水域是我国沿海航线最密集、船舶密度最大的水域之一。桥位区海域运输船舶种类繁多、吨位相差较悬殊,从几十吨的渔船、游艇到10万吨级以上的散货船、集装箱船等。本工程跨越的主要航道有大濠航道、榕树头航道、伶仃西航道、铜鼓航道、青州航道和九洲航道。项目研究过程中,依据工程沿线跨越各水道(航道)通航现状和规划情况,开展了通航净空尺度和技术要求论证,提出了港珠澳大桥各通航孔代表船型尺度,见表4-6。

港珠澳大桥各通航孔代表船型尺度　　　表4-6

通航孔所在航道	通航船舶吨级(DWT)	船舶种类	总长(m)	船型宽(m)	空载水线以上高度(m)
大濠航道	30万	油轮	334	59.0	57.5
	15万	集装箱轮	400	61.0	68.5
榕树头航道	5万	集装箱轮	272	33.0	57.8
青州航道	1万	杂货轮	150	22.2	37.5
九洲航道	3000	杂货轮	108	16.0	28.0
	1万	客轮	148	25.0	35.5
江海直达船航道	5000	杂货轮	105	17.0	20.0
各小船航道	500	客、货轮	55	8.8	15.6
香港侧航道	1500	集装箱轮	80	12.0	10.0~12.5
		浮式起重机起重船	50	22.3	40.0

工程地处伶仃洋南部。交通运输部发布的《通航海轮桥梁通航标准》(JTJ 311—97)规定,设计最高通航水位应采用当地历史最高潮位。综合分析桥位区东西两侧水域的长期验潮站资料,采用澳门潮位站1925—2003年间出现的历史最高潮位3.52m为本工程设计最高通航水

位。设计最低通航水位宜采用当地理论最低潮面,本工程采用九洲港理论最低潮面 -1.18m 为设计最低通航水位。

一般情况下,通航孔的数量和布置,应依据工程线位走向和航道规划来确定。本工程各通航孔净空高度按《通航海轮桥梁通航标准》的(JTJ 311—97)规定,考虑通航代表船型空载水线以上高度、富余高度以及平均海平面上升影响三项因素(表4-7)。

港珠澳大桥各通航孔净空高度一览表　　　　表4-7

通航孔所在航道	代表船型高度 (m)	富余高度 (m)	通航孔净空高度 (m)
大濠航道	68.5	4.5	73.0
榕树头航道	57.8	4.5	62.3
青州航道	37.5	4.5	42.0
江海直达船航道	20.0	4.5	24.5
九洲航道	35.5	4.5	40.0
各小船航道	15.6	4.5	20.0

注:表格中通航净空高度均以设计最高通航水位起算,富余高度中已含海平面上升因素。

此外,通航孔净空宽度要求主要是根据《通航海轮桥梁通航标准》(JTJ 311—97)中有关规定进行分析计算后确定。需要指出的是,隧道区通航安全深度(不包括隧道在施工期和运营期所需的顶面覆盖层)应考虑隧道区海底可能的最大冲刷深度、通过隧道水域的最大船舶的航道设计水深、航道施工超深及安全富余深度等方面。本工程在考虑30万吨级油轮满载不乘潮通过的情况下,要求隧道区船舶通航安全深度应不小于理论最低潮面以下29m。

通航条件对本工程的影响主要体现在:跨航道工程的建成将会对航行条件产生影响,进行通航净空尺度及技术要求论证,确定各航道处对跨航道工程的要求,可减少大桥建设对航行的影响。同时,通航要求不同,相应的工程方案的工程造价也不相同,合理确定通航标准是选择跨航道工程的前提。

4.4　航空限高

本工程的航空限高主要以香港和澳门机场管理当局提供的资料为主要依据,同时参照《国际民用航空公约》附件14　机场,并考虑本海区直升机飞行特殊要求,对本工程沿线航空高度限制进行论证。

香港国际机场位于大屿山以北,于1998年正式启用。该机场有南北两条东西方向的远距离平行跑道,各长3800m,宽60m,可以容纳大型客机的起降。

香港国际机场的航空限高是根据《国际民用航空公约》附件14　机场,文件8168号(PANS-OPS)及导航仪器限高要求而制定的,其综合了众多不同限制面而成。经香港民航处核定,本工程南线主通航孔桥塔限高为 173.9~214.9m。

澳门国际机场位于澳门氹仔岛东侧,有一条长 3360m、宽 60m 的跑道,可容纳波音 747-400 型大型客机的起降。澳门机场跑道北端的起飞爬升面坡度,按澳门机场提出的 2% 的坡度爬升,从跑道北端起始至跑道中心线延长线 7.5km 处,航空限高为 158m,从 7.5km 处至中心线延长 15km 处,航空限高仍为 158m,并且澳门民航局要求口岸人工岛上建筑不高于 80m。

两座国际机场航空限高的要求对工程方案的选择及桥梁总体立面高度的布置产生了重大影响,大桥建筑高度的选择及布置必须满足机场航空限高的要求,以保证飞机飞行安全和大桥安全。

4.5 地质构造

1) 区域地质构造

近场区大地构造主要处于华南褶皱系粤北、粤东北-粤中坳陷带的永梅-惠阳坳陷。桥址周围 5km 的桥址区共展布活动断裂 15 条,其中规模较大的 9 条,与桥址直接有关的断裂有 6 条,分别是与桥位线斜交的三灶断裂和马骝州断裂,以及与桥位线近于直交的淇澳岛-桂山岛东断裂、白泥-沙湾断裂、深屈-狮子头山断裂和东涌-长沙海滩断裂。其中,淇澳岛-桂山岛东断裂、白泥-沙湾断裂、深屈-狮子头山断裂和三灶断裂在桥位段,为晚更新世中期或中晚期活动断裂,对桥址有一定影响。

通过掌握桥位区断裂分布及活动性,可为桥位选择、桥跨布置、桥梁及隧道的基础设计提供基础资料,同时在勘察工作中可以重点查明桥位区的断裂位置。

2) 稳定性评价

近场区大致可分为三大地貌区,即西部丘陵区、东部低山丘陵区、中部伶仃洋水域。在西部丘陵区零星发育台地、冲海积平原、滨海平原和潟湖平原,在东部低山丘陵区发育有台地。

根据研究成果,本工程区域海底地形平坦,覆盖有较厚的松散层,没有泥石流、滑坡、崩塌、岩溶、土洞等不良地质发育迹象及海底地震地质灾害问题。可能存在的不良地质现象主要为软土震陷、液化、浅层气、软弱夹层(构造破碎带或岩脉风化带)等。

(1) 区域稳定性评价。

区域断裂比较发育,主要有北东向和北西向两组,少量近东西向断裂。它们绝大部分为早第四纪活动断裂,存在一定数量晚第四纪活动断裂。经过地震测年工作证明这些断裂全新世未活动,而且这些断裂均没有错断全新统地层的迹象,因而桥址通过地段没有全新世活动断裂。区域稳定性相对较好,具备条件建设。

(2)场地稳定性评价。

桥址区位于海域,第四纪以来,沉积了厚度小于 93.5m 的第四纪松散沉积物。地貌上为水下浅滩,最大水深小于 8m,地势总体上较为平坦,桥址及附近无滑坡、陡坎、水下泥石流等不良地质现象,海床冲淤基本平衡。海岸大多围护或是基岩,海岸附近未见滑、塌,岸坡稳定。因此场地是稳定的。

(3)地基稳定性评价。

第四纪松散层受下伏基岩面的控制,在桥位区水平方向上厚度变化较大,总体上分布均匀性变化较大,浅部软土层较均匀,中部黏性土、砂层分布变化较大;基岩风化层多数地段较厚,厚薄分布不均,总体上西部珠海侧埋藏较浅,中部及东部埋深较大,最大至 93.5m。由于第四系土层无较理想的基础持力层,软基处理是人工岛工程需要重点解决的问题。

另一方面,桥址区上部普遍发育一层较厚的软土,稳定性较差,在设计按 8 度地震设防的情况下,浅部软土层存在震陷的可能,但下部存在良好的桩基础持力层,如采用基岩作为基础持力层,软土的影响将比较小。

4.6 工程地质

桥址区相对平坦,东低西高。第四纪松散层根据地质时代、成因类型、岩性特征及其物理力学指标等共划分为①、②、③、④、⑤五个大层组:①层为全新世海积物、冲积物,②层为晚更新世冲、洪积物,③层为晚更新世冲、海积物,④层为晚更新世冲积物,⑤层为第四纪残积物。

桥位区海底地形平坦,覆盖有较厚的松散层,没有泥石流、滑坡、崩塌、岩溶、土洞等不良地质发育迹象及海底地震地质灾害问题。

工程所在区域地表水为海水,对混凝土具强腐蚀性,对混凝土中钢筋具弱腐蚀性,对钢结构具中腐蚀性;地下水有两类:松散岩类孔隙承压水主要赋存于砂层中,厚度较厚;基岩裂隙水主要赋存于基岩裂隙中。地下水对混凝土具强腐蚀性,对混凝土中钢筋具强腐蚀性,对钢结构具中腐蚀性。

4.7 地 震

桥址区位于东南沿海地震带内,东南沿海地震带为我国东部的强地震带。该地震带是一个相对狭长的地震发生带,它北起浙江南部,南至广东雷琼和广西地区,大致与海岸线平行。据统计,东南沿海地震带自公元 1067 年以来总计发生 M_s(面波震级)4.75 级及以上地震 117 次,其中 M_s5.0~5.9 级地震 80 次,M_s6.0~6.9 级地震 20 次,M_s7.0~7.9 级地震 6 次。

此外,根据中国地震局数据资料,近场区内自 1970 年以来记录到 M_L(里氏震级)2.0 级以上地震 20 次,最大地震是 1991 年 5 月 24 日发生的 3.5 级地震,震中距桥址的最小距离约为 30km,说明近场区范围内地震活动较弱。

总体而言,近场区地震活动频次相对较低,震级较小,地震活动相对较弱,但桥址区有发生中、小震的地质构造条件。本项目通过对桥位近场区地震危险性分析,可较为准确地确定工程的地震设防等级和地震动参数,并合理进行抗震设计,从而既可保证安全又能合理控制造价。

4.8 环境保护

本项目所在及附近海域有较多的环境敏感区,其中以珠江口中华白海豚(图 4-2)国家级自然保护区最为敏感,因此对于环境保护的要求非常高。大桥建设过程将对海底沉积环境产生扰动,期间产生的悬浮物以及污染物会对海洋环境造成影响,施工过程中产生的废水和生活垃圾如不妥善处理都会对海洋环境及海水造成不同程度的污染。工程对环境的主要污染包括悬浮物、施工噪声、建筑和生活垃圾、废水、废气以及向水体中释放的污染物质等。

针对项目环保条件和环保要求,在工程方案研究和施工方案制订过程中开展环保设计主要遵循以下原则:

图 4-2 港珠澳大桥区域中华白海豚

(1)采用创新的建设理念,改变过去的跨海大桥的建设工法及理念,变浇筑为建造,变建造为制造,最大限度地降低现场工作量,变海上现场施工为陆上工厂作业,确保施工安全并最大限度地降低对海洋生物的伤害和干扰。

(2)科学规划工期,编制合理的施工方案,选用大型、高效设备,减少同时施工的船舶、设备数量。

(3)研发采用新工艺、新技术,充分利用当地自然条件,最大限度地降低对环境的污染。

(4)施工过程中,对施工现场道路、砂石料堆场统一管理,防止扬尘污染空气。设置污水、垃圾处理装置,严禁向大海排放污水和垃圾;选用低噪声的工艺、设备等,降低噪声污染。

(5)制订环境保护应急预案,一旦发生环境污染事故,立即启动应急预案。

4.9 建设条件影响分析

总的看来,港珠澳大桥的建设条件十分复杂,主要体现在以下几方面。

1) 对工程方案选择的影响

一方面,本项目为世界级跨海集群工程,规模巨大,这就要求需要选择合适的施工方案以加快工程建设进度,并降低建造成本。同时由于大桥位于海洋性气候环境中,这对结构的耐久性提出了更高的要求。

另一方面,桥位处通航密度大、通航等级高,同时桥位区锚地分布多,这就要求在路线方案的选择及桥跨布置中要合理处理好大桥与锚地的关系,并设置足够的通航孔以满足通航要求,减少大桥建设对航运的影响。此外,大桥的东岸有香港国际机场,西岸有澳门国际机场,离机场较近处的桥梁建筑高度将受到机场限高的制约,桥塔高度受到机场航空限高的制约,工程方案选择范围将受到严格制约。

另外,桥位区风环境恶劣,并位于东南沿海地震带内,且船舶撞击力巨大可达4万t,基岩埋深较大,近100m,这些都大大增加了桥梁结构方案选择及结构设计的难度。

2) 对施工的影响

因为桥位区易受台风影响,热带气旋、大雾、暴雨等灾害性天气出现频率高,所以对施工工期及施工安全将带来十分不利的影响,在施工组织中需要采取有效的应对措施。临近航道区工程施工时,要求做好港监护航,以保证施工安全及施工期船舶航行安全。同时,本项目施工区域环保要求高,需在施工中采取有效措施以满足环保要求。

3) 对运营的影响

根据桥位处的建设条件分析,在大桥运营期需要重点关注:

(1) 天气变化,分析不同气候条件对车辆行驶安全的影响,制订封闭交通的天气条件,以保证车辆安全。

(2) 对钢结构及混凝土结构的腐蚀状态进行监测,做到及时养护,保障结构寿命。

(3) 做好桥位区航行及航空管理,确保大桥的运营安全。

第 5 章　工程建设理念

工程建设理念是工程设计与建设过程中不可或缺的核心环节,犹如灵魂一般,贯穿始终。优秀的建设理念强调创新性、可持续性、安全性和经济性,这些元素共同构成了高质量工程的基础。在港珠澳大桥的建设中,工程建设理念的确立和实施确保了工程建设的科学性与合理性,使得各项技术能够有效整合,达到既定的建设目标。

5.1　建设目标

港珠澳大桥主体工程管理策划建立在"目标驱动"的思想基点上,首先研究确定了项目愿景和建设目标。项目愿景为:为伶仃洋海域架设一座融合经济、文化和心理之桥梁,使得香港、广东、澳门成为世界级区域中心。大桥的建设目标为:建设世界级跨海通道;为用户提供优质服务;成为地标性建筑。

5.1.1　建设世界级跨海通道

建设世界级跨海通道是指在设计和建造阶段,立足功能又超越功能,对技术、管理、景观、文化和风险控制等诸多方面进行综合集成,同时主要包含以下因素:

(1)采用国际先进的理念进行管理及设计,建设过程及成果应具有国际影响,从管理思想、设计技术、施工技术上达到国际水准。

(2)建设成果的品质与世界高水平相当;采用先进的施工工法及技术,建设过程的现场管理也应与国际工程相匹配。

(3)项目建设必须兼具创新,整合国际化团队有效为项目服务,在项目管理、设计理论、施工工法等方面实现突破。

1)技术方面

设计使用寿命:120 年。

专用标准体系:采用专用设计标准和运营标准指导设计;采用专用施工和质量验收准则指导施工和验收。

追求价值工程的设计:落实到优异的结构及耐久性设计上,降低养护成本;保证整体品质至关重要,必须有优异的抗力性能和耐久性品质。

先进施工技术保障:大型化、工厂化、预制化、精益制造、环境友好。

技术创新:形成具有领先地位的创造性技术及理念,在跨海通道建设史上占据里程碑地位。

2) 管理方面

开放地吸收各行业的优秀管理成果,在现有法律制约和尊重三地项目管理惯例基础上,通过综合集成,形成与本项目匹配的最佳项目管理模式,为大型土木工程项目管理树立典范。

5.1.2 为用户提供优质服务

1) 运营管理目标

追求尽善尽美地运营和维护管理。旨在通过精心和人性化的设计、高质量的建设品质、及时的维护及保养,保证通道有完善、舒适的硬件系统;建立有效的管理制度及流程,为用户提供及时、舒适的软服务;运营过程中通过持续改进,完善硬件及软件。运营管理目标的落实主要在设施保证、服务保证、通行环境保证和维护保证四个方面。

2) 优质服务内涵

为通道使用者提供全面的交通信息服务,提供安全、快捷、舒适的通行服务,提供人性化的综合增值服务,提供及时、高效的应急救援服务;同时,设计中要注重便利、舒适、完善、人性化地维护管理环境,为大桥的运营维护和管理人员也提供优质服务,实现通道使用者心理满足感的最大化,创建港珠澳大桥优质服务品牌。

基本要求是为通道使用者提供安全的通行条件,包括环境安全、公共安全和驾驶安全等内容,并遵循"零发生"原则进行目标管理控制管理,以期达到避免出现船舶撞击等突发事件危及公共安全;避免破坏海洋生态安全事件的发生;避免出现危害社会公共安全的恐怖事件;杜绝安全通行隐患,最大限度地降低交通安全事故发生概率及事故损失。

最终目标是为通道使用者提供快捷、舒适、完善、人性化的通行服务。通过科学的设计、建设和养护管理,实现大桥线性顺畅、平整,交通安全和救援设施齐备完善,交通信息服务全面到位,应急救援服务及时、高效,附加增值服务人性化、专业化、规范化,通行环境质量优良,通行自然景观和谐、舒适。

3) 标准及培训

建立专用标准体系:包括专用运营维护标准、指南、手册。

通过 ISO 体系认证:运营期将通过 ISO 管理认证,ISO 体系将与专用标准体系融合。

运营期培训:注重员工技能和素质培训,通过标准化、人性化的服务,确保运营高品质。

需求导向设计:全面的信息系统和应急救援系统;满足需求的机电系统和交通安全设施;便利快捷的管理、养护、服务设施。

便于维护的设计:设计时应为维护人员、车辆和设备设置顺畅的通道,并为维护、操作及临时安装机具预留必要的空间和预埋件;所有非永久性构件都可以方便地替换。

可持续设计:桥梁、人工岛、隧道结构内部预留空间,既有利于维护,又可使得大桥具有一定的包容性,以备未来可预见或不可预见之需。

5.1.3 成为地标性建筑

从功能来看,港珠澳大桥是全球连接"一国两制"三地的独一无二的跨海通道;从地理上看,应该成为伶仃洋海域的建筑主角;从大建筑行业上看,港珠澳大桥应该成为大建筑行业的行业品牌;从心理上看,港珠澳大桥应该是中国改革开放后大国崛起的标志之一。因此,无论从功能概念、地理概念、行业概念和心理概念上,港珠澳大桥均应该成为公认的地标,即成为民众愿意驻足观望的盛大美景,成为全球行业人士公认的巅峰之作和大国梦想的载体之一。

地标性建筑包括体量、文化和独特性三方面。

5.2 工程挑战

5.2.1 工程技术方面

项目建设目标的高标准、建设条件的复杂性、工程建造的开拓性等都对项目工程技术带来了极大的、全面而崭新的挑战。包括:桥岛隧大型构件毫米级设计、制造及装配化技术,重载钢桥面铺装技术,深厚软基筑岛技术、沉降控制技术、大体积混凝土沉管隧道控裂技术、结构防水技术,120年设计使用寿命保障技术,关键施工装备研发等。

5.2.2 施工安全方面

工程项目地处中国台风区,每年有多次台风袭击,施工区域航运交通十分繁忙,施工期间大量作业人员及船舶机具防台安全、涌浪条件下的正常作业、施工安全与交通安全都面临巨大挑战。

5.2.3 环境保护方面

工程项目海域属海洋水文及防洪敏感区,也是中华白海豚的自然保护区,施工期间大量的施工作业、人员及机具船舶对这一大型海洋生物的栖息繁衍带来的负面影响必须降至最低。此外,必须严格限制施工的各种排放,这些要求均是巨大挑战。

5.2.4 建设管理方面

需要同时符合三地法律法规、管理机制体制、技术标准规范,粤港澳三地不同体制机制建设模式、理念、习惯的协调与整合都极具挑战。

5.3 建设理念

基于并服务于项目建设条件、建设目标和需求,设计提出了项目建设理念和指导方针,即"大型化、工厂化、标准化、装配化"。全面实现"大型化、工厂化、标准化、装配化"工法是项目的总体设计思想,以适应工程复杂建设条件,保证施工安全和航运安全、确保工程质量品质、减少现场工作量、减少海中作业时间、降低施工风险、保护海洋生物、保障工期。

"大型化、工厂化、标准化、装配化"理念的本质是工业化。在交通基础设施建设乃至整个工程建设领域,采用工业化理念或者工业化的建设模式,是一场深刻的革命。工程建设的工业化是一个国家工业化水平的体现,大型施工船舶、大型设备的研发制造取决于国家装备工业的水平;大型构件的生产制造安装体现了国家工业生产能力;标准化水平的高低取决于国家工业管理水平。可以说工业化建设理念是国家实力的体现。

港珠澳大桥是中国交通建设史上规模最大、技术最复杂、标准最高的工程,作为世界级挑战性的通道工程,其建设必须采用世界先进技术和方法,以及与之匹配的先进建设理念,必须推行"以需求和建设目标引导设计",推行工业化建设思想,依靠当代先进的科学技术和国家强大的工业化实力,确保其"新技术、高品质、长寿命"目标实现。

5.3.1 设计理念

1) 大型化

大型化是指大桥主体工程的建设将采用大型的施工船舶,大吨位的重型施工装备,大尺度的桥梁、隧道构件等。如:沉管隧道的管节长度达180m,整体重量近8万t;非通航孔桥墩身节段及承台整体预制最大吊装重量约2850t;深水区非通航孔桥及通航孔桥采用的钢箱梁大节段预制安装,标准节段吊重约2600t,最大吊重达3600t;通航孔桥整体钢塔最大吊重约2500t。这些均靠大型浮式起重机予以实现。此外,还有人工岛施工用的8锤联动钢圆筒振沉系统、挤密砂桩船、深水整平船等海上施工都是采用大型装备。

2) 工厂化

工厂化是指尽量将大桥主体工程现场施工转化为工厂化制造,减少现场的作业时间和工作量,是为了更好地适应特殊的建设条件,也是对环境保护的重要支持。大量的人员和装备下海作业,长时间在海上高强度地生产活动,势必给白海豚等大型水生生物带来较大影响。采用工厂化,既缩短了现场的作业时间,也有利于确保工程品质。

3) 标准化

标准化是指对桥梁构件和隧道构件等采用标准化的现代生产流水线进行生产管理,从根本上保证工程质量,同时有效控制成本和工期。

4)装配化

装配化是指对工厂化预制和生产的构件,采用大型装备在现场进行"搭积木"式的装配化安装。这将大大缩短海上作业时间。

5.3.2 设计目标

1)战略性

构建粤港澳大湾区 1h 交通经济圈,提升珠三角国家级经济增长极,建设世界一流的超级跨海通道。

2)创新性

实施"大型化、工厂化、标准化、装配化"创新设计建造理念和"结构+艺术+文化"融合的创新设计理念,成为国际跨海通道的标杆,成为我国桥梁迈向高质量和强国的标志。

3)功能性

大桥具有足够的通行能力,满足桥下的通航净空标准,满足桥梁之上的航空限高要求。

4)安全性

确保大桥施工期间的人财物安全,确保大桥运营期间的行车安全,确保大桥运营期间桥岛隧和船舶安全。

5)环保性

保证大桥阻水比小于10%,确保水生物栖息生存安全,确保大桥施工期间超低的废弃物排放等。

6)长寿命

保证大桥120年以上的设计使用寿命。

7)文化性

把文化表达及景观设计放在重要位置。充分展现优秀的民族和国家文化,处理好民族与世界、传统与现代的关系。既要体现文化自信,又要反映开放包容;既要符合传统审美价值,又要契合时代特征;要融会统筹工程科技创新与文化艺术创造,让工程结构和建筑景观文化融为一体,焕发出强大而持久的生命力。

第 6 章　总体方案及技术标准

总体方案是工程的宏观蓝图,决定了工程的基本框架和方向,而技术标准则是具体实施这一蓝图的基础和保障。港珠澳大桥桥岛隧集群设计作为工程的核心部分,必须严格遵循总体方案,确保各部分协调统一。

路线设计及桥位方案是港珠澳大桥工程方案的基础,是确定整体方案最重要的前提。建设条件是工程方案选择的基础,只有基于前述建设条件,才能保证所选择的工程方案适应建设条件要求,减少工程建设对桥址环境的影响,合理地进行工程设计,选择合理的施工方案,确保工程安全,有效控制投资。

因此,本项目工程总体方案研究和设计的主要思路是:寻求工程潜在的登陆点→综合分析比较确定工程登陆点→制订并综合分析比选工程的线位方案→明确工程总体线位方案→综合分析比选确定工程总体方案。

6.1　路线设计方案

在研究制订该桥的路线设计方案时,重点考虑了以下因素:

(1)路线设计方案应与粤港澳三地的现状及发展规划相协调,有利于三地共同发展和整合三地资源。

(2)保证线位走向顺畅,综合考虑并尽量选择里程短、工程规模小的线位,以降低工程造价。

(3)尽量避开重要的既有设施,减少对既有设施的影响。

(4)重点考虑工程技术的可行性及施工风险性。

(5)注重环境保护,坚持大桥建设与生态环保、城市环境相统一的原则。

6.1.1　路线设计原则

实施过程,针对工程建设的各控制因素,制订项目路线设计指导原则,贯穿各设计阶段,主要有:

(1)按地质选线、环保选线要求,采用遥感、地质调绘、物探、钻探等综合勘察手段,采用水流观测、专题研究等手段,根据区域海床地质条件、航道、水流、航空限高、桥隧、口岸、人工岛等方面综合比选,确定合适的路线平面线位方案。

(2)路线平面应处理好与水上锚地的位置关系,避让水下及地下障碍物,避让地质不良区域,保证线形流畅。

(3)平面线位应充分考虑与珠海、澳门口岸及香港侧海中桥梁的关系,做好左、右行的顺畅转换。

(4)尽量保证桥轴线与水流夹角小,航道与水流基本平行,减小桥梁阻水影响,利于航船安全通行。

(5)路线线形指标符合规范要求,并保证隧道沉管段、大跨度桥梁及重点构造物不位于复杂线形上,降低设计、施工难度,提高运营安全性。

(6)在不降低平面线形指标下,应力求保证线形整体美观。

(7)摒弃传统的设计模式,以设计创新的思维,抓住设计重点与难点、突出亮点,确保总体设计思路的一致性;大胆创新、精雕细琢,追求设计的"精、细、美"。

港珠澳大桥整体线形,在平面设计上采用了较高的线形指标,使人工岛及航道桥顺直;在纵断面设计上,航道桥段两侧纵坡对称布置,非通航孔桥段采用平坡,以避免在桥梁上出现凹形低点。

同时,为保证桥面排水通畅,桥面横坡采用2.5%;平、纵面技术指标按三地较高指标选用;考虑到该工程大型构造物多,影响力强,对线形要求高,平曲线半径不小于不设超高的最小平曲线半径(5250m),竖曲线半径不小于满足视距要求的最小半径。

6.1.2 登陆点位置

港珠澳大桥连接粤港澳三地,因此登陆点位置的选择与确定,需与粤港澳三地政府进行深入的沟通、交流,平衡各方利益和诉求。

1)香港侧登陆点

香港特别行政区政府于2002年10月便开始了港珠澳大桥在香港的着陆点等方面的研究。研究主要集中于从屯门至大屿山西南部的三个研究区。研究结果表明:新界屯门地区交通已逐渐饱和,随着深港西部通道的建成,该地区交通压力将进一步加大,若再将港珠澳大桥的着陆点选择在屯门地区,则须重新调整建设屯门地区的公路网,涉及的投资巨大;大屿山地区交通流量较低,同时该地区有香港国际机场、规划的十号货柜码头以及迪士尼乐园,是未来香港的物流中心和重点发展地区。因此,香港方面建议港珠澳大桥香港的着陆点选址应在大屿山的西北部,并推荐在大屿山磡石湾自着陆点修建连接线连接大屿山干线公路进入香港路网。

2)澳门侧登陆点

根据着陆点附近地形、地质条件、城市总体规划及着陆点附近配套路网情况,澳门侧着陆点主要对三个方案进行比选,分别是路环九澳、氹仔北安和明珠。

对于澳门路环九澳登陆点,若大桥在此着陆,虽然会为九澳港带来发展机遇,但路环岛远离市区,属生态保护区,现有的道路难以适应与大桥接驳的客、货流量;同时从环保的角度考虑,路环岛是澳门城市的"市肺",大桥的着陆点选择在此,对澳门仅有的自然海滩和大量植被的环境保护将会产生十分不利的影响,因此,澳门特别行政区政府对路环九澳方案一票否决。

对于澳门氹仔北安登陆点,其位于氹仔岛的北部,邻近澳门国际机场、友谊大桥及沿海的北安工业区。该区交通量低,路网有能力承担大桥所产生的交通流量,但北安的地形、地貌复杂,不方便进入澳门特别行政区。若登陆点选在北安点,大桥与珠海、澳门连接的可选择方式有三种:

(1)大桥自大屿山碛石湾跨海到达澳门外港航道外,修建桥梁或隧道穿越澳门外港航道、内港航道,在北安登陆,通过大潭山隧道穿越氹仔岛,经莲花大桥或新建桥梁连接到珠海横琴,接入珠海路网。

由于大桥进入珠海前需在澳门境内设专用通道,占用澳门已十分紧张的用地,大桥及边防管理复杂,所经路段对沿线澳门的再发展有限制,因此,澳门特别行政区政府反对这种方式。

(2)大桥自大屿山碛石湾跨海后到达北安附近,采用上跨桥梁的方案跨越澳门的澳氹一、二、三桥,在横琴洋环登陆,向珠海方向设东西向连接线连接太澳高速公路,新建桥梁经氹仔西北角的大潭山隧道进入澳门。

对于该连接方案,澳门方面认为大桥上跨澳门三座桥,对景观影响极大,同时影响三座桥将来的改造或再规划,并且由于在垂直空间有两种不同属性的桥,可能造成未来管理的复杂。因此澳门方面也反对该方案。

(3)大桥自大屿山碛石湾跨海到达澳门外港航道外,采用海底隧道方案穿越澳门澳氹一、二、三桥后在横琴洋环登陆,建设东西向连接线接入太澳高速公路,进入现有路网,往澳门建地下隧道跨越澳门外港航道、内港航道连接到北安,进入澳门。

该连接方案由于受澳门国际机场航空限高制约,将采用隧道穿越澳门的外港航道、内港航道连接到北安。采用海底隧道穿越澳门几条大桥登陆横琴,将制约澳门日后的发展,澳门方面明确反对。

对于澳门明珠登陆点,明珠点位于澳门半岛东北角的黑沙环区,以一个广场中央的一座纪念物而得名。该区域是建立在澳门20世纪90年代填海所形成的土地之上,是澳门半岛的一个新区。大桥若在此处登陆,将会对黑沙环区的发展有新的推动,且黑沙环的海边尚有空地,可以用来满足大桥着陆点与路网衔接的土地需要,也可以配合大桥带来的契机,用作发展工商业或建设轻轨的线路及相应的车站设施。因此,若将明珠作为大桥的着陆点,将使大桥直接和澳门特别行政区交通网相接,方便进入澳门特别行政区中心区域,未来将会对澳门产生最直接的消费、旅游效应。

3）珠海侧登陆点

大桥在珠海侧的着陆点主要考虑了九洲岛、横琴岛、拱北三个方案。

(1) 九洲岛登陆点方案

九洲岛是珠海九洲港以东海中的几座岛屿，当时已开发为九洲岛旅游区，若选择九洲岛为海中大桥的着陆点，大桥线位走向为：自大屿山磡石湾跨海到达九洲岛，依托海岛填海修建口岸，往珠海方向经过九洲大道、珠海大道接太澳高速公路，往澳门修建海中连接桥到达明珠点。

若采用该登陆点方案，则将使得海中线路最顺捷，距离最短，海中工作量减少。但是，由于珠海连接线需穿越珠海市的商业中心，受地形影响，接线只有采用高架桥或下穿隧道通过九洲大道，并连接珠海大道，高架桥将会严重影响珠海市区的景观，采用下穿隧道，隧道长度将达10km以上，并且穿越区域内建筑物及市政管线密集，对城市的影响大，因此广东省反对该方案。

(2) 横琴岛登陆点方案

横琴岛面积86万km^2，东与澳门相邻，向北通过横琴大桥与珠海湾仔相连，时为珠海准备重点开发的地区。

若大桥选择横琴为着陆点，存在两种方案：①大桥在横琴南端登陆，修建南北向连接线接入太澳高速公路，通过太澳高速公路顺利与京珠高速公路、粤西沿海高速公路、江珠高速公路和珠海大道衔接；②大桥在横琴东北洋环登陆，修建东西向的连接线接入太澳高速公路。

(3) 拱北登陆点方案

拱北地区与澳门北部相邻，区域建有澳门与珠海间口岸设施——拱北口岸，为珠海的一处交通枢纽。若大桥选择拱北为着陆点，则珠海连接线将穿过拱北口岸区向西跨越前山航道，连接到太澳高速公路，通过太澳高速公路顺利与京珠高速公路、粤西沿海高速公路、江珠高速公路和珠海大道衔接，但沿线拱北口岸区建筑物密集。

4）各方的意见与建议

通过与三地政府不断地沟通、协调，对于港珠澳大桥的登陆点，各方的意见和建议主要有以下几方面。

(1) 香港方面

大桥在香港侧的登陆点确定在大屿山磡石湾，并已开始了香港连接线研究工作；要求大桥香港连接线不进入大屿山陆域。

(2) 澳门方面

反对大桥在路环点登陆，推荐明珠点；不反对珠海连横琴；要求在明珠方案技术上走不通时再考虑北安，反对大桥穿越澳门陆域后再连接到横琴；反对大桥上跨澳凼一、二、三桥；反对采用水下隧道下穿澳凼一、二、三桥。

（3）广东方面

建议西岸登陆点主要考虑两个组合：①珠海着陆点为拱北，对应澳门着陆点在明珠；②珠海着陆点为横琴，对应澳门着陆点在北安；在工可研究中通过研究，将西岸第二种着陆点组合作出调整，珠海着陆点为横琴，对应澳门着陆点在明珠，并根据两组着陆点组合进行桥位方案的研究比选。

经粤港澳三地三方意见协调后的港珠澳大桥登陆点方案如图6-1所示。

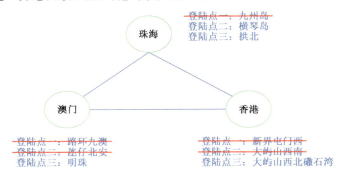

图6-1 粤港澳三地意见协调后的港珠澳大桥登陆点方案

6.1.3 桥位方案

根据粤港澳三地意见协调后的港珠澳大桥登陆点，即东岸香港侧登陆点在大屿山礁石湾，西岸考虑拱北-明珠、横琴-明珠登陆点组合，综合考虑工程技术的可行性、社会效益的长久性、经济的合理性、与规划的协调性以及对环境的影响，进行多方案比较，针对可能的桥位走向空间位置，最终提出了三大类桥位方案，即：礁石湾北线类方案、礁石湾南线类方案和极南线类方案。

1）礁石湾北线类方案

该方案特点为：东岸起点为香港大屿山礁石湾，采用海底隧道穿越伶仃西航道及铜鼓航道，具有线形顺畅、总里程短和对通航影响小的优点；方案不足之处在于：海中隧道较长，建设和运营费用较高，人工岛对环境的影响大于桥梁方案等。

礁石湾北线类方案有两个桥位方案，即礁石湾北线-拱北-明珠桥位（方案1）与礁石湾北线-横琴洋环-明珠桥位（方案2）。

2）礁石湾南线类方案

该方案东岸起点为香港大屿山礁石湾，在大澳岛南侧跨越大濠航道处可考虑采用海底隧道或大跨桥梁方案；东侧主航道处可考虑采用桥梁方案，减少对水环境的影响，建设和运营成本较低。该方案的主要缺点是：东侧主航道处航行条件不如隧道方案，船撞风险大于隧道方案；对珠江口造船业及大型石油平台修造业的发展限制较大。同时，要处理好与香港规划十号码头的关系。

礁石湾南线类方案有两个桥位方案，即礁石湾南线-拱北-明珠桥位（方案3）与礁石湾南线-横琴洋环-明珠桥位(方案4)。

3)极南线类方案

该方案可基本避开珠江口中华白海豚保护区,西岸由横琴南端登陆,海中工程可利用牛头岛和青州岛(或三角岛),不同处在于桥位东岸是沿大屿山南端一路向北,在磡石湾登陆或穿越大屿山,因此该类方案可形成两个桥位方案,即:

方案5:磡石湾-横琴岛南端,香港侧登陆点为磡石湾,珠海侧登陆点为横琴,澳门侧不设置登陆点。

方案6:大屿山南-横琴岛南端,香港侧登陆点为大屿山,珠海侧登陆点为横琴,澳门侧不设置登陆点。

上述三大类桥位方案的比较见表6-1。

港珠澳大桥总体桥位方案比选　　　　　　　　　　　　表6-1

比选项目	第一类:磡石湾北线	第二类:磡石湾南线	第三类:极南线
总体特征	需采用海底隧道穿越伶仃西航道及铜鼓航道	东岸登陆点为香港大屿山磡石湾,在大澳岛南侧跨越大濠航道处考虑采用海底隧道或大跨桥梁方案	东岸登陆点为香港大屿山磡石湾,西岸登陆点为横琴南端
优点	①线形顺畅; ②总里程短; ③对通航的限制及影响小	①东侧主航道处采用桥梁,可减少对环境的影响; ②建设和运营成本较低	①基本避开珠江口中华白海豚保护区; ②海中工程可利用部分岛屿; ③口岸设置在横琴,无须填筑口岸人工岛,可降低对水环境的影响
缺点	①海中隧道较长; ②建设和运营费用较高; ③相较于桥梁方案,人工岛对水环境的影响大	①东侧主航道处航行条件不如隧道方案,船撞风险大于隧道方案; ②对珠江口造船业及大型石油平台修造业的发展限制较大; ③要处理好与香港规划的十号码头的关系	①总里程长,运输效能低; ②桥位走线将封锁大屿山西岸大部分岸线,环评较难通过; ③工程建设难度大,运营管理复杂

上述六个桥位方案的比较分析见表6-2。

港珠澳大桥桥位方案比较分析　　　　　　　　　　　　表6-2

比选项目	第一类:磡石湾北线		第二类:磡石湾南线		第三类:极南线	
	桥位方案1	桥位方案2	桥位方案3	桥位方案4	桥位方案5	桥位方案6
工程规模	海中总长度35.078km,大濠航道处采用沉管隧道,两侧各设置一个人工岛	海中总长度34.081km,大濠航道处采用沉管隧道,两侧各设置一个人工岛;珠海连接线长14.8km	海中采用全桥方案,总长度35.4km,大濠航道处采用主跨跨径718m的五塔钢箱梁斜拉桥	海中采用全桥方案,总长度34.6km,大濠航道处采用主跨跨径718m的五塔钢箱梁斜拉桥	海中总长度约46.2km,大濠航道处采用隧道,桥梁长38.3km,珠海连接线长4.1km;连接澳门设置专用通道	海中总长度约40.1km,大濠航道处采用隧道,桥梁长32km;香港连接线长8.7km,珠海连接线长4.1km;连接澳门设置专用通道

续上表

比选项目	第一类：磡石湾北线		第二类：磡石湾南线		第三类：极南线	
	桥位方案1	桥位方案2	桥位方案3	桥位方案4	桥位方案5	桥位方案6
大濠航道隧道长度	6.753km	6.753km	—	—	7.9km	8.1km
技术关键点	超长超深隧道及深水筑岛关键技术	超长超深隧道及深水筑岛关键技术	多孔大跨径斜拉桥关键技术	多孔大跨径斜拉桥关键技术	超长超深隧道及深水筑岛关键技术	超长超深隧道及深水筑岛关键技术
施工难度及风险	设计及施工难度较大	设计及施工难度较大	现有经验可借鉴，风险相对较小	现有经验可借鉴，风险相对较小	水深加深、风浪增大，施工难度及风险加大	水深加深、风浪增大，施工难度及风险加大
预估建筑安全工程费	314亿元人民币(不含口岸)	338亿元人民币(不含口岸)	269亿元人民币(不含口岸)	293亿元人民币(不含口岸)	—	—
运营维护	水下隧道较长，运营维护费用高于桥梁	水下隧道较长，运营维护费用高于桥梁	海中全桥，运营维护费用低	海中全桥，运营维护费用低	路线较长，运营维护费用高	路线较长，运营维护费用高
对环境的影响	人工岛对河床断面压缩大	人工岛对河床断面压缩大	桥梁方案对河床断面压缩小	桥梁方案对河床断面压缩小	对河床断面压缩相对较小	对河床断面压缩相对较小
对航行条件的影响	对大屿山锚地使用有影响	对大屿山锚地使用有影响	对造船业及特种海洋工程设备运输有限制，航行条件不如隧道方案	对造船业及特种海洋工程设备运输有限制，航行条件不如隧道方案	对航行影响小	对航行影响小

6.2 桥梁与隧道之"争"与"和"

由表6-1和表6-2可知，磡石湾南线采用全桥方案，采用桥梁跨越榕树头航道和大濠航道，由珠海口岸至香港侧登陆点，主体工程全长约36km。该全桥方案的优势在于：建设及养护成本低、对河床断面压缩小、技术相对成熟。该方案的不足之处在于：难以满足军方军用设施通航的要求；同时，桥梁一旦建成，受到通航净宽、净高的制约，珠江口内航运及相关产业（如造船业及特种海洋工程设备运输业）的远期发展将受到制约。从香港角度看，若采用南线方案，则须沿大澳至磡石湾的一段大屿山现有天然海岸线建造大桥，将会对大屿山西面的天然沿岸景观造成严重影响。此外，该方案会十分靠近大屿山西南分流角的海岸公园及香港地区中华白海豚较多出没的位置，对大屿山的自然保育及生态环境会产生不利的影响。最后，从通航角度看，大濠航道处船行密度大，采用桥梁方案的航行条件不如隧道方案。

若海中全线采用全隧道方案,工程的可实施性非常低,仅工程造价就极高。鉴于此,应该根据桥梁与隧道各自的特点及优势,在合适的地理位置和环境条件采用合理的工程方案。

从表 6-1 和表 6-2 可以看出,碌石湾北线与极南线采用的是桥隧组合方案。其中,碌石湾北线方案以隧道形式穿过伶仃西航道和铜鼓航道的方式,既不会对这些航道构成通航高度限制,也不会对广州港及造船基地等造成制约。该方案中以桥梁跨越青州航道、江海直达船航道及九洲港航道,在环保、航运发展、技术可行性等重要考虑因素上最为优胜。此外,对香港而言,北线方案对大屿山天然海岸线造成的干扰也是最少的。

极南线方案采用的也是桥隧组合方案,珠海横琴是西岸的登陆点,向东而行,以特长海中隧道穿越大濠深水航道,随后或仍以隧道穿越规划的海岸公园及以特长的穿山隧道贯通大屿山郊野公园至东涌,或沿大屿山西面海岸线北上至香港登陆点碌石湾。该方案中,特长海中隧道的通风井需建设人工岛,经海岸公园走线方案的隧道人工岛接近建议中的海岸公园及海岸保护区,且穿山隧道通风井需处于郊野公园范围内,将影响环境。此外,该方案全长约 40～46km,涉及的建造成本高、维修保养困难且费用高,意外事故处理风险亦将大大提高。

因此,经综合比较,重点考虑军事要求并为珠江口内河航运及相关产业近期发展留有余地,最终推荐采用了碌石湾北线桥隧组合方案。

6.3 桥隧组合方案达成

2005 年 4 月,国家发展和改革委员会交通运输司在珠海组织召开了港珠澳大桥桥位技术方案论证会,邀请全国知名的工程专家及中央人民政府有关部委的代表,对研究提出的两组着陆点组合、6 个桥位走廊方案进行比选论证。专家组经过综合论证比选,形成的主要意见为:

(1)原则同意大桥东岸起点为香港碌石湾,西岸终点为珠海拱北/澳门明珠。

(2)考虑到珠江三角洲的航运发展规划和广东省工业布局的要求,为减少对航运和相关产业发展的制约,并有利于国防安全,多数专家认为北线桥隧组合方案优于南线全桥方案。

与此同时,三地政府也同意专家推荐意见,确定大桥东岸登陆点为香港碌石湾,西岸澳门登陆点为明珠,珠海登陆点为拱北,优先考虑采用碌石湾北线-拱北/明珠桥隧组合方案。

此后,经过后续大桥桥位和登陆点的进一步多方案比选、深化研究和初步方案的调整与优化,最终确定港珠澳大桥桥位及登陆点方案为:东岸以香港碌石湾为登陆点、西岸以拱北(珠海)-明珠(澳门)为登陆点的碌石湾北线北移方案。

港珠澳大桥桥位及登陆点的整个研究过程见图 6-2。从图 6-2 可以看出,大桥桥位及登陆点的确定过程就是各方利益主体之间的不断磨合、博弈与合作,以及不断比选、逐步筛选并最终形成共识的历程。

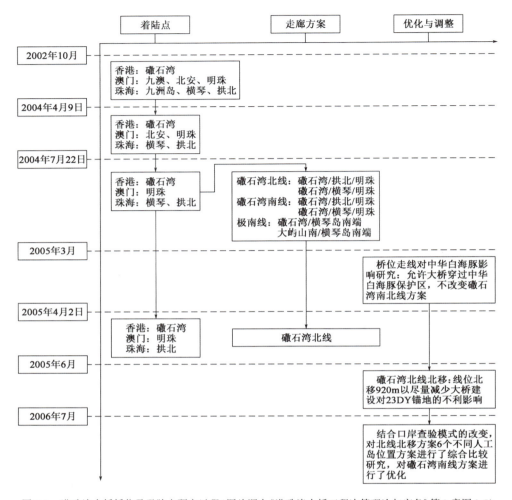

图 6-2 港珠澳大桥桥位及登陆点研究过程（图片源自《港珠澳大桥工程决策理论与实务》第 3 章图 3-5）

6.4 技术标准确定

6.4.1 指导思想

港珠澳大桥项目前期工作需按三地法律分别报批，意味着项目在粤港澳三地各自境内的建设必须符合各地法律要求，三地将各自以边界作为行政和司法权的管辖范围。由于主体工程必须采取统一的设计建设标准，大桥建设前期的主要技术矛盾集中在技术标准和设计规范的差异性及其协调统一上。

当时，内地已有较为完善的公路和桥梁设计、施工技术规范与标准，而粤港澳三地在具体工程设计方面存在差异。因此，港珠澳大桥设计过程中首先需要统一并确定项目各分部、分项工程的设计和建造所采用的规范与标准。借鉴深圳湾大桥和澳门莲花大桥的建设经验，三地采用统一设计需协调大量工作，耗时较长。由于技术标准选取需在先进性、施工难度、可靠性、时间及资金约束之间找到平衡，为此，在项目初步设计前，通过建立良好的沟通协调机制，开展针对性研究工作，最终提出并确定港珠澳大桥技术标准选取原则为：就高不就低，运营管理设计满足管理者要求，不明确问题具体分析。

在总体设计中，根据上述原则，针对国内首次应用的外海岛隧工程，编制了适用于项目条件的岛隧工程设计手册，科学审慎地论证并明确了各项主要技术标准；同时，在统筹三地既有桥梁工程设计技术规范的基础上，结合项目实际情况，研究编制了港珠澳大桥主体桥梁工程设计手册。

6.4.2 主要技术标准

1）桥梁工程

（1）公路等级：高速公路；

（2）设计速度：100km/h；

（3）行车道数：双向六车道；

（4）设计使用寿命：120年；

（5）建筑限界：桥面标准宽度33.1m，净高5.1m；

（6）最大纵坡：3.5%；

（7）桥面横坡：2.5%；

（8）设计荷载：按交通运输部发布的《公路桥涵设计通用规范》（JTG D60—2004）第4.3.1条规定的汽车荷载提高25%用于本项目设计计算，按香港地区所执行的 *United Kingdom Highways Agency's Departmental Standard*（BD 37/01，英国公路局部门标准）规定的汽车荷载进行计算复核；

（9）抗风设计标准：运营阶段设计重现期120年，施工阶段设计重现期30年；

（10）抗震设防标准：地震基本烈度为Ⅶ度。

2）岛隧工程

（1）几何设计

隧道建筑限界：宽度＝左侧检修道0.75m＋左侧向宽度0.5m＋行车道宽度3.75m×3＋右侧向宽度1.0m＋右侧检修道0.75m＝14.25m，高度＝5.1m；横向安全通道：建筑限界宽＝2.0m，高度＝2.1m。

（2）交通工程等级

隧道交通工程等级：A＋级。

（3）结构安全

工程安全等级：一级；隧道人防抗力等级：六级（60kN/m²）。

（4）防水及抗渗

隧道结构防水等级：一级；隧道结构抗渗等级：≥P10。

（5）结构温差

顶板及外侧墙±10℃，底板及内墙为±5℃；隧道结构的纵向温差±15℃。

（6）设计水文频率

人工岛：施工期水位及波浪要素重现期不低于20年，需综合考虑自然条件、施工条件、建设工期等因素；运营期：设计工况采用100年重现期的水位及波浪要素，极端工况采用300年重现期的水位及波浪要素。

隧道：施工期按10年一遇高、低潮位进行设计，并考虑10年重现期的波浪作用；运营期：按300年一遇高、低潮位进行结构计算，按千年一遇高、低潮位进行相应检算；当进行承载能力极限状态和正常使用极限状态计算时，考虑120年重现期波浪作用可变荷载。

120年使用期内全球气候变暖引起海平面上升的高度：0.4m（设计），0.8m（校核）。

（7）沉船荷载

①当隧道顶部与覆盖层在海床以下1m或者更多，并且水深9m或者以上（对应于设计船只的吃水深度），隧道设计应能承受40kPa的均匀荷载作用于隧道整个宽度方向以及沿长度方向19m（对应于设计船只的宽度）的范围内。

②当隧道顶部与覆盖层在海床以下不足1m，并且水深9m或其以上（对应于设计船只的吃水深度），隧道设计应能承受135kPa的均匀荷载作用于隧道整个宽度方向以及沿长度方向19m的范围内。

③当水深小于9m时，荷载与荷载作用长度应根据实际的水深与9m水深分开考虑，或按顶板作用50kN/m²进行计算。

（8）爆炸荷载

隧道内部爆炸荷载按照100kN/m²作用于任何一行车孔内考虑。

（9）结构耐火

按RABT标准升温曲线要求，耐火极限不低于2h。

火灾热释放率：50MW（需综合考虑FAS报警系统和泡沫+水喷淋消防系统）。双洞隧道内同一时间发生火灾的次数为一次，即两孔隧道按同时只能发生一处火灾。运营期禁止超高、超宽、超长车辆、装有易燃易爆物品和有毒化学品的汽车、履带车、过大轴重的卡车、牵引车和压路机在隧道内通行。

（10）设施防撞

防撞设计按照允许船舶撞损设计，防撞设施设计船撞力为48MN；可抵抗5万吨级满载、

10万吨级减载及15万吨级压载船舶的撞击能量。

(11) 隧道内卫生

①CO设计浓度：正常工况80.16mg/m³，阻塞工况114.5mg/m³；

②VI设计浓度：正常工况51/km，阻塞工况91/km；

③NO_2设计浓度：正常工况1.145mg/m³，阻塞工况1.145mg/m³；

④行孔洞内设计风速：≤10m/s；风道内设计风速：≤18m/s。

(12) 消防标准

根据我国现行《公路隧道交通工程设计规范》(JTG/T D71)，对于特长隧道应考虑消防用水为20L/s，配置4台水枪，满足持续灭火6h要求。

隧道横通道防火门耐火隔热性、耐火完整性不应小于3h。

(13) 人工岛允许越浪

①正常通行工况：在重现期10年的高水位和重现期50年的波浪要素的组合条件下，越浪量不大于$1×10^{-5}$m³/(s·m)；

②设计工况：在重现期100年的高水位和重现期100年的波浪要素的组合条件下，越浪量不大于$5×10^{-3}$m³/(s·m)；

③极端工况：在重现期300年的高水位和重现期300年的波浪要素的组合条件下，越浪量不大于0.015 m³/(s·m)，并满足岛内排水系统的能力要求。

(14) 人工岛允许工后沉降

根据岛上不同区域建筑物的使用功能和要求，开工4年后的隧道主线以外区域的工后沉降不大于0.5m。对于隧道主线区域，由于采用桩基础，可不做工后沉降的具体要求，但桩基应考虑负摩擦影响。

第 7 章　景 观 设 计

工程景观不仅仅是视觉的美学体验,更是人与自然、工程与环境之间的和谐共鸣。现代桥梁从功能上看,是一个跨越障碍的通道,但从更深的层面看,也是一个标志性的公共建筑物。因此,桥梁建设在满足交通功能的前提下,需要充分考虑桥梁景观的营造,充分融入和展现城市地理环境、历史人文等文化元素。纵观桥梁历史,流芳于世的桥梁不仅以其坚固耐用而闻名,更因其高超的建筑艺术而光彩夺目。

如果说景观为工程设计注入灵魂,工程设计则为景观提供了载体。港珠澳大桥作为一项备受世界瞩目的世纪工程和我国桥梁建设史上的典范工程,其价值和影响力是巨大的,其建设意义远超出一座跨海通道工程,要求其不仅要满足交通功能,还必须集创新性、地标性、独特性、文化性于一体,以实现其最优的社会价值和经济效益。

7.1　总体景观设计

7.1.1　总体线形

在超长线形的跨海桥梁中,延绵不断的线形是大桥总体景观的主体,也是长桥的气势所在。因此,平纵线形的设计是超级跨海长桥景观设计的重点。路线的平纵线形设计首先基于项目的平面和纵面控制点要求,紧密结合大桥的水文条件、阻水比、通航净空、航空限高等建设条件而展开,并在技术指标上应满足路线技术标准的要求。在此基础上,与景观设计有机协调而研究确定。总体线形从景观角度可分为两部分:平面线形的变化与纵坡线形的变化。港珠澳大桥总计设置了6个平面弯曲(图7-1a)和5个纵向起伏(图7-1b)。富于变化的柔美曲线既如长虹卧波又似蛟龙腾海,气势恢宏而使人产生无限遐想。弯转的平曲线使大桥富于变化,给司乘人员带来海上行车的兴奋感和观景的愉悦感;跌宕的竖曲线给行车带来起伏变化,避免使人枯燥乏味。

7.1.2　景观构成与设计思路

港珠澳大桥总体景观系统可归结为"一线、三桥、三岛"。"一线"指全线的桥、岛、隧平纵线形;"三桥"指沿线3座航道桥,即青州桥、江海桥、九洲桥;"三岛"指桥隧东西两个人工岛和珠澳口岸人工岛。

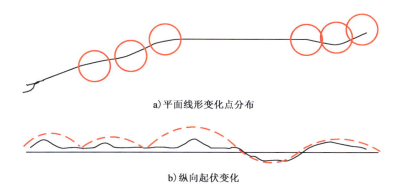

a) 平面线形变化点分布

b) 纵向起伏变化

图 7-1 港珠澳大桥总体线形变化示意图

  大桥景观设计遵循点、线、面结合,互相协调的原则。其中,点即 3 座航道桥的造型设计,线即大桥总体线形设计,面则为 3 个人工岛的形态及岛上建筑设计。通过线将点、面衔接,点、线、面相互辉映,从而达到总体景观效果。

  港珠澳大桥的建设目标之一是建设成为地标性建筑。总体景观设计从工程、文化、环境等方面进行了全方位调查、分析和研究,将桥梁美学与工学相结合,对大桥展开了全方位的景观设计工作。大桥工程形态具有如下特征:①非通航孔桥为线形主体,形体醒目;②航道桥占位规模小,形体突出;③东、西人工岛及岛上建筑体量巨大,形体突出,远离陆域视线;④海底隧道内部结构具有单一性,呈隐蔽线形分布。

  港珠澳大桥 3 座航道桥跨度相对不大,但却是整个大桥工程的重点景观建筑,其建筑形态代表大桥的形象,是直接影响大桥能否成为地标性建筑的关键,其桥型和塔型的选择是景观设计的重点。考虑到经济性和功能性,非通航孔桥以梁式结构为主,由墩、梁结构组成,形象简洁单一,是大桥整体连续不可或缺的重要部分。

  海上人工岛是连接桥梁和隧道的重要转换节点,是作为海上桥隧的连接枢纽,其设计构思需充分融合环境特色、地域文化,使其成为具有人文内涵的海上重点景观工程。

  海底隧道体现了尊重自然与可持续发展的建设理念,减少了对中华白海豚的影响,隧道工程与生态环境相互协调。由于隧道隐埋于海床面以下,因此其形态隐蔽而弱于表现。

  作为路线的门户,珠澳口岸人工岛区域的视觉中心是收费大棚,也是大桥门户的标志,设计时予以了重点关注和构思。另外,口岸人工岛上连接线桥梁形象突出,宜保持适度低调,设计时重点对其形态进行研究,使其满足功能,简约协调,明快流畅。

7.1.3 景观设计理念

  桥梁景观设计以达到桥梁与其所在区域自然环境和社会文化的统一为佳,具体可表现为桥梁造型元素与其所在地区特征元素的呼应。同时,桥梁结构设计应与景观设计充分融合,从而赋予桥梁建筑以内涵、文化及思想,促使欲表达的精神文化能够得到淋漓尽致地展现,彰显其艺术价值。

港珠澳大桥环境特点对景观的要求、三地发展对景观的需求、观桥视点对景观的制约、大桥的地域文化、三地历史底蕴等共同决定了港珠澳大桥景观设计理念,即:基于总分结合设计思路的"珠联璧合""工程、艺术、文化、环境"多元化融合、结构物造型追求"神似而非形似、写意而非写实、抽象而非具象"的景观设计理念。

"珠联璧合"理念(见图 7-2)取自《汉书》中的词汇,意为珍珠联成串,美玉合成双。通过借用《汉书》典故,象征各分项工程节点犹如颗颗明珠和美玉汇聚在伶仃洋上,桥梁、人工岛及海底隧道"珠联璧合",共同形成绵延的跨海工程,海中"两岛如合璧,三桥如连珠",珠联璧合,熠熠生辉,正是中华民族灿烂悠久的文化底蕴在现代工程中的绝妙体现。"珠联璧合"设计理念同时也体现出中西文化、粤港澳文化、古代与现代、时间与空间等要素在超级工程中的相互渗透和融合。中西合璧的地域文化,兼有中国古典风俗要素,又融合了滨海城市的风情、茶禅文化的特色、岭南文化的幽雅和现代化的迅捷,使三地风格迥异的大湾区海滨城市群因大桥的建设而融为一体。

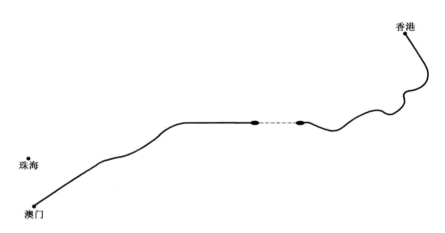

图 7-2 港珠澳大桥"珠联璧合"连三地

7.2 桥梁景观设计

7.2.1 造型方案构思

首先通过技术经济综合研究比选,确定了大桥主体工程的桥型方案;3 座航道桥采用斜拉桥,非通航孔桥采用梁桥。在方案研究及设计阶段,对海中桥梁尤其是 3 座航道桥进行了大量的景观造型方案研究和比选。3 座航道桥主要景观造型方案构思见表 7-1。

3座航道桥主要景观造型方案构思　　　　　　表7-1

设计理念	效果图			景观特点
扬帆顺行	青州桥	江海桥	九洲桥	历史感强；具有鲜明的海洋文化元素；造型独特、柔美；准确的工程定位（长桥与帆）；独特地域文化内涵
鱼跃龙门	青州桥	江海桥	九洲桥	独特、意象；具有鲜明的海洋文化元素和较强的中华文化特色，寓意人与自然和谐共生
中国结	青州桥	江海桥	九洲桥	独特、大气；以"中国结"元素塑造桥梁造型，具有鲜明的中华文化特色，通过简约独特的造型表达吉祥平安的寓意
三地相连	青州桥	江海桥	九洲桥	现代感强；造型简约、大方；通过桥塔造型的变化，塔柱首尾交融、相连，寓意"三地相连"

基于全桥"珠联璧合"的景观设计理念，通过对表7-1中3座航道桥景观文化内涵、桥梁元素特征、景观视点进行分析研究，并考虑中西、古今、粤港澳等文化交融的特点，最终采用了以海洋文化元素为基础的"扬帆顺行"理念为主，同时也注入了寓意粤港澳三地结同缘、结同心的极具中华文化特色的"中国结"文化元素以及人与自然和谐共生的"海豚"海洋生物形象和文化元素，以此形成3座航道桥的景观造型。

7.2.2　航道桥景观

1) 青州桥

青州桥位于伶仃洋中部海域，是港珠澳大桥桥梁单体规模最大、结构最高的建筑，观桥视点分别集中于桥面、海面和空中，因此与其他两座航道桥不同，将桥塔正立面设计成为景观突出亮点是必要的、合理的。经设计研究，青州桥设计采用了具有鲜明中国元素的"中国结"造型的桥塔上横梁，达到了结构与艺术、文化的完美融合，也表达了吉祥顺利之意，极具文化意蕴。同时设计对桥塔上横梁等结构进行了造型优化，加强曲线元素，使之与全桥的曲线元素风格统一[图7-3a)]。该桥塔整体造型简约大气，具有鲜明的中国特色。

a) 青州桥

b) 江海桥

c) 九洲桥

图 7-3 3 座航道桥景观效果

2) 江海桥

江海桥位于伶仃洋白海豚保护区,桥塔造型引入了海豚元素,这与桥位区域海豚保护区的海洋生态文化相吻合。桥塔采用海豚造型,形状优美,富于变化,具有鲜明的原创性;同时,桥塔也兼具风帆神韵,与"扬帆顺行"的文化主题相一致,其建筑元素协调统一,造型极具独特性和地标性[图 7-3b)]。

3) 九洲桥

九洲桥位于澳门和珠海城区的视线范围内,具有很强的景观性要求。设计以简约风格为前提,桥塔采用双索面独柱加弧形辅柱的组合塔,好似帆桅,构成了大桥与海岸风景线的对景关系,与该地域的环境相吻合。该设计方案简洁,造型优美,特色突出,具有很强的原创性和认同感,双塔构成的双帆效果和曲线的桥塔共同增强了大桥的律动感和地标性[图 7-3c)]。

7.2.3 非通航孔桥景观

非通航孔桥为航道桥之间、人工岛与航道桥之间、岸线与航道桥之间的连接桥梁,通航要求低,采用了简约的连续梁桥型。其中,深水区非通航孔桥采用 110m 跨径整墩整梁的连续钢箱梁,在蜿蜒的长桥中力求使大桥整体简约、刚劲,提升了景观通透性;浅水区非通航孔桥采用 85m 跨径整墩双梁的连续组合梁。非通航孔桥在与大桥整体的组合中,发挥了连接和承上启下的作用。

7.3 人工岛景观设计

7.3.1 设计定位

东、西人工岛的基本功能是实现海上桥梁与隧道的连接,但又是兼具交通、管理、服务、救援和观光等功能为一体的运营管理中心。东人工岛距离香港较近,确定东人工岛以文旅观光为主;西人工岛位于伶仃洋中部,考虑救援、养护的合理距离,确定西人工岛以大桥管养功能为主。在满足基本功能的前提下,尽量缩短迎水面长度,减小阻水比。岛形方案需利于水体的自然流动,尽量减少对附近水域水动力的影响。此外,岛上建筑造型应力求简洁大气,有利于抗风,形式上追求统一,使其与周边环境相协调,构成"岛即建筑、建筑即岛"的设计思想。

珠澳口岸人工岛是通向城市的重要门户,因其整体形状呈狭长的线形,设计时注重增加人工岛的宽度并使平面形状自然,线形流畅,同时在建筑的布设上做到与环境相协调,具有地域的特色及简洁生态的现代感。岛上收费大棚是大桥的门户标志,所以景观设计中对其予以重点关注。珠澳口岸人工岛景观效果见图7-4。

图7-4 珠澳口岸人工岛景观效果

7.3.2 岛形方案构思

设计过程中对东、西人工岛岛形进行了研究,以期达到既满足功能要求,又经济、美观的效果。东、西人工岛岛形方案构思见表7-2。

通过对表7-2中"扬帆起航""抱珠""中华盘龙""海螺""生态绿岛"以及"蚝贝"等岛形方案的比选,并根据环境、阻水、功能、建筑、结构、美观、造价等综合因素的分析,最终确定岛形为"蚝贝"方案。

东、西人工岛岛形方案构思 表7-2

设计理念	人工岛效果图	方案特点及环境影响	景观效果
扬帆起航		缩短岛的长度;圆弧形岛壁利于水的自然流动;岛面积的缩小有利于海洋环保	效果一般
抱珠		缩短岛的长度,降低阻水比,减少对环境的影响;成锐角形的岛尖利于水自然流动;建筑分散布置,高度较低	现代感强,效果良好
中华盘龙		降低岛的阻水比;减缓车速;环形观景,视野开阔	形式简洁,效果良好
海螺		缩小岛的面积;突出海洋文化;岛和建筑融为一体	生态感强,效果佳
生态绿岛		绿色生态;岛形利于水的自然流动	现代感强,效果佳
蚝贝		绿色生态,突出海洋文化,与周围环境协调;岛形利于水的自然流动,降低岛的阻水比;岛和建筑融为一体	现代、大方,效果突出

7.3.3 人工岛景观

东、西人工岛采用椭圆形岛形的"蚝贝"方案,简洁明快,利于水流疏导。其中,东人工岛设计岛长625m,横向最宽处约215m;西人工岛设计岛长625m,横向最宽处约190m。东、西人工岛实际景观效果见图7-5。

a) 东人工岛

b) 西人工岛

c) 东、西人工岛鸟瞰

图7-5 东、西人工岛实景

此外,2个岛的隧道进出口针对隧道敞开段"光过渡结构"进行了景观设计,结合蚝贝设计主题,采用由疏至密、赋予节奏变化、层层叠加的造型,达到光线渐变的效果(图7-6)。

图7-6 隧道敞开段"光过渡结构"景观设计

此外，为了减少后期维护工作量并获得简洁、素雅的建筑外观效果，岛隧工程东西两个人工岛主体建筑、挡浪墙及隧道敞开段，设计时均采用了海工清水混凝土，这是国内交通工程行业首次大规模应用海工清水混凝土；在强调混凝土本身的结构功能和耐久性能的同时，并注重浇筑成型的外观效果，风格上坚持"极简、精致、实用、耐久、自然"的原则，铸就了"少女素颜"之美。

7.4 夜景设计

桥梁夜景观与桥梁交通照明有着本质的区别，其是照明科学与桥梁艺术的有机结合。港珠澳大桥夜景设计理念与总体景观设计理念和风格相统一，采用"伶仃珠链"的景观设计理念，充分结合工程结构的特点，突出表现各航道桥、东西两个人工岛等具有景观敏感度和观赏价值的区段；通过采用投射距离远、大功率的变色 LED 投光灯，运用不同灯具、不同的灯光色彩对大桥桥塔、斜拉索进行照明，从而突出大桥人工岛、桥塔、斜拉索的夜景效果；在超长的海中桥梁上，采用系统程控、可无级变色调的 LED 投光灯形成色彩的变化、强弱的变化，勾勒出大桥绚丽多彩的长虹夜景（图 7-7）。

图 7-7　港珠澳大桥夜景景观

7.5 色彩设计

桥梁的色彩设计既要融入周边自然环境，又要考虑到与城市的发展相协调，表现出地域性、文化性及整体性。港珠澳大桥的景观涂装与色彩是决定其景观效果的重要因素之一，通过对香港、珠海、澳门城市及环境色彩研究分析，并从大桥与环境的关系出发，认为浅灰色调能与城市中的主要构造物相统一，也能与不做涂装的混凝土色彩相融合。此外，考虑到大桥规模庞大，在色彩上也宜选择明度较高的浅灰色调，给人以崭新、挺拔、活泼的感觉。

大桥景观涂装色彩设计方案最终采用了以浅灰色系为主色调的方案,具体为:桥梁桥塔、斜拉索、索套、钢箱梁、组合梁钢结构部分、箱外检查车、桥面护栏、风障及路灯均采用浅灰色。另外,3座航道桥的防撞套箱采用灰黄相间的色彩涂装,既具有警示醒目作用,又不会对桥梁整体景观造成大的影响。大桥采用的景观涂装色彩,使大桥各部的色调协调统一,全桥色彩浑然一体,极具现代感,也充分彰显了工业之美、力量之美。

第8章 桥梁工程设计

港珠澳大桥主体工程总长约29.6km,其中主体桥梁工程长约22.9km,包括3座通航孔桥和深/浅水区非通航孔桥5个部分。其中,属于岛隧工程的人工岛结合部非通航孔桥,也将在本章予以介绍。

8.1 总体布置

青州桥为主跨跨径458m的双塔钢箱梁斜拉桥;江海桥为主跨跨径2×258m的三塔钢箱梁斜拉桥;九洲航道桥为主跨跨径268m的双塔组合梁斜拉桥;深水区非通航孔桥为110m等跨径等梁高钢箱连续梁桥,为跨越崖13-1气田管线需要,其中一联采用110m+150m+110m变梁高钢箱连续梁桥;浅水区非通航孔桥为85m等跨径等梁高组合连续梁桥。主体桥梁工程的总体桥型布置见图8-1(图中东人工岛结合部非通航孔桥以东海中桥梁属于香港接线工程)。

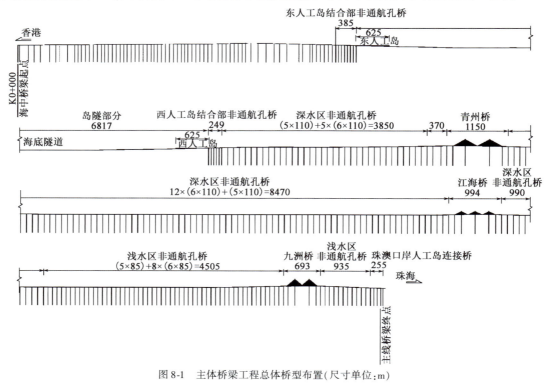

图8-1 主体桥梁工程总体桥型布置(尺寸单位:m)

8.2 通航孔桥设计

8.2.1 青州桥

1）桥型方案研究与确定

青州航道的通航净空尺度为410m×42m，根据跨径选择一般性原则，主跨在450m左右为宜，可选桥型有悬索桥、斜拉桥、拱桥等方案。由于该主跨规模是斜拉桥的经济跨径，且斜拉桥受力合理，设计、建造技术成熟，安全可靠，在减小阻水比、降低施工及运营安全风险等方面优势突出，且与全桥建筑风格统一，综合性能最优，因此，青州桥最终确定采用斜拉桥方案。青州桥桥型比选方案见图8-2，推荐方案的桥型布置见图8-3。

图 8-2

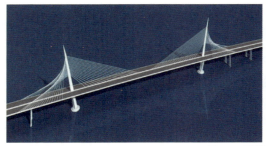

图 8-2 青州桥桥型比选方案

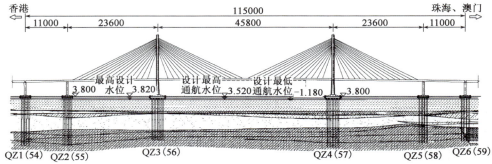

图 8-3 青州桥桥型布置(尺寸单位:cm,高程为 m)

斜拉桥的边跨范围通常均设置斜拉索,只有极少数混凝土梁斜拉桥出于总体布置的需要,"拖带"不设置斜拉索的外边跨,而对于已建钢箱梁斜拉桥则罕见采用这种布置方式。

该桥最初布跨为 110m + 126m + 458m + 126m + 110m,边中跨比 0.515(处于钢梁斜拉桥合理边中跨比 0.40~0.55 范围内),边跨均设置斜拉索,并设置 1 个辅助墩,以提高刚度,同时拟在辅助墩及过渡墩附近的箱梁内进行压重。

设计过程中,考虑到相邻非通航孔桥采用 110m 跨连续钢箱梁,可为青州桥边跨提供免费压重,因此,经研究后将布跨优化为现有布置,即 110m + 236m + 458m + 236m + 110m,取消了边跨额外的压重,方便了施工,减少了原有的 2 个辅助墩及基础,节省造价 3300 多万元,且为边跨通航预留了空间,减小了辅助墩的船撞风险。详见 13.2.8 部分。

经计算分析比较,优化后的跨径布置方案跨中主梁竖向活载挠跨比从 1/809 仅增大到 1/578,满足规范要求且仍有较大富余,景观效果更好,综合优势明显。青州桥效果图见图 8-4。

图 8-4 青州桥景观效果

2）结构方案比选与设计

（1）主梁

主梁采用钢箱梁、混凝土梁、钢箱组合梁或钢桁组合梁等结构方案均可行。考虑到宽混凝土箱梁在施工期和运营期的防裂、海中施工、工期、环保等方面均存在较明显的不利因素，很难满足设计使用寿命的要求，故予以舍弃。钢箱梁在国内大跨度桥梁中应用更为广泛。根据国内外实践经验，跨径在400～600m范围时，钢箱梁与组合梁造价相差不大，但钢箱梁在施工质量控制及结构耐久性方面具有较明显的优势和更可靠的保证。经过比较（表8-1），该桥最终采用了钢箱梁方案，同时与相邻非通航孔桥研究确定采用钢箱梁方案相协调。

青州桥主梁方案比选　　表8-1

项目	钢箱梁	钢箱组合梁	钢桁组合梁
结构特性	结构刚度可以满足规范要求		
工期进度	工厂节段制造，现场吊装，海上作业时间少，工期相对较短	采用大节段起吊拼装工法，吊重大，海中作业时间较少；湿接头混凝土现场浇筑，施工速度相对较慢	
施工装备	吊重较轻，对起吊设备要求较低	梁段吊重较大，对起吊设备要求较高	若钢桁梁与桥面板一起吊装，则吊重较大，对起吊设备要求较高；若分开吊装则增加了现场施工工序
质量控制	全钢结构，焊接工艺较成熟，质量能够充分保证	混凝土桥面板现场湿接缝位置钢混结合处易产生裂缝	
景观效果	整体箱形，外观平顺简洁，效果良好	效果良好	空间杆件较多，效果一般
耐久性与后期维养	箱内设置除湿机；箱外为防腐涂装，检查车可方便进行梁底检修养护；结构耐久性有实践检验基础	混凝土部分后期养护工作量少，耐久性较好；箱外为防腐涂装，检查车可方便进行梁底检修养护；钢混接合部位、现场湿接缝的耐久性较差；耐久性尚未有接近该桥设计寿命时间的验证	混凝土部分后期养护工作量少，钢桁架杆件后期的检修养护工作面较多，部分杆件交叉位置检修更为不便；耐久性尚未有接近该桥设计寿命时间的验证

另一方面，由于相邻非通航孔桥采用整幅大悬臂钢箱梁断面，经过全面的风洞模型试验，青州桥采用同样断面是可行的，且具有全桥顺桥向主梁轮廓线形完全一致的优点。若采用该断面，则斜拉索梁端必须在主梁横断面中央位置锚固，相对于常规外侧锚固而言，主梁抗扭刚度较小，抗风性能相对较差，且在桥面行车视角形成"V"形索面构造，也可能会给人带来不适的视觉和心理冲击（图8-5）。因此，为充分发挥双索面提供的抗扭刚度，增大抗风稳定性储备，且考虑到该桥位于海域中央，对主梁整体轮廓影响甚微，因此最终确定采用常规的带风嘴扁平六边流线型断面（图8-6）。

a) 斜拉索中央布置　　　　　　　　b) 斜拉索外侧布置

图 8-5　青州桥斜拉索布置对比

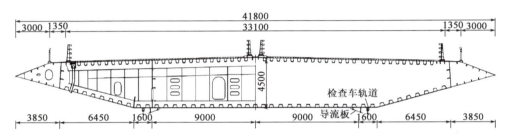

图 8-6　青州桥主梁横断面(尺寸单位:cm)

由抗风性能风洞试验确定钢箱梁采用扁平流线型单箱三室断面。为改善主梁的涡激振动性能,优化了风嘴设计,使之较常规变得更加尖锐,同时,还在梁底检查车轨道内侧旁设置了导流板。

为使全桥主梁纵向线形协调,钢箱梁采用与相邻非通航孔桥相同梁高,为 4.5m。不计检修道风嘴顶面宽 33.8m,全宽 41.8m。箱梁设置边纵腹板和中纵腹板,斜拉索锚固在边纵腹板上。中纵腹板采用实腹式,但开设了连通人孔方便出入,并连通箱室内干空气,利于除湿。为使箱室内部更加通透,采用了实腹式横隔板和横肋板交替布设的构造,横隔板间距 7.5m,中间每隔 2.5m 设置 1 道横肋板。根据受力分析,边跨跨中 70m 范围内顶板、底板、斜底板及其加劲采用 $Q420_qD$ 钢材,其余部位采用 $Q345_qD$ 钢材。在项目统一开展的正交异性钢桥面板疲劳性能专题研究成果的基础上,确定了钢桥面板的细部构造。

针对边跨无斜拉索的结构特点,以全桥静、动力性能最优为目标,研究确定了主梁三向支承体系。索塔处设置具有横向水平承载力要求的竖向支座、纵向活动,设置横向支座,设置带纵向静力限位功能的阻尼装置;辅助墩处设置竖向支座、纵横向活动,设置横、纵向阻尼装置;过渡墩处设置具有横向水平承载力要求的竖向支座、纵向活动,设置纵向阻尼装置。详见 13.2.8 部分。

(2) 索塔

港珠澳大桥中青州桥单体规模最大,桥面及索塔最高,对全桥景观效果和地标性目标影响至关重要。在桥墩造型、主梁线形与全桥取得一致的基础上,作为斜拉桥索塔的建筑造型成为控制性因素。对横桥向独柱塔[图8-7a)]、H形框架塔[图8-7b)、e)、g)、h)]进行了结构及造型研究。从主梁断面、结构受力、总体布置、全桥风格协调性等方面分析研究,独柱塔效果一般;H形框架塔对多种造型进行了比选研究,基于"珠联璧合"项目总体景观设计理念,在对景观文化内涵、桥梁元素特征、视点进行研究分析的基础上,考虑中西、粤港、古今文化交融的地域文化特点,最终从众多方案中筛选出以海洋文化元素"帆"[图8-7c)、d)]、地理文化元素"三角"[图8-7f)]、中国传统文化元素"中国结"[图8-7g)]的索塔造型进行全桥系统建筑方案比选,最终选定了"中国结"索塔造型,并从外形和艺术角度进一步优化、抽象,形成最终方案[图8-7h)],最终造型规避了直角造型的生硬,并吸收了另外2座通航孔桥风帆塔的曲线元素,造型优美而轻巧,与全线的景观元素和风格相一致。

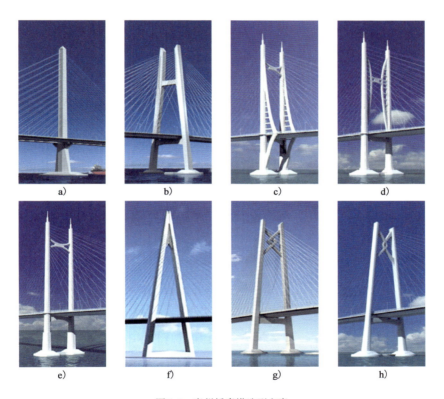

图8-7 青州桥索塔造型方案

对于索塔而言,采用混凝土或钢结构均可行。考虑到混凝土索塔刚度大,经济性较好,且不控制项目工期,后期维养工作量少,因此,最终采用了混凝土索塔方案。同时,因桥梁建筑景观设计需要,索塔上联结系采用"中国结"造型剪刀撑,杆件倾角大、构造异形、与塔柱连接处曲化,故采用钢结构。同时,采用"承压-传剪"的复合传力模式及构造,通过连接箱实现(图8-8)。

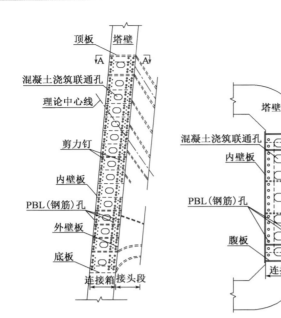

图 8-8 青州桥索塔"承压-传剪"复合传力构造

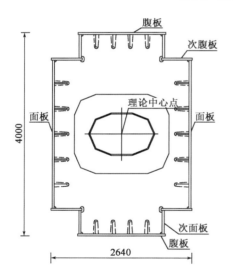

图 8-9 钢结形撑横断面(尺寸单位:mm)

索塔采用门形框架塔,总高 163m。塔柱为钢筋混凝土构件,混凝土强度等级 C50,采用空心单箱单室断面。"中国结"剪刀撑(图 8-9)采用 $Q345_qD$ 钢材。采用箱形横断面,宽度 4m(顺),高度 2.60～4.20m 渐变。横断面带有矩形内凹倒角,尺寸 0.5m×0.5m。分节段制造安装,节段间栓接。由上至下分为 T1、J1、J2、J3、T2 五种节段,与塔柱的连接段为 T1、T2 节段。该构造为国内外首次采用。总用钢量约 1570t。

(3)斜拉索及锚固

斜拉索类型通常采用平行钢丝索和平行钢绞线索两种,各有其适宜性和优缺点。本桥与另外两座通航孔桥协同考虑,主要从缩短海上安装周期、减小阻风面积出发,最终选择研发并设计应用了 1860MPa 级平行钢丝斜拉索。详见 13.2.7 部分。

另外,大跨度斜拉桥拉索与钢箱梁之间的锚固连接处理是设计的关键问题之一。设计时,应尽量使力线流畅,避免出现过大的应力集中现象。目前国内外已建成的大跨径斜拉桥,其索-钢梁锚固形式可分为 4 种:锚箱式(承压式)、耳板式(销铰式)、锚管式、锚拉板式。不同形式各具特点及适用条件。结合该桥特点,综合考虑结构受力、材料选择、加工制造、施工安装、维护检修、拉索减震措施、经济性和美观性等因素后,最终采用了锚箱式方案。

大跨斜拉桥索-塔锚固常采用钢锚箱、钢锚梁、环向预应力等结构形式,其中钢锚箱又可分内置式和外露式。不同形式各具特点及适用条件。结合该桥特点,综合考虑结构受力、施工安装、维护检修、经济性等因素后,推荐采用内置式钢锚箱方案。为提高钢锚箱耐久性,减少运营期维养工作量,青州桥在国内首次研究并设计应用了耐候钢锚箱(图8-10),不进行涂装,靠其自身生成稳定的钝化锈层,实现运营年限内的有效防腐。详见13.2.7部分。

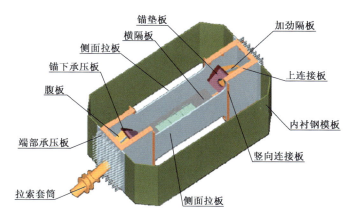

图8-10 青州桥耐候钢锚箱节段构造

(4)基础及墩身

该桥所处区域地质覆盖层厚约85~110m,水深较深,冲刷较大,适宜采用群桩基础与沉井基础。对于沉井基础而言,沉井基础在海洋环境施工经验少,施工周期长,风险较大;下沉深度较大,精度要求高,下沉控制难度大;需要占用较大面积的施工水域,对通航影响大,封底混凝土浇筑比较困难;沉井的阻水面积较大,出渣量大,不利于环境保护(该桥处于中华白海豚保护区的缓冲区和试验区)。

若选用打入钢管桩,其为摩擦桩,竖向承载力较低,该桥群桩受力大,则所需钢管桩根数多、承台尺寸及重量大,将导致基础抗震性能及经济性差,因此打入钢管桩相对优势不足。

从另外的角度看,钻孔灌注桩是国内桥梁使用最为广泛的桩基础形式,适应性强,设计经验丰富,施工工艺成熟,有丰富的工程实例可供借鉴。然而,钻孔灌注桩施工时需要打入钢护筒至一定深度,而钢护筒仅为临时施工构件,不参与结构受力,桩基设计时不考虑钢护筒的作用,材料不能得到充分利用。

通常而言,桩基自承台底面至局部冲刷线以下一定深度范围内,由桩身强度控制桩径及配筋设计,该范围以下段由竖向承载力控制桩径及配筋设计。

桩身强度控制设计段的范围一般在钢护筒的深度范围内,因此,若能采取一定措施,确保钢护筒与混凝土紧密结合,便可充分发挥钢护筒参与受力的作用,从而可以减小桩径,减少配筋量,降低工程造价。基于以上构思,并与主体工程全桥基础设计相协同,设计提出采用钢护筒与混凝土组成组合截面共同参与受力的"钢管复合桩"基础形式。

需要指出的是,钢管复合桩的应用需解决两个问题,一是确保钢管与混凝土紧密结合,二是确定钢管的有效计算厚度。面对问题,通过对钢管复合桩的变形分析、承载力计算理论以及桩的合理构造形式等方面开展系统理论分析和试验研究(制作了14个各种设计条件下的对比试件,开展模型试验研究),在充分了解其承载特性和受力机理的基础上,获取了大直径钢管复合桩的各项设计参数,提出了钢管复合桩竖向和水平承载能力计算方法,并将研究成果应用于设计。同时,为确保钢管有效防腐,满足有效计算厚度,采用了高性能环氧涂层和阴极保护联合措施进行钢管的防护。青州桥钢管复合桩海中施工情景见图8-11。

图8-11 青州桥钢管复合桩打设

在大桥"大型化、工厂化、标准化、装配化"总体设计建造理念下,全桥桥墩均采用整幅节段预制拼装薄壁墩身,因此,青州航道桥的过渡墩和辅助墩也采用整幅节段预制拼装墩身方案,并根据吊装能力将墩身分为3节预制安装,墩身接缝采用干接缝。由于青州航道桥承台规模大,不具备预制吊装的可行性,因此,最终采用现浇混凝土高桩承台。

3)施工方案

钢管复合桩采用搭设钢管桩平台、打入钢管、泥浆护壁钻孔、钢筋混凝土施工等常规施工方案及工艺流程。承台采用有底钢套箱施工,承台混凝土分层现浇施工。

墩身采用工厂节段预制、现场吊装施工,逐段张拉预应力钢筋。墩身单节最大吊重约2540t。

塔柱采用爬模节段现浇施工,下横梁采用搭设支架现浇施工,塔柱间设置临时横撑。

钢结形撑采用分节段工厂制造、现场吊装施工。结形撑的安装是索塔施工过程中一道关键工序,如图8-12所示。

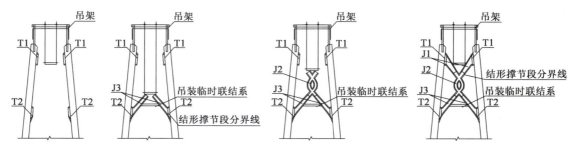

图8-12 青州航道桥索塔结形撑安装流程

钢箱梁及斜拉索采用工厂制造,现场吊装。主梁边跨无索区大节段采用浮式起重机吊装,吊重约3510t;索塔区采用大节段浮式起重机吊装,吊重约1000t,不设置膺架,直接实现塔梁临时固结后,开始悬臂拼装施工。其余部分采用小节段桥面吊机悬臂拼装,最大吊重约385t,最大双悬臂长度195m,最大单悬臂长度225.2m。

需要指出的是,该桥上部结构双悬臂施工时,采用临时拉索平衡结构体系代替传统的临时墩来抵抗不平衡荷载作用。按照传统悬臂施工方案,为保证结构受力安全,需在双悬臂长度达到一定程度后增加平衡措施,需在每个近桥塔边跨内设置1个临时墩,距塔柱中心线102m(图8-13)。但是设置临时墩,则不能满足该桥"无支架、无托架、无临时墩"的施工目标要求。因此,最终研究提出采用了拉索平衡结构体系(图8-14),详见13.2.8部分。

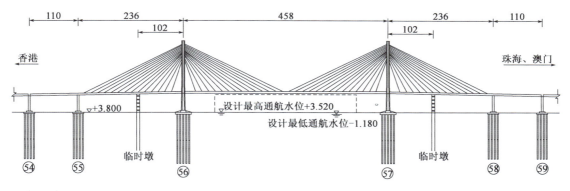

图8-13 传统悬臂施工临时墩布置(尺寸单位:m)

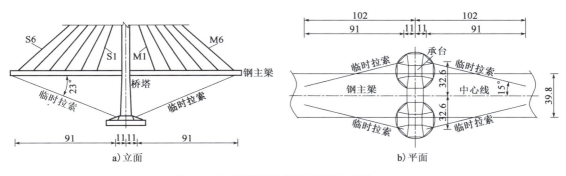

图8-14 拉索平衡结构体系布置(尺寸单位:m)

青州桥的主要施工情景见图8-15。

a) 钢管复合桩插打

b) 安装钻孔桩平台

图 8-15

c) 承台钢套箱安装

d) 承台施工

e) 下塔柱施工

f) 中塔柱施工

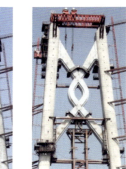
g) 索塔结形撑安装

h) 塔区钢箱梁无支架安装

图 8-15

i) 钢箱梁悬臂安装

j) 钢箱梁平衡拉索安装

k) 边跨大节段钢箱梁整体吊装

l) 主跨合龙　　　　　　　　　　　m) 全部建成

图 8-15　青州桥现场施工

8.2.2 江海桥

1)桥型方案研究与确定

本桥的通航要求设置两个单向通航孔,通航净宽不小于173m。据此,本桥跨径需要在200m以上。这个跨度级别较适合的桥型有预应力混凝土刚构桥、自锚式悬索桥、拱桥和斜拉桥等。

预应力混凝土刚构桥桥面上无建筑物,不利于减缓长桥行车的视觉疲劳,景观效果不突出,且根据国内外工程实践经验,刚构桥的跨径超过200m情况下,其后期的长期下挠问题较难解决,且混凝土开裂问题较严重,难以满足海洋环境对结构的耐久性要求。

自锚式悬索桥主梁施工需采用满堂支架或设置临时墩,不适合本海域航道繁忙的海上施工,且造价较高,经济性较差。

拱桥造价较高,且从全桥来看,与另外两座通航孔桥的桥型协调性较差。

因此,本桥最终选择采用经济、美观、工艺成熟的三塔斜拉桥方案。本桥设计过程中比选的桥型方案如图8-16所示。

由于本桥跨径不大,两主跨加两边跨的四跨设置也可满足刚度要求。但考虑到一方面提高桥梁边跨刚度,另一方面取消压重,节约造价(可充分利用两侧非通航孔桥的110m跨径连续钢箱梁),与青州桥思路一样,本桥设置了两个无斜拉索的压重边跨,最终本桥的桥跨布置为110m + 129m + 258m + 258m + 129m + 110m(图8-17)。该桥景观效果见图8-18。

a)独塔斜拉桥

b)三塔斜拉桥

图 8-16

b) 三塔斜拉桥

c) 两跨钢箱提篮拱桥

图 8-16 江海桥桥型比选方案

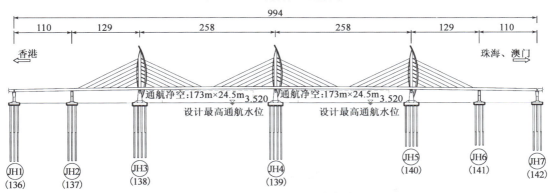

图 8-17 江海桥桥型布置(尺寸单位:m)

图 8-18 江海桥景观效果

2)结构设计

(1)索塔

初步设计阶段,从经济性角度出发,本桥采用了较简洁的独柱形的混凝土索塔,但尚不能达到本桥的建设目标之一"地标性建筑"的要求,因此,在施工图设计阶段,经过若干轮景观优化,最终形成了现在的海豚造型的钢索塔形式(图8-19、图8-20)。

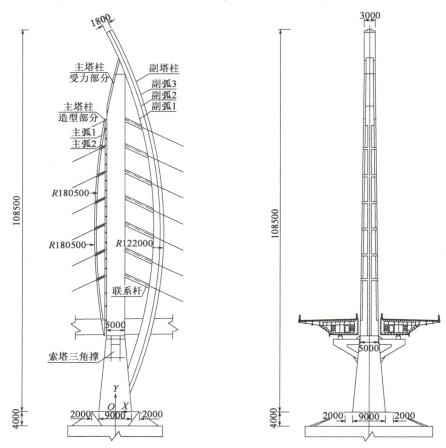

图8-19 江海桥索塔一般构造(尺寸单位:mm)

图8-20 江海桥索塔造型特征

索塔塔身高约110m,由主塔柱、副塔柱以及主副塔柱联系杆3部分组成。主塔柱包括直线受力部分和曲线造型部分。索塔主要采用$Q345_qD$钢材。

主塔柱受力部分采用矩形断面,底部截面尺寸约9m×9m,顶部截面尺寸为3m×3m。造型部分由7个节段组成,每个节段包含两个相同的装饰块对称布置于索塔的横桥向两侧,经裸塔气动弹性模型风洞试验,确定装饰块外侧设置50cm的凹槽,以抑制涡振和驰振现象的发生。副塔柱采用曲线形式,断面为凸形,底部截面尺寸为3m×3.2m,顶部截面尺寸为3m×2m。

每个主、副塔柱之间通过7根联系杆进行连接。该联系杆也作为斜拉索通道。联系杆采用边长1m的正方形断面。

钢索塔与混凝土承台间的连接是本桥的一项关键技术,国内外主要有直接埋入式和螺杆锚固式两种。经过研究和对比,决定采用形式简洁、受力明确、技术成熟的螺杆锚固方案:塔底设置厚度为150mm的承压钢板,钢塔柱截面的压应力通过该钢板均匀地传递到混凝土支承面,同时,在塔柱截面四周设置74根直径130mm的大直径高强度螺杆,通过对螺栓施加预拉力以保持塔柱截面与支承面之间紧密接触。

另外,为提供约束系统平台,在塔身下部横桥向两侧设置了三角撑构造。三角撑由水平杆和斜杆组成,水平杆和斜杆均采用宽2.44m、高1.5m的矩形断面。

(2)主梁

为与非通航孔桥在景观上协调一致,本桥主梁采用了带大悬臂的钢箱梁。梁高4.5m,宽38.8m。两个主跨和次边跨为布索区,采用了整箱型式;两个边跨为无索区,为节省钢材,采用了分体箱型式,其间通过连接箱和工字梁加以连接。

钢箱梁主体结构大部分采用$Q345_qD$钢材,仅在边跨跨中5个梁段的顶板、底板、斜底板、边腹板、中腹板及其加劲肋由于受力大、应力水平高而采用$Q420_qD$钢材。另外,根据风洞试验结果,本桥主梁会发生较低风速下的涡振现象,为此,在两个主跨跨中设置了TMD(调谐质量阻尼器)。

(3)斜拉索

适应独柱索塔型式,本桥斜拉索布置为中央平行单索面。斜拉索采用平行钢丝,抗拉强度在国内首次采用了1860MPa。为抑制拉索的风雨激振和涡激振,采用拉索表面处理的气动措施和拉索两端内置高阻尼橡胶阻尼器并用的综合减振方案。斜拉索采用双层PE(聚乙烯)护套。

斜拉索在主梁和索塔侧的锚固均采用锚箱式。受塔内空间所限,斜拉索张拉端设在主梁侧。

(4)墩身及基础

同青州桥,本桥采用"干连接"式预制墩身和现浇承台+大直径钢管复合桩基础。

3) 施工方案

(1) 基础及墩身

本桥基础及墩身施工方案同青州桥。

(2) 钢索塔

钢索塔安装是本桥的一个特点和亮点。整个索塔仅分为两个节段吊装:高约4m的塔底Z0节段和高约106m的索塔大节段,现场通过高强度螺栓进行两个节段间的连接。这样的安装方式,极大地提高了工效、缩短了工期,也降低了常规节段拼装法的现场高空作业风险,景观效果也得以提升。不考虑吊具的索塔大节段重量约2600t,需要吊重和吊高均能胜任的大型浮式起重机完成此项工作,设计提供参考的单浮式起重机吊装方案见图8-21。实际施工采用了先利用两台浮式起重机从运输驳船上抬吊索塔并转体,后再由其中一台浮式起重机吊装就位。如此规模的索塔大节段吊装属国内首次。

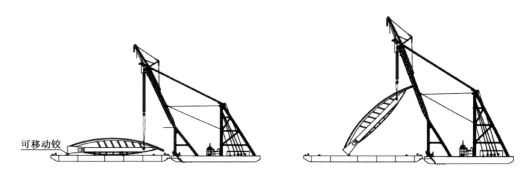

图8-21 江海桥钢索塔大节段吊装设计方案

(3) 主梁及斜拉索

有索区主梁和斜拉索采用常规工艺安装:索塔处搭设支架架设主梁,安装第一根斜拉索后,拆除支架,利用桥面起重机采用悬拼法施工主梁(图8-22)。无索区边跨主梁在组拼场地拼装成一个大节段后,利用大型浮式起重机一次吊装就位,大节段长约144m,重约3500t。

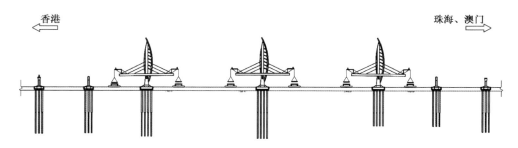

图8-22 江海桥钢上部结构安装

江海桥的主要施工情景见图8-23。

a) 桩基及承台施工

 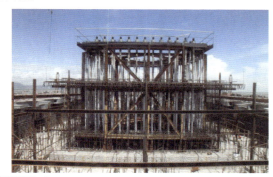

b) 钢塔锚固螺杆施工

c) 钢塔Z0节段安装

d) 钢塔一次性整体安装

图 8-23

e) 塔区钢箱梁安装

f) 钢箱梁悬臂安装施工

g) 边跨大节段钢箱梁整体安装施工

h) 边跨合龙

i) 中跨合龙

图 8-23

j) 建成后的江海桥

图 8-23　江海桥现场施工

8.2.3　九洲桥

1) 桥型方案研究与确定

与前述青州桥和江海桥方案相似,九洲桥也以斜拉桥方案为主。设计过程中考虑并比选的桥型方案如图 8-24 所示。

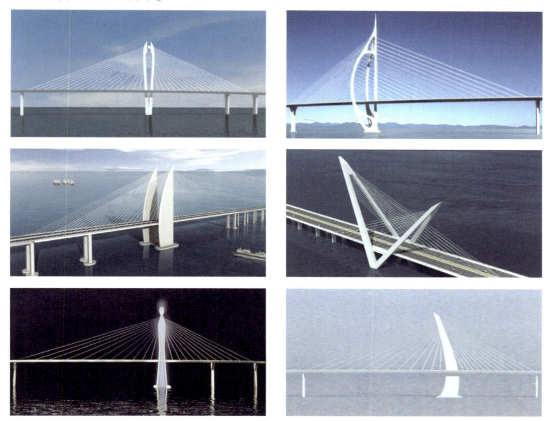

a) 独塔斜拉桥方案

图　8-24

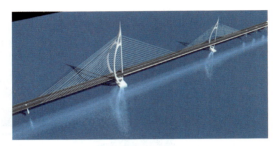

b) 双塔斜拉桥方案

c) 多塔斜拉桥方案

图 8-24　九洲桥桥型比选方案

九洲桥最终采用双塔单索面钢-混组合梁斜拉桥,主跨设单孔双向通航,桥跨布置为 85m + 127.5m + 268m + 127.5m + 85m,边中跨比例为 0.476∶1,无斜拉索边跨设置的思路与前两座通航孔桥一样,充分利用与其相邻的浅水区非通航孔桥 85m 跨径的组合梁以起到压重作用。桥型布置见图 8-25,效果图见图 8-26。

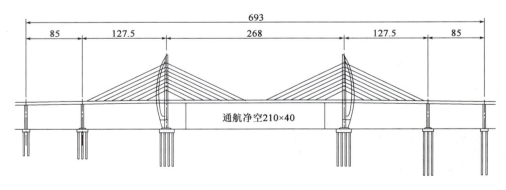

图 8-25　九洲桥桥型布置(尺寸单位:m)

图 8-26 九洲桥景观效果

2）结构设计

（1）主梁

主梁采用开口钢箱与混凝土桥面板构成的组合结构，采用双分离式钢-混组合梁断面形式，其间采用箱形横梁连接。主梁全长采用统一的截面高度 4.485m，与非通航孔桥相接的梁端断面外轮廓与非通航孔桥断面保持一致，以追求景观效果的和谐统一（图 8-27）。

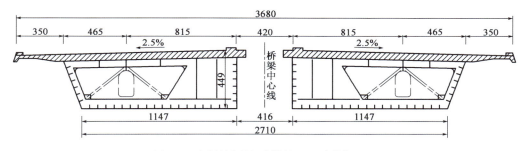

图 8-27 九洲桥主梁标准横断面（尺寸单位：cm）

标准节段长 12.5m，中跨横截面全宽 36.8m，中央带宽 5.7m；梁端与非通航孔桥衔接，横截面全宽 33.1m，中央分隔带宽 2.0m，主梁在边跨、辅助跨范围设置变宽段（图 8-28），采用三次抛物线进行变宽，变宽段长 185m，变宽公式见式 8-1；主梁顶面设 2.5% 的双向横坡。

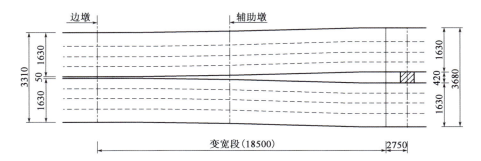

图 8-28 主梁中央分隔带变宽过渡段平面（尺寸单位：cm）

$$y = [3(x/L)^2 - 2(x/L)^3] \times B \tag{8-1}$$

式中：

L——变宽过渡段长度(m)；

B——单侧宽度变化值(m)；

x——计算位置距变宽起始点的距离(m)；

y——计算位置处的变宽幅值(m)。

混凝土桥面板支承在槽形钢梁的上翼缘和横梁及横肋上，为纵向单向板，桥面板厚0.26m，支承位置加厚至0.5m，悬臂长度3.5m；主梁有索区和辅助墩顶处的桥面板设置纵向预应力。

主梁主要采用$Q370_qD$钢材，部分构件采用$Q345_qC$钢材，桥面板采用C60海工混凝土。

(2)索塔

索塔采用横向中央独柱布置，塔柱采用钢-混混合结构，由竖直的塔柱和弯曲的曲臂组成，索塔高114.7m。塔柱和曲臂在主梁位置设置横梁，塔柱、曲臂和横梁形成稳定的三角形结构，在索锚区沿拉索方向在塔柱和曲臂之间设置连杆；塔柱和曲臂自塔底至塔顶依次为：13.7m混凝土塔柱、3m钢-混结合段和98.0m钢塔柱（图8-29）。

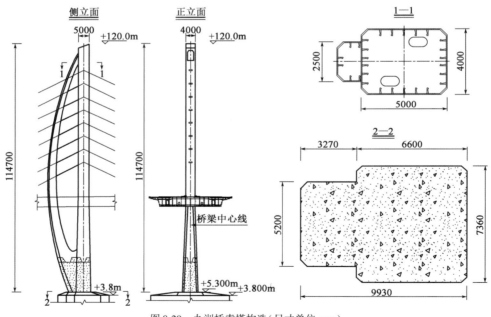

图8-29 九洲桥索塔构造(尺寸单位:mm)

需要指出的是，由于索塔钢曲臂受力较为复杂，为减少设计、施工难度，设计时将其主要功能确定为协同钢塔柱承担二期恒载和活载的作用，不参与结构一期恒载受力，为此，钢曲臂需在主梁架设完成后方能与钢塔柱固结；同时，为改善结构受力性能和简化结构构造，钢曲臂与主梁间不设任何约束。索塔98.0m钢塔柱采用在工厂整体制造。

钢塔柱主要采用$Q370_qD$钢材，仅在塔顶局部区段采用$Q345_qD$钢材，曲臂采用$Q345_qD$钢材,混凝土塔柱采用 C60 海工混凝土。

该桥索塔设计的特点还在于主塔的钢-混结合段(图 8-30)设计和塔梁结合段的设计。钢主塔结合段采用劲性骨架定位,钢与混凝土之间采用预应力锚杆连接的方式。首先在主塔底节混凝土内埋设劲性骨架预埋件,底节混凝土达到强度以后,安装劲性骨架,以劲性骨架为支撑吊装钢塔结合段到位,通过劲性骨架与钢塔结合段之间的调节装置精确调节结合段位置;浇筑混凝土,待混凝土达到强度后,分批次张拉预应力锚杆,完成结合段施工。采用这种结合形式,可以保证结合段钢塔柱精确定位,结合段钢塔柱壁板同时可以作为塔柱混凝土的施工模板。

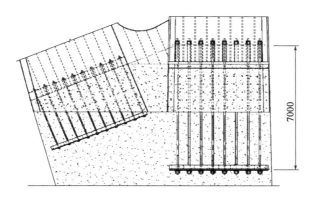

图 8-30　索塔钢-混结合段构造(尺寸单位:mm)

对于塔梁结合段,主梁与索塔采用刚性固结方案,索塔顺桥向壁板同时作为主梁腹板与两侧腹板对齐,索塔横桥向壁板同时作为主梁隔板,与主梁箱内隔板对齐(图 8-31、图 8-32)。索塔施工时,主梁 0 号段和固结区塔柱作为一个吊装节段,先行安装,待索塔施工完成后,再在 0 号段主梁两端拼装其余主梁节段。

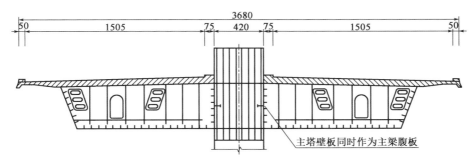

图 8-31　塔梁固结断面(尺寸单位:cm)

(3)斜拉索及锚固

斜拉索采用中央双索面竖琴形布置,两索面横向间距为 1.0m,全桥一共有 64 根斜拉索。斜拉索梁端采用锚管直接锚固于联系两分离式钢梁的箱形横梁上,纵向索距 12.5m;在塔上采用钢锚箱锚固,竖向间距 6.1m。

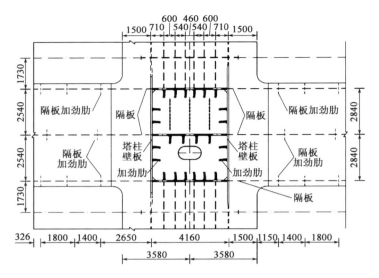

图 8-32 塔梁固结平面(尺寸单位:mm)

斜拉索采用直径 7mm 高强度镀锌平行钢丝拉索,钢丝标准强度为 1770MPa,采用双层 PE 护套防护。

(4)基础及墩身

主墩基础采用行列式布置嵌岩桩,单墩设 22 根直径 2.2m 钢管复合桩,桩长 86m,桩底持力层为中风化花岗岩;采用高桩承台,采用 C45 混凝土,钢管采用 Q345C 钢材,桩身采用 C35 水下混凝土。墩身采用矩形空心墩,内部设一道纵向腹板;墩身接缝采用湿接缝,高墩区桥墩共设置两道接缝,第一道接缝设置在高程 +8m 处,位于浪溅区以上,第二道接缝距墩顶 8m。

3)施工方案

(1)基础施工

与青州桥的基础施工方法相同。

(2)索塔施工

混凝土塔柱采用现浇施工,在桥塔混凝土内埋设劲性骨架预埋件,在混凝土达到强度要求后安装劲性骨架,吊装桥塔钢-混结合段并利用劲性骨架支撑,通过调节装置精确调节桥塔钢-混结合段姿态。浇筑混凝土,待混凝土达到强度要求后第 1 次张拉预应力锚杆,之后根据荷载增加情况逐级张拉。完成索塔钢-混结合段施工后,采用大型浮式起重机安装下塔柱钢节段和塔-梁固结段。

桥面以上主塔柱和副塔柱在工厂组拼成整体后,船运至墩位处,采用浮式起重机水平起吊至主梁顶面,在梁面上进行上塔柱的提升、滑移竖转、对位焊接(图 8-33)。

图 8-33　九洲桥上塔柱桥面滑移竖转施工

(3) 主梁施工

主梁采用分幅大节段吊装的方法施工,下塔柱施工的同时,在辅助跨跨中、中跨 1/4 跨和跨中分别搭设临时墩,利用塔旁支架、辅助墩、临时墩支撑,分幅吊装大节段组合梁(图 8-34),主梁最大吊装长 64.1m,85m 边跨采用分幅整孔吊装。钢梁施工后张拉斜拉索并调整内力,拆除临时结构,完成全桥的施工。

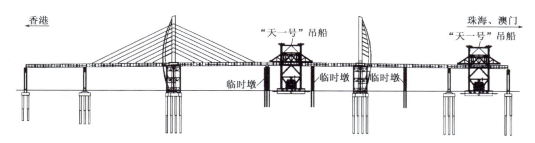

图 8-34　九洲桥主梁施工

8.3　非通航孔桥设计

8.3.1　深水区非通航孔桥

1) 桥型方案研究与确定

深水区非通航孔桥的桥型方案,因为工程体量大,设计过程中主要以外观简洁、受力及经济合理的梁式桥为主。设计过程中考虑并比选的方案如图 8-35 所示。

根据本项目建桥条件,控制非通航孔桥基础设计的主要为风、浪、船撞等因素,跨径改变引起的支反力变化并不是决定基础规模大小的唯一因素,跨径增加对基础工程量增加比较小,只增加上部结构费用。为此,方案制订过程中考虑适当增大深水区非通航孔桥的跨径。

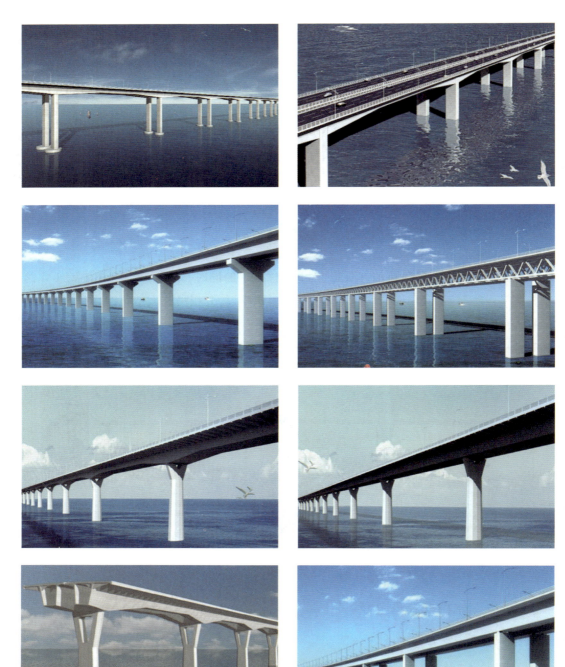

图 8-35　深水区非通航孔桥桥型比选方案

方案研究过程中主要对 70m、100m、110m、118m 和 140m 等不同跨径,对钢箱梁、钢箱组合梁及混凝土箱梁等不同主梁结构形式,对整幅桥墩和分幅桥墩等不同桥墩方案等方面进行了一系列比选、研究。经过综合分析比选,认为深水区非通航孔桥采用钢箱梁结构方案,其耐久性能优越,综合经济效益好,在提高桥梁景观效果、减少施工期及降低施工运营期风险、强化项目特点、提升本项目在国内外的地位等方面有突出优势,深水区非通航孔桥推荐采用整幅墩、整幅钢箱梁方案。

2)结构设计

深水区非通航孔桥上部采用连续钢箱梁结构,长约 14km。等宽联采用 6×110m=660m 六跨连续钢箱梁桥,主梁采用整幅等截面连续钢箱梁;变宽联采用 5×110m=550m 五跨连续钢箱梁桥,主梁采用整箱变宽+分离箱变宽的结构形式;钢箱梁顶板采用正交异性板结构,墩身和承台均采用混凝土预制结构,桩基采用大直径钢管复合桩。典型联桥型布置如图 8-36 所示,效果图如图 8-37 所示。

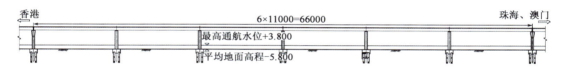

图 8-36 深水区非通航孔桥典型联桥型布置(尺寸单位:mm)

图 8-37 深水区非通航孔桥景观效果

(1)结构体系及钢箱梁构造

该桥连续钢箱梁结构体系,中间墩一侧设置固定减隔震支座、另一侧设置横向滑动减隔震支座,过渡墩与其余中墩一侧设置纵向滑动减隔震支座、另一侧设置双向滑动减隔震支座。

等宽联钢箱梁梁宽 33.1m,钢箱梁梁高 4.5m,梁高与跨径比值为 1/24.4,根据结构受力要求,考虑加工制造和运输条件限制,等宽联节段设置了 5 种典型节段长度,即 6m、10m、14m、15m、12.6m;变宽联钢箱梁梁宽由 33.1m 以三次抛物线变化为 38.8m,采用整箱变宽+分离箱变宽的结构形式,分离箱之间设置横向连接箱和横向连接梁。

与传统的全封闭断面钢箱梁相比,该桥大悬臂断面钢箱梁底板宽度较窄,底板及其加劲肋的面积较小,由于深水区非通航孔桥的桥长很长,因此该种结构形式可以节省大量的用钢量,并可以减轻钢箱梁吊装重量及降低总体造价。钢箱梁横断面布置如图8-38所示。

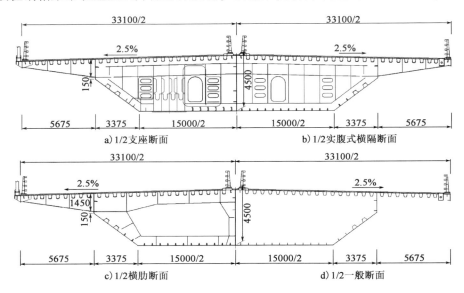

图8-38 深水区非通航孔桥钢箱梁标准横断面(尺寸单位:mm)

该桥钢箱梁大悬臂长5.675m,根部梁高1.45m、端部梁高0.52m,呈线性变化,并且在悬臂端部顶板对应护栏立柱底座位置设置有两道横桥向加劲肋。此外,悬臂腹板与顶板采用部分熔透的双面角焊缝,与顶板U肋、板肋和其竖向加劲肋均采用双面角焊缝连接,与下翼缘采用熔透焊缝。钢箱梁大悬臂构造如图8-39所示。

(2)钢箱梁抗疲劳设计

为了提高钢箱梁桥面板的抗疲劳性能,并综合考虑悬臂处刚度,以及钢箱梁抵抗畸变和横向弯曲变形的性能要求等因素,深水区非通航孔桥钢箱梁采用了实腹式横隔板和横肋板交替布设的构造,即横隔板间距为10m,中间每隔2.5m设置一道横肋板。由于横隔(肋)板间距较小,若全部采用实腹式横隔板,钢箱梁内部通透性将较差,涂装难度大,运营养护条件恶劣,工作量大,因此采用

图8-39 钢箱梁大悬臂构造

了实腹式横隔板和框架式横肋的组合体系。

在细节研究及疲劳验算的基础上,确定了钢桥面板的细部构造:桥面板厚度不小于18mm,纵向U形肋间隔300mm、厚度不小于8mm、内侧弯曲加工半径不小于5倍板厚;桥面板与纵向U形肋熔透量不小于纵肋板厚的80%;纵向U形肋接头采用高强度螺栓连接,过焊孔长度80mm;桥面板的焊接利用X坡口或利用焊接垫板的V形坡口实施熔透焊接,接头位置避免布

置在轮载正下方；横肋间隔不大于 2.5m；竖向加劲构件与顶板之间设置 35mm 的间距；对纵向 U 形肋与顶板、横隔板（横肋板）之间的组装、焊接及细部处理做了严格的规定（图 8-40）。

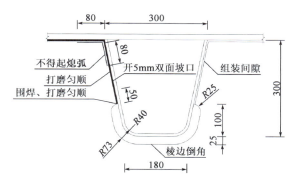

图 8-40 港珠澳大桥钢桥面板组装、焊接、细部处理要求（尺寸单位：mm）

理论分析表明，该桥钢桥面板构造能够确保抗疲劳安全；通过进一步开展试件疲劳试验，对病害最突出的"横隔板在 U 形肋附近开槽处、横隔板与 U 形肋焊缝、顶板与 U 形肋焊缝、U 形肋对接（栓接）"等构造细节进行疲劳性能验证，结果表明：结构构造完全满足抗疲劳性能的要求。

（3）大直径钢管复合桩设计

受水文、地质、船撞、地震、风暴、波浪、环保等建桥环境和施工工艺的影响，不同桩基础在适应上述因素方面所表现的性能差异较大。

根据本工程建设条件，对钻孔灌注桩基础、钢管复合桩基础、钢管桩基础、预制沉井基础及预应力混凝土管桩基础等不同形式基础在受力特性、工程造价、施工工艺方面进行了综合比选分析。结果表明，在具有同等竖向承载力的前提下，钢管复合桩基础比钻孔灌注桩及其他基础具有更好的延性和更强的抗震能力，且经济性较好（同等条件下，钢管复合桩比钻孔灌注桩节省材料约 20%），因此，确定采用钢管复合桩基础，即钢管与钢筋混凝土共同组成桩结构主体。

深水区非通航孔桥钢管复合桩身由上下两段组成，上段为钢管混凝土结构，下段为钢筋混凝土结构；上段桩基钢管外径 2m，嵌入承台 1.6m，承台以下钢管长度根据施工和运营阶段的结构受力和刚度需求等综合因素确定；下段桩基外径 1.75m，桩底嵌入中风化岩石持力层不小于 4m。上段桩基钢管外径 2.0m，桩尖 2m 范围壁厚 32mm，其余部分壁厚 25mm，钢管对接时外壁对齐，采用全熔透对接焊缝焊接，焊缝质量等级一级。

钢管内壁在桩顶 12.6m 范围内设有 10 道剪力环（图 8-41），第一道剪力环距桩顶 0.3m，剪力环中心距为 0.3m + 4 × 1.0m + 4 × 2.0m；

图 8-41 大直径钢管复合桩剪力环构造

钢管外壁在桩顶设有两道剪力环,第一道剪力环距桩顶 0.2m,第二道剪力环与第一道剪力环中心距 0.2m;剪力环截面宽 50mm,高 25mm,顶部有 15mm×15mm 的倒角。钢管内壁剪力环在钢管加工厂内焊接,外壁剪力环待钢管复合桩与预制承台连接件焊接完毕后现场施焊。

此外,根据结构受力需要,桩基通长配置普通钢筋,纵向主筋采用 36 根 $D28mm$ 的 HRB335 钢筋,螺旋箍筋采用 $D10mm$ 的 HPB235 钢筋。

(4) 全预制埋床法墩台设计

港珠澳大桥对阻水比要求很高,且大桥通过中华白海豚保护水域,为此桥梁承台必须设置在海床面以下(即埋床法承台)。若采用墩身预制及承台浇筑(即墩台半预制工艺,如杭州湾跨海大桥、东海大桥等)的施工方案,承台与墩身的接头将位于海面附近(甚至是海面以下),施工难度大,工程质量不易保证,影响结构的耐久性。为此,在满足小于 10% 的阻水比要求下,结合已有桥梁工程的建设经验,提出了桥梁承台与墩身整体预制、现场安装(即全预制墩台安装)、墩身节段之间采用干接缝连接的施工工艺。该工艺解决了承台与墩身、墩身之间现场连接的问题,同时进一步提高了桥梁的建设品质及减少现场工程量、缩短海上作业时间、降低施工风险、减小对环境的影响。

其中,墩身根据吊装能力分成 1~3 节预制拼装,承台随同首节墩身一同预制,预留桩位孔洞和后浇混凝土空间。桩位孔洞用以实现止水、桩基与预制承台临时连接;后浇混凝土空间在抽水后浇注后浇混凝土,实现承台与桩基的整体化。预制承台既是承台主体结构,又是实现承台与桩基连接的围堰结构,除附着于预制承台之上的临时周转使用的围堰设施外,承台本身施工不需要额外的围堰结构。

预制承台底板厚 0.6m,底板开孔直径 2.13m,孔壁设有槽口,用于置入整体式止水胶囊,通过充水后实现止水。实施过程中,通过研制新型封堵止水装置及相应工艺解决 16m 水深处潜水预制承台与钢管复合桩间的止水问题,确保后浇混凝土能够在干作业环境内进行施工;胶囊正常充水压力 0.3MPa,极限充水压力 1.2MPa,正常情况下可在水下大于 16m 深处工作。为确保整体式胶囊止水实现止水,设计要求钢管复合桩竖向倾斜不大于 1/400~1/320,桩中心平面位置允许绝对误差小于 150mm,各桩之间允许相对误差小于 50mm。此外,预制承台及承台预留后浇孔材料均采用了 C45 海工耐久性混凝土。埋床法全预制墩台构造见图 8-42。

(5) 预制墩身设计

国内跨海桥梁预制墩身之间的接缝都以湿接缝为主。港珠澳大桥深水区非通航孔桥预制墩身之间在国内首次大规模率先采用干接缝形式进行连接,避免了现场浇筑混凝土,缩短施工周期,且有利于确保结构的工程质量,提高结构耐久性。全预制墩身实景见图 8-43,构造见图 8-44,预制墩身干接缝构造形式见图 8-45。

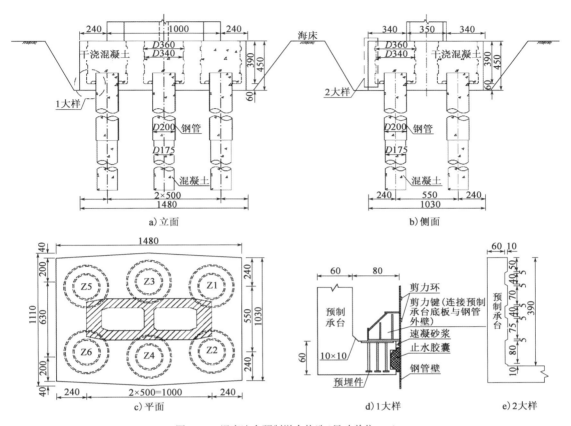

图 8-42　埋床法全预制墩台构造(尺寸单位:cm)

图 8-43　全预制墩身实景

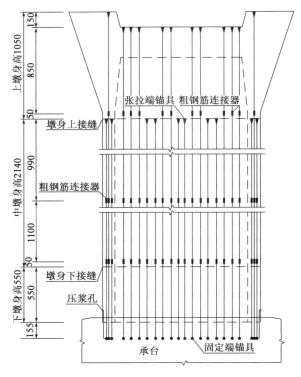 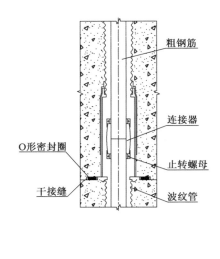

图 8-44　全预制墩身构造(尺寸单位:cm)　　　　图 8-45　预制墩身干接缝构造

港珠澳大桥深水区非通航孔桥预制墩身采用空心薄壁墩,墩身截面尺寸为 10m×3.5m(横桥向×顺桥向),倒角为 1.5m×0.3m(横桥向×顺桥向)。墩身横桥向壁厚 1.2m,顺桥向壁厚 0.8m,内侧倒角为 0.5m×0.2m(横桥向×顺桥向)。对于结构材料,预制墩身及墩顶支座垫石采用 C50 海工耐久性混凝土,

(6)墩身预应力系统设计

经技术经济综合比较,并重点考虑施工的可操作性、寿命保证的可靠性,预制墩身预应力系统采用全螺纹粗钢筋体系(图8-46)。

受结构受力所需及墩身断面尺寸的限制,粗钢筋直径需达 75mm,鉴于当时国内《预应力混凝土用螺纹钢筋》(GB/T 20065—2016)中规定的最大规格仅 50mm,为此,在广泛调研国内外相关技术水平和市场情况的基础上,确定采用的 ϕ75mm 预应力螺纹粗钢筋的屈服强度为 830MPa,抗拉强度为 1030MPa,并要求所采用的精轧螺纹钢筋或滚压连续外螺纹粗钢筋均符合国内外相关规范规定的尺寸、外形及技术性能要求,且采用"电隔离防护+真空灌浆"的措施进行防腐。

(7)抗风设计

根据结构抗风性能试验研究结果,大悬臂钢箱梁在设计风速范围内发生了涡激振动现象,且位移和加速度影响了桥梁结构安全和运营期间的舒适性。

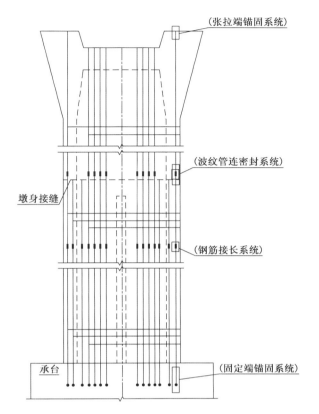
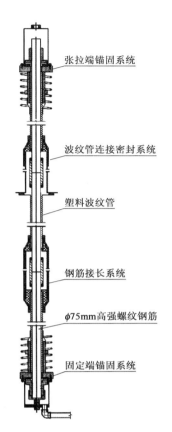

图 8-46 预应力粗钢筋系统

为解决此问题,在给定结构设计方案的前提下,提出的涡振抑制措施包括:安装附加的主动或被动控制面(亦称气动措施),增加结构阻尼(亦称机械措施)。通过对"栏杆上加导流板、加装风嘴、对护栏进行不同程度封闭、主梁内设置 TMD"等方案进行同等深度的技术经济综合比选,最后推荐采用设置 TMD 的方案。其主要原因在于:涡激振动对结构阻尼非常敏感,结构阻尼的增大,可以缩短风速锁定区,明显降低涡激振动的振幅,从而有效抑制涡激振动,因此,增设阻尼器是该大悬臂钢箱梁提高抗涡激振动性能的主要措施。最终,深水区非通航孔桥连续钢箱梁的每联的次边跨跨中均布置 4 个 TMD 装置(图 8-47),每联共计 8 个。

研究提出的 TMD 装置主要技术要求包括:①摆动质量(单个 TMD 质量)有 3000kg、3750kg、4000kg、6250kg 四种;②质量块最大位移 ±250mm、±300mm;③阻尼比 10%;④安装 TMD 后主梁结构的等效阻尼比应大于 1%;⑤TMD 的阻尼常数、弹簧刚度及最大

图 8-47 TMD 装置构造

速度由制造商分析确定;⑥TMD系统设计寿命要求与桥梁主体结构相同。

通过采取合理的抗风设计措施,港珠澳大桥经受住了"天鸽""山竹"等超强台风的考验。

(8)抗震设计

由于地震动峰值加速度较大,若在连续钢箱梁桥桥墩处设置一般支座将难以保证结构的抗震安全性和经济性。因此,为了降低结构的地震反应,确保结构安全,设计时在各个桥墩处设置了减隔震支座(图8-48),利用其良好的滞回耗能特性和自恢复功能,在强震作用下达到减隔震耗能的效果,使结构的地震反应得到很好的控制。该支座具有常规使用和减隔震功能,同时还具备在罕遇地震作用下防落梁功能;支座设计寿命为60年,并进行了分区段设计:深水区非通航孔桥的等宽段高墩区采用高阻尼橡胶支座,等宽低墩区采用铅芯橡胶支座及双曲面球形支座,变宽段则采用双曲面球形支座。

图8-48　港珠澳大桥连续钢箱梁减隔震支座安装

需要指出的是,若采用传统的桥梁抗震设计,地震发生时桥梁墩身开裂的位置将处于水中,导致后续将无法对其修复。通过进行减隔震设计,在墩顶处设置减隔震支座,则可使得桥梁下部结构在强震作用下墩底部的非线性变形转移至墩顶,从而降低下部结构墩身内力、缩小基础规模,并避免了水下维修(图8-49)。

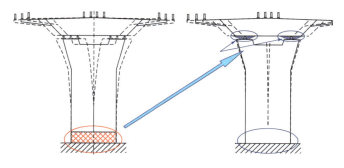

图8-49　传统抗震效果与减隔震效果区别

总之,港珠澳大桥构建了完整的超长跨海桥梁隔减震示范工程,使我国桥梁的隔减震技术步入国际前沿,其抗震设计为解决跨海超长桥梁抵御地震提供了一种新途径。

3)施工方案

(1)钢管复合桩基础施工

为确保实现预制墩台的施工精度和工期要求,设计提出的施工方案和保证措施如下:①钢管沉桩施工采用在定位船上设置的导向架和大功率液压振动锤对钢管进行振动下沉。②定位措施:驳船首先采用锚索初定位;再下放4根锚桩将驳船定位;下放钢管,桩底离泥面50cm左右时,通过导向架的液压背板微调钢管平面位置和倾斜率,进行精确定位。③桩基施工采用可拆卸周转使用的整体式装配化钻孔平台(钻机、泥浆池、沉淀池、钻杆和工作房集成一体),以缩短海上作业时间、节约造价、降低风险。

对于打入完毕后的钢管,设计要求其整体位于承台底面处中心偏差小于150mm,钢管之间的相对偏差小于50mm,倾斜度小于1/400(对于底部进入全/强风化岩层的钢管,倾斜度小于1/320),并且钢管沉桩施工主要以高程控制为主,并通过贯入度进行校核,以确保沉桩的准确性和稳定性。

(2)承台预制

承台预制前需要根据钢管复合桩钢管插打完毕后测量得到的桩顶平面坐标和倾斜度参数,调整承台预留孔相对位置等几何关系,根据调整后的几何参数进行承台预制。对于分段式墩身的下节段预制承台和墩身(整体式墩身施工缝以下的墩身和承台),施工采用两次浇筑完成,浇筑接缝设置于承台顶面以上2.5m墩身处。工厂内承台和墩身预制现场见图8-50。

为确保预制质量,承台和下节段墩身的模板体系采用钢模板,且承台混凝土保湿养护时间不小于14d。

(3)预制承台与钢管复合桩的连接施工

①首先,将预制承台(含与承台一起预制的墩身和钢套箱)通过大型驳船浮运至桥墩

图8-50 工厂内承台和墩身预制

设计位置,选择风速小、低潮期或流速较小的时段沉放承台;②承台沉放初定位后,通过调节装置将承台精确就位达到设计要求;③复测承台沉放位置满足要求后,止水胶囊充水止水(胶囊的止水能力不小于16m水深),钢套箱内抽水完毕后迅速封堵速凝砂浆,速凝砂浆不应发生离析,强度等级达到M50以上;④封堵速凝砂浆后应立刻焊接6个预留孔内钢管和承台预留孔底板之间的连接件,焊缝质量等级应达到一级,待焊缝检验合格以后,拆除承台预留孔内的钢管替打段、接长钢筋并浇筑混凝土;⑤预留孔浇筑混凝土前需将接触面清理干净,并用淡水充分湿润或涂刷界面剂;后浇混凝土采用高性能海工混凝土,由于

图 8-51 预制墩台预留孔

孔内钢筋较密，混凝土的浇筑应连续进行，在振捣过程中应控制混凝土的均匀性和密实性，同时应在浇筑和静置过程中采取防止裂缝的有效措施；此外，后浇混凝土需保证其在 14d 内且混凝土强度达到设计强度等级值的 70% 之前不受海水的侵袭。预制承台的预留孔见图 8-51。

(4) 预制承台外海安装

在港珠澳大桥建设之前，国内尚无埋床法预制承台施工的先例。港珠澳大桥海中桥梁施工过程中，各施工单位基于设计提出的基本技术要求和建议方案，结合各自的实际情况，分别创新性地研究采用了钢圆筒围堰干法安装方案、分离式胶囊柔性止水安装方案、无内支撑结构双壁锁口钢套箱围堰安装方案 3 种工艺（图 8-52），成功地为承台与桩基之间的后浇混凝土创造了干施工环境，在比较短的时间完成规模宏大的非通航孔桥埋床法承台海上施工，各项控制指标均达到了预期效果。

a) 钢圆筒围堰干法安装方案

b) 分离式胶囊柔性止水安装方案

c) 双壁钢套箱围堰安装方案

图 8-52 港珠澳大桥埋床法预制墩台 3 种安装方案

上述 3 种安装技术方案的对比见表 8-2。

港珠澳大桥埋床法预制墩台 3 种安装方案比较　　　　表 8-2

方案	优点	缺点
钢圆筒围堰干法安装方案	①能提供较宽阔的海上施工区域,作业空间大; ②整体性、独立性强; ③圆筒内施工装备利用率高; ④与传统围堰施工方法相比较,减少了封底施工的步骤,施工周期短; ⑤钢圆筒可以周转使用,经济效益良好	①钢圆筒的打设和拔出需要大型浮式起重机及大功率液压振动锤组的配合施工,对大型设备的可靠性和技术性能提出较高的要求; ②施工水域水深需满足大型机械船舶装备的吃水要求; ③钢圆筒的打设和拔出对地质要求较高,地层需均匀分布且岩层埋藏较深,上覆土层需有一定厚度的不透水层,以满足隔水、止水需求
分离式胶囊柔性止水安装方案	①无须进行围堰附加止水结构的施工; ②承台顶面以下不需要围堰,施工便捷; ③对大型机械施工装备的依赖性相对较低,经济性良好	①在海水作用下围水结构易发生相对摆动,施工过程墩台止水难度较大; ②分离式胶囊止水结构构造复杂,施工工序较多,操作环节多,易发生渗漏水情况; ③对止水胶囊的质量要求较高
无内支撑结构双壁锁口钢套箱围堰安装方案	①技术相对成熟; ②对地质适应性较强,适用于水下地质情况复杂、岩面起伏较大、覆盖层薄或无覆盖层的情况; ③围堰拆装便捷,施工周期短,可重复周转利用	①需浇筑一定厚度的海上封底混凝土; ②钢套箱围堰分块施工,对加工精度和施工精度要求高; ③采用竖向连续的锁扣设置水囊或灌注砂浆止水,止水效果较难控制

(5)预制墩身施工

对于分段式预制墩身的下节段和整体式墩身,预制前需要根据钢管复合桩钢管插打完毕后测量得到的桩顶平面坐标和倾斜度参数,调整承台中心与墩身中心偏差及倾斜度等几何关系,根据调整后的几何参数进行墩身和承台的预制。此外,支座垫石和墩身一起预制,并预留锚栓灌浆孔。

预制墩身的干接缝设置于浪溅区以上,上下节段墩身运至现场后,先进行预先对位,通过墩身空腔内的导向架的水平调位顶丝微调平面偏差;预对位后测量墩身倾斜度,然后再起吊上节段墩身,通过填塞不同厚度的镀锌薄铁片调整垂直度,连接上下节段墩身的预应力粗钢筋,并在拼接缝涂抹环氧树脂,而后再次下放上节段墩身,张拉预应力粗钢筋,28d 后复张拉,波纹管压浆,封锚,完成干接缝的施工。

设计要求预制墩身的垂直度偏差不得大于 $H/3000$(H 表示墩身高度),且不大于 30mm,同时墩顶截面中心位置与设计位置偏差不得大于 10mm;分段式墩身上下节段应采用匹配件预制,确保墩身接缝和剪力键(槽)密贴、上下节段墩身顺直。同时,设计要求预制墩身(及承台)的保湿养护时间不少于 14d,并且预制完毕后在预制场存放时间不得小于 90d。

(6)钢箱梁的制作与安装

深水区非通航孔钢箱梁的架设采用大节段整孔逐跨吊装方案,标准节段长 110m,吊重约

2300t,钢箱梁最长节段长133m,最大控制吊装重量约2750t。

由于深水区非通航孔桥钢箱梁结构的规模和数量巨大,健康、安全、环保、制造标准、品质及耐久性要求高,为此,实施了"全新的厂房、尖端的设备、先进的技术、科学的管理"工作方针,大幅度提升了"车间化、机械化、自动化"水平,通过"全面实现车间化作业、广泛使用机械自动化设备、采用计算机辅助制造技术、世界先进的电弧跟踪自动焊技术、反变形船位施焊技术、U形肋焊缝相控阵超声波相控阵探伤检测技术及信息化质量控制"等一系列创新技术手段,大幅度提升钢箱梁制造质量水平。

钢箱梁所有板单元均采用全自动化制造,即钢箱梁由板单元制成小节段,然后在工厂车间内整体组装成大节段(图8-53),小节段和大节段拼装全部在厂房内进行,广泛采用数字化焊机进行施焊,梁段在专业打砂、涂装厂房内完成打砂、涂装。而后钢箱梁大节段通过船舶运输至桥位,采用浮式起重机起吊安装。

深水区非通航孔桥钢箱梁的主要施工情景见图8-54。

图8-53 钢箱梁工厂内总拼

a) 平台搭设　　　　　　　　　b) 钢管桩打设

c) 桩基钢筋绑扎、下放

图 8-54

d) 预制墩台钢筋、预应力粗钢筋安装

e) 预制墩台工厂浇筑

f) 预制墩台出运

g) 预制墩台起吊

图 8-54

h) 预制墩台后浇孔浇筑

i) 预制墩身预应力粗钢筋连接

j) 大节段钢箱梁整孔安装

k) 建成后的深水区非通航孔桥

图 8-54　深水区非通航孔桥现场施工

8.3.2 浅水区非通航孔桥

1) 桥型方案研究与确定

浅水区非通航孔桥的桥型方案的考虑与深水区非通航孔桥相同。设计过程中主要以外观简洁、受力及经济合理的梁式桥为主。比选方案见图8-55。

图8-55 浅水区非通航孔桥桥型比选方案

作为毗邻珠海主要景点——情侣大道的浅水区非通航孔桥,其景观的重要性需要优先考虑。因为从口岸接合部到九洲桥位区段只有约1km,九洲桥以东的浅水区约为4.5km,因此整个浅水区都在视线范围之内。若桥墩数量太少,会令整座大桥显得过于单薄;若桥墩数量太多,又会给人以凌乱的感觉,影响视觉效果。由于该浅水区域海床面高,水流较缓,航行船只较少,综合考虑结构受力、景观、经济性、施工便捷性等因素,研究过程中主要对70~100m跨径进行了比选,在此跨径范围内,梁高范围选择在3.0~4.0m等高。因为若跨径再增大,则等高的梁高将达4m以上,在近岸看梁体过于庞大;若采用不等高的主梁,则景观上将难以接受。浅水区非通航孔桥最终采用了85m跨径钢-混组合连续梁桥方案。

2) 结构设计

浅水区非通航孔桥上部采用连续箱形组合梁结构,长约为5.44km。共64孔。其中,九洲桥以东共53孔,其跨径布置为:5×85m+8×(6×85m)=4505m;九洲桥以西共11孔,其跨径布置为6×85m+5×85m=935m。墩身及承台均采用混凝土预制结构,桩基采用大直径钢管复合桩。典型桥跨布置如图8-56所示,效果图见图8-57。

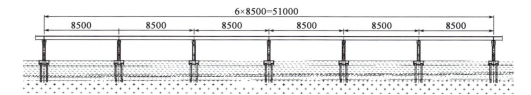

图8-56 浅水区非通航孔桥典型联桥型布置(尺寸单位:cm)

图8-57 浅水区非通航孔桥景观效果

(1) 组合梁设计要点

浅水区非通航孔桥组合梁采用单箱单室分幅等高组合连续梁,单幅桥宽16.3m,截面中心线处梁高4.3m,组合梁采用"开口钢箱梁+预制混凝土桥面板"的组合结构,两者通过钢梁上翼缘板、小纵梁顶板设置的剪力钉连接结合。组合梁截面见图8-58。

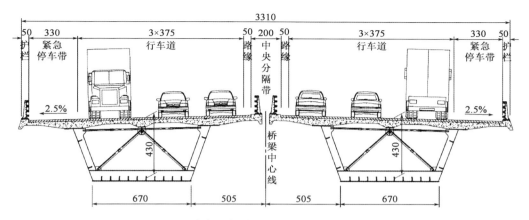

图8-58 浅水区非通航孔桥组合梁截面(单位:cm)

①钢主梁

组合梁钢主梁设计采用倒梯形结构,主要由上翼缘板、腹板、底板、腹板加劲肋、底板加劲肋、小纵梁、横隔板以及横肋板组成。钢主梁在梁中心线处高3.78m,钢主梁顶宽9.3m、底宽6.7m,腹板倾斜设置,倾角约为71°,每孔85m钢主梁由9或10个节段组成,节段长度主要为10m和8m。

钢主梁板件根据结构受力情况采用变厚设计以节省材料,并且除支点横隔板采用实腹式构造外,其余横隔板均采用桁架式构造,间距4m;横肋板均采用框架式构造,间距4m,横隔板与横肋板交替布置。为减小混凝土桥面板的跨度,改善其受力性能,设一道小纵梁,支撑于横隔板,小纵梁采用工字型断面;加劲肋均用板式构造;钢箱梁采用$Q345_qD$和$Q345_qC$钢材。主梁横断面见图8-59。

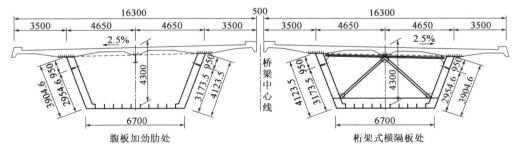

图8-59 主梁横断面(尺寸单位:cm)

②混凝土桥面板

混凝土桥面板采用C60海工耐久性混凝土,宽16.3m,悬臂长度3.5m,横桥向跨中部分厚26cm,钢梁腹板顶处厚50cm,悬臂板端部厚22cm,其间均以梗肋过渡。桥面板纵桥向分块预制,预制桥面板需存放6个月以上,以减小混凝土收缩徐变的影响。桥面板横向整块预制,在钢梁腹板顶间断开孔,现浇缝采用C60微膨胀混凝土。

桥面板横向按 A 类预应力混凝土构件设计,横向预应力钢筋规格为 5-Φ^s15.2,通长布置,纵桥向间距 50cm。在墩顶负弯矩区适当布置纵向预应力钢绞线,以提高该处混凝土桥面板防裂能力,纵向预应力钢绞线规格为 7-Φ^s15.2;横向预应力钢束预埋管道采用金属波纹管,纵向预应力钢束预埋管道采用塑料波纹管。

此外,混凝土桥面板纵向按钢筋混凝土结构设计控制裂缝宽度,在支点及跨中处采用不同的配筋率,为保证结构耐久性,全部采用环氧钢筋。

③剪力钉

剪力键采用圆头焊钉,材质为 ML15。混凝土桥面板与钢梁之间通过布置于钢梁上翼缘板和小纵梁上的焊钉剪力键连接,剪力钉直径 22mm、高 250mm。纵桥向采用集束式钉群布置,单个钉群纵向布置为 4 排,焊钉剪力键纵向间距 126mm,横向布置 2×9 根,横向间距 125mm,钉群中心线之间的纵向距离为 1000mm。

④桥面板与钢梁接合部

在钢梁上翼缘板两侧边缘顺桥向粘贴可压缩的防腐橡胶条(图 8-60),两侧橡胶条之间浇筑环氧砂浆,依靠橡胶条的位置砂浆高度与橡胶条的初始高度相同,中部隆起 5mm,形成上拱的弧面;而后吊装、安放混凝土桥面板,在混凝土桥面板自重作用下,橡胶条完全压密封闭,环氧砂浆与上下接触面充分接触,从而实现了结合面的密封性(图 8-61)。

图 8-60 粘贴在钢梁上翼缘处的可压缩密封条

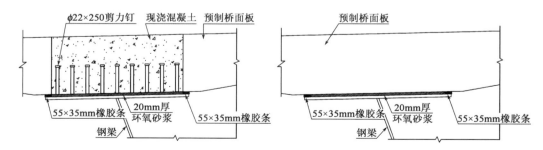

图 8-61 钢-混结合面处理构造

(2)组合梁设计特点

①墩顶负弯矩区抗裂设计

港珠澳大桥设计使用寿命为120年,这对控制负弯矩区混凝土板的开裂提出了严格的要求。通常处理墩顶负弯矩常用方法有施加纵向预应力法、支点升降法、压重法、普通钢筋高配筋率法等。该项目通过计算分析比较,对比了各措施下混凝土板拉应力下降水平情况,如表8-3所示。

不同方案下桥面板拉应力降低水平　　　　表8-3

序号	方案措施	桥面板应力降低值(MPa)
1	简支变连续施工方法	9.0
2	张拉纵向预应力法(20束7-Φ15.2)	3.4
3	支点升降法(升降高度35cm)	6.8

由表8-3可知,简支变连续施工方法和支点升降法对减小混凝土板拉应力较为有效,张拉纵向预应力法由于钢梁分担了大部分预应力效应从而效果较差。由于该项目对结构耐久性提出了很高的要求,因此该桥最后运用了多种手段来提高负弯矩区桥面板的抗裂性能,即:首先采用简支变连续施工方法;然后通过支点升降法,使桥面板拉应力水平降低到一个较低的水平;而后再按钢筋混凝土构件进行设计,严格控制裂缝宽度$\delta \leqslant 0.15$mm;最后,施加适量纵向体内预应力钢束作为储备,减小桥面板拉应力,使桥面板拉应力小于1.6MPa,做到拉而不裂。

②主梁顺桥向拼接位置

整孔架设作为本桥的施工方案,其将带来整孔架设接头位置选择的问题。连续梁接头位置常设置在跨度的1/5～1/8处和墩顶两种方式,如图8-62所示。

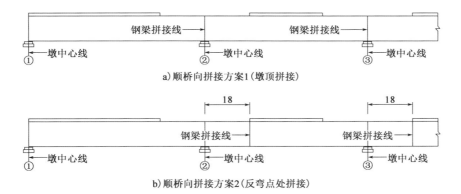

图8-62　85m跨径箱形组合连续梁顺桥向拼接位置(尺寸单位:m)

从受力角度出发(表8-4),对于拼接方案2,由于拼接接头位置伸出墩顶18m,钢梁安装过程中结构始终呈连续梁状态,跨径正弯矩较小,但此时墩顶钢箱梁与桥面板未结合为组合结构,墩顶处钢梁顶板拉应力约为286MPa,超出容许范围,需对结构进行加强处理;若选择在墩顶处拼接,墩顶处钢梁基本不承担自重弯矩,有利于墩顶钢箱截面的受力,避免了悬臂架设导致的墩顶处开口钢箱承受较大自重弯矩产生的较大应力,同时跨中钢梁应力也在容许范围之内。

两种拼接方案钢梁纵向应力比较　　　　　表 8-4

施工方案	墩顶钢梁应力（MPa）		跨中钢梁应力（MPa）	
	上缘	下缘	上缘	下缘
拼接方案 1	0	0	64	132
拼接方案 2	-286	-114	38	86

从施工角度出发,接头位置的选择应考虑减少施工措施、降低施工风险,且梁段吊装重量及长度宜一致。对于拼接方案 2,将拼接接头设置于跨度的 1/5～1/8 时,需要额外增设吊挂设施,钢梁构造和施工工序较为复杂,钢梁的焊接无法在一个较为稳固的平台上进行,而且首孔梁和尾孔梁与其他孔梁长度及吊重均相差较大,不利于标准化施工;对于拼接方案 1,将拼接接头设置于墩顶处,只需在墩顶安放临时支座,不需设置次孔吊架,施工便捷、安全,施工风险低,且各孔梁重量与长度均相差不大,有利于主梁制造和运输。

因此,经过综合分析、比较,该桥最终将钢梁顺桥向接头位置设置于墩顶处。

③主梁断面支撑梁布置

对于该 85m 箱形组合连续梁,由于混凝土桥面板横向跨度为 9.3m,横向跨度较大,且车辆荷载要求在内地规范基础上提高 25%,因此对混凝土桥面板的横向受力性能提出了较高要求。组合梁中心线处不设置小纵梁和设置小纵梁的分析、比较结果见表 8-5。

混凝土桥面板最大横向拉应力比较　　　　　表 8-5

支撑梁方案	活载加载工况（MPa）		
	悬臂加载	跨中加载	满载
不设小纵梁	-3.3	-7.4	-9.3
设置小纵梁	-3.3	-2.8	-6.0

通过分析比较,设置小纵梁后,满载情况下混凝土板最大横向拉应力降低约 3.3MPa,改善了混凝土板的横向受力性能,可降低桥面板厚度,提高结构经济性。

④桥面板分块方式

箱形组合梁预制桥面板分块常用的做法是:为了密布均匀剪力钉的需要,在钢梁顶板设置通长的纵缝,桥面板通常在钢梁顶板处断开,横向分块。但这样不利于保持桥面板的整体性,也不利于横向预应力钢筋及普通钢筋的布置,同时也不便于简化桥面板的施工工序,降低混凝土现浇工作量及减小混凝土收缩徐变。因此,该项目为实现桥面板的横向作为一个整体,最终采用了集束式的剪力钉布置方式,桥面板横向无须分块,只需在有集束式剪力钉处开槽即可。

3）施工方案

浅水区非通航孔桥 85m 箱形组合连续梁均采用了整孔预制吊装、简支变连续的施工方法,单孔梁的外形尺度为 85m×16.3m×4.38m,单孔构件最大自重约 1900t。施工时,整孔出运、运输、吊装,整孔合龙,最终形成多跨连续梁。

该桥箱形组合梁钢梁均在工厂内制造,采用了钢主梁大节段整孔制造技术,即钢主梁制造分段、预拼装及钢主梁组焊成大节段均在一个胎架上依次完成。由于该桥钢主梁大节段具有开口槽形结构、长高比大、线形控制难度大等特点,因此,采用了"底板单元依次接长→组焊腹板单元(制造分段内)→组焊 K 形撑及小纵梁→焊接制造分段间的环缝→预拼装"的施工方案。钢主梁大节段制造过程如图 8-63 所示。

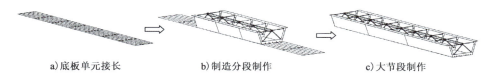

a) 底板单元接长　　　b) 制造分段制作　　　c) 大节段制作

图 8-63　钢主梁大节段制造过程

根据桥面板结构尺寸和配筋的不同,预制桥面板在直线段和曲线段各有 13 种类型,全桥 128 片梁共计 2516 块桥面板,其中直线段 2084 块,曲线段共 432 块。板块纵桥向长度分 4.0m、4.15m 和 3.0m 三种,单块预制桥面板最大重量为 76.7t。箱形组合梁所有的桥面板均采用在工厂预制。85m 箱形组合连续梁架设工艺流程主要包括:组合梁运输、架设、组合梁位置精调、配切、焊接、支座灌浆等。

浅水区非通航孔桥 85m 箱形组合连续梁的施工情景如图 8-64 所示。

a) 组合梁制造预制厂

b) 钢梁工厂制造

图　8-64

c) 钢梁构造细节

d) 钢梁存放

e) 预制桥面板钢筋绑扎

f) 预制桥面板钢筋安装

图 8-64

g) 预制桥面板混凝土浇筑

h) 预制桥面板起吊及存放

i) 钢主梁线形控制、调整及桥面板安放

j) 钢主梁橡胶条粘贴及环氧砂浆试块制作

图 8-64

k) 湿接缝钢筋绑扎及湿接缝混凝土养生

l) 桥面板横向预应力张拉及组合梁装船

m) 组合梁起吊、安装

n) 组合梁安装就位

图 8-64　浅水区非通航孔桥施工

8.3.3 人工岛接合部非通航孔桥

东人工岛接合部非通航孔桥(图8-65)连接香港连接线桥梁和东人工岛以实现桥隧转换,与香港连接线桥共用的界面墩位于粤港分界线以东10m的香港境内,西端桥台位于东人工岛岛壁附近,桥梁全长386.25m(含桥台)。为保证与香港段桥梁顺利接驳,并从标准、外观上保证一致协调,设计建设过程与香港方面召开了数十次技术协调会议。

图8-65 东人工岛接合部非通航孔桥

西人工岛接合部非通航孔桥(图8-66)连接西人工岛和深水区非通航孔桥以实现桥隧转换,东端桥台位于西人工岛岛壁附近,西端终点通过界面墩和深水区110m跨钢箱梁非通航孔桥相接,桥梁全长250.25m(含桥台)。

图8-66 西人工岛接合部非通航孔桥

该桥的建设条件特点之一在于,为减小人工岛长度同时受上岛连接道路展线和最大纵坡的限制,接合部非通航孔桥在与人工岛相接近的桥跨梁底距水面高度较低,梁底和桥面在大浪天气将承受波浪的浮托力、水平力以及升力矩荷载,波浪携带泥沙频繁拍打桥梁结构,因此需要考虑桥梁结构受力及抗冲磨性能。此外,桥梁方案的设计还需考虑人工岛岛壁位置、同岛上道路衔接以及同香港连接线桥梁协调等一系列因素。

1) 东人工岛接合部非通航孔桥

(1) 方案选择及影响因素

①桥台位置

由于东人工岛位于海中,其规模直接影响工程造价并对海床、海流产生影响,因此,为了尽量降低工程造价和减小阻水比,设计需要尽量压缩岛体的长度和规模。东人工岛的设计长度为625m,岛面设计高程5.000m,受人工岛长度、匝道展线和最大纵坡的限制,该桥桥台无法在跨越岛壁一定长度后设置,因为若在跨越岛壁后设置桥台,则需要解决箱梁和岛壁间的挡水问题,结构设计及施工均存在困难。所以,该桥最终采用将桥台和岛壁结合起来进行设计。

②桥台同人工岛岛壁的衔接

东人工岛采用钢圆筒方案形成陆域,钢圆筒沿人工岛岸壁前沿线布置,共采用了59个直径为22.0m的钢圆筒。因为东人工岛接合部非通航孔桥没有条件跨越岛壁后在岛面上落地,所以桥台需与岛壁挡浪墙结合设置,设计方案将桥台背墙和挡浪墙相连,桥台兼作挡浪结构。但由此带来的问题是,桥台的基础设计需要考虑钢圆筒的位置。最后,设计者因地制宜地布置桥梁桩基,将桩基础布置于几个钢圆筒的内部(图8-67)。

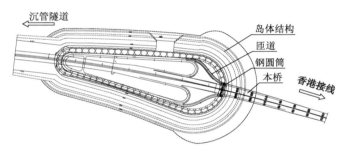

图8-67 东人工岛接合部非通航孔桥位置关系

③结构体系及布跨

由于该桥部分桥墩位于人工岛岛壁上,且墩高相对较矮,在温度变化、人工岛岛壁发生长期水平位移、地震等工况下,若采用预应力混凝土连续刚构桥方案,其墩身将难以满足受力要求,因此最后设计将连续刚构方案优化为连续梁结构方案。

对于桥梁跨径,若采用30m左右较小的跨径,则需在岛壁斜坡上布置较多的桥墩,但考虑到人工岛为后填筑成岛,将会发生沉降和水平位移,这将对桥墩受力产生不利影响,因此最后考虑将桥墩跨越岛壁斜坡,布置于岛壁平台上。

另一方面,若该桥采用较大跨径,将存在以下几个问题:(a)跨径越大,梁高越大,梁底高程越低,风浪荷载越大;(b)上部主梁既需要承受向下的自重荷载、汽车荷载,还要承受向上的、横向的风浪荷载,跨径的增加,将对主梁受力产生不利影响,且需要提高支座的承载力。

本桥起终点桩号分别受岛壁结构位置和同香港段分界线位置制约,综合考虑各种因素,最终选择了55m等跨度,全桥布跨确定为7×55m。

④曲线及同岛上道路衔接

受总体线路限制,该桥路线处于半径为5500m的平曲线上。考虑上下人工岛需要,岛上道路设置了匝道和该桥相接,因此该桥上部结构的设计需要考虑主线和匝道的衔接以及桥面变宽等因素。

⑤风浪荷载

桥面最低处设计高程7.528m,考虑横坡影响,桥面最低设计高程6.734m,梁底最低设计高程仅为4.012m。本桥最高设计水位3.82m,设计控制波高3.4m,波浪影响高程7.22m,在靠近人工岛约165m范围的上部箱梁将承受波浪力荷载,包括波浪的浮托力、水平力以及升力矩荷载。此点在设计过程中将受到格外重视。

⑥结构冲磨

由于该桥靠近人工岛,受人工岛岛体影响,波浪携带泥沙将频繁拍打桥梁结构,结构的设计需要考虑冲磨影响。

⑦香港接线影响

该桥起点位于粤港分界线以东10m,10m范围内的桥墩、基础及上部结构处于香港境内,因此相关上下部构造设计、景观设计、附属设施等设计标准需和香港连接线保持一致。

(2)总体方案

东人工岛接合部非通航孔桥全桥跨径布置为4×55m+3×55m。由于上下岛加减速需要,主梁为变宽,且左右幅不对称。主梁分两幅两联设计,为预应力混凝土连续梁,第一联和香港连接线相接,界面墩位于粤港分界线以东10m处;第二联和东人工岛相接。7号墩位于岛壁斜坡的平台上,8号桥台背墙和挡浪墙相连兼作挡浪结构,桥台基础位于钢圆筒内。该桥总体布置见图8-68。

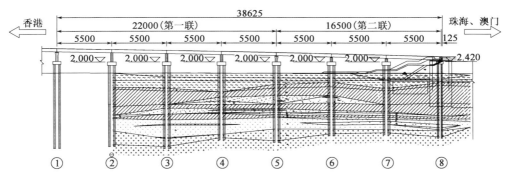

图8-68 东人工岛接合部非通航孔桥桥型布置(尺寸单位:cm)

(3)上部结构混凝土箱梁设计

上部结构主梁采用混凝土现浇箱梁设计方案,主梁距设计线7.5m处梁高3.2m,左幅梁全宽 17.86～29.16m(含管线槽),右幅梁全宽 17.86～28.46m(含管线槽)。主梁标准断面见图 8-69。

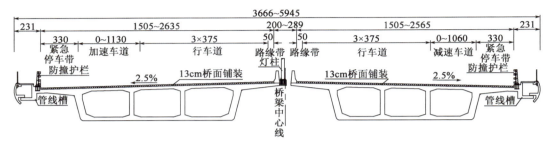

图 8-69　主梁标准断面(尺寸单位:cm)

(4)主梁管线槽设计

由于东人工岛接合部非通航桥外侧需与香港方面一致,因此布设的管线槽,其外形需与香港方面统一。该桥管线槽高度为 1.8m,顶面宽 2.29m,由现浇承板、预制侧板、预制盖板以及人行护栏 4 个部分组成,除人行护栏采用钢结构外,其余均采用混凝土结构,混凝土强度等级采用 C55(与箱梁相同)。

管线槽结构的设计和小构件预制是该桥的亮点之一。管线槽现浇承板采用现浇施工和箱梁翼缘板形成整体,预制侧板通过预留后浇段与现浇承板形成整体(图 8-70)。

图 8-70　主梁管线槽预制结构

(5)主梁防撞护栏设计

护栏的设计一方面需要同主体工程的标准一致,另一方面需要和香港侧相协调。最终,该桥外侧护栏采用钢护栏,设计中根据本项目的防撞护栏碰撞试验情况并对钢结构的构造细节进行了调整;内侧防撞护栏参考内地规范同香港侧保持一致,采用混凝土护栏。

桥面外侧防撞护栏采用金属梁柱式护栏,立柱采用钢板焊接成型,材质为 Q345C 钢,防撞护栏立柱高 1500mm,设置 4 根横梁,横梁标准规格尺寸为 160mm×120mm×6mm×8000mm,采用 Q345C 钢材,冷弯半径(外径)$R \leqslant 20$mm。防撞护栏立柱设在混凝土路缘石上,该类型护栏的亮点之一在于尽量设置少量的不锈钢螺栓连接护栏横梁,使得钢护栏外观简洁、美观(图 8-71)。

图 8-71 主梁外侧防撞护栏

(6)下部结构设计

桥墩承台平面为矩形,承台厚 3.5m,承台顺桥向宽度 8.7m。桥墩承台下采用直径为 2.3m 和 2.0m 的钻孔桩;桥台承台下采用 8 根直径为 1.5m 的钻孔桩;桩基均按端承桩设计。

(7)施工方案

上部结构主梁采用逐跨现浇方案施工,从东人工岛向香港侧非通航孔桥方向进行,施工缝位置距离墩中心线 9m。下部结构采用常规施工工法施工。

2)西人工岛接合部非通航孔桥

(1)方案选择及影响因素

与东人岛接合部桥梁基本相同,设计过程中桥台和岛壁结合起来进行设计,桥台的基础考虑布置于围岛钢圆筒的内部,全桥采用预应力混凝土连续钢箱梁方案。

(2)总体设计

桥梁跨径布置为 5×49.8m,平面处于直线上,由于上下岛加减速需要,主梁为变宽,左右幅对称。主梁分两幅设计,均为预应力混凝土连续梁。该桥的桥型布置见图 8-72。

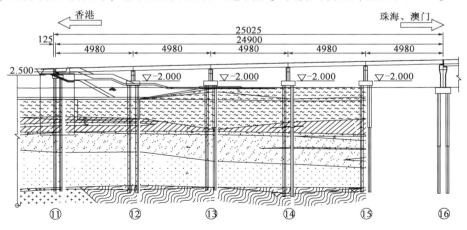

图 8-72 西人工岛接合部非通航孔桥桥型布置(尺寸单位:cm)

(3) 结构设计

该桥 11 号墩至 14 号墩之间主梁梁宽为 20.3m，14 号墩至 16 号墩之间主梁梁宽由 20.3m 线性变化为 16.3m。主梁顶板不设置横向预应力，主梁标准横断面见图 8-73。该桥下部结构设计与东人工岛接合部非通航孔桥基本相同。

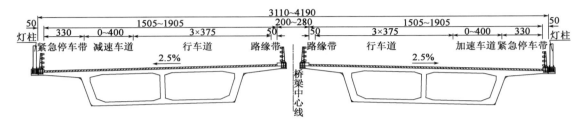

图 8-73　主梁标准断面(尺寸单位：cm)

第9章 岛隧工程设计

岛隧工程是港珠澳大桥的控制性关键工程,其中,岛隧工程沉管隧道总长约6.7km,在隧道的两端分别建造了面积约10万 m^2 的海中人工岛。港珠澳大桥沉管隧道是目前世界上最长、埋置最深的海底沉管隧道,同时也是我国第一条外海沉管隧道。

9.1 总体设计

9.1.1 总体布置

岛隧工程是港珠澳大桥的控制性工程,起于粤港分界线,向西穿越珠江口伶仃西航道和铜鼓航道,与深水区非通航孔桥和青州桥相接,线路总长约7440m,总体布置如图9-1所示。

图9-1 岛隧工程总体布置

岛隧工程包括海底隧道、两个离岸人工岛及部分连接桥等,其中,东、西两个海中人工岛用于桥隧转换,两个人工岛之间的平面距离约5600m。东人工岛靠近香港侧,其东侧与桥梁衔接,西侧与海底隧道衔接;西人工岛靠近珠海侧,其东侧与海底隧道衔接,西侧与非通航孔桥衔接。

岛隧工程总体设计是整个工程建设过程中非常重要的一个工作阶段。总体设计明确了项目技术标准(见6.4部分),研究并确定了海底隧道与人工岛工程的主要工艺工法、平面、纵面与横断面等总体方案,为项目高质量建设打下了坚实的基础。工程主要实景如图9-2所示。

a)总体实景

b)隧道管内实景

图9-2 岛隧工程实景

9.1.2 隧道工法确定

港珠澳大桥海底隧道方案的总体构思原则是：根据交通运输部《关于港珠澳大桥通航净空尺度和技术要求的批复》（交水发〔2008〕97号），在确保满足港珠澳大桥预定交通功能和总体路线协调、顺畅的前提下，最大限度地降低对珠江口水流、水势及海洋生态环境、航道规划及远期航运等的负面影响，满足环境保护要求，营造一个结构安全可靠、交通顺畅、行车安全舒适、监控管理有效、交通组织完善的海底隧道工程。

从环境条件来看，本海域可用的水下隧道工法包括钻爆法、沉管法和盾构法3种。由于工程区域上层软土及砂质地层分布较厚，平均约30～40m，下伏花岗岩地层埋深起伏大且局部存在风化深槽，钻爆法隧道的工程规模及风险极大，基本不具备可实施性。因此，根据该处海域的水文、地质、环境、通航等条件，重点对盾构法[图9-3a)]和沉管法[图9-3b)]进行了论证和比选。

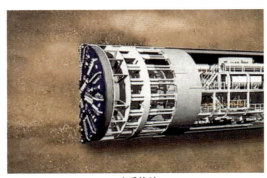
a) 盾构法

b) 沉管法

图9-3 隧道工法比选

在重大隧道工程中，选择适宜的工法至关重要。为确保工法选择的科学性和合理性，在项目可行性研究基本完成之际，建设单位创新性地组织开展了工程可行性深化研究，重点解决隧道工程采用何种工法的关键问题。

盾构法和沉管法在技术、环保、通航和经济等方面各有利弊。从技术角度来看，两种工法均具备可行性。最终，本项目隧道选择了沉管法，主要基于以下两个原因：

(1) 沉管隧道更利于珠江口水利防洪

盾构隧道上覆土体厚度大于沉管隧道，岛隧结合部的斜坡段隧道中的淤泥质土需要进一步防护和加固。盾构隧道方案对应的单个人工岛长度超过1200m，而沉管隧道方案对应的单个人工岛长度小于800m。经计算，采用盾构法时，全桥的阻水比为14.6%，不能满足全桥阻水比小于10%的刚性要求。因此，沉管法在水利防洪方面更具优势。

(2) 沉管隧道装备的国产化程度更高、施工风险更低

双向六车道高速公路标准的盾构隧道需采用直径达17m级的盾构机，而当时世界范围内

已实施的最大盾构机直径为15.2m。外海离岸筑岛始发接收盾构机的经验缺乏,且近10亿元的两台世界最大直径泥水盾构机需要采购国外设备,国产化程度远低于沉管法施工装备。同时,港珠澳大桥海底隧道的盾构机规模大,面临高水压、长距离、花岗岩起伏较大、上软下硬或孤石等技术难点和施工风险。相比之下,沉管法在直接成本和工期控制方面具有相对更低的风险。

9.1.3 人工岛总体方案

东、西两个人工岛作为海上桥梁与隧道之间的重要连接枢纽,具备基本定位功能,并结合工程建成后的运营需求,成为集交通、管理、服务、救援和观光于一体的综合运营中心。人工岛总体方案的核心在于确定人工岛的位置和主要尺寸。

1)人工岛位置控制要求

人工岛的位置主要依据通航论证专项研究成果确定,并结合工程海域的综合特征,明确了东、西两个人工岛位置的具体控制要求如下:

(1)东人工岛位置:

①主体布置不应跨粤港分界线以东区域;

②建设应尽可能减少对23DY锚地的影响。

(2)西人工岛位置:

应位于-10m等深线以西的区域。

(3)两岛间距:

①东、西两个人工岛的口门间宽度不小于4100m;

②布置不应对远期航运和水利防洪造成影响。

2)人工岛长度及位置

在确定隧道工法和人工岛位置控制要求后,人工岛的长度主要取决于隧道纵断面和人工岛高程设计参数。参考香港填海工程和国际已建人工岛的实例,结合工程区100年及300年重现期的高潮位,并考虑温室效应引起的海平面升高等因素,综合确定人工岛的岛域平面基本高程为+5.0m。

根据工程区防洪研究成果(图9-4),港珠澳大桥的阻水比应小于10%。通过对隧道纵断面指标、岛隧及岛桥结合部构造的综合分析,设计确定了人工岛的有效长度为625m,其中:东人工岛设计起点里程K6+339m、终点里程K6+964m;西人工岛设计起点里程K12+548m、终点里程K13+173m。

大桥人工岛的总体方案,基于严谨的研究和科学的分析,既满足了工程建设的技术要求,又充分考虑了环境保护和运营管理的需要。

图9-4 东、西人工岛工程实施后累积冲淤模型模拟

3）人工岛宽度

人工岛不仅需要满足交通转换的功能，还需根据运营管理需求，在东、西两个人工岛上设置隧道救援、养护及服务设施。由于东人工岛距离香港较近，考虑到救援和养护设施的合理分布，西人工岛主要承担项目管理功能，包括管理运营、养护救援、环保安保以及基础设施建设；东人工岛则侧重旅游开发，同时兼具少量管理和养护功能，其具体功能包括旅游开发、养护救援、环保安保和基础设施建设。两个人工岛均设有码头，西人工岛还设有直升机停机坪，以满足紧急救援的需求。

根据人工岛的基本功能定位和运营管理需求，并结合"生态岛"的文化景观理念，人工岛采用曲线与椭圆组合的渐变宽度布局，东人工岛最宽处为225m，西人工岛最宽处为190m。东、西人工岛的景观实景如图9-5所示。

a) 东人工岛

b) 西人工岛

图9-5 人工岛实景

人工岛的建设不仅涉及在外海无掩护条件下，深厚软土地基上构筑岛壁结构、形成陆域和加固软基等复杂工程的设计和施工，还需要提供稳固的深基坑支护结构，确保岛上首段隧道的快速、高质量完成，以形成沉管隧道的安装对接条件，确保整个工程的施工进度。

经过深入全面的分析和研究，采用了深插大直径钢圆筒作为人工岛岛壁并兼作深基坑围护结构的全新筑岛技术。这一技术能够快速、安全、可靠地形成岛隧工程的建设基础,系统地降低珠江口因通航环境复杂带来的项目管理风险,有效保护珍稀的中华白海豚。从技术层面上看,这项快速成岛技术也为全面实现岛隧工程中地基与基础类分项工程的不均匀沉降控制、刚度均匀性和协调性创造了条件,奠定了坚实的基础。

9.1.4　隧道横断面布置

沉管隧道断面布置是一项统揽全局的总体性工作。对于港珠澳大桥这样的大型工程项目,确定合适的隧道横断面布置至关重要。这不仅是一个满足建筑限界和线形设计基本要求的过程,同时也需要充分考虑运营设施空间、安全疏散等营运功能。这项工作本质上是一个不断迭代深化的研究过程。

沉管隧道的横断面布置形式多种多样,且在全球范围内已有丰富的案例可供参考。结合工程案例的调研,我们对两孔两管廊、两孔三管廊及两孔一管廊断面进行了比选分析。两孔两管廊和两孔三管廊断面能够满足多种交通功能需求,并适用于横向或半横向通风方案,但其结构横断面的宽度明显增加。

在初步设计阶段,通过研究发现,本项目采用纵向通风方案即可满足运营需要,无须使用多个送排风管廊。因此,我们进一步对施工和使用阶段的各种工况及组合下的结构受力和经济性进行了综合分析,最终推荐采用两孔一管廊的沉管断面方案(图9-6)。该方案中,左、右侧为主行车孔,中间为综合服务管廊。中间管廊自上而下依次设置排烟通道、安全通道和电缆通道。

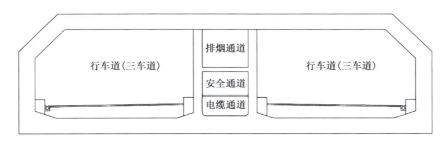

图9-6　隧道两孔一管廊横断面

根据隧道运营期的功能需求,中间管廊可同时服务于两个行车孔,电缆走线方便且距离较短,隧道内的汇水池和泵房等设施也设置得更为便利。这种布局不仅优化了空间利用,还提升了运营效率和安全性。

9.1.5　隧道纵断面布置

岛隧工程的纵断面设计主要受到工程区航道控制要求、隧道设计坡度以及人工岛位置等因素的影响。纵断面布置形式直接关系到隧道的最大埋深、基槽开挖量及水下作业难度等关键指标。在满足隧道区域内航道布置及规划需求的前提下,纵断面设计应尽可能抬高隧道设计高程,减少基槽开挖量,降低水下作业深度,并符合隧道内最小排水纵坡与最大通行纵坡的运营需求。

基于以上原则,工程区两主航道间采用 W 形纵断面设计。在隧道区 K8+135m 至 K10+945m 段,为满足 30 万吨级油轮安全通航的宽度要求(2810m),采用 0.3% 的最小纵坡,以满足纵向排水需求;主航道间的平缓段之外,隧道纵坡以较大坡度快速起坡,尽最大可能减少隧道开挖量。当隧道达到一定高度后,分别以相对缓坡过渡的方式连接东、西两个人工岛,并在人工岛护岸坡脚处开始以最大坡度 2.98% 起坡,有效减少隧道长度。

由于人工岛结合部非通航孔桥和隧道岛上段采用的基础方案不一致,为更好地实现桥、隧沉降协调过渡,东、西两个人工岛上均设置一小段路基,路基两端通过搭板构造分别与非通航孔桥和隧道岛上敞开段合理衔接。

9.2 人工岛设计

9.2.1 岛壁结构

根据隧道总体工艺设计和施工组织计划,岛内隧道暗埋段需采用干法施工,西人工岛上暗埋段部分隧道结构必须尽早具备与沉管隧道对接的条件。为满足这一关键节点工期的要求,根据暗埋段隧道的施工总体安排,西人工岛分期进行建设。先期施工第一段暗埋隧道区域的人工岛(称为小岛),以创造条件进行该段隧道现浇,尽快形成与沉管隧道的对接条件。剩余部分的人工岛(称为大岛),在第一段暗埋隧道施工的同时继续填筑,最终完成全部西人工岛填筑工程,并适时进行岛上段剩余部分隧道和其他构筑物的施工。

为确保首节沉管按时对接,经过对斜坡堤、直立式沉箱、格型钢板桩及大直径钢圆筒等筑岛方案的比选分析,推荐采用插入式钢圆筒岛壁围护结构。插入式钢圆筒对深厚软土地基环境具有良好的适应性,土方挖填量少、施工速度较快、工期短,结构形式简单、受力合理、材料用量省、施工工艺相对简洁,能够适应水深浪大的环境。

结合工程区域深厚软土和外海复杂水文环境的特点,并基于插入式钢圆筒结构机理及设计方法的研究成果和可打入性分析成果,考虑施工期及使用期的各种不利工况,采用动态施工模拟分析,确保在满足结构稳定和控制变位的基础上兼顾施工能力,最终确定采用直径 22.0m 的钢圆筒作为快速筑岛的主体结构。钢圆筒沿人工岛外围振沉至不透水层,最大筒高约 50m,最大振沉深度约 30m,共 120 个钢圆筒,其中西人工岛 61 个、东人工岛 59 个。东、西人工岛钢圆筒现场振沉施工见图 9-7,平面布置见图 9-8。

a) 振沉施工　　　　　　　　　　　　b) 振沉后的钢圆筒

图 9-7　钢圆筒振沉

图 9-8　钢圆筒平面布置

岛壁结构采用永久的抛石斜坡堤和钢圆筒围护结构相结合的构造形式。钢圆筒外侧采用抛石斜坡堤，堤心由倒滤结构和 10～100kg 块石组成，堤心外侧安放具有良好消浪性能的 5t 扭工字块体，块体下设置 300～500kg 垫层块石，并在 +3.0m 高程处设置消浪戗台。坡脚采用 100～200kg 护底块石。抛石斜坡堤基础采用部分开挖换填，下部软土采用挤密砂桩（SCP）处理。

筑岛用钢圆筒为临时结构，岛壁结构本质上是抛石斜坡堤。为防止圆筒腐蚀后填砂的渗漏，设置筒外和筒内组合倒滤结构，筒外海侧回填袋装碎石和二片石，筒内顶部软基处理后设置倒滤结构，如图 9-9 所示。

钢圆筒结构设计与施工：钢圆筒直径为 22m，壁厚 16mm，其内侧焊接有竖向和横向加强肋以增强结构强度。在指定位置设置宽榫槽作为与副格连接的接口，宽榫槽由不等边角钢组成。钢圆筒在上海振华重工（集团）股份有限公司制造，每个钢圆筒总体分为两段，每段采用竖向分块法制造，最后合龙成整体。副格加工制作在中交四航局第二工程有限公司新会预制厂进行，工艺与钢圆筒类似。由于副格为圆弧结构，单片副格在胎架上一次性成型，适当加固后即可平吊转运，无须竖立和拼接。钢圆筒的制作模型及阶段、板块划分见图 9-10。

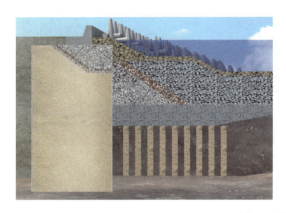
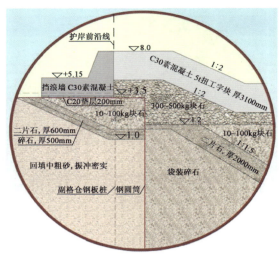

图 9-9　倒滤结构设置

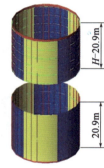

图 9-10　钢圆筒制作模型及阶段、板块划分

钢圆筒运输与振沉：钢圆筒制作完成后，采用"振华 23"等三艘运输船驳运至现场进行振沉，每次可运输 9 个钢圆筒。经过多种方法校核激振力后，工程选用 8 台 APE600 型液压振动锤联动方案振沉钢圆筒。振沉体系由吊架、振动锤、同步装置、共振梁、液压夹具和液压设备等组成。钢圆筒振沉系统及筒内回填见图 9-11。

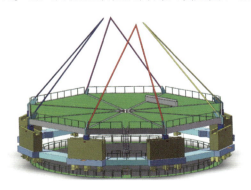

图 9-11　钢圆筒振沉系统及筒内回填

基于上述内容,我们可以作出相应的工艺分析与总结:

(1)钢圆筒制造:采用先进的制造工艺,分段制造和竖向分块法保证了钢圆筒的结构完整性和精度;内侧加强肋的焊接增强了筒体的整体刚性和抗压能力,确保了其在恶劣环境下的使用寿命。

(2)副格结构:副格采用圆弧结构,并在胎架上一次成型,减少了加工和拼接的复杂性,提高了施工效率。宽榫槽的设计使钢圆筒与副格的连接更加稳固,确保了整体结构的可靠性。

(3)运输与振沉:钢圆筒的运输和振沉过程精心设计,选用高效的液压振动锤联动方案,保证了钢圆筒在运输和安装过程中的稳定性和精确性。采用"振华23"等大型运输船进行驳运,提高了运输效率,降低了运输成本。

(4)施工安全与效率:振沉体系设计合理,由吊架、振动锤、同步装置、共振梁、液压夹具和液压设备等组成的综合体系,确保了钢圆筒振沉过程的安全与高效。通过动态施工模拟分析,优化了施工方案,保证了工程进度和质量。

9.2.2 地基处理

根据工程地质勘察报告,人工岛区域内的软土层主要有①、③土层,其中$①_1$、$①_2$、$①_3$、$③_1$、$③_{1-1}$属于欠固结土,软土层的厚度约 16~40m,这几层土都具有压缩性高、含水率和孔隙比大的特点,除此高压缩土层外,下卧$③_2$、$③_3$、$③_4$、$④_7$为软塑、可塑或硬塑的正常固结黏土层,这些土层均须经过处理才能满足工后残余沉降要求。根据此区域的地质特点,换填法、复合地基法、挤密法、排水固结法均适用本工程软土的处理。采用大直径钢圆筒快速筑岛方案,为保证钢圆筒稳定,将表层流塑淤泥清除后,钢圆筒和人工岛内均回填中粗砂,岛内和岸壁圆筒区域采用降水联合堆载预压技术,岛壁区采用复合地基。根据场地平面布置及水工结构特点,将整个场地分为岛内区 A、岸壁圆筒区 B 和岛外区 C(图 9-12)。

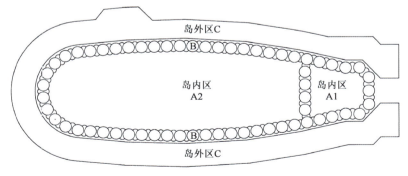

图 9-12 人工岛分区

岛内区指圆筒围闭的人工岛区域,根据工期要求,又分为小岛区(A1)和大岛区(A2);岸壁圆筒区指圆筒自身和连接圆筒的格仓区域;岛外区指圆筒外侧区域。分区软基的处理方法见表 9-1。

分区软基处理方法一览表　　　　　　　　　表 9-1

序号	区块		地基处理方法
1	A 岛内区	A1	开挖换填 + 塑排 + 降水联合堆载预压
2		A2	开挖换填 + 塑排 + 降水联合堆载预压
3	B 圆筒区		开挖换填 + 塑排 + 降水联合堆载预压
4	C 岛外区		开挖换填 + 挤密砂桩

9.2.3 岛隧结合部

岛隧结合部的实施方案依据工程总体建设需求制订，如前所述，先完成封闭小岛工程，再形成全部人工岛工程。结合部不仅包括钢圆筒围护结构和主体隧道结构，还包括二次止水墙和减载结构两项主要内容。

1）二次止水墙

预制沉管管节与暗埋段隧道结构对接时，需拆除岛头的钢圆筒。为确保西小岛内仍具备干施工条件，需设置二次止水墙。二次止水墙由两部分组成：隧道结构底部止水和隧道结构两侧与钢圆筒之间的止水。扶壁结构止水立面如图 9-13 所示。

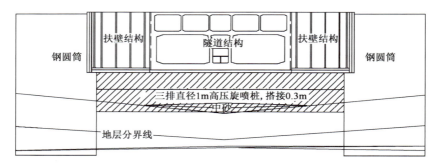

图 9-13　扶壁结构止水立面

现浇暗埋段隧道结构的底部止水由三排连续的高压旋喷桩组成。高压旋喷桩的桩径为 1.0m，桩与桩之间搭接宽度为 0.3m，入土深度达到 12.0m，高压旋喷桩深入到底部不透水黏土层约 8m，有效阻断了外海水体的渗流路径。高压旋喷桩止水结构与两端的钢圆筒相连，形成完整闭合的底部止水面。

(1) 底部止水设计

① 桩径与搭接：高压旋喷桩的桩径为 1.0m，搭接宽度为 0.3m，确保了止水结构的连续性和严密性。

② 入土深度：高压旋喷桩入土深度 12.0m，其中 8m 深入不透水黏土层，阻断了外海水体的渗流路径，形成坚实的止水屏障。

③ 结构连接：高压旋喷桩止水结构与两端的钢圆筒相连，确保了底部止水面的完整性和有

效性。

(2) 侧向止水设计

隧道结构的侧向止水采用 C30 现浇钢筋混凝土扶壁结构。扶壁结构的底宽为 13.0m，底高程与隧道结构底高程一致。通过钢板桩和橡胶止水带与两侧钢圆筒和隧道结构相连，形成有效的侧向止水系统。

①扶壁结构：C30 现浇钢筋混凝土扶壁结构，底宽 13.0m，与隧道结构底高程一致，确保了结构的稳定性和止水效果。

②止水方式：采用钢板桩、橡胶止水带与钢圆筒和隧道结构相连，充分利用高压旋喷桩对淤泥质黏土不透水层的适应性以及钢板桩和橡胶止水带对变形的适应性，确保了整体止水效果。

2) 减载结构

为保证岛隧结合部隧道地基刚度平顺过渡，岛壁处设置减载结构，降低岛隧结合部的局部大荷载。减载结构采用钢筋混凝土沉箱结构，沿人工岛前沿线共布置 4 榀沉箱，沉箱平面呈等腰梯形，沉箱顶部挡浪墙结构由现浇钢筋混凝土胸墙和现浇素混凝土挡浪墙组成，沉箱前设置两层 5t 扭工字块体，沉箱后方的管节顶部回填轻质填料（经比选后采用陶粒材料）。

9.2.4 岛桥结合部

根据东、西人工岛非通航孔桥平面布置与桥面结构高程要求，岛桥结合部人工岛岸壁结构顶高程降至 +1.0m。为防止人工岛圆筒内回填砂石料的淘刷，在桥墩位置圆筒内浇筑素混凝土块体，块体顶高程 +2.5m。

9.2.5 岛上道路

1) 东人工岛岛上道路

东人工岛岛上道路包括隧道主线敞开段至桥台处道路、环岛路(含匝道)以及与道路相关的部分附属工程。人工岛岛上道路(图 9-14)包括匝道 A(286.901m)、C(198.217m)、D(181.076m)、E(248.816m)，以及环岛路基段 B(899.755m)。

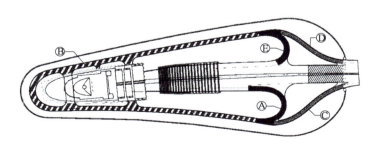

图 9-14　东人工岛岛上道路布置

详细的界面划分及长度见表 9-2。

东人工岛岛上道路界面划分 表9-2

名称	长度(m)	名称	长度(m)
主线敞开段	289.281	岛上 D 匝道	181.076
主线道路	56.546	岛上 E 匝道	248.816
岛上 A 匝道	286.901	环岛路基段	899.755
岛上 C 匝道	198.217		

2）西人工岛岛上道路

西人工岛岛上道路（图 9-15）包括隧道主线敞开段至连接桥桥台处道路、环岛道路（含匝道），以及与道路相关的部分附属工程。

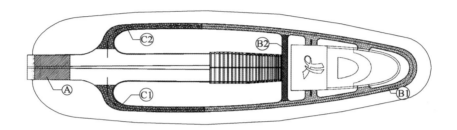

图 9-15　西人工岛岛上道路布置

详细的界面划分及长度见表 9-3。

西人工岛上道路界面划分 表9-3

名称	长度(m)
主线敞开段	327.000
主线道路 A	56.000
环岛道路 B1、B2	691.000
	121.000
岛上 C1、C2 匝道	189.000,184.739

除岛上道路外，相关的主要附属设施还有：

①隧道主线敞开段的排水边沟、横截沟、沉砂井；

②隧道主线中央分隔带护栏、主线道路场地侧护栏；

③隧道主线灯柱基础、安全单柱和门架基础；

④中央分隔带内预留管路和手孔；

⑤隧道主线敞开段压舱混凝土、路面；

⑥匝道排水边沟、横截沟；

⑦匝道及环岛道路灯柱基础及安全单柱基础；

⑧匝道压舱混凝土、路面;
⑨岛上建筑区车行出入口与人行出入口的路面;
⑩路缘石。

港珠澳大桥采用外海深插钢圆筒的快速筑岛方式,仅用215d时间完成了东、西两个人工岛120个钢圆筒和242片副格的振沉施工,相比传统筑岛方案,提前2年成岛。人工岛主要施工情景见图9-16。

a) 钢圆筒加工制造

b) 大直径钢圆筒托运与振沉筑岛

c) 钢圆筒副格仓振沉　　　　　d) 人工岛岛壁结构合龙

图 9-16

e) 岛内基坑地基处理

f) 岛壁斜坡挤密砂桩施工

g) 东人工岛总体

h) 西人工岛总体

i) 扭工字块体规则安装现场

j) 岛上道路和岛面工程施工　　　　　　　　k) 岛上道路排水边沟施工

图 9-16

1) 岛上道路施工

图 9-16　海中人工岛施工

9.2.6　岛上建筑

1) 功能特点

为实现隧道通风及排烟系统、办公、商业、串接全桥保障系统等方面的综合功能,在两个海中人工岛上设置主体建筑。超长海底隧道需要通风换气与排烟,两个外海人工岛上建筑的重要功能之一是布置隧道两端的进出风口,通过进出风口和系列风机设施相接,使隧道里的空气流动起来,把汽车尾气排走或火灾事故烟气排出。进出风口需与隧道结构连接成一体,周边的建筑空间可兼顾其他功能使用。两个人工岛主体建筑坐落在岛上隧道结构之上,整体嵌固在人工岛之中,与人工岛主体融合并共同置于伶仃洋外海环境,是桥梁和隧道结构和设施的转换载体,成为大桥、隧道、人工岛的重要保障设施和支撑系统枢纽(图 9-17)。

图 9-17　人工岛及岛上主体建筑实景

2) 设计方案

东、西人工岛岛上建筑项目是高度集成的综合建筑工程设施,包括以下内容:

(1) 规划与设施:两个共约 20 万 m^2 的外海离岸人工岛岛面规划、景观及其综合管网。

(2) 建筑面积:两个岛上约 8 万 m^2 的清水混凝土建构筑物,涵盖隧道通风排烟设施、楼内高速养护配置及各种行政机构的办公、东人工岛商业等综合服务设施。

在结构设计过程中,重点考虑了以下因素:

(1)施工条件:岛上有限的施工条件。

(2)环境因素:海上恶劣环境、台风及地震的不确定因素。

(3)地基沉降:岛上陆域地基沉降等多重复杂因素。

本工程取得的主要成效有:

(1)填补空白:岛上综合建筑工程填补了我国外海建筑集群设施的空白,为外海环境下的综合公共建筑工程积累了设计和建设经验。

(2)技术创新:首次在交通工程领域采用国际领先水平的清水混凝土模板系统和小型清水混凝土预制设备,积累了丰富的清水混凝土建筑技术经验。

(3)技术融合:首次融合三地的技术规范和技术措施进行设计,为粤港澳大湾区在建设准则的确定、融合方面,积累了宝贵经验。

设计方案及效果见图9-18～图9-20。

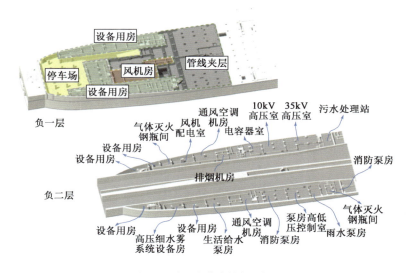

图9-18　岛上主体建筑负层布置

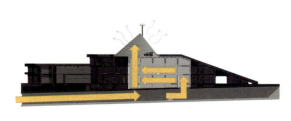

图9-19　岛上主体建筑及隧道通风布置

图9-20　岛上主体建筑总体效果示意图

港珠澳大桥岛上主体建筑施工实景见图 9-21。

a) 东人工岛岛上建筑

b) 西人工岛岛上建筑

图 9-21　岛上主体建筑施工

9.3　沉管隧道设计

9.3.1　管节结构

1) 管节纵向结构体系

沉管隧道管节纵向结构体系通常包括刚性结构体系和柔性结构体系两大类。纵向刚性结构体系采用"整体式预制、分段或分层浇筑"方案，也称为整体式管节，美国和日本的沉管隧道多数采用该类结构；纵向柔性结构体系采用"节段式预制、纵向临时预应力连接、管节沉放后剪断临时预应力索"方案，也称为节段式管节，可达到加快预制进度、适应地基不均匀沉降等目的，欧洲沉管隧道中最早采用了此种结构类型。国内外典型沉管隧道纵向结构体系参数见表 9-4。

国内外典型沉管隧道参数表　　　　　表 9-4

隧道名称	完工年份	沉管总长(m)	沉管宽度(m)	沉管总高度(m)	最大管节长(m)	管节型式
加拿大迪斯岛隧道	1959	629	23.80	7.16	104.9	整体式管节
美国旧金山隧道	1970	5825	14.58	6.55	111	整体式管节
荷兰弗拉克隧道	1975	250	29.8	8.0	125	节段式管节
日本东京港隧道	1976	1035	37.4	8.8	115	整体式管节
台湾高雄隧道	1984	720	24.4	9.35	120	整体式管节
丹麦古尔堡海峡隧道	1988	460	20.6	7.59	230	整体式管节
德国埃姆斯河隧道	1989	639.5	27.5	8.4	127.5	节段式管节
比利时利弗肯希克隧道	1991	1136	31.25	9.6	142	节段式管节

续上表

隧道名称	完工年份	沉管总长（m）	沉管宽度（m）	沉管总高度（m）	最大管节长（m）	管节型式
广州珠江隧道	1993	457	33	8.15	120	整体式管节
荷兰威廉斯波尔隧道	1994	1014	28.82	8.62	138	节段式管节
浙江宁波甬江隧道	1995	419.56	11.9	7.65	85	整体式管节
香港东区隧道	1997	1360	33.4	10.0	113.5	整体式管节
香港西区隧道	1997	1859	35	9.8	128	整体式管节
荷兰皮特·海固隧道	1997	1265	32	8.0	160	节段式管节
厄勒海峡通道隧道	2000	3520	38.8	8.6	176	节段式管节
浙江宁波常洪隧道	2001	395	22.8	8.45	100	整体式管节
上海外环越江隧道	2003	736	43	9.55	108	整体式管节
广州生物岛至大学城隧道	2010	235	23	8.55	116	整体式管节
广州仑头至生物岛隧道	2010	277	22	8.7	77	整体式管节
韩国釜山至巨济岛隧道	2010	3240	26.46	9.97	180	节段式管节

整体式管节和节段式管节预制实景见图9-22。

图9-22 整体式管节和节段式管节预制

整体式管节与节段式管节优缺点对比见表9-5。

整体式管节与节段式管节对比表 表9-5

管节纵向结构体系	优点	缺点
刚性结构体系（整体式管节）	管节浮运及沉放的风险小、无内部小管节间的伸缩接缝、抗强震性能好	管节不宜太长，混凝土降温及裂缝控制的要求高，温度变化引起管节的轴力较大
柔性结构体系（节段式管节）	纵向钢筋用量少、地层适应性强，可制成相对较长的管节	管节浮运及沉放的难度大，浮运与沉放过程中需施作后张预应力，抗大震性能弱

港珠澳大桥海底隧道沉管段长、断面大、水压高，需要满足120年使用寿命的耐久性设计要求，管节浮运和沉放施工对航道有一定的影响，且施工次数的多少直接影响到施工的造价和

风险。因此,需要在增加管节长度与提高管节预制质量两个方面寻求最佳平衡点。借鉴世界范围内长大沉管隧道工程的建设实例及经验,结合港珠澳大桥沉管隧道自身特点,充分吸取海底沉管隧道建设的新理念、新材料、新工艺和国际先进经验,通过认真分析和深入研究,初步设计阶段确定设计采用节段式管节型式。

港珠澳大桥沉管隧道预制管节的总长度大于5km,管节类型确定是一个非常重要的技术经济指标。针对海底沉管隧道埋深大、上覆荷载大的特点,施工图设计阶段创造性地提出针对节段式管节的优化方案,即纵向半刚性管节体系(图9-23)。纵向半刚性管节体系仍然采用节段式预制管节,通过保留永久预应力增强节段接头抗剪能力,设置部分无黏结预应力,用以释放过量弯矩,减小结构开裂漏水风险,兼顾传统柔性管节与刚性管节优点,又弥补各自短板。

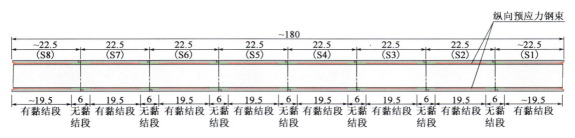

图9-23 半刚性管节预应力纵断面布置(尺寸单位:m)

半刚性管节具有刚柔并济的特点,通过纵向设置永久预应力(节段接头处无黏结),使各节段纵向连为一个整体,对部分无黏结预应力系统进行专门设计(图9-24),使预应力钢束和管道能适应一定量的三向变形,同时确保密封,并采用多道防腐措施,确保永久预应力系统的耐久性。

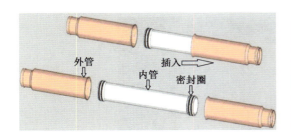

图9-24 节段接头预应力管道连接件

半刚性管节采用"节段式预制、纵向适度永久预应力连接"方案,保证正常运营工况节段接头不张开,提高节段接头结构及防水可靠度,地震偶然状况下节段接头有限张开、合理释放地震引起的附加内力。

2)管节与节段长度

对于沉管隧道,单个管节长度的确定需综合权衡干坞场地和管节设备生产能力、浮运与沉放能力、航道航运情况、波浪和潮流影响、海势、海床起伏状况、纵面线形拟合、纵向受力、基槽的地质情况、造价和工期等多种因素。

每座沉管隧道管节的长度均受多个因素制约,但确定的主要因素还是经济性和可操作性。管节长度越小,拖运和安装作业次数也相应增加,经济性就差。相反,随着管节长度的增加,为确保水压力下管节间伸缩缝可靠而要求施加预应力的费用也迅速增大。因此,必须找出一个最佳的管节长度。从国内外部分典型沉管隧道的管节长度来看,采用节段式预制管节的沉管隧道,单个最大管节长度均超过了125m,从1975年荷兰弗拉克隧道的125m,到2000年厄勒海峡通道隧道的176m,直至2010年建成的韩国釜山至巨济岛隧道的180m,单个管节长度向越来越大的趋势发展。借鉴厄勒海峡通道、韩国釜山至巨济岛连接线沉管隧道等工程实例,并应用有限元法对不同长度的管节进行敏感性分析,综合施工能力、工期、造价等方面的因素,从尽可能选用较长的管节、缩短工期、规避施工风险的原则出发,推荐单个管节长度为180m。

采用节段式进行管节预制是一个有价值的方案,在施工中利用分节浇筑的方式,把长管节分成多个短节段,每个节段作为一个整体连续浇筑,节段之间预留有伸缩接缝,防止由于混凝土浇筑后凝固收缩以及沉放对接后基础出现不均匀沉降而产生较大的拉应力。那么,一个节段到底应该取多长,由于受多个因素影响,这也是一个在实际工程中不易找到最优解的命题。如果隧道被分成小的节段,节段之间用接头连接,这样纵向的应力可以保持在一个较低的值,不会产生裂缝。按照既有工程的实例及分析,介于20至25m是一个理想的取值区间,而且这类节段的长度规模在厄勒海峡通道与韩国釜山至巨济岛隧道等多个工程中使用并得到了实践的证明。港珠澳大桥沉管隧道的标准管节长度采用180m,单个节段长度取22.5m,标准管节由8个节段组成(图9-25)。

图 9-25　港珠澳大桥沉管隧道标准管节(含8个节段)

3)管节横断面结构

常见的沉管隧道结构形式有钢筋混凝土结构、预应力钢筋混凝土结构和"三明治"复合结构。

钢筋混凝土沉管结构最为常见,技术成熟。可采用整体式或小节段管节设计,使沉管具备更好的柔性以适应地基变形。然而,当结构上覆大荷载或地基不均匀沉降较大时,采用钢筋混凝土结构会导致配筋率增加,施工效率下降,管节厚度显著加大。

预应力混凝土沉管结构刚度大,开裂控制好,耐久性高,能降低钢材用量,布筋合理,利于结构受力和施工质量。然而,全球对此类结构的设计和施工经验有限,预应力方案在施工和运营阶段的造价及风险尚未明确。尤其在火灾等不利工况下,预应力松弛等问题难以准确预测,且预应力施工工艺复杂。目前,预应力混凝土沉管应用较少,随着预应力技术,特别是耐久性技术的发展,其应用前景广阔。

钢壳混凝土组合沉管结构(图9-26),又称"三明治"结构,是在混凝土内外表面包覆钢壳,使钢材更高效地发挥作用,获得更经济的结构设计。组合结构的主要优势是工业化制造,具有防渗和抗震性能,通过工业化制造实现高质量控制。但目前其造价较高,高流动混凝土浇筑难度大,工艺要求高。

鉴于钢筋混凝土结构、预应力钢筋混凝土结构和钢壳混凝土组合结构各有优势和不足,本着"技术成熟、工艺简单、风险可控"的原则,港珠澳大桥海底沉管隧道采用了普通钢筋混凝土隧道结构。为进一步解决结构配筋率高的技术问题,在维持隧道内净空等功能要求的前提下,对结构形式进行优化,分别开展了折板拱、Y形中墙及八角形等多种断面的综合分析。经比较,沉管隧道横断面结构最终创新采用了Y形中隔墙构造的普通钢筋混凝土结构。

图9-26　钢壳混凝土组合沉管("三明治")管节

管节结构横断面尺寸设计充分考虑交通功能需求、交通工程设施、富余预留量、管节浮力验算及结构受力合理性等因素,并经过施工阶段、使用阶段各工况下的结构分析,确定了管节设计横断面构造,见图9-27。

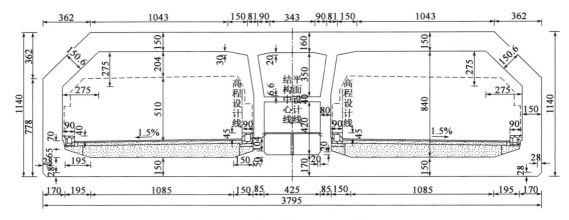

图 9-27 沉管管节标准横断面构造(尺寸单位:cm)

9.3.2 沉管接头

沉管隧道管节结构按照节段式进行预制,接头包括管节接头、节段接头和用于隧道合龙的最终接头 3 种类型。

1)管节接头

沉管段 33 个管节,共设 34 个管节接头。每个管节接头主要包括端钢壳、竖向钢剪力键、水平向混凝土剪力键、预应力锚具、防水构造、防火构造等,其中管节接头防水构造是沉管隧道的关键部分,按照同类工程惯例采用 GINA 止水带与 OMEGA 止水带双道防水措施(图 9-28)。

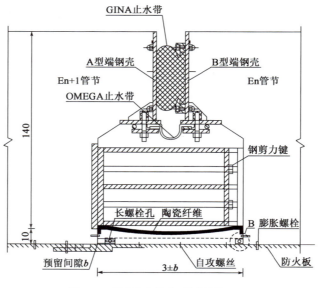

图 9-28 管节接头构造(尺寸单位:cm)

2)节段接头

沉管段的33个管节共有219个节段接头(图9-29)。节段接头包括OMEGA止水带预埋件、剪力键、预应力管道接头、防火构造、防水构造等,其中防水构造也是沉管隧道的关键部分,节段接头设置中埋式可注浆止水带、OMEGA止水带和外包聚脲防水层共3道防水措施。每个管节除首个节段外,其余各节段均以前一节段的先浇端面作为端模,采用匹配预制方式,在管节浮运、沉放时,通过体内预应力使分节预制的节段结构组成为一个整体;运营期利用永久预应力使每个沉管管节形成纵向半刚性结构体系。

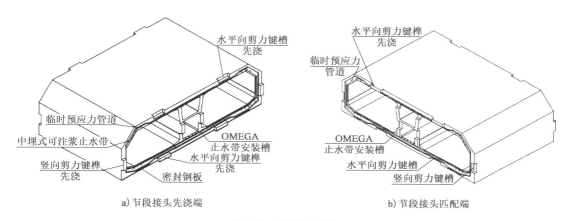

a) 节段接头先浇端　　　　　　　　b) 节段接头匹配端

图9-29 节段接头构造

3)最终接头

最终接头作为沉管隧道主体结构施工的最后一个关键环节,也称为沉管隧道工程的合龙段,直接关系到整个工程的成败,因此其选型需要综合全面考虑。在港珠澳大桥海底沉管隧道之前,国内沉管隧道多数采用水下止水板式现浇最终接头,这种技术成熟度高,适用于常规环境条件。个别内河沉管隧道曾采用岸上最终接头,从岸的一端单方向进行管节安装,直至对岸,这种施工作业工期缺乏竞争力。

为规避外海作业风险,缩短工期,经研究并审慎考虑,港珠澳大桥海底沉管隧道的最终接头没有采用国内传统的水下止水板方案,而是历经3年艰苦卓绝的技术攻关,世界首创了整体预制可逆式主动止水最终接头。最终接头设在E29和E30管节之间,为上宽下窄的倒梯形结构,采用钢壳内灌注高流动性混凝土形成的"三明治"组合结构,总体布置见图9-30。E29和E30管节之间的接头设置在最终接头中间,并通过预应力将E29/E30管节接头的GINA止水带进行预压缩。

最终接头内部设置众多横隔板和纵隔板(图9-31),并划分成多个封闭的小隔舱,隔舱上预留浇筑孔和排气孔。为了保证钢壳和填充混凝土共同变形,防止钢板与混凝土的界面发生滑移,按一定间隔设置剪力传递L形钢加劲肋,纵向一定间隔设置横向加劲板。

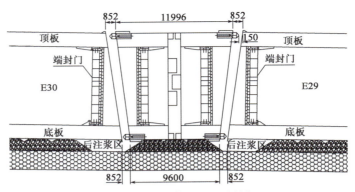

图 9-30　最终接头总体构造(尺寸单位:cm)

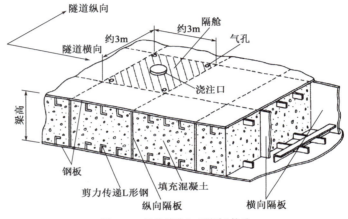

图 9-31　最终接头"三明治"构造

该最终接头于上海振华重工(集团)股份有限公司的南通基地完成制作后,运输至桂山岛沉管预制厂进行钢壳内混凝土浇筑施工与舾装;安装作业前首先通过浮式起重机船进行系泊驻位,起吊时调平连接专用吊索,旋转90°至安装位置,运输船撤离;起吊和旋转过程中,起重船通过调整压舱水保持甲板的水平状态,吊装过程中,通过安装在吊点和管内上的监测系统对结构应力和变形情况实施动态监测。最终接头吊装与就位安装过程见图9-32。

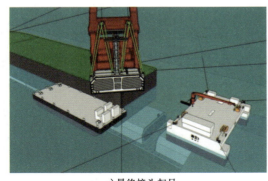

a) 最终接头起吊

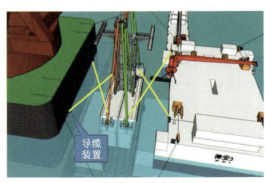

b) 最终接头就位安装

图 9-32　最终接头吊装与就位安装过程

在最终接头楔形块四周安装 GINA 临时止水带和顶推系统,通过浮式起重机沉放就位后,顶推系统顶推 GINA 临时止水带压缩实现止水(见图 9-33),沉管内实现干作业条件,在管内完成 E29 管节先安装段、E30 管节先安装段与最终接头楔形块的结构刚性连接,剪断最终接头楔形块临时预应力,形成运营阶段的沉管结构体系。

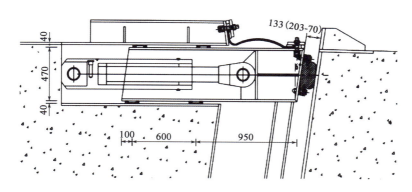

图 9-33　GINA 压缩到位示意图(尺寸单位:mm)

9.3.3　地基基础

此处的地基基础为广义的概念,指沉管安装前的水下开挖及控制运营期沉降或承载力所需要进行的岩土工程设计,包括水下基槽、基础垫层、桩基础及地基处理等方面的方案研究与设计。

1)基槽设计

沉管隧道的基槽类似于陆域明挖隧道的放坡式基坑,海底基槽的最低设计高程约 -45m(平均海平面为 +0.54m),最大开挖深度约 35m,开挖后形成了海底高边坡。本项目基槽边坡由淤泥、淤泥质黏土、粉质黏土和粉质黏土夹砂组成,边坡高度大、土质条件差。由于水下软土中施工基槽防护困难,借鉴航道疏浚和类似隧道的开挖经验,基槽设计采用放坡开挖自稳方案。因此,合理的边坡设计方案至关重要,基槽坡度的大小及组成直接关系到沉管隧道的工程量和工程规模。

为了测试沉管隧道基槽成槽的设备功效,验证隧址区基槽开挖的可行性、边坡稳定性和回淤规律,并进一步指导设计、工艺优化和工期安排,项目前期在距西人工岛约 700m 处的隧道区域内提前布置了试挖槽进行现场原位试验(图 9-34)。试验测试历经两年(2009—2011 年)。

基槽设计平面轴线与沉管隧道路线平面轴线相一致,开挖宽度以沉管段平面轴线为对称,并随沉管段埋设深度不同而变化(图 9-35)。基槽开挖纵断面形状与沉管隧道路线纵断面基本一致,精挖槽底纵坡与隧道各管节结构底纵坡一致,槽底高程结合沉管结构底高程、基础垫层厚度等确定。

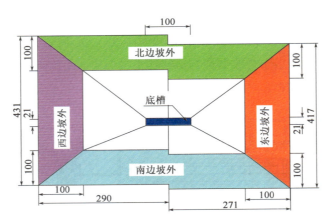

图 9-34 试挖槽试验布置(尺寸单位:m)

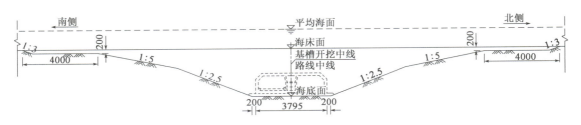

图 9-35 基槽开挖典型横断面(尺寸单位:cm)

浅槽段(E1~E7 管节、E30~E33 管节)基槽边坡:槽底高程位于淤泥层内的浅槽段采用一级边坡,局部采用二级边坡。E1~E3 管节和 E31~E33 管节基槽采用坡度 1:7 的一级边坡,E4~E5 和 E30 管节基槽采用坡度 1:5 的一级边坡,E6~E7 管节基槽采用坡度 1:3 + 1:5 的二级边坡。

深槽段(E8~E29 管节)基槽边坡:深槽段按淤泥(含淤泥质土)与黏土(含砂层)地层分两级边坡,局部采用三级边坡。E8~E10 管节基槽采用坡度 1:3 + 1:5 的二级边坡,E11~E16 管节基槽采用坡度 1:2 + 1:2.5 + 1:5 的三级边坡,E17~E29 管节基槽采用坡度 1:2.5 + 1:5 的二级边坡。

考虑到海床表层流泥基本处于流动状态,为防止施工过程中基槽边缘的表层流泥流入基槽底,对基槽顶面两侧各约 40m 范围内表层 2m 厚流泥予以清除。表层流泥清除与原始海床交界处按 1:3 或自然坡度顺接。

2)地基基础

(1)基础垫层方案

沉管隧道的天然地基在经历开挖卸载再加载的过程中,基础所承受的附加荷载较低,理论上无须特殊处理即可满足沉降与承载力的使用要求。然而,开挖形成的沉放管节基槽槽底表面总体不够平整,即使经过刮平处理,槽底表面与沉管结构底面之间仍存在许多不规则的空隙，这些空隙会导致地基受力不均而局部破坏，产生不均匀沉降，同时，也会使管节结构受到较高的局部应力而开裂。此外，这些空隙极易形成淤泥夹层，特别是在含泥量较大的水域，淤泥在沉管结构与下部地基基础之间形成夹层，同样会导致沉管管节产生过大的不均匀沉降。

港珠澳大桥海底沉管隧道穿越淤泥、淤泥质黏土、粉质黏土、砂层等不同地层，根据不同的地层情况需选择适宜的基础处理方式。沉管隧道基础的处理方法可分为先铺法和后铺法两大类。先铺法又分为刮铺法和桩基础两种，后铺法则有灌砂法、喷砂法、压砂法、注浆法、灌囊法之分。目前已经建成的部分沉管隧道采用的基础处理型式见表9-6。

部分沉管隧道采用的基础处理型式　　　表9-6

工程实例	完工年份	沉管节长(m)	沉管宽度(m)	基础处理型式
荷兰弗拉克隧道	1975	250	29.8	压砂法
德国易北河隧道	1975	1056	41.7	喷砂法
日本东京港隧道	1976	1035	37.4	桩基
荷兰海姆斯普尔隧道	1980	1475	21.5	压砂
台湾高雄隧道	1984	720	24.4	压砂
广州珠江隧道	1993	457	33	压砂
浙江宁波甬江隧道	1995	419.56	11.9	压浆
澳大利亚悉尼港湾隧道	1997	960	26.1	压砂
香港西区隧道	1997	1859	35	压砂
厄勒海峡通道隧道	2000	3520	38.8	碎石基础
浙江宁波常洪隧道	2001	395	22.8	桩基
上海外环越江隧道	2003	736	43	压砂
韩国釜山至巨济岛隧道	2010	3240	26.46	碎石基础

刮铺法需要配置昂贵的专用设备，作业时间长，对航道有影响，且精度难以控制，工艺复杂。灌砂法不适用于管节宽度较大的情况。喷砂法存在喷砂台架干扰通航、设备费用昂贵等缺点。近年来，沉管隧道基础垫层多采用压砂法与碎石整平法。这两种方法在初始阶段会发生压缩，理论上初步沉降是均匀的，不会明显增加不均匀沉降。因此，只要初始沉降在2~3cm以下且均匀，就不会影响永久结构的设计。基础垫层的选择取决于天然地层条件和管节沉放处的工程环境。

压砂法在世界范围内是常见的沉管施工方法。该方法需要设置临时支撑，通过隧道底板开孔置砂，形成圆形堆砂区域，避免了深水沉管隧道使用外部悬挂设备。压砂法或其他用砂作垫层的方法存在以下几个不利之处：

①在地震情况下，需要添加水泥以增强材料黏聚力，避免地震液化。

②砂层在波浪、海流流速达到临界值后易受到冲刷。

③填砂工作需要较长时间完成,由于管节没有锁定回填,若天气突变,施工风险大。

整平碎石法需要精确整平碎石基层,避免基础突点,适用于较大波浪和水流条件。该方法在韩国釜山至巨济岛隧道、厄勒海峡通道隧道中使用,能快速保护和稳定管节,实现可达、可视、可检效果,但铺设精度要求高,误差会产生附加弯矩。港珠澳大桥海底沉管隧道采用整平碎石垫层,要求碎石基床平整度在±40mm内,误差分布随机且碎石粒径均匀。该技术在国内首次尝试,取得了良好实效和示范效果,已在深中通道(深圳至中山跨海通道)、大连湾海底沉管隧道等工程中应用,对国内沉管技术进步和创新具有里程碑意义。

通过声呐实测已施工完成的垄沟相间整平碎石垫层顶面高程及允许值区间,如图9-36所示。

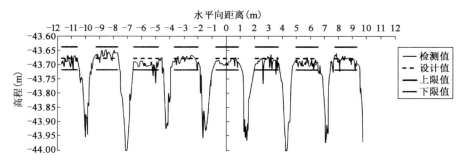

图9-36 碎石整平顶部高程分布实测结果

(2)地基基础方案

地基基础方案设计基于对天然土体在不同工况下的力学行为和计算参数的分析,并通过地质勘察结果评估确定沉管隧道地基是否需要加固处理。由于沉管结构尺寸大、浮重量较小,基槽开挖使地基土体经历明显的卸载过程,再作用的附加荷载远小于前期荷载,因此,地基基础的主要问题是控制沉降,而不是提高承载力。港珠澳大桥海底沉管隧道具有长度大、穿越通航海域、沿线地质和埋深变化大的特点,因此,基础设计需确保隧道结构之间的差异沉降在安全范围内。设计关键在于通过精细化沉降分析确定不同地段的地基处理方案。

本项目地基基础设计涵盖以下主要方面:沉管隧道首尾两端位于新建人工岛上,原海床面高程−8m至−10m,填筑厚度约20m,人工岛总沉降量大,保证隧道结构与人工岛设计完全互容难度较大;沉管隧道长度约6km,底板纵向穿越多种不同地层,地基刚度设计参数变异性大;沉管隧道纵向荷载分布不同,岛头处有防波混凝土挡浪墙,岛外段有防撞宽体护坦,海中深槽段需考虑运营期的回淤荷载,纵向荷载分布"跌宕起伏";沉管隧道主体为空箱式结构,重量较轻,结构两侧回填荷载大,横向荷载分布呈"倒马鞍形";沉管隧道全过程经历多种荷载工况,施工全过程仿真分析难度大;岛上段隧道在干施工作业环境下基础荷载大于运营期荷载,回填料的物理力学性状时空效应明显且难以把握。

计算分析表明,隧道中间段埋深较大,软土层已全部挖除,下卧超固结黏土或密实砂层在荷载作用下会产生少量再压缩沉降,采用天然地基是可行的。东、西人工岛岛头段及岛上段隧道地基处理后需与中间天然地基沉降相适应,保证全线不产生过大不均匀沉降。设计思路包括两种:一是结构工程思路,通过桩基础调整沉降;二是岩土工程思路,通过复合地基改良土体参数,实现沉降协调可控。

以下对桩基础方案、复合地基方案和最终选定的方案进行分析和论述。

a) 桩基础方案

桩基础是一种有效的结构支撑方式,在建筑和桥梁等工程领域广泛应用。沉管隧道领域应用并不多见,主要原因是常规沉管隧道工程荷载不大,采用局部换填等措施就可满足要求,并不需要采用桩基础。另外,桩基础作为沉管的基础时,桩头不能与预制沉管结构直接相连,对桩顶的高程控制要求也非常严格。

本项目中岛上段隧道可采用陆域钻孔桩方式,钻孔桩在筑岛完成后实施,桩长基本可不受限制,也可大量消减桩周土体的负摩阻力作用。海域段隧道处于外海深水环境,桩的数量多,首选采用打入桩方式,若采用现场打设混凝土桩,桩顶高程后期水下调整难度大,而且在工程进度上有难度,因而判断混凝土桩的可施工性差,不太现实。经论证,桩基础方案应采用现场切割比较简单、可施工性强、耐腐蚀的钢管桩。桩基础方案纵向分段和布置见图9-37和表9-7。

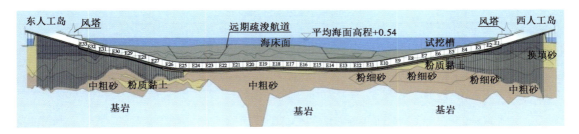

图9-37 桩基础方案纵向分段及布置

桩基础方案纵向分段及布置　　　　表9-7

区段	岛上段	东人工岛岛头	东过渡段	中间段	西过渡段	西人工岛岛头	岛上段
管节	现浇混凝土	E33	E32~E25	E24~E7	E6~E4	E3~E2	E1	现浇混凝土
基础类型	钻孔混凝土嵌岩桩	打入钢管支撑桩	打入钢管减沉桩	天然地基	换填砂	打入钢管减沉桩	打入钢管支撑桩	钻孔混凝土嵌岩桩
	桩与底板固接	隧道下方设置碎石垫层,天然地基厚1.5m,支撑桩顶厚0.6m,减沉桩顶厚3.0m						桩与底板固接

b) 复合地基方案

复合地基作为一种广泛应用的地基处理方案,种类繁多。常用的复合地基竖向加固体按照材质和刚度可分为散体材料桩复合地基(如挤密砂桩、碎石桩)、柔性桩复合地基(如深层水泥搅拌桩、灰土桩、高压旋喷桩)和刚性桩复合地基(如 PHC 桩、钢管桩、薄壁筒桩)。与前两类相比,刚性桩复合地基的桩土应力比更大、置换率更小,其加固机理主要以加筋为主。岛上段隧道的环境特殊,通过大直径钢圆筒及其副格形成围闭结构,人工岛地基处理采用回填中粗砂并降低水位产生超载预压荷载,使回填砂从浮重度变为天然重度,进而加固下部软弱土体,同时,使用塑料排水板加速软土层固结,显著消除施工期沉降。

设计采用在加固后的软土层内施打刚性桩形成复合地基,以消除软土层的沉降。岛上隧道基础采用刚性桩复合地基后,岛外过渡段采用高置换率的复合地基,中间段以超固结黏土或密实砂层为持力层的天然地基,全线隧道基础的沉降主要来自超固结黏土和密实砂层的再压缩沉降,从而确保地基基础的刚度趋于一致。东、西人工岛岛头局部位置则采用与上部荷载匹配合理的基础处理方案,实现基础刚度的平顺过渡。

东、西人工岛外过渡段沉管处于水下深厚饱和软黏土之上。经综合比较挤密砂桩和深层水泥搅拌桩等方案,并结合技术经验、施工工期和现有装备能力,优先选用挤密砂桩散体材料复合地基联合超载预压方案,以实现挤密、置换、排水固结等多重处理效果,且有效利用后期回填材料,做到一料多用、绿色环保。具体的复合地基方案纵向分段和布置见表 9-8。

复合地基方案纵向分段及布置　　　　　　　　表 9-8

区段	岛上段	东人工岛岛头	东过渡段	中间段	西过渡段	西人工岛岛头	岛上段
管节	现浇混凝土	E33	E32 ~ E25	E24 ~ E7	E6 ~ E4	E3 ~ E2	E1	现浇混凝土
基础类型	降水联合堆载预压 + 基础桩	SCP + 堆载预压/SCP		天然地基	SCP + 堆载预压/SCP		降水联合堆载预压 + 基础桩
	桩与底板固接	隧道下方设置碎石垫层,天然地基厚 1.5m,支撑桩顶厚 0.6m,减沉桩顶厚 3.0m					桩与底板固接

c) 最终采用方案

无论是桩基础方案,还是复合地基方案,通过精细化设计和施工控制,理论上均可有效控制沉管隧道的沉降并实现平顺过渡。随着工作的深入,一个全新的问题摆在了设计师面前:若采用桩基础方案,桩基、基础垫层和沉管结构之间如何进行合理的荷载传递?桩基础采用碎石垫层传力的机理、理论分析资料、设计规范及依据资料缺乏,同时,沉管隧道碎石垫层及桩基在水中作业时存在平整度、夹淤泥、偏位、倾斜、桩周软弱下卧层等诸多不确定性需要研究。

为回答这个问题,开展了大量的物理模型试验(图 9-38),通过试验对天然地基段和桩基段碎石垫层变形、传力机理开展研究，获取其沉降量、压缩模量等设计参数和指标，分析各影响因素对上述指标的影响，从而验证碎石垫层方案对本工程的适用性。经过试验得知，无论是否存在垄沟，在模拟最大加载情况下，桩顶碎石均出现明显压碎现象，需采取措施降低桩顶应力水平，并且带垄沟碎石垫层的沉降变形对于加载板的水平移动非常敏感，无论竖向荷载的减少，水平移动幅度的减小，还是移动速率的降低，都难以有效控制水平移动导致的沉降。

a) 安装加载板前垫层顶面情况

b) 桩顶处垫层垄沟坍塌

图9-38 碎石垫层物理模型试验

基于碎石垫层物理模型试验揭示的问题，调研了国内外已建成的类似地质条件沉管隧道，经充分研究并经专家会论证认为，复合地基设计方案与桩基方案相比，施工的容错性更强，风险更可控，只要合理组织，投入足够的资源，工期和质量均可得到相对较好的保障，故最终确定采用复合地基方案。

基于沉降变形协调理论，以沉管隧道中部深埋段为沉降控制基点，选择适用于过渡段和暗埋段的复合地基加固类型，通过调整过渡段和暗埋段地基加固深度、地基加固强度，采用变刚度地基加固方案协调沉管沉降，沉管段、暗埋段到敞开段分别采用天然地基、挤密砂桩复合地基、高喷柔性桩复合地基、PHC桩刚性复合地基和预压后的"天然地基"（图9-39）。

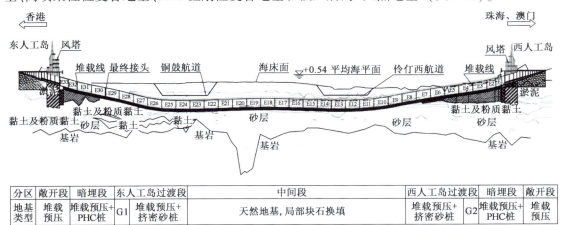

图9-39 港珠澳大桥沉管隧道地基基础方案纵向布置

9.3.4 结构防护

1)防护分区及类型

沉放就位的管节需尽快在管节两侧及顶部进行回填处理,以便及时对管节加以保护,使其具有较好的稳定能力。依据水深及人工岛临近关系,管节上方的回填布置划分为二类:一是回填保护层顶面低于开挖前原海床面的中间段,以及两端回填顶面高于原海床面的岛头连接段(需具有保护管节防船撞的功能),见图 9-40。

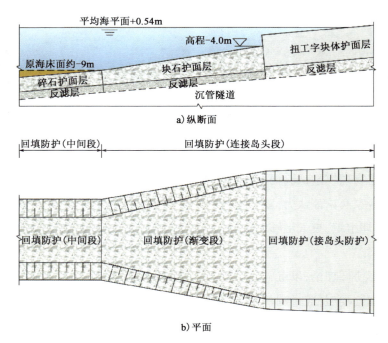

图 9-40 沉管结构防护布置

从断面功能分区来看,沉管隧道的管节结构防护包括锁定回填、一般基槽回填、护面层回填 3 个主要部分(图 9-41)。其中,护面回填指的是图 9-41 中的回填石料和反滤垫层部分。

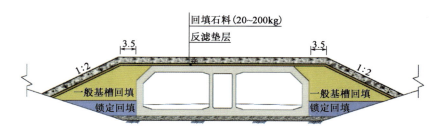

图 9-41 回填防护典型横断面(尺寸单位:m)

(1) 锁定回填

管节沉放对接就位后,应立即进行两侧锁定回填,固定管节位置。锁定回填应对称设置,提供足够的侧向抗力,并有良好的排水性能。

(2) 一般基槽回填

锁定回填和护面层回填之间为一般基槽回填。为了防止发生侧滑,沉管所有的回填必须两侧同时进行。

(3) 护面层回填

护面层回填为管节提供防拖锚、防抛锚等作用,并保证管节具有一定的抗浮能力,同时其自身应有足够的抗冲刷能力。

2) 中间一般段回填防护

中间一般段回填防护应满足防冲刷、防锚、限制管节侧移、为管节提供足够的抗浮安全度等要求,由锁定回填、一般基槽回填、护面层回填3部分组成。中间一般段回填防护典型横断面如图9-42所示,相关设计参数和要求见表9-9。

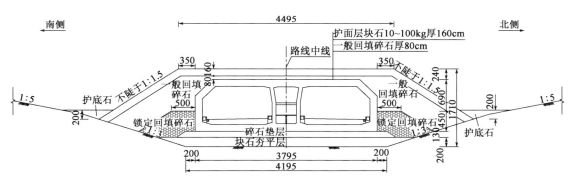

图9-42 中间一般段回填防护典型横断面(尺寸单位:cm)

中间一般段回填防护设计参数　　　　　　　表9-9

回填区域	材料参数	几何设计参数
锁定回填	料径5~80mm碎石	高度:不小于4.5m(自沉管两侧管底位置算起) 宽度:不小于5m 坡度:自然休止坡
一般基槽回填	粒径5~80mm碎石	高度:锁定回填与护面层回填之间,管顶上0.8m厚 宽度:与基槽边坡相关
护面层回填	10~100kg 块石(非航道段/中间一般段)及 100~200kg 块石(航道段、中间一般段与岛头防撞段过渡区)	高度:一般基槽回填以上1.6m厚 宽度:至管节左右结构外缘线以外各3.5m 坡面:为防止船只走锚对隧道管节造成破坏,护面层设置为折拱形,两侧与基槽边坡顺接 护底:坡脚与基槽边坡间设置护底块石

3) 岛头段回填防护

岛头段回填防护以岛壁与岛头露出海床段防护层（沉管顶部回填防护层低于原海床面位置）为岛头回填防护的两个边界，依据回填防护设置高度，通过岛头防撞计算分析和波浪断面物理模型试验，并结合与岛壁结构衔接过渡、美观、防浪等影响因素，确定东、西人工岛岛头回填防护的平纵面布置。设计过程中着重对刚性防护与柔性防护两个方案进行比选。

(1) 刚性防护

综合考虑海域环境、船撞风险等因素，岛头露出海床段采用在露出管节两侧一定距离设置防撞墩，以阻止满足吃水深度、失控或偏航的船舶撞击管顶的覆盖层，进而对管节结构造成损伤或破坏。露出海床管节顶部设置一定厚度的覆盖保护层，主要用于抗浮、防锚和防冲刷。

结合隧道区铜鼓、伶仃西两条主航道走向以及东、西人工岛前缘凸出海床管节结构的位置，确定在东、西人工岛前的露出海床段分别设置4组防撞墩，起到防撞与警示作用。防撞墩设置确保在最高潮位（+3.52m）时仍露出水面，最低潮位（-1.08m）不全部露出水面，拦截体系由独立防撞墩+拦截索链+锚泊浮体+锚碇沉块组成，形成一个拦截区域保护人工岛岛头管顶。船舶撞击时，可能会撞击到独立防撞墩、拦截索链或锚泊浮体部分。具体设计工况包括：撞击独立墩台时，通过桩基的变形、破断和墩台的破坏、位移等消耗船舶撞击能；撞击索链或锚泊浮体时，船舶带动锚泊浮体一起移动，通过锚碇沉块的位移和索链消能。防撞墩考虑两种结构实施方案，即钢管桩加承台方案和沉井方案。

(2) 柔性防护

岛头露出海床段采用在露出管节两侧设置水下护坦或潜堤，以阻止满足吃水深度、失控或偏航的船舶撞击管节，使其提前搁浅，避免对管节结构造成损伤或破坏。

在东、西两个人工岛岛头附近的隧道两侧横向填筑顶宽约46m的防护护坦结构，纵向延伸长度分别为355m和538m，面层采用5t扭工字块体或大块石，在入海床后实现与普通回填的渐变，典型断面如图9-43所示。

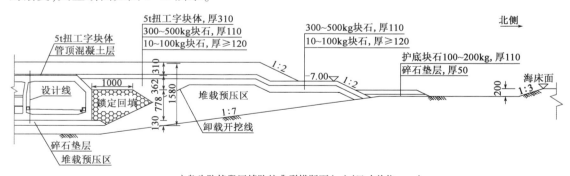

a) 岛头防撞段回填防护典型横断面（一）（尺寸单位：cm）

图 9-43

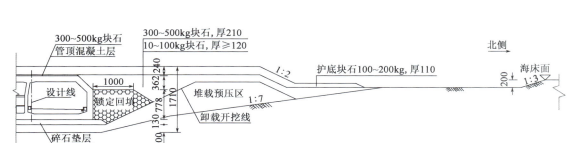

b) 岛头防撞段回填防护典型横断面(二)(尺寸单位：cm)

图 9-43 柔性防护方案

刚性防护方案和柔性防护方案的对比见表 9-10。经综合比较，推荐采用柔性防护方案。

刚性防护方案和柔性防护方案的综合比较　　表 9-10

比较项目	刚性防护方案	柔性防护方案
防撞均衡能力	①刚性桩与柔性锚链，具有防护功能； ②墩台与锚链防护的差异性大，存在短板效应	①防护范围广，可提早搁浅失控船舶； ②防护的标准相同，不存在局部防护功能减弱的情况
	柔性防护范围广，防撞能力更均衡	
可修复性	①墩台损坏几乎不可修复，如果损坏需更换地点重建； ②锚链损坏可以更换	护坦损坏易于添加、修复
	柔性防护的可修复性更强	
船舶、人员安全	①碰撞防撞墩后船舶损坏的概率高； ②易造成人员伤亡	①碰撞动能较多地转化为船舶提升的势能、防护材料破碎和倒塌释放的能量，船体破损概率相对较低； ②船舶上人员的安全度高
	柔性防护在保障失控撞击防护结构的船舶和人员方面安全度高	
耐久性	需对易腐蚀的拉索、浮体等进行日常维护，必要时应进行更换	耐久性好，基本不需要维护或更换
	柔性防护的耐久性更好，基本不需要日常维护	
施工便利性	钢管桩与现浇承台的工程量大，影响人工岛岛头附近施工船舶作业	可与人工岛的开挖、回填和护岸施工统筹考虑
	柔性防护可施工性更好	
冲刷	防撞墩局部冲刷严重	与人工岛冲刷防护达到同标准，不会出现局部冲刷
	柔性防护的防冲刷性更好	

9.3.5 大型临时工程

大型临时工程通常包括干坞、寄放区和临时航道，其中，干坞工程的选址和方案设计应根据沉管隧道工程规模、工期、造价、航道、航运、港口码头分布、交通、用地、场地远期规划等进行合理确定,直接影响工程的整体造价和工期控制。港珠澳大桥海底沉管隧道干坞选址及方案设计经历了一个迭代研究的创新过程。

1) 坞址选择

根据沉管干坞的经济性、技术可行性、水域条件、用地面积、施工的便利程度以及工期要求,对珠三角区域内的广州南沙、中山横门、珠海淇澳岛、珠海横琴岛、珠海牛头岛、珠海三角岛等地进行了选址调查。牛头岛与中心洲岛、桂山岛相连,三岛陆域面积 $10km^2$,该岛距隧道距离约 12km,西距珠海香洲约 30km,北距香港大屿山仅 5km,是各地船只通往珠江口的海上交通要道。三角岛陆域面积 $0.7km^2$,距隧址约 18km,西距珠海香洲 20km,北距香港大屿山约 15km。桂山岛和三角岛距离隧道较近,有较好的用地储备,且地质较好,利于干坞基建施工。广东南山和中山横琴距离隧道较远,地质条件较桂山岛和三角岛差,运输和基础施工成本较高。初步选定备选坞址为珠海万山海洋开发试验区牛头岛和三角岛。

经过珠海三角岛、牛头岛两处干坞选址的重点比较(表 9-11),无论是掩护条件、水深条件,还是土石方工程量,牛头岛址都明显优于三角岛址。因此,确定港珠澳大桥沉管隧道管节预制场地(干坞)选址在桂山岛之牛头岛内。该处距隧址约 12km,地处香港、深圳、澳门和珠海陆地之间,西距澳门、香洲 31.5km,北距香港大屿山仅 5.6km,是各地船只通往珠江口的海上交通要道。具体位置为东经 113°48′,北纬 22°10′。

重点坞址比选　　　　　　　　　　　　　　　　表 9-11

比较项目	牛头岛	三角岛
地理位置	距离港珠澳大桥隧址 12km,距离珠海九洲港 22.5km	距离港珠澳大桥隧址 18km,距离珠海九洲港 16km
掩护条件	天然状态下,掩护条件较好	天然状态下,掩护条件较差
坞口和寄放区水深条件	坞口距离当地理论深度基准面下 10m 水深线 470m,寄放区水深较深	坞口距离当地理论深度基准面下 5m 水深线 330m,寄放区水深较浅
寄放区至榕树头航道距离	距离很近	距离 12km
陆域面积和布置合理性	陆域面积足够,平面布置合理	陆域面积足够,平面布置合理
防波堤长度和水深	长 1.0km,当地理论深度基准面下 12m	长 0.7km+1.1km,当地理论深度基准面下 6m
寄放区水下挖方工程量	21 万 m^3	245 万 m^3
陆域土石方工程量	挖方 225 万 m^3,填方 3 万 m^3	挖方 360 万 m^3,填方 4 万 m^3

2) 方案设计

沉管预制方法可分为固定干坞和移动干坞。固定干坞包括轴线干坞、旁建干坞和独立干坞,独立干坞包含传统干坞和工厂法干坞。典型干坞的类型及技术特点见表 9-12。

典型干坞的类型及技术特点 表9-12

干坞类型		概念	优点	缺点	控制性因素	典型工程
固定干坞	轴线干坞	布置在隧道轴线岸上段主体结构位置的干坞	①管段少时,临时用地少,工程造价低;②无须单独为浮运疏浚	干坞与岸上主体结构相互干扰,无法平行作业	①工程规模;②工期	广州珠江隧道、宁波甬江隧道
	旁建干坞	选址在隧道岸上段主体结构旁,并与隧道岸上段主体结构共用基坑围护结构和基坑止水体系的干坞	①基坑共享围护结构,临时用地少;②管段预制与岸上主体结构平行作业;③适用管段数量较多的沉管隧道	①整体场地面积要求高;②需根据水深情况考虑临时航道疏浚	①场地面积;②通航尺度	—
	独立干坞	传统干坞	在隧道轴线以外选址建造,可一次性完成整个管段预制的干坞	①选址灵活;②多工序平行作业,加快工期;③灵活调整干坞体系	①航道要求高;②疏浚影响沿线环境和建筑物	①通航尺度;②水位变化	上海外环隧道
		工厂法干坞	在隧道轴线以外选址建造,将管段分为多个节段,通过顶推循环作业完成整个管段预制的干坞	管段生产高度机械化和流水化作业	①占地面积大;②自身造价高	①建设场地;②工程规模	港珠澳大桥海底隧道
移动干坞		在半潜驳或船坞上预制管段,驳船兼作管段浮运、舾装的载体	①半潜驳吃水深度小,航道要求低;②半潜驳可租赁,节省固定干坞修建时间;③节省陆上施工场地;④减少临时工程规模	①管段规模、数量受半潜驳制约;②管段入水转换需入潜港池;③通航净高要求较高;④半潜驳工程匹配难度大	①管段规模;②管段数量;③半潜驳尺寸及承载能力;④通航净高	广州仑头至生物岛隧道

港珠澳大桥海底沉管隧道的管节预制连续性要求高、管节数量多,初步设计阶段采用了传统干坞布置方式,交通运输部初步设计批复意见对大临工程的干坞设计未作明确要求。

沉管预制方案和安排是管节预制品质、工程施工安全保证的关键所在,也是整个岛隧工程施工的关键路径。因此,干坞设计最终应着眼于:

(1) 更好的管节浇筑预制条件,确保管节的水密性、混凝土的优质和生产的连续;

(2) 更优的自然条件,安全寄存成品;

(3) 更可靠的生产依托条件,保障工期。

基于上述理解,为提高管节混凝土预制品质,确保预制生产的连续,保障工期,在施工图设计阶段对初步设计传统干坞方案进行了优化,并提出了工厂法预制的替代方案。

工厂法干坞的总平面布置充分利用了现有榕树头航道,做到资源的合理利用,并在满足沉管预制、出坞、舾装、寄泊、出运的前提下,尽量做到节省用地和投资,便于桂山岛的后续发展。本方案平面陆域分为沉管预制工厂区(浅坞、深坞和预制车间)、辅助建筑区(办公和生活)、砂石料堆场和搅拌站、配套码头区4大部分(图9-44)。

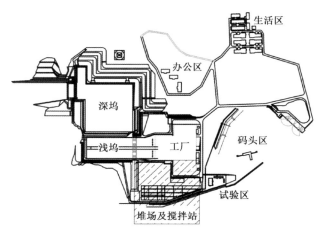

图9-44 沉管预制场平面布置

沉管预制工厂呈L形布局,包括预制车间、浅坞和深坞,深坞和浅坞并行布置,沉管从浅坞横向浮运至深坞,坞口朝向西北。辅助建筑区分为办公管理区和生活区,办公管理区位于预制生产线北侧,由综合办公楼和实验室等构成;生活区位于预制工厂东侧,设施齐全,包括娱乐和医疗等配套设施,确保生产和生活便利。砂石料堆场和搅拌站在预制生产线南侧,通过皮带机连接码头,码头布置于牛头岛南侧天然港湾内,包括件杂货码头、散料码头和交通船码头,各区通过7~12m宽的环形主干路连接。工厂法预制在全室内环境下进行,控制浇筑和养护温度,有效防止开裂;各流程标准化流水作业,提高预制效率,并使预制、起浮、出坞等作业互不干扰,利于组织生产。图9-45为沉管预制及厂房工厂区整体鸟瞰示意图。

图 9-45　沉管预制及厂房工厂区整体鸟瞰

9.3.6　管节浮运安装

沉管管节的预制场地最终坐落于隧址以南约 12km 的桂山岛之牛头岛上。管节预制完成后重约 8 万 t,吃水达 11.25m 深,通过拖带浮运的方式到达管节沉放地点,而整个海域现有水深情况不能完全满足沉管管节的水深需求,因此,研究和设计了管节出运的临时专用航道以保障管节浮运安全。

港珠澳大桥岛隧工程共 33 节管节,管节尺寸见表 9-13。

管节尺寸及线型汇总表　　　　　　表 9-13

管节预制批次	管节编号	对应生产线	管节长度(m)	管节线型
1	E1	1 号线	112.5	直线
	E2	2 号线		
2~13	E3、E5、E7……E25	1 号线	180	直线
	E4、E6、E8……E26	2 号线		
14	E27	1 号线	157.5	直线
	E28	2 号线	157.5	
15	E33	1 号线	135	曲线
	E32	2 号线	135	
16	E31	1 号线	180	
	E29	2 号线	171	
17	E30	1 号线	171	曲线

拟定安装船主船体由两个箱式浮体和一个箱形跨梁组成,船上配备了 4 台移船绞车、3 台管节水平绞车、2 台提升绞车。安装船主要参数见表 9-14。安装船由两个箱式浮体和一个箱形跨梁组成。浮运时管节的最大吃水深度为 11.25m,安装船吃水深度为 6.35m。

安装船主要参数   表9-14

部位	名称	尺寸(m)	部位	名称	尺寸(m)
浮体	型长	40.2	上横梁	型长	33
	型宽	7.2		型宽	56.4
	型深	9.0		型深	3.6
	设计吃水	5.4	—	—	—
	吊重吃水	7.3	—	—	—
	浮运吃水	6.35	—	—	—
	干舷甲板	9.0	—	—	—

沉管在浮运时，沉管首端分别连接沉放安装船，采用4+2的拖轮编队方式拖运管节。4艘大功率全回转拖轮进行吊拖，另2艘全回转拖轮随航辅助。管节浮运船队前后和两侧配置警戒船护航，浮运航线根据需要申请禁航或限航，海事部门负责对航道通行船舶进行管制。安装船为指挥船，负责对拖轮船队进行调度。拖轮采用倒拖和顶推的方式。沉管浮运时典型状态见图9-46。

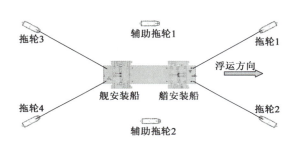

图9-46 管节浮运平面布置及浮运

管节浮运至现场后，将安装船绞车缆绳与提前预拉的锚系连接，拖轮逐步撤离，沉管由浮运状态向锚系控制状态转换，为管节沉放、对接做好准备。管节系泊开始后，同步开始沉放准备，在管节系泊和沉放准备完成后，进行管节沉放对接。管节对接完成待贯通测量结果满足要求后抛石锁定管节。施工流程如图9-47所示。

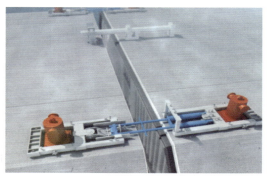

a) 管节沉放　　　　　　　　b) 管节拉合

图 9-47

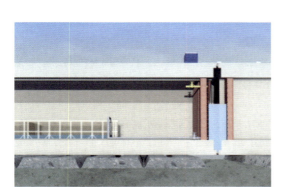

c) 水力压接　　　　　　　　　　　　d) 管节锁定回填

图 9-47　管节浮运安装过程

9.3.7　通风与防灾

1) 隧道通风

港珠澳大桥海底沉管隧道封闭段约 6km,规模大,仅依靠自然通风无法满足通风排烟要求,应采用机械通风系统。机械通风方式有全横向、半横向、纵向(包括混合式)三大类,三大类通风方式各有利弊。全横向通风和半横向通风方式的优点是发生火灾时可以通过排风道排除烟气(对于半横向送风,火灾时可将送风道改为排烟道),其缺点是大型轴流风机数量多、机房面积大、正常工况时活塞风利用效果差、运营能耗高。纵向通风方式的优点是正常工况时活塞风利用效果好、运营能耗低;缺点是火灾时,行车道即排烟道,烟气在行车道内纵向行进距离长,仅能保证一侧隧道完全无火灾污染烟气。

从总体初投资(考虑土建费用)、年运营电耗、温室气体排放量等技术经济和环保节能指标来评价,纵向通风方式优于半横向通风方式,半横向通风方式优于全横向通风方式,因此,本隧道推荐采用射流风机诱导型纵向通风,同时采用独立烟道的排烟措施尽最大可能减少污染烟气在行车道内的纵向蔓延,在隧道两端洞口侧设置高排风塔(图 9-48)。

图 9-48　沉管隧道通风排烟塔

2)隧道防灾减灾

港珠澳大桥海底隧道的沉管段长5664m,采用两孔一管廊的横断面结构,火灾规模50MW,设置专用集中排烟道的面积16m²,共有180组专用排烟口。

(1)火灾规模标准确定

隧道内火灾规模用火灾热当量进行核定,主要依据车型组成,大货车8～20MW,中小型车3～8MW。另外,火灾规模也与时间因素有较大关系,初始阶段是着火,升温、冒烟与燃烧;发展阶段是扩散,燃烧高峰;结束阶段是停滞,火势减弱并熄灭。港珠澳大桥海底沉管隧道火灾规模(热释放率标准)确定直接关系到工程规模与运营安全,在研究论证过程中始终坚持"安全可靠、经济合理"的原则。

①安全性

沉管隧道内的火灾设计首先要区分火情和火灾。受多种因素影响,火情发生的概率较高,但是只有很少的火情能演变成火灾。因此,采用完善的消防灭火和监控救援系统的隧道能有效控制火灾发展。隧道内火灾最大热释放率可达300MW左右,这是运输油罐车起火时能达到的等级,也是任由其燃烧而不采取其他措施时对应的最高热释放率。港珠澳大桥海底隧道严禁危险品车辆通行,通行的主要车辆为私家车、客运巴士、普通货车及货柜车,按最不利满载货柜车起火或是两辆货车相撞,在任由其燃烧而不采取其他措施时的最高热释放率为100MW左右。这也是本项目火灾在理论上所能达到的最大热释放率。

任何火灾从刚发生至最大热释放率都不可能瞬间完成,都是需要一段时间,比如《建筑设计防火规范》(GB 50016—2014)规定对隧道适用的RABT标准火灾升温曲线,从火灾刚发生至最高温度(最大热释放率)所需时间约为5min。同时,隧道建成后将设置完善的泡沫-水喷雾联用消防系统、FAS报警系统、火灾自动报警系统、隧道通风排烟系统、监控与救援系统。FAS报警系统和监控确认所需时间在2min之内,而泡沫-水喷雾联用消防系统可以在确认后立即启动。因此,在对各系统制定严格的维护和检修制度下,完全可以确保各系统能高效工作,实现对火势的控制。按以上分析,在有可能产生最大热释放率和隧道配备的完善系统条件下,考虑到灭火系统效用时间,港珠澳大桥海底隧道火灾热释放率标准选取50MW是安全的。

②经济性

隧道火灾热释放功率标准是隧道横断面设计的一个控制性因素。不同的火灾热释放功率标准对应于不同的排烟量和排烟道面积,越高的火灾热释放功率标准对应的烟雾量越大,所需要的排烟道面积也越大,因此,隧道火灾热释放功率的确定不应一味追求高标准,应以满足功能需求为宜。

对港珠澳大桥海底隧道工程而言,采用纵向通风+重点排烟方案,在相同断面高度的情况下,100MW火灾热释放功率对应的横断面宽度较50MW火灾热释放功率对应的横断面宽度约多3m。3m的结构宽度直接增加了隧道的结构用材、基槽开挖、基础处理、地基加固、回填覆盖、干坞开挖支挡的工程量以及浮运、沉放等的施工难度,初步估算直接增加的土建费用约为3.5亿元人民币。因此,在保障隧道安全运营的前提下,从有效控制隧道建造费用的角度考虑,港珠澳大桥海底隧道火灾热释放功率标准选用50MW也是经济的。

根据交通功能、预测交通量和交通组成情况,综合考虑各方面因素后,确定隧道火灾热释放功率标准为50MW,并按此标准配备主动防火(火灾报警、消防灭火、应急供电与照明、疏散救援系统等)与被动防火(隧道顶部设抗热冲击、耐高温的烟道板,结构迎火面设防火隔热保护等)设施以及良好的隧道通风排烟系统。总之,在采用配套的隧道消防灭火等组合系统的保障措施后,本隧道选择50MW的火灾热释放功率是合理可靠的。

(2)模型试验验证

针对沉管隧道开展防火专项试验的研究成果极少。港珠澳大桥海底沉管隧道的防火设计没有可直接借鉴的经验,设计过程中结合工程条件开展了多项试验研究,为工程设计方案提供有力支撑。以港珠澳大桥海底沉管隧道为研究对象,构建了不同比尺的数值模型与物理模型(图9-49~图9-51),专题研究了沉管隧道的行车孔、排烟道、电缆通道等方面的热力耦合及耐火性能,研究了沉管管节接头与节段接头防火保护的关键技术问题,也研究了专用侧向排烟道沿程阻力系数、排烟口的局部阻力损失系数,以及排烟道内的温度分布规律等,解决了沉管隧道防火及侧向专用排烟道的设计关键技术问题。

图9-49 RABT标准升温曲线对应的中间车道火灾无防护工况结构温度分布(单位:℃)

图9-50 足尺沉管隧道试验模型

图 9-51　排烟道阻力系数测定物理模型试验及架构

9.3.8　路面及附属工程

沉管隧道路面和附属工程是土建工程的最后一道工序,也是体现工程品质,保障高质量运营服务的关键。下面重点对沉管隧道路面及管沟、装饰等附属类工程的设计方案进行总结。

1) 隧道路面

港珠澳大桥沉管隧道处于海洋环境,结构为节段式预制,路面结构和路面接缝需因地制宜进行设计。隧道沥青路面层的总厚度为13cm,自上而下分别为:4cm 改性沥青 SMA13、6cm 改性沥青 SMA16、3cm 改性沥青 AC10 及层间黏结层。

隧道路面层与管节结构底板之间设压舱混凝土和调平层混凝土,混凝土层需在管节接头处纵向断开以满足管节在此处的伸缩、变形需要。根据监测及计算分析,正常运营阶段管节接头会发生约 1~3cm 的伸缩量及可能少量的差异沉降。为满足隧道运营期行驶舒适性的要求,管节接头处路面伸缩缝设计采用了安全耐久、低噪舒适的无缝伸缩缝系统(图 9-52),高温泡沫条距上口 2~3cm。隧道暗埋段、敞开段路面无缝伸缩缝系统见图 9-53,管节接头路面无缝伸缩缝施工见图 9-54。

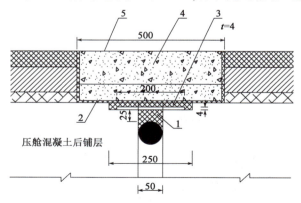

图 9-52　管节接头路面无缝伸缩缝系统(尺寸单位:cm)

1-耐高温泡沫条;2-高分子聚合物改性沥青胶涂层;3-桥接板;4-改性沥青混合料;5-高分子聚合物改性沥青封层

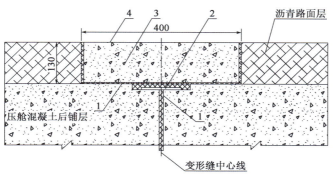

图 9-53　暗埋段、敞开段路面无缝伸缩缝系统(尺寸单位:cm)

1-高分子聚合物改性沥青胶涂层;2-桥接板;3-改性沥青混合料;4-高分子聚合物改性沥青封层

图 9-54　管节接头路面无缝伸缩缝施工

2）附属工程

（1）防火板

为使隧道的钢筋混凝土结构在火灾发生时保持完整性和稳定性，缩短工程修复时间，减少火灾后的维修费用，经对防火涂料和防火板进行综合比较分析，结构防火采用在隧道表面安装防火板的方案。隧道防火板具有吸水率低、不含石棉成分、耐候性强、耐酸碱性强和韧性好等特点。防火板直接安装在混凝土结构表面，采用膨胀螺栓固定（图 9-55）。防火板安装后外观表面采用深色的水性无机涂料喷涂处理，使防火板与侧墙装饰及路面等组成完整的洞内环境。

图 9-55　防火板安装及布置

(2) 装饰板

为改善隧道行车环境,需要对侧墙进行适当的装修,使隧道在色彩、线条和造型等方面具有交通性建筑简洁明快、庄重美观、线条流畅的特色,并体现时代感。装修的重点在侧墙,通过装饰创造出一个明亮而舒适的行车环境,同时给司乘人员以平稳、安全、流畅的心理感觉。隧道行车孔侧墙装饰采用专用隧道装饰面板,通过搭建龙骨,安全稳固地对隧道侧墙进行装饰(图9-56)。经对隧道内环境、设计使用寿命、防火及行车安全要求等综合分析,隧道内侧墙装饰板采用搪瓷钢板。隧道行车孔墙体装饰横断面范围包括行车孔两侧检修道顶向上275cm的范围(装饰板底部距离检修道顶面预留5cm间隙)。

图9-56 侧墙装饰板施工

(3) 检修道

在隧道行车道两侧设置宽度0.75m的检修道。隧道检修道采用C45钢筋混凝土预制结构,每块检修道预制件名义长度150cm,检修道预制件之间安装拼缝缝宽按3mm控制,跨管节接头处设置4cm伸缩缝,填充高弹性聚氨酯密封胶,以适应纵向位移。检修道预制件及现场安装如图9-57所示。

图9-57 检修道预制件及现场安装

(4) 管节压舱混凝土

在隧道底板与路面层之间设压舱混凝土,采用C30素混凝土,设计使用寿命120年。压舱混凝土横断面分三部分浇筑,即先铺层、后铺层和两侧后浇带(图9-58)。压舱混凝土先铺层施工结合压载水箱置换进行,应保证设计厚度以满足施工期抗浮要求;两侧后浇带预留一定的宽度待管沟预制件安装时再行浇筑;后铺层作为路面基层和调平层,原则上不宜小于20cm。

压舱混凝土管节接头、节段接头处设置变形缝,其中,管节接头处缝宽5cm,节段接头处缝宽1cm。压舱混凝土先铺层在节段中间位置设置一道横向缩缝,为假缝;压舱混凝土后铺层在节段内连续浇筑。管节压舱混凝土中设置有水平剪力键、防火钢板、横向排水沟等构造,压舱混凝土施工时应注意预留或隔离处理。

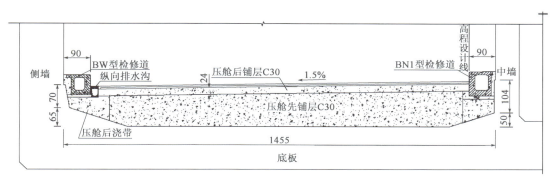

图9-58 沉管段压舱混凝土横断面分块(尺寸单位:cm)

(5)排水边沟

隧道闭口段路面低侧全长设置排水边沟,以排除隧道内消防废水、冲洗废水、结构渗水等,采用一体式预制成品排水沟,材质为树脂混凝土,设计使用寿命不小于30年。成品排水沟跨管节接头处设置可伸缩结构,适应管节接头的纵向张合量。一体式排水边沟见图9-59。

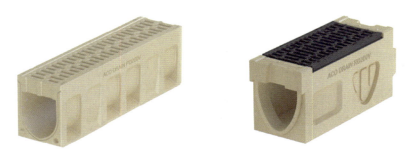

图9-59 一体式树脂混凝土排水边沟

港珠澳大桥海底沉管隧道的主要施工情景见图9-60~图9-62。

图9-60 沉管预制场布置实景

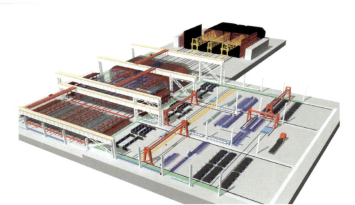

图 9-61　沉管预制工厂流水作业

a) 钢筋加工

b) 钢筋笼架立

c) 混凝土搅拌

d) 结构混凝土浇筑

e) 安装轨道梁

f) 管节顶推

图 9-62

g) 端封门安装

h) 预应力张拉

i) GINA 止水带安装

j) 沉管一次舾装设施

k) 管节寄放

l) 二次舾装

m) 基槽粗挖

n) 基槽精挖

图 9-62

o) 抛石夯平船

p) 块石抛填现场

q) 碎石整平船

r) 碎石整平仿真

s) 管节浮运

t) 管节安装准备

u) 管节沉放安装

v) 管节回填

图 9-62

w) 最终接头钢壳制造

x) 最终接头钢壳成形

y) 最终接头混凝土浇筑

z) 最终接头吊装

aa) 隧道行车孔内附属工程

ab) 中管廊电缆通道

ac) 水平混凝土剪力键

ad) 竖向剪力键支座垫层

图 9-62

ae)隧道检修道预制构件

af)隧道预制化边沟安装

图 9-62　沉管预制及安装施工

9.4　明挖隧道设计

9.4.1　总体布置

岛上段隧道主线为明挖隧道,分成暗埋段、减光段、敞开段3部分。西人工岛岛上段隧道全长520m平面均处于直线段,其中暗埋段长193m,减光段长110m,敞开段长217m,隧道纵坡为2.98%,西人工岛岛上段西接岛上主线道路段、东接沉管段E1管节,敞开段主线终点附近南北各接一条上、下岛匝道。

东人工岛岛上段隧道全长520m,平面处于半径5500m曲线段上,其中暗埋段长230.72m,减光段长110m,敞开段长179.28m,隧道纵坡为2.98%,岛上段西接沉管段隧道E33管节、东接岛上主线道路段,敞开段主线终点附近南北各接一条上、下岛匝道。

岛上段隧道主要结构尺寸见表9-15。

岛上段隧道主要结构尺寸　　　表 9-15

构件名称	暗埋段					减光段			敞开段	
	隧道顶板	隧道底板	上部建筑底板	下一层侧墙	下二层侧墙	隧道底板	中隔墙	侧墙	隧道底板	侧墙
截面尺寸（mm）	1300	1500	800	800	1500	2400～3150	1100	2510	1050～3150	1200～2110

9.4.2　暗埋段隧道

东、西人工岛上的隧道结构形式基本相同。暗埋段隧道与沉管隧道主体结构相接处为地下单层三跨箱形结构，其余为地下双层结构。地下二层结构形式为现浇钢筋混凝土箱形结构，地下一层结构形式为框架结构，靠近沉管部分为上部八柱下部三跨结构，靠近敞开段为上部八柱下部五跨结构。

9.4.3　敞开及减光段隧道

隧道敞开段、减光段为 U 形槽结构，综合结构受力及抗浮要求确定结构尺寸。隧道敞开段和减光段结构典型断面及全景效果见图 9-63。

图 9-63　隧道敞开段及减光段结构全景效果

港珠澳大桥岛上段隧道的主要施工情景分别见图 9-64 和图 9-65。

图 9-64　隧道暗埋段结构施工

图 9-65　隧道敞开段及减光段结构施工

第 10 章 耐久性设计

工程结构的耐久性决定了工程的使用寿命和安全性。耐久性不仅是一项技术要求,更体现了对时间和自然的深刻理解和敬畏,我们需要通过耐久性设计最大限度地保障并延续工程的生命。港珠澳大桥主体工程设计使用寿命为120年,常年处于恶劣的外海环境,如何保障其结构耐久性是关键问题。在高温、高湿、高氯盐环境,以及人工岛、沉管隧道和海中桥梁等多种结构形式,使其能否达到设计年限成为工程论证的焦点。

从结构全寿命周期维度看,结构将经历设计、建造、运营维护和修复等过程。耐久性保障措施贯穿于结构全寿命周期,这是一项复杂的系统工程。结构耐久性设计包含耐久性分析、应对措施、施工标准、运营期维护保养、监测评估以及耐久性再设计,属于一种综合性体系设计。通常情况下,耐久性设计可以首先依据结构所处环境类别及作用等级进行耐久性分析,而后根据各结构构件不同的设计使用寿命,对结构构造和材料分别提出耐久性要求,再施加合理的耐久性防护措施;与此同时,施工时须达到既定的施工标准,并完成监测系统布设;运营阶段按既定方案进行维护保养,结合监测结果进行结构状态评估,最终可依据评估结果进行耐久性再设计。

10.1 工程区域腐蚀环境

港珠澳大桥所处环境温湿度条件和侵蚀环境条件见表10-1。由表10-1可知,港珠澳大桥处于高温高湿高盐的环境,腐蚀环境严酷。

港珠澳大桥工程区域环境条件 表10-1

温度(℃)			湿度(%)			离子含量($g \cdot L^{-1}$)			侵蚀性CO_2含量($mg \cdot L^{-1}$)	pH值
年均	最热月	最冷月	平均	最高	最低	Cl^{-1}	SO_4^{2-}	Mg^{2+}		
22.3~23.1	28.4~28.8	14.8~15.9	77~80	100	10	3.7~17.9	0.5~2.2	0.2~1.2	0.00~36.35	6.41~8.83

我国水运工程行业标准针对海水潮差变化和风浪大的特点,考虑有掩护和无掩护条件,分别给出海港工程按设计水位和按天文潮位两种暴露部位划分的计算方法,按腐蚀严重程度给出了大气区、浪溅区、水位变动区和水下区4区划分标准。

考虑到港珠澳大桥横跨伶仃洋,地处外海,对于人工岛、隧道等工程,按照无掩护条件下的港工设计水位算法划分;对于桥梁工程,按照无掩护条件下的天文潮划分(表10-2)。

港珠澳大桥主体工程结构腐蚀环境划分　　　　　　　　　　　　　　　表10-2

区域	无掩护条件(按港工设计水位)		无掩护条件(按天文潮位)	
	计算方法	高程(100a重现)	计算方法	高程(100a重现)
大气区	高于设计高水位加 (η_0+1.0m)	>+9.30m	最高天文潮位加 $0.7H_{1/3}$以上	>+6.26m
浪溅区	大气区下界至设计高水位减η_0	+9.30~-1.36m	大气区下界至最高天文潮位减$H_{1/3}$	+6.26~-0.40m
水位变动区	浪溅区下界至设计低水位减1.0m	-1.36~-2.51m	浪溅区下界至最低天文潮位减$0.2H_{1/3}$	-0.40~-2.10m
水下区	水位变动区以下	<-2.51m	水位变动区以下	<-2.10m

注:1. η_0值取设计高水位时的重现期$100aH_{1\%}$(波列累积频率为1%的波高)波峰面高度。
　　2. 水位变动区范围较小,在耐久性设计时可将其并入浪溅区考虑。

10.2　桥梁工程耐久性设计

港珠澳大桥主体工程桥梁工程,其上部结构全部采用钢结构,下部结构如索塔、墩身和基础等主要采用混凝土结构。针对不同的材料特性,分别开展了混凝土结构和钢结构的耐久性设计。

10.2.1　环境与设计使用寿命

港珠澳大桥主体桥梁工程(除岛桥结合部非通航孔桥外)混凝土构件和钢构件涉及的环境类别和作用等级见表10-3。

港珠澳大桥桥梁工程环境类别与作用等级　　　　　　　　　　　　　　表10-3

环境类别	作用因素	作用等级	具体环境条件	对应桥梁构件
Ⅲ海洋氯化物环境	海水、海浪和飞沫中的氯离子	Ⅲ-C	海水的水下区和土中区,氯化物环境的混凝土	预制承台及其钢管复合桩
		Ⅲ-D	海洋环境的大气轻度盐雾区:距平均水位15m高度以上的海上大气区	索塔、桥墩、钢箱梁及其他上部结构
		Ⅲ-E	距平均水位15m高度以下的海上大气区	索塔、桥墩
		Ⅲ-F	水位变动区、浪溅区	现浇承台、预制桥墩
Ⅴ化学腐蚀环境	侵蚀性物质对混凝土的化学腐蚀作用(SO_4^{2-},Mg^{2+},CO_2,pH)	Ⅴ-D	水中硫酸根:1000~4000 mg/L 土中硫酸根:1500~6000 mg/kg 镁离子浓度:1000~3000 mg/L CO_2浓度:30~60 mg/L 海水pH值:5.5~4.5	钢管复合桩

表 10-3 中所对应的混凝土基本环境作用类别和作用等级见表 10-4 和表 10-5。

混凝土基本环境作用类别 表 10-4

环境类别	名称	腐蚀机理
Ⅰ	一般环境	保护层混凝土碳化引起钢筋锈蚀
Ⅱ	冻融环境	反复冻融导致混凝土损伤
Ⅲ	海洋氯化物环境	氯盐侵入混凝土内部引起钢筋锈蚀
Ⅳ	除冰盐等其他氯化物环境	氯盐侵入混凝土内部引起钢筋锈蚀
Ⅴ	化学腐蚀环境	硫酸盐等化学物质对混凝土的腐蚀

基本环境作用等级 表 10-5

作用等级 环境类别	A 轻微	B 轻度	C 中度	D 严重	E 非常严重	F 极端严重
Ⅰ 一般环境	Ⅰ-A	Ⅰ-B	Ⅰ-C	—	—	—
Ⅱ 冻融环境	—	—	Ⅱ-C	Ⅱ-D	Ⅱ-E	—
Ⅲ 海洋氯化物环境	—	—	Ⅲ-C	Ⅲ-D	Ⅲ-E	Ⅲ-F
Ⅳ 除冰盐等其他氯化物环境	—	—	Ⅳ-C	Ⅳ-D	Ⅳ-E	—
Ⅴ 化学腐蚀环境	—	—	Ⅴ-C	Ⅴ-D	Ⅴ-E	—

岛桥接合部非通航孔桥的基本环境作用类别和作用等级见表 10-6。

岛桥接合部非通航孔桥基本环境作用类别与作用等级 表 10-6

结构	环境类别	作用因素	作用等级	具体环境条件	具体构件
接合部非通航孔桥	Ⅲ海洋氯化物环境	海水、海浪和空气中的氯离子	Ⅲ-C	海洋氯化物环境水下区和土中区	承台(水下)、钢筋混凝土钻孔灌注桩
			Ⅲ-D	海洋氯化物环境大气区(轻度盐雾区)	多数箱梁、支座、伸缩缝、桥面铺装、防撞护栏、缘石及交通设施底座
			Ⅲ-E	海洋氯化物环境潮汐区、浪溅区	部分箱梁、少量支座、桥台、桥台位置伸缩缝
			Ⅲ-F	海洋氯化物环境潮汐区、浪溅区	桥墩

港珠澳大桥主体结构的设计使用寿命为 120 年,各桥梁工程(除岛桥接合部非通航孔桥外)构件对应的控制环境作用等级、耐久性极限状态和设计使用寿命见表 10-7。岛桥接合部非通航孔桥的各工程构件对应的控制环境作用等级、耐久性设计使用寿命见表 10-8。

主体桥梁工程结构构件的设计使用寿命 表 10-7

结构	构件	设计使用寿命（a）	更换次数	控制环境作用等级	耐久性极限状态
钢箱梁斜拉桥（通航孔）	索塔	120	—	—	—
	斜拉索	25	4	—	—
	钢箱梁	120	—	—	—
	桥面铺装	15	7	—	—
	伸缩缝	20	5	—	—
	支座	60	1	—	—
	护栏（主体）	60	1	—	—
	桥墩	120	—	Ⅲ-F	(a)
	承台	120	—	Ⅲ-F	(a)
	桩基础	120	—	Ⅲ-C	(a)
非通航孔桥	钢箱梁	120	—	—	—
	钢桥面铺装	15	7	—	—
	伸缩缝	20	5	—	—
	护栏（主体）	60	1	—	—
	支座	60	1	—	—
	桥墩	120	—	Ⅲ-F	(a)
	承台	120	—	Ⅲ-C,F	(a)
	桩基础	120	—	Ⅲ-C	(a)

注：考虑到有限锈蚀极限状态量化难以确定，所有钢筋混凝土构件和预应力混凝土构件均以混凝土内钢筋开始腐蚀（脱钝）作为耐久性失效的极限状态。

岛桥接合部非通航孔桥结构构件的设计使用寿命 表 10-8

工程	结构构件	设计使用寿命（a）	运营期构件更换或重新涂装的次数	控制环境作用等级	混凝土等级/保护层厚度（mm）
接合部非通航孔桥	箱梁	120	—	Ⅲ-D，Ⅲ-E	C55/45、75
	桥墩	120	—	Ⅲ-F	C50/75
	桥墩承台	120	—	Ⅲ-C	C45/90
	桥台	120	—	Ⅲ-E	C50/75
	支座	120(60×2)	1	Ⅲ-D，Ⅲ-E	—
	防撞护栏	120(20×6)	5	Ⅲ-D	—
	缘石及交通设施底座	120	—	Ⅲ-D	C55/75
	伸缩缝	120(20×6)	5	Ⅲ-D	—
	桥面铺装层	120(15×8)	7	Ⅲ-D	—
	混凝土钻孔灌注桩	120	—	Ⅲ-C	C40/75

混凝土构件的耐久性设计极限状态释义见表10-9。

港珠澳大桥混凝土构件耐久性设计极限状态释义 表10-9

极限状态	表示符号	环境作用类别	极限状态含义	应用范围
(a)钢筋开始发生锈蚀的极限状态	(a)	Ⅰ,Ⅲ,Ⅳ	允许腐蚀性介质侵入混凝土内部,但不允许钢筋发生锈蚀	预应力构件;难以检测、维护的重要构件
(b)钢筋发生适量锈蚀的极限状态	(b)	Ⅰ,Ⅲ,Ⅳ	允许腐蚀性介质侵入混凝土内部,允许钢筋锈蚀发生,但锈蚀量不得大于预定值,如钢筋锈蚀深度不得大于0.1mm	可维护的钢筋混凝土构件
(c)混凝土表面发生轻微损伤的极限状态	(c)	Ⅱ,Ⅴ	允许混凝土劣化过程发生,但劣化程度不得超过限定值	混凝土构件

10.2.2 混凝土结构耐久性控制指标

港珠澳大桥建设之前,国内已建的东海大桥、杭州湾跨海大桥和胶州湾跨海大桥等跨海桥梁工程的设计使用寿命均为100年。根据工程设计建设经验,这些桥梁主要通过采用海工高性能混凝土、规定最小保护层厚度、采取附加防腐蚀措施和严格施工管控等技术手段来实现耐久性目标。在国际上,具有120年设计使用寿命的厄勒海峡通道和香港昂船洲大桥,主要通过合理设计指标、严格控制施工质量和明确规定后期维护等措施来保障结构耐久性。

对于港珠澳大桥而言,其主体工程混凝土结构耐久性保障的基本思路是:在确保高质量材料、设计和施工水平的前提下,从材料性能和构件构造上最大限度地提高结构耐久性,并对腐蚀风险较高的重要构件和关键部位采取附加防腐蚀措施。

根据设计使用寿命要求,综合考虑不同混凝土构件所处的腐蚀环境、构件的重要性与承载能力以及施工水平等因素,确定了港珠澳大桥不同混凝土构件的最低强度等级要求、不同混凝土构件的最小保护层厚度(未考虑施工偏差)、不同混凝土构件的氯离子扩散系数(表10-10),以及混凝土各构件钢筋最小净保护层厚度(表10-11)。

不同混凝土构件耐久性关键控制指标 表10-10

构件	环境/部位	设计年限(a)	环境等级	失效标准	最低强度等级	氯离子扩散系数(10^{-12} m²/s)	
						28d	56d
索塔、桥墩	大气区	120	Ⅲ-D	(a)	C50	7.0	4.5
	浪溅区	120	Ⅲ-F	(a)	C50	7.0	4.5
承台	浪溅区	120	Ⅲ-F	(a)	C45	7.0	4.5
	水下区	120	Ⅲ-C	(a)	C45	7.0	4.5
桩基础	水下区	120	Ⅲ-C	(a)	C35	7.0	4.5

混凝土各构件钢筋最小净保护层厚度　　　　　　　　　　表 10-11

构件	环境/部位	保护层厚度（mm）	
		外部	内部
现浇塔身	大气区	60	50
预制墩身（航道桥）	大气区	60	50
预制墩身（非通航孔桥，+8m 以上）	大气区	60	50
预制墩身（非通航孔桥，+8m 以下）	大气区~水下区	70	60
现浇承台	浪溅区~水下区	80	—
预制承台	水下区	60	—
钢管复合桩	水下区	60	—

港珠澳大桥桥梁工程在荷载作用下配筋混凝土构件的表面裂缝最大宽度计算值采用不超过表 10-12 的限值。

不同混凝土构件表面裂缝计算宽度限值　　　　　　　　　　表 10-12

部位	腐蚀环境	结构类型	裂缝宽度（mm）
墩身	Ⅲ-D、Ⅲ-F	部分预应力	—
索塔、墩身	Ⅲ-D、Ⅲ-F	普通钢混	0.15
承台	Ⅲ-F	普通钢混	0.15
承台	Ⅲ-C	普通钢混	0.20

10.2.3 附加防腐蚀措施

对于海洋环境下的混凝土结构，不同环境区域所采用的附加防腐蚀措施不同（表 10-13），这是由区域对结构物侵蚀的程度和不同附加防腐蚀措施的特点共同决定的。港珠澳大桥混凝土结构不同部位具体采用何种措施，主要是结合各部位的工况条件，考虑附加防腐蚀措施的效果、施工可行性以及全寿命周期成本来综合考虑确定。

海洋环境混凝土结构附加防腐蚀措施　　　　　　　　　　表 10-13

防腐蚀措施	防腐蚀原理	适用条件	保护效果及优点	缺点
涂层	混凝土表面形成隔绝层，使氯离子难以侵入	可用于海洋环境大气区、浪溅区和水位变动区	保护年限 10~20 年，施工便捷	改变混凝土外观，涂层容易受外界作用而损坏
硅烷浸渍	渗入混凝土毛细孔中，使毛细孔壁憎水，使得水分和所携带的氯化物难以渗入	可用于海洋环境大气区和浪溅区	保护年限 20 年，施工便捷，不影响混凝土外观，重新涂装容易	不适合水位变动区、水下区等混凝土表面潮湿部位
阻锈剂	在钢筋表面形成一层保护膜，抑制、阻止、延缓钢筋腐蚀的电化学进程	混凝土内掺或外涂，可用于混凝土部位	适用于氯离子不可避免存在或进入混凝土内的结构	防护效果和保护年限存在不确定性

续上表

防腐措施	防腐原理	适用条件	保护效果及优点	缺点
环氧涂层钢筋	钢筋外表面包裹环氧涂层涂料,隔绝侵蚀介质,避免钢筋腐蚀	可用于各种混凝土构件	保护年限25年以上	涂层易损,施工质量控制要求高
阴极保护	外加电场,使得钢筋电位极化	可用于各种混凝土构件,一般施工期预设钢筋电连接,后期通电保护	对重要构件可实施长期保护,保护年限可达50年以上	成本较高,施工安装要求高

就本工程而言,通过对不同附加防腐蚀措施的技术特点、经济效益和混凝土构件腐蚀风险三者的综合分析,最终提出的混凝土结构附加防腐蚀措施为:桥梁大气区混凝土结构采用硅烷浸渍防腐蚀措施;桥梁浪溅区和水位变动区混凝土结构采用附层不锈钢钢筋或环氧涂层钢筋加硅烷浸渍联合的附加防腐蚀措施,不锈钢和环氧涂层钢筋根据构件采取预制和现浇不同工艺区别对待;浪溅区、水位变动区和大气区构件选择有代表性部位埋设营运期耐久性监测传感器,并实施钢筋电连接,预设后期阴极保护。桥梁工程混凝土结构的附加防腐蚀措施见表10-14。

港珠澳大桥桥梁工程不同混凝土构件附加防腐蚀措施　　　　　表10-14

区段	构件		环境	附加防腐措施
青州桥	现浇塔身	下塔柱和下横梁	大气区	最外层钢筋及其露头拉筋采用不锈钢钢筋+硅烷浸渍(外表面)
		中塔柱		硅烷浸渍(外表面)
		上塔柱		硅烷浸渍(外表面)
	预制墩身		大气区	预制墩身下节段:全部采用双层高性能环氧涂层钢筋+硅烷浸渍(外表面);预制墩身中、上节段:外层钢筋及其拉筋采用单层高性能环氧涂层钢筋+硅烷浸渍(外表面)
	现浇承台		浪溅区~水下区	外层钢筋及其露头拉筋采用不锈钢钢筋+硅烷浸渍(承台表面)
江海桥	预制墩身		大气区	预制墩身下节段:全部采用双层高性能环氧涂层钢筋+硅烷浸渍(外表面);预制墩身上节段:外层钢筋及其拉筋采用单层高性能环氧涂层钢筋+硅烷浸渍(外表面)
	现浇承台和塔座		浪溅区~水下区	外层钢筋及其露头拉筋采用不锈钢钢筋+硅烷浸渍(承台表面)

续上表

区段	构件		环境	附加防腐措施
非通航孔桥	预制墩身	+8m(或第一道接缝)以上	大气区	单层环氧钢筋+硅烷浸渍(外表面)
		+8m(或第一道接缝)以下	大气区~水下区	双层高性能环氧钢筋+硅烷浸渍(内、外表面)
	预制承台		水下区	双层高性能环氧钢筋+硅烷浸渍(顶、侧面)
共用部分	现浇支座垫石、挡块		大气区	单层高性能环氧钢筋+硅烷浸渍(外表面)
	预制墩身预应力粗钢筋		大气区~水下区	表面钝化处理+高性能浆液真空灌浆+特制预应力管道

10.2.4 桥梁钢结构耐久性设计

对于钢结构的耐久性设计,重点为吸纳世界范围内最新经验,选用合适的防腐方案,并对可更换构件,按维护、更换构件予以考虑处理。

本工程主要钢构件的附加防腐蚀措施和设计要求见表10-15和表10-16;非主要钢构件根据所处的腐蚀环境进行合适的附加防腐蚀设计。

主体桥梁工程主要钢构件的附加防腐蚀设计　　表10-15

所处区域	构件名称	采用的附加防腐措施	防腐措施设计保护年限(a)	保护年限内更换次数(次)
泥下区	非通航孔桥钢管复合桩	涂层+牺牲阳极阴极保护的联合保护	前70年以涂层防护为主,后50年以阴极保护为主,阴极保护考虑在保护年限内更换一次	
水下及泥下区	通航孔桥钢管复合桩	涂层及牺牲阳极阴极保护联合保护	前70年以涂层防护为主,后50年以阴极保护为主,阴极保护考虑在保护年限内更换一次	
大气区	钢箱梁、钢索塔及其他钢构件	重防腐体系	>30	3

主要钢构件的防腐涂装体系　　表10-16

部位	涂装体系及用料	技术要求(最低干膜厚度)	场地
钢箱梁外表面(含钢箱梁外顶板U形肋端封板以外的内表面、桥面路缘石外表面、护栏底座、路灯底座等、除钢桥面外)、钢塔外表面	表面净化处理	无油、干燥	工厂
	二次表面喷砂除锈	Sa2.5级、Rz30~70μm	工厂
	环氧富锌底漆2道	2×50μm	工厂
	环氧云铁中间漆2道	2×100μm	工厂
	氟碳面漆2道	2×40μm	工厂
	焊缝修补	同上1~5项要求	工地

续上表

部位		涂装体系及用料	技术要求(最低干膜厚度)	场地
钢箱梁内表面(含梁内检查车轨道、电缆支架等与钢箱梁同时制作的附属件)、钢塔内表面(含附属钢楼梯和钢爬梯),钢箱梁内和钢塔内除湿系统保持湿度小于50%		二次表面喷砂除锈	Sa2.5级,Rz30~70μm	工厂
		环氧富锌底漆1道	80μm	工厂
		环氧厚浆漆1道	120μm	工厂
		焊缝修补	机械打磨除锈St3级后涂上述同部位油漆	工地
钢桥面(含行车道和中央分隔带)	临时防护	喷砂除锈	Sa2.5级,Rz25~50μm	工厂
		环氧磷酸锌底漆	60μm	工厂
	桥面铺装前涂装	二次表面抛丸除锈	Sa2.5级,Rz25~50μm	工地
		环氧富锌底漆1道	80μm	工地
高强度螺栓连接部位	摩擦面	二次表面喷砂除锈	Sa2.5级,Rz30~70μm	工厂
		无机富锌防锈防滑涂料	120μm±40μm	工厂
	钢箱梁和钢塔内螺栓终拧后	表面处理	除油除污,对螺栓、螺母、垫圈的外露部位机械打磨St3级	工地
		底漆涂装	对螺栓、螺母、垫圈的外露部位涂装环氧富锌底漆1道80μm	工地
		整体涂装环氧厚浆漆	120μm	工地
	钢塔外螺栓终拧后	表面处理	除油除污,对螺栓、螺母、垫圈的外露部位机械打磨St3级	工地
		底漆涂装	对螺栓、螺母、垫圈的外露部位涂装环氧富锌底漆100μm	工地
		环氧云铁中间漆2道	2×100μm	工地
		氟碳面漆2道	2×40μm	工地
防撞护栏横梁和立柱所有外表面		脱脂、酸洗除锈	表面无油、无锈	工厂
		热浸锌	80μm	工厂
		环氧中间漆1道	60μm	工厂
		氟碳面漆1道	40μm	工厂
		氟碳面漆1道	40μm	工地
防撞护栏横梁内表面(横梁不设端封板)		脱脂、酸洗除锈	表面无油、无锈	工厂
		热浸锌	80μm	工厂

10.3 岛隧工程耐久性设计

10.3.1 环境与设计使用寿命

岛隧主体工程的基本环境作用类别划分和作用等级见表10-4和表10-5;岛隧工程混凝土

构件与钢构件涉及的环境类别和作用等级见表10-17。

岛隧工程基本环境作用类别与作用等级　　　　　表10-17

结构	环境类别	作用因素	作用等级	具体环境条件	具体构件
隧道	Ⅲ海洋氯化物环境	空气中的氯离子	Ⅲ-D	海洋氯化物环境大气区（轻度盐雾区）	沉管段结构背水侧（含管节接头中墙剪力键、侧墙钢剪力键、管节接头水平剪力键、节段接头中墙剪力键、预应力体系、压舱混凝土、路面伸缩缝、管内附属设施构件、中管廊上隔板、背水侧永久钢结构等）
		海水的氯离子	Ⅲ-E	海洋氯化物环境水下区和土中区，氯化物环境的混凝土	沉管段结构迎水侧（含节段接头水平剪力键、节段接头侧墙剪力键、遇水膨胀胶条、中埋式可注浆止水带、GINA和OMEGA止水带、迎水侧永久钢结构）
		空气中的氯离子	Ⅲ-D	海洋氯化物环境大气区（轻度盐雾区）	暗埋段结构背水侧（含压舱混凝土、路面层、管内附属设施构件、中管廊上隔板、背水侧永久钢结构）；敞开段结构背水侧（含压舱混凝土、路面层、结构附属设施构件）
		海水的氯离子	Ⅲ-E	海洋氯化物环境土中区（考虑海水水位变动）	暗埋段结构迎水侧（含结构变形缝和施工缝的中埋式止水带、钢板止水带、迎水侧永久钢结构、迎水侧临时钢结构）；敞开段结构迎水侧（含结构变形缝和施工缝的中埋式止水带、钢板止水带）
		海水的氯离子	Ⅲ-C	海洋氯化物环境土中区	PHC桩
人工岛	Ⅲ海洋氯化物环境	海浪和空气中的氯离子	Ⅲ-E	海洋氯化物环境大气区（重度盐雾区）	挡浪墙、沉箱上部挡墙
		海水、海浪和空气中的氯离子	Ⅲ-F	海洋氯化物环境水位变动区、浪溅区（重度盐雾区）	扭工字块体、沉箱上部胸墙、预制减载沉箱、码头沉箱、钢圆筒
		海水	Ⅲ-C	海洋氯化物环境水下区	预制栅栏板

续上表

结构	环境类别	作用因素	作用等级	具体环境条件	具体构件
岛上道路、排水等附属工程	Ⅲ海洋氯化物环境	海水的氯离子	Ⅲ-E	海洋氯化物环境大气区(轻度盐雾区)	匝道U形槽迎水侧结构
		空气中的氯离子	Ⅲ-D	海洋氯化物环境土中区(考虑海水水位变动)	匝道U形槽背水侧结构
		空气中的氯离子	Ⅲ-D	海洋氯化物环境大气区(轻度盐雾区)	路面层及其他附属工程(钢护栏)
		海水和空气中的氯离子	Ⅲ-D	海洋氯化物环境土中区(考虑海水水位变动)	岛上给排水管路(含环岛排水明沟、排水沟、排水箱涵、排水管廊、沉砂井、供水管道、钢盖板)

岛隧工程主体结构的设计年限为120年,可更换的附属构件按照小于120年进行设计。各工程构件对应的控制环境作用等级、耐久性设计使用寿命见表10-18。

岛隧工程结构构件的设计使用寿命 表10-18

工程	结构构件	设计使用寿命(a)[①]	运营期构件更换或重新涂装的次数[②](次)	控制环境作用等级[③]	混凝土等级/保护层厚度[④](mm)
隧道	沉管段结构迎水侧	120	—	Ⅲ-E	C45/70
	沉管段结构背水侧	120	—	Ⅲ-D	C45/50
	暗埋段、敞开段结构迎水侧	120	—	Ⅲ-E	C45/70
	暗埋段、敞开段结构背水侧	120	—	Ⅲ-D	C45/50
	管节接头水平混凝土剪力键	120	—	Ⅲ-D	C45/50
	管节接头中墙混凝土剪力键	120	—	Ⅲ-D	C45/50
	节段接头水平混凝土剪力键	120	—	Ⅲ-E	C45/70
	节段接头侧墙混凝土剪力键	120	—	Ⅲ-E	C45/70
	节段接头中墙混凝土剪力键	120	—	Ⅲ-D	C45/50
	最终接头	120	—	Ⅲ-E,Ⅲ-D	—
	预应力体系	120	—	Ⅲ-D	—
	中管廊上隔板	120	—	Ⅲ-D	C45/50
	GINA止水带	120	—	Ⅲ-E	—
	OMEGA止水带	120	—	Ⅲ-E	—
	中埋式可注浆止水带	120	—	Ⅲ-E	—
	遇水膨胀胶条	120	—	Ⅲ-E	—

续上表

工程	结构构件	设计使用寿命（a）①	运营期构件更换或重新涂装的次数②（次）	控制环境作用等级③	混凝土等级/保护层厚度④（mm）
隧道	变形缝中埋式止水带	120	—	Ⅲ-E	—
	施工缝中埋式止水带	120	—	Ⅲ-E	—
	钢板止水带	120	—	Ⅲ-E	—
	迎水侧永久钢结构	120	—	Ⅲ-E	—
	背水侧永久钢结构	120	—	Ⅲ-D	—
	压舱混凝土	120	—	Ⅲ-D	C30
	预制盖板	120(30×4)	3	Ⅲ-D	C45/30
	中管廊下隔板	120(30×4)	3	Ⅲ-D	—
	电缆通道中隔墙	120(60×2)	1	Ⅲ-D	C45/50
	检修道	120(60×2)	1	Ⅲ-D	C45/40
	边水沟和雨水井	120(30×4)	3	Ⅲ-D	—
	路面伸缩缝	120(20×6)	5	Ⅲ-D	—
	截水沟	120(20×6)	5	Ⅲ-D	—
	防火板系统	120(25×4.8)	4	Ⅲ-D	—
	行车孔墙面装饰	120(25×4.8)	4	Ⅲ-D	—
	隧道路面铺装	120(15×8)	7	Ⅲ-D	—
人工岛及岛上道路、排水等附属工程	PHC 管桩	120	—	Ⅲ-C	C80
	扭工字块体	120(50×2.4)	2	Ⅲ-F	—
	挡浪墙	120(50×2.4)	2	Ⅲ-E	C30
	预制码头沉箱	120(50×2.4)	2	Ⅲ-F	C45/30
	预制减载沉箱	120	—	Ⅲ-F	C45/75
	预制栅栏板	120(50×2.4)	2	Ⅲ-C	C30/55
	沉箱上部挡墙	120(50×2.4)	2	Ⅲ-E	C30
	沉箱上部胸墙	120(50×2.4)	2	Ⅲ-F	C35/100
	匝道 U 形槽结构迎水侧	120	—	Ⅲ-E	C45/70
	匝道 U 形槽结构背水侧	120	—	Ⅲ-D	C45/50
	路基结构	120	—	Ⅲ-D	C45/70
	调平混凝土	120	—	Ⅲ-D	C30
	截水沟	120(20×6)	5	Ⅲ-D	—
	波形钢护栏	120(20×6)	5	Ⅲ-D	—
	岛上道路铺装	120(15×8)	7	Ⅲ-D	—
	钢盖板	120(20×6)	5	Ⅲ-D	—
	岛上给排水管路	120(50×2.4)	2	Ⅲ-D	C40/50

注：①设计使用寿命中不可更换及无法维护保养的构件按 120 年设计，其他构件按运营期进行更换及涂装的条件设计。
②在正常的维护保养和设计环境条件下，构件在 120 年内需要更换或重新涂装保护的次数。
③控制环境作用等级中部分两种等级的情况是指本构件的不同部位处于不同的环境条件。
④未列出混凝土结构保护层的工程构件均为素混凝土结构、钢制或其他材质的成品构件。

10.3.2 耐久性主要设计方案

1) 满足 120 年设计使用寿命的构件

此为岛隧工程主体结构或构件,属于不可更换构件。此类结构或构件的耐久性设计方案为:

(1) 选用使用寿命能达到或基本能达到 120 年的工程材料;

(2) 按照 120 年时间增设建设期耐久性设计措施,并按设计要求进行施工;

(3) 按照 120 年时间制订维护保养方案并严格执行;

(4) 适时依据结构健康监测结果,对主体结构或结构进行耐久性状态评估,依据评估结果进行耐久性再设计,结构健康监测系统要求在 120 年内正常运行。

2) 小于 120 年设计使用寿命的非临时性结构

此类结构或构件是岛隧工程发挥使用功能不可缺少的组成部分,属于可更换构件。此类结构或构件的耐久性设计方案为:

(1) 按照其设计年限选用工程材料;

(2) 按照其设计年限考虑建设期耐久性设计措施;

(3) 按照其设计年限制订维护保养方案;

(4) 按计划时间进行更换。

3) 小于 120 年设计使用寿命的临时性结构

此类结构或构件是保证岛隧工程顺利完工的重要构件,属于一次性构件。此类结构或构件的耐久性设计方案为:

(1) 按照其设计年限选用工程材料;

(2) 按照其设计年限考虑建设期耐久性设计措施。

10.3.3 沉管隧道耐久性设计

沉管隧道包括沉管段、暗埋段、敞开段及其相关的构件。

1) 沉管段、暗埋段、敞开段隧道结构

该部分结构为钢筋混凝土结构。设计采取的耐久性主要措施包括:

(1) 采用海工耐久性混凝土,沉管段混凝土强度等级不小于 C45(28d 龄期)、C50(56d 龄期),中管廊上隔板要求同主体结构;暗埋段和敞开段的混凝土强度等级不应小于 C45(28d 龄期),同时控制混凝土原材料耐久性指标满足设计要求。

(2) 保证最小混凝土保护层厚度。沉管段与暗埋段结构的顶、底板及侧墙:迎水侧保护层厚度为 70mm,背水侧为 50mm;管节接头、节段接头端面为 70mm;中墙和中管廊上隔板为

50mm；敞开段的边墙、底板等临水侧为70mm，中墙、边墙及底板背水侧不小于50mm。

（3）控制计算裂缝宽度小于0.20mm。

（4）沉管段主体结构抗渗等级不小于P12，沉管段每个节段采用全断面一次浇筑，不允许设置纵、横向施工缝及后浇带；暗埋段和敞开段主体结构抗渗等级不小于P10。

（5）对于养护龄期小于28d的节段，混凝土外露面应喷涂异丁烯三乙氧基硅烷涂层。

（6）岛上现浇段底板外露面选用水泥基渗透结晶型防水剂，顶板和两侧墙外露面选用喷涂型聚脲防水涂料。

2）沉管管节接头、节段接头剪力键

沉管管节接头和节段接头的水平混凝土剪力键、管节接头中墙竖向混凝土剪力键及节段接头中墙竖向混凝土剪力键均为钢筋混凝土结构。设计采取的耐久性措施主要包括：

（1）采用海工耐久性混凝土，混凝土强度等级不小于C45（28d龄期）、C50（56d龄期）。

（2）控制混凝土原材料耐久性指标满足设计要求。

（3）保证管节接头混凝土剪力键保护层厚度为50mm；保证节段接头混凝土剪力键保护层厚度为70mm。

（4）控制计算裂缝宽度小于0.20mm。

3）沉管隧道最终接头

沉管隧道的最终接头为整体预制安装的钢混组合结构。设计采取的耐久性措施主要包括：

（1）最终接头钢壳板材使用Q370钢材，并采用涂装+牺牲阳极法进行防腐蚀保护。

（2）铝合金牺牲阳极的设计符合《海水阴极保护的原理》（ISO 12473:2017）、《金属腐蚀防护阳极的电化学测试方法》（ISO 9587:2007）等标准，考虑牺牲阳极法的有效率为90%，并设置预留腐蚀厚度为2mm。

4）沉管隧道预应力体系

（1）预应力钢束采用直径为15.2mm的高强度、低松弛钢绞线，预应力钢束防腐有黏结段：主要通过HDPE波纹管和密实的水泥浆形成双道隔离防护；一般无黏结段则主要通过HDPE波纹管、水泥浆及PE套管三道隔离防护，不考虑预应力钢绞线外涂的防腐脂；跨缝接头处考虑采用HDPE可伸缩密封接头、水泥浆及PE套管的三道隔离防护。

（2）预应力锚具采用M15-25规格的防水密封型锚具，预应力管道采用内径115mm塑料波纹管。对永久预应力，两端预应力锚头设置永久密封罩，罩内灌浆，实现与海水的隔离；预应力管道跨节段接头处设置可伸缩的密封接头。密封罩和密封接头均应能承受0.6MPa水压，并满足120年使用寿命要求。锚头采用HDPE密封罩、水泥浆双道隔离防护。

（3）波纹管连接件工作环境条件下设计使用寿命不小于120年；采用真空压浆，保障管道压浆密实。

5）沉管隧道背水侧永久钢结构

沉管隧道背水侧永久钢结构包括：OMEGA 预埋件、OMEGA 压件、OMEGA 紧固件、节段接头中墙及管节接头钢筋混凝土剪力键榫槽预埋件、钢剪力键紧固件、预应力锚具紧固件、预应力锚具、钢剪力键、管节接头及节段接头的其他钢板。设计采取的耐久性措施见表 10-19。

沉管隧道背水侧永久钢结构耐久性设计措施　　　　表 10-19

序号	构件名称	防腐措施	备注
1	OMEGA 预埋件	①重涂装防腐蚀涂层； ②底板背水侧钢结构附加牺牲阳极保护； ③设置 5mm 预留腐蚀厚度	背水侧检修困难的永久钢结构
2	OMEGA 压件	①重涂装防腐蚀涂层； ②底板背水侧钢结构附加牺牲阳极保护	背水侧检修困难的永久钢结构
3	OMEGA 紧固件	采用不锈钢材质	背水侧检修困难的永久钢结构
4	节段接头中墙及管节接头钢筋混凝土剪力键榫槽预埋件	①重涂装防腐蚀涂层； ②设置 5mm 预留腐蚀厚度	背水侧检修困难的永久钢结构
5	钢剪力键紧固件、预应力锚具紧固件	锌基铬酸盐涂层 $6\mu m$ + 抗碱封闭涂层 $10\mu m$	背水侧永久钢结构
6	预应力锚具	重涂装防腐蚀涂层	背水侧永久钢结构
7	钢剪力键	重涂装防腐蚀涂层	背水侧永久钢结构
8	管节接头和节段接头的其他钢板（如底钢板）	重涂装防腐蚀涂层	背水侧永久钢结构

6）沉管隧道迎水侧永久钢结构

沉管隧道迎水侧永久钢结构包括：管节接头端钢壳 GINA 压件、GINA 紧固件、节段接头钢筋混凝土剪力键榫槽预埋件、节段接头钢挡板、预应力锚具。设计采取的耐久性措施见表 10-20。

沉管隧道迎水侧永久钢结构耐久性设计措施　　　　表 10-20

序号	构件名称	防腐措施
1	管节接头端钢壳 GINA 压件	①重涂装防腐蚀涂层； ②底板背水侧钢结构附加牺牲阳极保护； ③设置 5mm 预留腐蚀厚度
2	GINA 紧固件	①采用不锈钢材质； ②GINA 压块内螺纹采用冷镀锌，厚度 $50\mu m$

续上表

序号	构件名称	防腐措施
3	节段接头侧墙、顶板及底板钢筋混凝土剪力键榫槽预埋件,节段接头钢挡板	①重涂装防腐蚀涂层; ②设置5mm预留腐蚀厚度
4	预应力锚具	①重涂装防腐蚀涂层; ②设置5mm预留腐蚀厚度

7)止水带或止水条

隧道接头和接缝处的止水设施包括遇水膨胀胶条、中埋式可注浆止水带、GINA止水带、OMEGA止水带、变形缝中埋式止水带、施工缝中埋式止水带、钢板止水带。对于上述止水带或止水条,设计时重点关注防止渗漏海水,保障耐久性要求,采取的耐久性措施包括:

(1)遇水膨胀橡胶条采用橡塑材质,性能指标符合《高分子防水材料 第3部分:遇水膨胀橡胶》(GB/T 18173.3—2014)中PZ-250的要求。

(2)中埋式可注浆止水带采用丁苯橡胶,设计使用寿命120年;GINA止水带采用天然橡胶,设计使用寿命120年;OMEGA止水带采用丁苯橡胶,设计使用寿命120年。

(3)暗埋段和敞开段变形缝中设置兜绕成封闭环的中埋式止水带和铺设于底板垫层上的外贴式止水带,外贴式止水带与板嵌缝的密封胶构成另一封闭环。

(4)纵向施工缝采用钢板止水带、预埋式注浆管设置于缝中的方法达到其止水的作用;钢板采用镀锌处理,热浸锌涂层厚度不小于50μm。

10.3.4 人工岛耐久性设计

岛隧工程人工岛包括以下构件:扭工字块体、挡浪墙、预制码头沉箱、预制减载沉箱、预制栅栏板、沉箱上部胸墙、沉箱上部挡墙、钢圆筒等。

1)扭工字块体、挡浪墙

扭工字块体、挡浪墙为素混凝土结构,耐久性设计措施包括:

(1)选用强度等级C30海工耐久性混凝土。

(2)严格要求所用的水泥、砂、石、水、外掺剂及混合材料的质量和规格,严格按规定的配合比施工。

2)预制码头沉箱

预制码头沉箱为钢筋混凝土结构,耐久性设计措施包括:

(1)选用强度等级C45海工耐久性混凝土,严格控制混凝土原材料质量。

(2)保证保护层厚度:底板40mm、隔板30mm、临海侧外墙65mm、非临海侧外墙50mm。

（3）严格控制计算裂缝宽度，即浪溅区小于0.2mm，水位变动区小于0.25mm，水下区小于0.3mm。

（4）码头采用开孔消浪沉箱结构形式，沉箱混凝土养护采用在沉箱顶布管扎喷水潮湿养护的方法，养护时间为14d。

3）预制减载沉箱

预制减载沉箱为钢筋混凝土结构，耐久性设计措施包括：

（1）选用强度等级C45海工耐久性混凝土，控制混凝土原材料质量满足设计要求。

（2）钢筋保护层厚度75mm。

（3）沉箱舱格内外壁和现浇胸墙海侧外表面采用硅烷浸渍防腐涂装；采用高性能双层环氧树脂涂层钢筋。

4）预制栅栏板

人工岛预制栅栏板为钢筋混凝土结构，耐久性设计措施包括：

（1）选用强度等级C30海工耐久性混凝土。

（2）保证保护层厚度55mm。

（3）控制计算裂缝宽度小于0.30mm。

5）沉箱上部胸墙

沉箱上部胸墙为钢筋混凝土结构，耐久性设计措施包括：

（1）选用强度等级C35海工耐久性混凝土。

（2）保证保护层厚度100mm。

（3）控制计算裂缝宽度小于0.20mm。

6）沉箱上部挡墙

沉箱上部挡墙为素混凝土结构，耐久性设计措施包括：

（1）选用强度等级C30海工耐久性混凝土。

（2）严格要求所用的水泥、砂、石、水、外掺剂及混合材料的质量和规格，严格按规定的配合比施工。

7）钢圆筒

人工岛的钢圆筒属于临时结构，因此不进行专门的耐久性设计，满足施工期耐久性要求即可。其中，西人工岛筒壁采用Q345B碳素钢，东人工岛筒壁采用Q235B碳素钢，圆筒直径22.0m，壁厚16mm，壁厚满足30年的结构强度设计要求。

最后需要指出的是，结构耐久性观测是一项长期的工作。为此，港珠澳大桥在西人工岛上设立材料腐蚀与工程安全国家野外科学观测研究站（图10-1）。该研究站围绕桥岛隧跨海集群重大工程安全的关键影响因素,建成了海洋环境观测、海洋工程材料腐蚀监测及工程结构安全监测三大长期观测系统,构建了港珠澳大桥工程安全观测技术体系,重点开展大桥服役环境、材料腐蚀和结构性能的长期定位观测,获取定点长系列观测数据,研究跨海集群设施服役状态演化规律、实体工程结构耐久性时变规律以及桥区海洋动力长期演变机理,从而支撑解决跨海通道工程领域安全运维共性技术问题。

图 10-1　港珠澳大桥材料腐蚀与工程安全国家野外科学观测研究站

第 11 章　环 保 设 计

环保设计是现代工程建设中不可或缺的一环,旨在通过优化设计、材料选择和施工工艺,最大限度地减少对环境的负面影响,同时提升工程的可持续性。开展环保设计不仅是对技术的提升,更是对人与自然和谐共生的深刻理解。

港珠澳大桥属于大型生态影响型建设项目,其建设工期长,施工工序复杂,具有"点多、线长、面广"的特点。项目的涉海工程施工涵盖桥梁下部结构施工、桥梁上部结构施工、海底隧道基槽开挖、隧道地基处理、沉管浮运沉放、基槽及管顶回填与防护施工、人工岛地基处理及筑岛、岛上建筑施工等。工程建设及运营对环境的影响主要表现为对海洋生态环境和海洋渔业资源的影响,其中对中华白海豚的保护是需要重点考虑的因素。

11.1　环境保护主要内容

项目环境保护主要内容包括对海洋生态环境、地表水环境及海洋水环境、声环境、空气环境等的保护。

11.1.1　海洋生态环境

本项目海洋生态环境保护的区域主要包括:珠江口中华白海豚国家级自然保护区、广东内伶仃岛-福田国家级自然保护区、元朗-米埔自然保护区、淇澳岛红树林自然保护区、珠江口渔场、澳门自然保护区。由于海中主体工程穿越中华白海豚国家级自然保护区,因而该保护区域是本项目生态环境保护的重中之重。

1997 年,香港特别行政区确定中华白海豚为香港回归祖国的吉祥物,并在与广东省相邻水域的沙洲和龙鼓洲建立海岸公园,保护中华白海豚;1999 年 10 月,由广东省人民政府批准建立了珠江口中华白海豚自然保护区,2003 年 6 月晋升为国家级自然保护区。保护区东起粤港水域分界线,西至东经 113°40′00″经度线,南起北纬 22°11′00″纬度线,北至北纬 22°24′00″纬度线,总面积约 460 km²,其中核心区面积 140 km²,缓冲区面积 192 km²,实验区面积 128 km²。

11.1.2　地表水环境及海洋水环境

地表水环境和海洋水环境保护内容包括:

（1）拱北接线涉及的前山航道、南湾航道、竹仙洞水库、银坑水库、南屏水库、蛇地坑水库等地表水体。

（2）现有航道包括铜鼓航道、伶仃西航道、青州航道、榕树头航道、九洲港航道、内港航道和外港航道等海洋水体。

（3）自然保护区内及执行《海水水质标准》（GB 3097—1997）一类标准的海域。

11.1.3　声环境及空气环境

项目陆上连接线两侧范围内的居民住房等为声环境敏感建筑物，同时大桥穿过珠江口中华白海豚国家级自然保护区，保护对象中华白海豚对声环境也有一定要求。

11.2　环境影响因素

11.2.1　勘测设计

大桥的路线走向对工程直接影响区内的社会经济发展、土地利用、居民生活、自然生态及景观产生决定性且深远的影响。因此，设计过程中需优选路线，尽量减少土地占用和拆迁，减轻对居民生活和企事业单位正常生产工作的干扰，并尽量降低对水域保护区的影响。其中，工程设计方案，包括桥跨布置、桥型及结构方案，人工岛的布置、形式及结构方案，海底隧道的布置、形式及结构方案等，不仅要满足工程技术和经济合理性的要求，还需要综合考虑航运、防洪、水利和渔业生产等多方面功能和需求，从而最大程度减少对海洋生态环境和海洋野生动物生存环境的影响。

11.2.2　工程施工

工程施工包括海上和陆地的桥梁施工、海底沉管隧道施工、海中人工岛及岛上建筑施工、路基路面施工及临时便道、临时用地、临时航道等的建设。

其中，桥梁现场施工主要包括桩基础及承台施工、桥塔混凝土浇筑和钢结构安装、桥墩墩身安装、钢箱梁安装、桥面铺装施工及附属工程施工等；沉管隧道施工包括预制场建设、干坞施工，管节制作、拖运，基槽开挖、管节沉放、基槽回填，明挖段隧道施工及通风竖井等工程施工；海中人工岛的主要施工工艺包括挖护岸基槽、护岸钢圆筒浮运、振沉，岛内吹填砂及地基加固等。尤其需要指出的是，海中填海修筑人工岛、沉管隧道基槽开挖、桥梁下部结构等施工作业将可能对中华白海豚的栖息环境造成影响，对珠江口的渔业资源特别是中华白海豚的饵料生物造成影响。此外，工程建设期间的废水、固体废弃物等将可能对海水水质、沉积物质量造成不利影响，人工岛填筑、基槽开挖等对海底地形地貌冲淤环境也将可能产生改变。

上述工程施工活动,在施工期将不可避免地对周围环境产生影响,因此需要分析其可能对环境的影响,并采取有效措施将对环境的影响降低到最小并控制在容许范围内。

11.2.3 项目运营

项目建成运营期间,交通量的增长可能会提高沿线昼夜的交通噪声。同时,随着交通量的增加,排放到空气中的汽车尾气也随之增加,使空气中所含的 CO、NO_x 和石油类物质等大于未建大桥之前;公路上行驶的汽车使路面积尘扬起,在运送散装含尘物料时,由于洒落、风吹等原因,使物料产生扬尘,这些都将使空气中粉尘含量增加,降低空气质量。另外,服务区锅炉烟气也会对周围空气质量带来影响。再者,运营期桥位区水质也有可能发生变化,大桥本身不会产生污染物,但水污染源包括了桥面雨水、人工岛的生活污水和桥墩防腐材料。最后,运营期车辆可能发生的交通事故甚至落入海中都将会对海洋水质和海洋生物造成不同程度的污染。

11.3 主要环保措施

人类改造和利用自然的活动不可避免地对自然环境产生一定的负面影响。跨海通道的建设对环境的影响亦是如此,关键在于如何采取有效措施进行防控,最大限度地减少工程建设对生态环境的影响,这是设计者和建造者必须认真考虑的问题。

环境保护与绿色交通是国家生态文明和美丽中国建设的重要内容,也是交通强国的应有特征。从工程设计的视角来看大桥的环保问题,可以从以下几个切入点进行考虑:

(1)设计理念:采用先进的环保设计理念,指导大桥的设计与施工,尽可能降低施工对环境的影响。

(2)材料与工艺:选择环保的结构材料和施工工艺,以尽量减少对环境的负面影响。

(3)运营阶段:在项目运营阶段,采取有效的设计措施提升大桥的环保性能,确保其长期的生态友好性。

11.3.1 设计理念与环境保护

工程的设计理念与环境保护密不可分。在设计过程中,应该考虑如何最大限度地减少对环境的影响,保护环境的可持续性,减少对自然资源的消耗和污染物的排放。鉴于此,港珠澳大桥建设全过程始终秉持"大型化、工厂化、标准化、装配化"的设计理念,其宗旨是将所有的大型构件在工厂完成,再运抵至海上安装,最大限度地减少海上作业的人员、时间和装备数量,从而把对环境的影响降至最低。

正如前面章节所述,无论桥梁工程或还是岛隧工程,作为主体工程的结构构件,设计时就以工业化建造的视角来看待并设计结构,将传统海上作业模式变革为陆上作业模式,将现场浇筑变革为工厂预制,将传统小型构件变革设计为大型装配式构件,将工业化理念与环境保护理念相互融合,从而使得既能保障大桥建造质量,同时又可以兼顾环境保护。例如,桥梁工程采用装配化埋床法全预制墩台技术、岛隧工程采用大型半刚性管节、人工岛围堰结构采用工厂预制现场振沉的大直径钢圆筒等,这些都极大地降低了主体工程施工对海洋水体的扰动和污染。

另一方面,港珠澳大桥首次在国内大规模推行钢结构桥梁的设计和应用,其钢结构用量达约42万吨,桥梁上部结构全部采用装配化钢结构和钢-混组合梁结构,而其自身环保可回收利用的特点恰恰符合了我国提倡的绿色发展理念,摆脱了高投入、高消耗、高污染的粗放式建设模式,通过大规模设计及应用推广钢结构桥梁,带动我国钢结构桥梁行业的转型、升级,引领我国桥梁建设新的发展方向。

11.3.2 桥梁防腐涂装与环境保护

港珠澳大桥钢结构桥梁的涂装面积约580万m^2,共计使用油漆390万L,为降低涂料中有害物质对施工人员健康及对海洋生物的潜在危害,基于我国涂料技术现状和日益严格的环保要求,参考国内外特别是香港地区技术指标和规定,按照三地建设标准"就高不就低"的原则,该桥使用的涂料产品除了常规的技术指标要求外,还增加了VOCs含量限值(面漆不大于420g/L,中间漆和底漆不大于350g/L)、游离六亚甲基二异氰酸酯/甲苯二异氰酸酯(HDI/TDI)含量限值(<0.4%)及其他有害物质含量限值等(表11-1)。港珠澳大桥是国内首次对防腐涂装材料的挥发性有机物及重金属等环保性指标作出明确规定的重大工程,为推行环保型涂料在我国桥梁建设领域的推广应用作出了努力。

港珠澳大桥钢结构桥梁用涂料的环保性指标要求 表11-1

涂料种类	项目	单位	技术要求
环氧富锌底漆、环氧云铁中间漆	VOCs含量	$g \cdot L^{-1}$	≤350
氟碳面漆			≤420
环氧富锌底漆、环氧云铁中间漆、氟碳面漆	铅含量	mg/m^3	≤1145
	汞含量	mg/m^3	≤1145
	镉含量	mg/m^3	≤114.5
	铬含量	mg/m^3	≤1145
	多溴联苯	mg/m^3	≤1145
	多溴二苯醚	mg/m^3	≤1145
	游离六亚甲基二异氰酸酯(HDI)	%	<0.4
	甲苯二异氰酸酯(TDI)	%	<0.4

11.3.3 桥面排水设计与环境保护

港珠澳大桥钢桥面排水系统设计主要考虑了排水路径的设置和环保措施等两方面。为了有效控制桥面径流污染,钢桥面排水系统主要采用设置滞留池的方式对桥面径流污染物进行控制。设计时,在桥面两侧每隔 5m 设置一个 600mm×400mm×515mm(长×宽×高)的泄水槽(图 11-1),且该泄水槽具备一定的滞留池功能。泄水管中心距泄水槽底部约 22.5cm。当桥面水体由桥面汇聚进入泄水槽后,水体中的悬浮物(SS)可沉淀于泄水槽底部,而后再由排水管排放入海,日常养护中要求对泄水槽底的沉淀物进行及时清理,而且该泄水槽一定程度上还可起到对暴雨情形下的桥面径流进行有效控制的作用。同时,通过加强公路运输管理及日常桥面清理工作,桥面径流污染可以得到进一步有效控制。

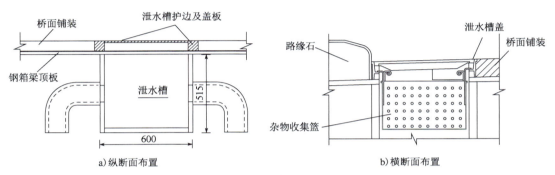

图 11-1　港珠澳大桥桥面排水系统泄水槽构造(尺寸单位:mm)

大桥钢桥面排水系统如图 11-2 所示。

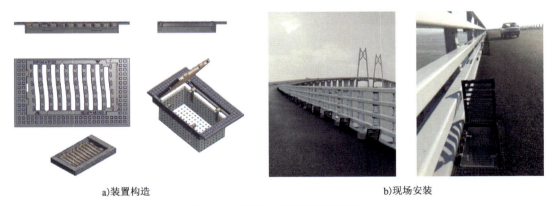

图 11-2　港珠澳大桥钢桥面排水系统

11.3.4　人工岛设计与环境保护

港珠澳大桥人工岛由 120 个钢圆筒围成人工岛岛壁结构,钢圆筒直径为 22m,西人工岛由 61 个钢圆筒围成,东人工岛由 59 个钢圆筒围成。为构筑安全、可靠的隧道基坑施工期止水围护结构,实现快速成岛止水的同时,避免采用传统基坑围护结构的内部支撑结构,扩大岛上隧道施工的作业面,设计时采用大型起重船将预制的大直径钢圆筒沿人工岛外圈振沉至不透水层,并在圆筒之间打设 2 道弧形钢板副格,将永久的抛石斜坡堤和临时的隧道围护结构相结合,充分发挥深插式钢圆筒截断深层滑动面的构造作用,优化岛壁结构基础挤密砂桩的置换率和打设深度,从而使得人工岛内外两侧可以同步施工,最终实现快速筑岛。

通过采用这种首创的快速成岛技术,港珠澳大桥东人工岛成岛施工仅用77d就完成59个钢圆筒的打设,实现了外海形成人工岛体轮廓的快速施工。相比传统的吹砂、抛石等成岛工艺,大幅度减少了海中现场泥沙开挖和抛填量,节约了大量工期,将主体工程施工对海洋的污染降至最低。

为减少人工岛的后期沉降、提高结构稳定性,设计采用了挤密砂桩工艺技术对抛石体底部的软土地基进行加固处理。海上水下挤密砂桩是一种地基加固新技术,通过振动设备和管腔增压装置把砂强制压入软弱地基中形成扩径砂桩,从而增加地基承载力,加快地基固结,减少结构物沉降,提高地基的抗液化能力,具有施工周期短、加固效果明显、工序可控性好的特点(图11-3)。

图11-3　海上挤密砂桩施工

通过采用该挤密砂桩技术,与传统置换方法相比,大幅度减少了海底软土的开挖量,具有显著的环保优势。

11.3.5　隧道总体设计与环境保护

1)平纵面设计

在隧道平面线形设计时,尽可能使得线形平顺,绝大部分位于直线上,隧道东端及东人工岛受香港侧布线的限制,位于不设超高的大半径的圆曲线上($R-5500$m)。主要原因是:一方面利于行车视线诱导,确保行车安全;另一方面有利于降低隧道纵向通风能耗。

隧道纵面形式直接关系到隧道最大埋深、水下作业难度以及基槽开挖量的大小等,另一方面也影响后期运营行车舒适度、能耗等。根据隧道区航道布置情况,项目沉管隧道纵断面可采用V形或W形,为了尽可能提高隧道设计高程、减少基槽开挖量,并满足隧道内最小排水纵坡0.3%的需要,设计时在铜鼓和伶仃西两个主航道区段采用了W形断面。从工程建设难度和造价方面考虑,采用W形断面较V形断面共可减少挖方量约50万m^3,同时,可以降低水下潜水作业的难度、减少施工风险;从节能减排的角度看,采用W形纵断面,提高最低处的设计高程约3.0m,相比V形纵断面能耗显著降低。

通常情况下,设计纵坡小于3%,港珠澳大桥隧道纵面按最大纵坡2.98%、最小纵坡0.3%进行设计,这样设计降低了过往车辆的能耗,同时,由于运营废气排放量的大大降低,有效降低了隧道运营通风、监控等机电系统能耗。

2) 横断面设计

充分考虑交通空间、运营设施空间需求及可浮性要求等,并进行施工阶段、使用阶段各工况下的结构分析,管节横断面采用了两孔一管廊结构;针对跨度大、上覆荷载大的难点,为有效减小控制截面内力,降低截面板厚,利于管节预制控裂,因而采用Y形中隔墙构造。

相比以往的同规模的类似工程的两孔两管廊断面,港珠澳大桥隧道结构断面空间利用率更高,结构受力更合理。中管廊从上至下依次布置排烟通道、安全通道和电缆通道,充分满足了隧道运营通风、逃生、管道线缆跨海等各种功能需求,且分区合理。

3) 通风设计

设计采用纵向通风+重点排烟的通风方案,相比较于国内外类似特长公路隧道半横向、横向、分段纵向通风等通风方式,能耗大大降低。

第 12 章 运营维养设计

随着工程界对大桥维养工作认识的加深,运营维养设计日益受到重视,我国正逐步摆脱过去"重建轻养"的落后观念,向"建养并重、以养促建"方向良性发展。

高标准的设计和优质的施工必须与大桥科学维护管理相互结合,科学检查与预防性维养是保证最大限度实现和延长主体结构设计使用寿命不可缺少的重要环节。现代桥梁维护和综合维护管理,应以需求决定发展,研发和使用最先进的养护、维修、加固技术,建立广泛、全面、完整的综合性桥梁资产管理体系及健康监控体系。现代桥梁维护理念与传统被动式维护理念的主要区别在于:更加注重预防性维护,更加注重维修的时效性和成本效益,强调大桥建成后即开始实施的动态实时监控与量化的桥梁技术状态分析。随着桥梁管理技术和检测技术的发展,桥梁维护还将利用全寿命周期效益分析,以及用户成本分析以指导维养决策。

港珠澳大桥建设标准高、投资规模大、交通功能重要,大桥在全寿命期内必须保持安全、畅通、舒适的使用功能,内地与港澳公众及业主对大桥出现事故的可接受度很低,因此大桥的维养工作显得尤为重要。

12.1 维养通道及装备设计

12.1.1 设计原则

港珠澳大桥在维养设计中,坚持"以人为本"理念,根据大桥各部位的重要性、耐久性等特性和要求,确定各部位所需要的维养工作,明确维养人员对维养通道和设施的需求,并在大桥设计阶段中予以考虑和实现。港珠澳大桥的维养设计原则是:

(1)充分保证主体结构的通达率,即重要构件全面可达,次要构件基本可达。
(2)紧急事件发生时,能够快速到达。
(3)对重要构件实现"可检查、可维护、可加强、可控制、可持续"。
(4)对于可更换、需定期养护部件,应提供足够的操作空间、操作平台。
(5)尽量减少运营阶段养护人员的维养工作量,提供轻松、便捷的工作环境和条件。

12.1.2 维养通道及设施装备

大桥检修维养通道的总体规划如下：

(1) 全线主梁通过梁内检查车、梁外检查车实现快捷可达，梁内检查车轨道兼作人行道；检修通道的布置在全线范围内尽可能顺畅，同时确保无盲区、无死角；箱梁内布置除湿设备。

(2) 索塔包括塔内维养、塔外维养；塔内设置楼梯、爬梯、电梯、平台形成塔内维养通道；塔外设置检修吊机和平台。

(3) 斜拉索采用爬索机器人和检修爬车分别进行检查和维养。

(4) 支座、阻尼装置、伸缩装置等通过梁外检查车、墩顶检修平台形成维养通道。

(5) 次要构件可通过专用桥检车、检修船舶等进行检查和维养。

1) 主梁

主梁通过在梁内、梁外设置检查车来实现维修养护，梁内检查车轨道兼作人行道(图 12-1)。主梁的梁内横隔板、横肋板在检修通道处均设置孔洞，检修通道在其检修范围内纵向贯通；无检查车的箱室通过腹板上的人孔连通。

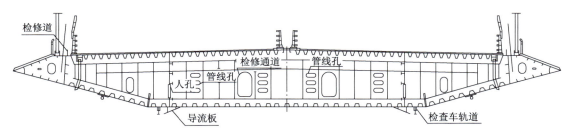

图 12-1 港珠澳大桥主梁维养通道

梁外检查车(图 12-2)采用 7000 型航空铝合金，全自动液压控制。直线行走可以检测大部分区域，利用横向轨道变轨可对桥墩以外的区域进行检查；利用桁架上的升降小车可对箱梁高度方向的腹板和翼缘进行检查。梁外检查车平时停靠于索塔和过渡墩旁，停靠时应使用手轮实现驻车制动，并用钢索固定于索塔和过渡墩预埋件。维养人员可由过渡墩处的检修平台进到过渡墩顶，从墩顶栏杆门进入检查车桁架。

梁内检查车(图 12-3)由车架和行走机构等组成，内设照明、空调、供氧和工具箱等人性化系统，具有重量轻、速度快、舒适性好等特点。检查车的行驶系统包括动力系统、制动系统、转向与减振系统；梁内检查车轨道全线贯通，轨道采用槽钢，并在轨道两端设置防出轨挡块。在梁内检查车槽钢轨道的下翼缘板上面铺设 G253/40/100W 钢格栅板，从而形成贯穿于主梁的人行通道。

图 12-2 港珠澳大桥钢箱梁梁外检查车

图 12-3 港珠澳大桥钢箱梁梁内检查车

2) 索塔

以青州桥为例,索塔内部采用楼梯、爬梯、电梯、平台形成塔内维养通道。青州桥塔内维养通道布置如图 12-4 所示。

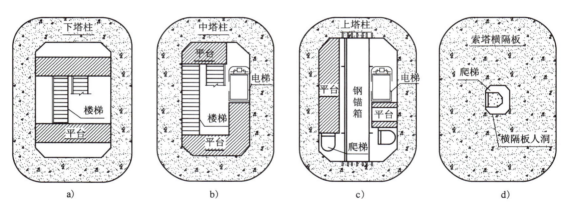

图 12-4 塔柱内部维养通道及设施布置

塔外维养主要包括塔柱外部维养和钢结形撑外部维养。

(1) 塔柱外维养通过塔外吊台实现(图 12-5)。塔外吊台抱箍在塔柱上,吊台与塔柱之间设置滚轮或导轨,吊台通过钢丝绳悬吊于塔顶吊机上下牵吊台。塔外吊台具有避让斜拉索和结形撑的功能。

(2) 钢结形撑外部维养通过钢结形撑伸缩吊台实现。钢结形撑伸缩吊台为具有可回转、可伸缩的悬臂式平台。吊台通过钢丝绳悬吊于结形撑顶部的吊机上,吊机上下牵吊台,吊机附着于结形撑顶部的爬升轨道上,可沿轨道上下行走。

3) 斜拉索

(1) 检查。采用安装摄像头的、可沿斜拉索附着式爬走的机器人,对斜拉索进行外表面整索全方位的摄像,对摄像资料进行分析,检查拉索的使用状态。

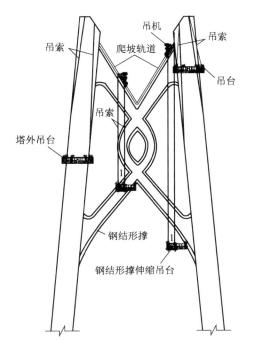

图 12-5　青州桥塔外维养设施布置

（2）维修。采用支承于斜拉索的检修爬车将维养人员运送到位，进行维修。

4）桥墩

桥墩为永久性的混凝土结构，其耐久性较好，维养工作量较小。桥墩上部的检查、维养通过墩顶检修平台和梁外检查车配合实现，桥墩下部的维养通过检修船舶实现。

5）其余附属构件

维养人员乘坐梁外检查车靠近桥墩可对墩顶的支座进行检查（图 12-6）。在检查车桁架与阻尼装置相对应的位置设置较低栏杆或栏杆门，便于对阻尼器的检修与维护。

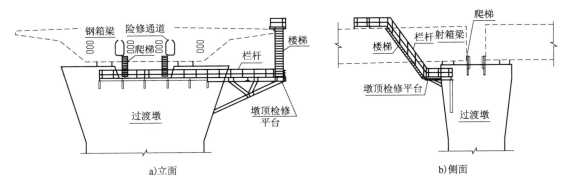

图 12-6　墩顶维养通道布置

6）岛隧工程

岛隧工程运营维护坚持以"全寿命周期"为目标,建立以信息技术为基础的维养系统,通过开展有针对性的预防性维养,使主体工程及其设施处于良好的技术状态,从而保证安全、畅通、舒适、美观的使用功能,并确保120年的设计使用寿命。

沉管隧道日常的主要维养通道是行车孔内的双侧检修道和中管廊的安全通道(图12-7)。沉管隧道接头等重点区域的维养需要结合日常巡查、经常检查或定期检查的要求开展不同程度的维养,有时也需要采用隧道封道等措施。

图12-7 沉管隧道维养通道

人工岛地处外海,在运营期需要重点关注并维养扭工字块体斜坡堤岸、岛上建筑、岛上道路及附属设施(图12-8)。维养通道包括环岛路、挡浪墙上观景通道、救援码头、建筑内通道等。

图12-8 人工岛维养工程

根据运营管理需求,两个人工岛上均具有隧道救援、养护和服务设施,以西人工岛为主,西人工岛设直升机停机坪,两个人工岛均设置码头,满足紧急情况救援需要。

12.2 运营期维养

12.2.1 运营维养理念、目标及架构

1) 维养理念

港珠澳大桥的维养理念是:坚持以"全寿命周期内的维修及养护"为理念,立足预防、防治并举。依靠成熟的传统工艺工法,不断创新,延缓设施的大中修周期,保持运行养护成本的经济性,提高营运养护的总体水平;同时,突出"以人为本、用户满意"的服务理念,以全面、及时、安全、优质、高效的养护行为,营造舒适、整洁的行车环境。

2) 维养目标

确保结构安全受控,保障设施安全运行。结构安全受控是保证设施安全运行的基础,根据设计要求和结构特点,制订巡查和各类检查计划,以达到设施的全寿命周期管理,使设施的技术效益、经济效益和社会效益得以全面实现。

保证设施完好整洁,提供舒适行车环境,根据结构的特性和现状,制订各类设施、设备的针对性养护维修计划,保证结构的设计使用功能,创造快捷、舒适的行车条件;注重积累各类资料,收集设施的各类技术资料,记录运行历史,做好各类技术储备工作,为长效管理打好扎实的基础;以信息化管理为引领,不断提升管理水平。结合养护维修实践,开发创新信息管理技术,提高工作效率,持续提升营运养护水平。

3) 维养架构

港珠澳大桥的维养架构采取"大桥管理局-职能业务部门-维养单位"三级体系,实行统一领导、分工负责、归口管理的原则。大桥管理局是维养主体单位;工程管理部是维养归口管理部门,其主要职责是审核月度、季度和年度维养计划,组织实施维养工作,对维养效果进行检查、考核,负责建立维养工作档案;维养单位采用公开招标模式,其具体负责实施维养各项工作,包括日常巡视、清洁、检查、监测与检测、维修、档案整理等工作。

港珠澳大桥运营期维护的整体规划见图12-9。

12.2.2 运营维养策略

港珠澳大桥主体工程养护贯彻"预防为主、防治结合"的方针,通过加强预防性维护和耐久性维护,保持主体结构正常的使用状态。主体工程所有的检查和维护均采用工程分解体系(Object Breakdown Structure,简称OBS),基于主体工程单元结构实现,按结构类型、使用功能、材料类型、结构层次和附属关系等将复杂的港珠澳大桥主体工程(岛、桥、隧)分解为更为简

单、易于管理的标准化结构单元。

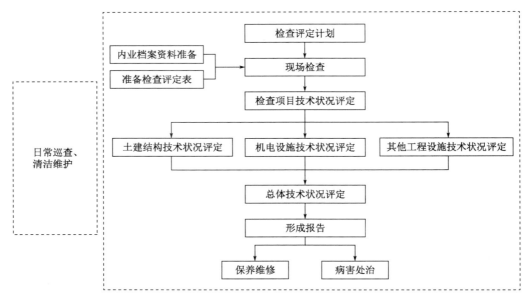

图 12-9　港珠澳大桥运营维护总体规划

标准化结构单元划分便于使用统一的检查和维护记录、单元编码及数据档案管理,有利于完全涵盖与捕捉具有多途径、多因素特点的结构病害或缺陷,反映结构真实健康状况和工作状态。以港珠澳大桥岛隧工程为例,可以将岛隧工程划分为 5 个区段,依次为:东人工岛隧道敞开段和现浇暗埋段、沉管隧道段、西人工岛隧道现浇暗埋段和隧道敞开段。根据区段划分可再作进一步 OBS 分解,包括:基础、管节结构、管廊、止水系统、防火系统、检修道、隧道路面、减光罩、泵房、挡浪墙等。

完成单元分解结构后,根据运维需要建立工程数据管理系统,规范录入数据、文件及信息的分类和录入方的权责,将工程自规划至竣工以来各类工程数据的数字化、信息化"档案"。在该管理系统中,可以运用数据挖掘技术,从而实现对海量的工程数据和维护信息方便快捷地分类、查询与统计。

在运营期间,通过对主体工程规范化的日常巡查、清洁和周期性检查,可以获得满足数据管理系统地录入要求的工程动态养护信息;根据全面有效的养护信息,设置在系统中的桥梁、隧道、人工岛的结构技术状况评定算法可以分析和评估出结构技术状态,根据分析评定结果等级;管理方可以进行保养要求的判定,必要时进行结构分析和评估,包括耐久性评估和再设计。

1)运营维养结构检查分类

运营期维养,结构检查可分为初始检查、经常检查、定期检查、应急检查和专项检查 5 类,检查流程见图 12-10。

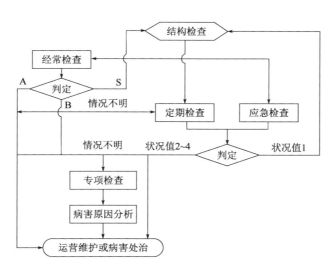

图 12-10　港珠澳大桥运营维养结构检查流程(图中未示:初始检查)
S-情况正常;B-一般异常;A-严重异常

图 12-10 中,状况值 1 指的是结构处于完好状态;状况值 2 指的是结构有轻微破损;状况值 3 指的是结构中等破损,应对结构破损部位进行重点监测,并对局部实施保养维修;状况值 4 指的是结构出现严重破损,已影响行人、行车安全,应尽快实施结构病害处治措施,并及时实施交通管制。

(1)初始检查

为什么要对大桥进行初始状态的检查?当设计的结构达到要求的服务寿命的时候,要定义使用寿命期从何时开始,也就是结构的"诞生",因此也就有了结构的初始状态。在大桥进入运营期时,应有基准记录,也即零状态。

结构的初始检查好似为刚刚出生的婴儿做"体检",初始检查的目的是采集大桥结构的基准状态数据,建立技术档案,作为日后经常检查、定期检查、专项检查及工程评估的基础。通过初始检查,可确定结构各构件的基准技术状况,便于对后期发现的结构缺陷和病害做对比分析,确定病害或缺陷成因及发展程度,为进一步养护工作提供依据。

结构初始检查零状态数据的采集通常是在桥岛隧和交通工程的交工初期,未投入使用之前进行的。

(2)经常检查

经常检查原则上使用简单的巡查工具进行目视巡查,以定性判断为主。破损状况判定分 3 种情况:情况正常、一般异常、严重异常。经常检查频率不低于 1 次/月。

(3)定期检查

定期检查是按规定周期对主体结构及其附属构造物的技术状况进行的全面检查和等级评定,主要功能是搜集结构技术状态的动态数据,为评定岛隧工程的使用功能、制订维养管理计划提供基本数据。通过定期检查,系统掌握结构基本技术状况,评定结构物功能状态,为制订维养工作计划提供依据。定期检查建立在日常巡查和经常检查基础之上,是对结构基本状况的全面细部检查。

(4)应急检查

应急检查主要是指结构遭遇自然灾害、发生交通事故或隧道保护区域遭受大型施工等外力作用后,对遭受影响的结构立即进行详细勘察、检查,及时掌握结构受损情况,为下一步采取针对性维修对策提供依据。

(5)专项检查

专项检查是根据定期检查和应急检查结果,并经过技术状态评估之后,判断需要进一步查明某些破损或病害的详细情况而进行的更为深入的专门检测。通过专项检查,完整掌握破损或病害的详细情况,为是否实施处治以及采取何种处治措施等提供技术依据。

2)结构技术状况评定

结构技术状况评定是根据定期检查资料,综合考虑检查项目等各方面的影响,确定各主体结构(岛、桥、隧)的技术状况等级。港珠澳大桥采用岛、桥、隧中最差的技术状况类别作为总体技术状况评定;岛、桥、隧的结构技术状况评定分为1类、2类、3类、4类,通过预防为主、及时维养,确保主体工程不得进入不安全状态。港珠澳大桥技术状况评定分类界限值见表12-1。

港珠澳大桥技术状况评定分类界限值 表12-1

技术状况评分	技术状况评定分类			
	1类	2类	3类	4类
JGCI	≥85	≥70,<85	≥55,<70	<55

注:JGCI表示桥梁总体技术状况指数。

3)自动化及智能化监测、检测

为有效掌握运营期结构状态及其发展演化趋势,对结构出现的各类异常状况及时作出诊断并预警,确保结构的运营安全,本工程于施工阶段已在主体结构上布置了自动化监测点。以沉管隧道为例,隧道内监测点布设见图12-11。

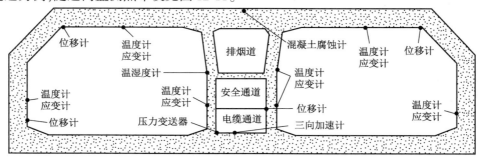

图12-11 港珠澳大桥沉管隧道自动化监测点布置

工程隧道结构的自动化监测项目包括:重要的环境要素(温度、湿度、交通荷载、地震)、管节间相对位移、关键控制截面应力及应变、混凝土氯离子腐蚀状态、管节接头止水带渗漏等。人工岛结构自动化监测项目包括:结构空间变位、深层水平位移和岩土体分层沉降等。

自动化监测项目可以实现监测数据的实时采集、传输和分析处理。数据分为实时数据和特征数据,不仅可以进行数据回放、查询、统计,还可以用来进行结构数据动态展示、对比及预警,指导工程开展预防性、针对性检查工作。港珠澳大桥根据结构危险状态等级分黄色、橙色、红色三级预警,当结构预警指标到达设定阈值时系统将通过数字颜色改变、窗口提示、声音、短信等方式,醒目直观地提醒和通知管养人员。

值得庆幸的是,当作者于2024年5月回访港珠澳大桥,其已在国内率先建立起基于数字孪生理念的跨海桥梁智能维养系统(图12-12),研发了一系列智能化维养检测装备(包括水下检测机器人、智能巡检机器人、巡检无人机和综合指挥车等,如图12-13所示),构建了"天-空-地-海"立体化智能运行感知体系,实现了港珠澳大桥跨海集群工程水上和水下设施状态的智能感知,为大桥数字化、智能化管养奠定了坚实基础。

图12-12 港珠澳大桥智能维养系统

a)水下检测机器人　　　　　　　　　　b)钢箱梁梁外巡检机器人

图12-13 港珠澳大桥智能化维养检测装备

第三篇
综合创新

第 13 章　桥梁工程技术创新

创新是人类社会发展的永恒主题。人们在创新中不断实现自我价值,为社会创造价值,推动社会进步。那么什么是好的创新？我们应该怎样看待工程领域的创新？

美国管理学家彼得·德鲁克曾说:"创新并非是灵光乍现、不可捉摸的,恰恰相反,90%的有效创新,都是通过有目的、系统的方法而达成。那种简单明了、目标明确的创新,就是好的创新"。

对于工程领域,我们认为立足于当下、目标明确,能够解决工程实际问题,能够聚焦"痛点"、疏通"堵点"并且能够创造社会价值的创新就是好的创新。港珠澳大桥桥岛隧集群工程建设过程中,有诸多的难题是工程师们第一次遇见,我们所能做的就是针对工程实际问题,突破传统和习惯,不断创新,以达到预期目标。正如我国儒家思想所谓的"格物",我们既要"格物",又要"格己",基于但又不拘泥于已有工程经验,打开思维来寻找解决问题的创新之路,在蜿蜒曲折中不断前行,最终实现从"0"到"1"、再从"1"到"N"的积累与创新实践,最终打造"中国桥梁"名片、"中国隧道"名片！

13.1　技术创新背景

13.1.1　关键技术难题

港珠澳大桥建设面临"工程技术、施工安全、环境保护、建设管理"四大挑战。面对挑战,工程师们提出了"大型化、工厂化、标准化、装配化"核心建设理念。为了应对挑战并将核心建设理念贯彻于整个工程建设过程中,必将面对许多关键技术难题,主要体现在:

(1)应对"四大挑战"、推行工业化建设理念,需要从设计源头出发,提出高质量的结构创新技术方案,同时通过施工工艺创新,进而实现大桥的"高品质、长寿命"重要目标。

(2)为了保护水生态环境,使桥岛隧主体工程道路轴线的断面阻水比满足小于10%的要求,需要采用什么样的桥梁基础结构形式和施工工艺,就成了需要解决的"痛点"。

(3)为了达到地标性建筑目标,贯彻"工程、艺术、文化、环境"多元融合的景观设计理念,则需要通过结构和工艺创新的途径来实现。

(4)作为世界上海中最长的钢结构桥梁,海中主体桥梁工程钢结构用钢量超过 40 万 t,

如何保障其抗疲劳性能和长期使用性能是面临的关键问题。

（5）大桥钢桥面铺装面积达 50 万 m^2，这是一个庞大的系统工程，采用何种钢桥面铺装技术方案和施工工艺，以实现大桥铺装工程的快速、高质量完成且具有优良的使用性能。

（6）大桥地处我国东南地震带、全国地震重点监视区，跨越 3 条地震断层，历史上发生 7 级（9 度）地震，若采用传统的桥梁抗震设计，地震发生时桥梁墩身开裂位置将处于水中，导致无法修复。面对世界上最长和规模最大的近断层跨海桥梁工程，采用合适的减震隔震技术尤为重要。

（7）大桥桥位处于南亚热带海洋性季风气候区，登陆和影响桥位的热带气旋十分频繁，这对桥梁抗风性能提出了严苛的要求；同时，桥位处中高速风出现的频率较大，由于桥梁采用了大跨径连续钢箱梁，其涡激振动敏感性高，这就要求采用合适的抗风减振技术以提高桥梁的行车舒适性。

（8）项目设计使用寿命为 120 年，是目前我国内地唯一设计使用寿命超过 100 年的超大型工程。为了有效保障大桥使用寿命，则必须提出并采用适宜的 120 年耐久性保障综合技术措施。

13.1.2 创新目标

基于前面所述面临的关键技术难题，我们希望通过技术创新以求实现：

（1）主体桥梁工程建设的装配化率达到约 95% 以上。即改变以往跨海桥梁工程的建设模式，全面系统深入践行"变浇筑为建造、变建造为制造"理念，引入工业生产流水线的标准化模式，推动桥梁工程领域里的工业化革命，将工业化的生产方式全面引入桥梁工程建设，从而最大限度地降低现场工作量、作业人员及机具船舶数量，规避工程区台风影响、航运繁忙等带来的风险，最大限度地降低工程建设对工程所在区域环境尤其是中华白海豚的影响。

（2）桥岛隧主体工程道路轴线断面阻水比小于 10%。

（3）将大桥建设成为地标性建筑。

（4）保障并提升钢结构桥梁的抗疲劳性能与长期使用性能。

（5）保证超大规模钢桥面铺装的施工质量和作业效率。

（6）有效保障桥梁结构的抗震性能和抗风性能。

（7）提升大桥耐久性能，保障大桥 120 年的设计使用寿命。

13.2 主要创新技术成果

针对前述关键技术问题，以解决海上装配化桥梁建设关键技术为切入点，依托港珠澳大桥主体工程桥梁工程，我们整合国内技术力量雄厚、经验丰富的单位作为课题主要研究单位，以自主创新、集成创新为主导,以"产-学-研-用"结合模式开展研究工作。研究团队紧紧围绕跨海长大桥梁建设难题,针对装配化桥梁建造目标,从埋床式全预制海上桥梁墩台装配化建造技术、超大型钢构件装配化建造关键技术、连续钢箱梁正交异性钢桥面板抗疲劳性能关键技术、超长连续钢箱梁桥面系统长寿命最优设计方法及关键技术、超长大跨径连续钢箱梁桥抗震抗风关键技术、120年桥梁设计使用寿命保障技术与新材料应用关键技术、结构体系创新技术等7大方面展开了研究(图13-1),最终形成了具有突破性的成套技术创新成果,为港珠澳大桥安全、优质地建成和运营提供了有力技术支撑。

图13-1 港珠澳大桥主体桥梁工程关键技术研究内容及总体技术路线

13.2.1 埋床式全预制海上桥梁墩台装配化建造技术

开展该项关键技术研究,主要是为全面贯彻"大型化、工厂化、标准化、装配化"建设理念,并解决主体工程阻水比小于10%、外海条件下桥梁全预制承台和墩身采用装配化施工所面临的钢管复合桩新结构及其高精度施沉、预制墩台精确定位与安装、预制承台与钢管复合桩间止水与连接等一系列技术难题。

通过技术攻关,最终提出了大直径钢管复合桩计算及设计方法,研发了复杂海洋环境下埋床式全预制墩台设计施工成套关键技术。

1)考虑泥皮、防腐涂层及剪力环影响因素的大直径钢管复合桩承载性能和变形特征研究与理论方法研究

目前,国外虽然已发展出多种预制基础形式,但其装配式埋床法桥梁基础形式基本采用沉井或沉箱;国内预制基础除沉井基础采用节段预制拼接下沉外,常规桩基础一般均采用钢围堰或钢套箱作为围水结构形成无水作业条件后在现场浇筑承台混凝土的施工工艺。

另一方面,钢管复合桩以其优越的力学性能越来越受到工程界的重视和青睐,然而在以往工程中通常仅将钢管作为钢护筒(桩基成孔时的临时护壁结构),未将钢管与核心混凝土作为复合体加以共同考虑,或者仅在船撞、地震等偶然工况下考虑钢护筒的受力贡献,并且目前国内外对于钢管复合桩复合结构的受力机理、协同工作性能及构造保证措施以及设计计算理论等仍不够完善,同时国内外同类技术未考虑泥皮、防腐涂层和剪力环组合效应,未形成系统的设计理论和方法。此外,目前对于钢管复合桩的研究绝大部分都集中于单根钢管桩竖向或水平向承载力的研究方面,对于采用的预制承台与钢管复合桩连接对桩基整体受力、变形影响的研究基本属于空白状态。

针对工业化、装配化建造理念下的埋床式全预制墩台的大直径钢管复合桩基础,依托港珠澳大桥主体桥梁工程,首次开展了复杂受力条件下有/无钢管、有/无剪力环、有/无泥皮、有/无防腐涂层共同作用的钢管复合桩承载能力、变形特性及变化规律的系统理论研究和试验研究(图13-2),揭示了大直径钢管复合桩受力与变形机理,提出了系统的、全面的设计理论及计算方法,具体为:

(1)提出了与荷载水平相关的,考虑泥皮、防腐涂层和剪力环不同组合效应的钢管复合桩抗压刚度和抗弯刚度计算公式(表13-1);提出了在有泥皮和防腐涂层条件下,剪力环间距与钢管复合桩抗弯刚度相关关系的计算公式。

(2)获取了钢管复合桩承载能力大于钢管桩承载力与钢筋混凝土桩承载力简单相加之和的研究结论:对于研究提出的大直径钢管复合桩结构(带剪力环、泥皮、防腐涂层、$D/t = 100$、剪力环间距为$3D$,其中D代表钢管复合桩直径,t代表钢管复合桩钢管的壁厚),其极限承载

能力较"钢管极限承载力+混凝土桩极限承载力"之和提高了约8.23%,较无钢管混凝土桩提高了约89.5%。

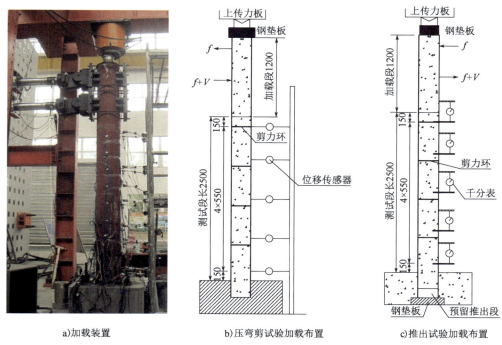

a)加载装置　　b)压弯剪试验加载布置　　c)推出试验加载布置

图13-2　港珠澳大桥大直径钢管复合桩模型试验加载装置(尺寸单位:mm)
f-施加的力偶;V-施加的力

考虑泥皮、防腐涂层和剪力环不同组合效应的钢管复合桩抗弯、抗压刚度计算公式

表13-1

考虑因素	抗压刚度	抗弯刚度	
		$P \leq (0.8 \sim 1.0)F$	$(0.8 \sim 1.0)F < P \leq 1.7F$
无钢管混凝土桩	$E_c A_c$	$E_c I_c$	
钢管+防腐涂层,无泥皮	$(EA)_G = E_s A_s + 0.96 E_c A_c$	$(EI)_G = E_s I_s + 0.91 E_c I_c$	$(EI)_G = E_s I_s + 0.91 \dfrac{3}{4\sqrt{n}} E_c I_c$
钢管+泥皮+防腐涂层	$(EA)_N = E_s A_s + 0.92 E_c A_c$	$(EI)_N = E_s I_s + 0.90 E_c I_c$	$(EI)_N = E_s I_s + 0.9 \dfrac{3}{4\sqrt{n}} E_c I_c$
钢管+泥皮,无防腐涂层	$(EA)_{Nw} = E_s A_s + 0.96 E_c A_c$	$(EI)_{Nw} = E_s I_s + 0.92 E_c I_c$	$(EI)_{Nw} = E_s I_s + 0.92 \dfrac{3}{4\sqrt{n}} E_c I_c$
钢管+剪力环+防腐涂层	$(EA)_J = E_s A_s + 1.09 E_c A_c$	$(EI)_J = E_s I_s + 1.14 E_c I_c$	$(EI)_J = E_s I_s + 1.14 \dfrac{1}{\sqrt{n}} E_c I_c$
钢管+剪力环+泥皮+防腐涂层	$(EA)_{JN6} = E_s A_s + 1.023 E_c A_c$	$(EI)_{JN6} = E_s I_s + 1.03 E_c I_c$	$(EI)_{JN6} = E_s I_s + 1.03 \dfrac{24}{25\sqrt{n}} E_c I_c$

续上表

考虑因素	抗压刚度	抗弯刚度	
		$P \leq (0.8 \sim 1.0)F$	$(0.8 \sim 1.0)F < P \leq 1.7F$
钢管+剪力环+泥皮+防腐涂层	$(EA)_{JN4} = E_s A_s + 1.013 E_c A_c$	$(EI)_{JN4} = E_s I_s + 1.013 E_c I_c$	$(EI)_{JN4} = E_s I_s + 1.013 \frac{19}{20\sqrt{n}} E_c I_c$
钢管+剪力环+泥皮+防腐涂层	$(EA)_{JN3} = E_s A_s + 0.99 E_c A_c$	$(EI)_{JN3} = E_s I_s + 0.99 E_c I_c$	$(EI)_{JN3} = E_s I_s + 0.99 \frac{19}{20\sqrt{n}} E_c I_c$

注：E_c、A_c、I_c 分别为复合桩混凝土的弹性模量、截面面积和截面惯性矩；E_s、A_s、I_s 分别为复合桩钢管的弹性模量、截面面积和截面惯性矩；$n = P/F$，$1 \leq n \leq 1.8$；P 为试验施加荷载；F 为钢管复合桩工作荷载。

（3）建立了钢管复合桩泥皮、防腐涂层、剪力环之间相互关系和变化规律，明确了当泥皮、防腐涂层和剪力环（剪力环间距不大于 2D）的共同作用时，剪力环的加固作用可以完全克服泥皮、防腐涂层对钢管复合桩的不利影响。

（4）通过节点模型试验，获取了钢管复合桩与预制承台连接节点的屈服荷载及极限承载力，验证了研究提出的大直径钢管复合桩连接构造具有良好的承载能力和变形特性。

2）工具式沉桩系统及高精度沉桩技术

研发了一套可操作性强、能重复利用的、高精度的工具式导向沉桩系统和配套的施工工艺，确保了钢管桩施工精度满足垂直度和相对平面偏位这两项控制精度要求。

工具式导向沉桩系统由锚桩、一层平台、二层平台、调位系统、桩顶连接件和液压系统组成（图 13-3）。桩顶连接件置于锚桩之上，二者通过精轧螺纹钢连接；一层平台放置在桩顶连接件上的三向千斤顶之上，通过桩顶连接件将载荷传递到锚桩上，一层平台锚桩的周围设置 3 个抱桩千斤顶；二层平台和一层平台之间采用螺栓连接；调位机构安装在二层平台的上部结构架和下部结构架上，每个钢管桩周围有 4 个调位机构。

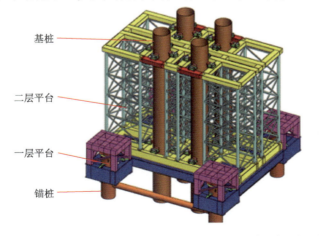

图 13-3　工具式导向沉桩系统

对采用工具式沉桩系统进行钢管桩施工精度验证,足尺模型试验结果表明,该工具式导向沉桩系统能将钢管桩的沉桩精度提高至:垂直度达到 1/400 以上,桩顶平面偏位能控制在 20mm 之内。

3)基于模具定位件的墩身竖向预制匹配方法

在港珠澳大桥建设之前,国内尚无海上大规模应用预制墩身干接缝的应用先例。港珠澳大桥墩身首次大规模采用干接缝连接,对墩身预制工艺和精度均提出了很高的要求。

经研究,通过采用竖向立式预制的方式,提出利用下节段混凝土浇筑时顶模作为上节段混凝土浇筑时底模的方法,实现了上下预制节段两相邻接触端面间的自动匹配。

同时,研制了可用于干接缝连接的匹配定位件。匹配定位件采用全钢材料,顶模(图 13-4)和底模(图 13-5)采用整体式箱形结构。考虑上下节段海上对接安装偏差,匹配定位件剪力键与剪力槽之间侧面预留间隙量 5mm,顶面预留间隙量 3mm。在顶模对应预应力位置上开圆孔;在承重底模对应预应力位置钻圆凹槽。

图 13-4　预制墩身匹配定位件顶模模具

图 13-5　预制墩身匹配定位件底模模具

4)复杂海洋环境深水埋床式全预制墩台吊装、定位、止水和连接的安装成套关键技术

随着跨海桥梁建设的陆续兴起,逐渐出现预制墩身和预制承台套箱的预制技术。在国外,桥梁墩台的施工多采用半预制半现浇(模板整体安装)工艺,且装配式埋床法桥梁基础形式多

采用沉井或者沉箱基础；在国内，桥梁墩身和承台主要以现场浇筑为主，大多仅限于桥梁墩身或承台单独预制安装，且墩身间采用湿接缝，尚无埋床法预制基础应用先例，也无海上预制墩身连接采用干接缝的应用先例。因此，对于埋床式全预制墩台这种新型结构，存在一系列关键技术难题亟待解决。

通过技术攻关，最终攻克了技术难题并形成成套技术成果，主要包括：

(1) 研究提出了一种埋床法预制基础新型结构，揭示了其施工全过程受力机理和荷载分配规律。

为满足主体工程阻水比小于10%的要求，研究提出将全部非通航孔桥的桥墩承台埋于海床面以下。同时，在项目工业化建设理念指导下，提出采用埋床法全预制墩台装配化结构方案，即根据墩身高度和吊装能力将墩身分成1~3节预制拼装，承台随同首节墩身一同预制，预留桩位孔洞和后浇混凝土空间。桩位孔洞用以实现止水、桩基与预制承台临时连接；后浇混凝土空间在抽水后浇注后浇混凝土，最终实现承台与桩基的干法施工和整体化，预制承台全部埋置于海床面以下(图13-6)。

图13-6 港珠澳大桥预制墩台埋置于海床面之下

(2) 研发了集悬吊、定位、安装、临时固结构造于一体的工具式墩台定位安装系统，实现了预制墩台的高精度安装。

该系统主要是由机械系统、电控系统和液压系统组成的专用机电液设备。该系统除具备吊装功能外，还包括调位功能，并可实现吊装预制墩台与钢管复合桩之间精确定位。系统的调位功能主要体现在：墩台相对钢管复合桩的垂直度调整、竖向高程位置调整、水平面内位置调整及偏转角度调整等。

通过安装监测系统，并在墩台安装、调位和体系转换阶段，对吊具和悬挂系统受力、预制构件姿态、动力响应、钢围堰受力等进行实时监测，验证了该研究成果的可实施性并确保施工安全。工具式墩台定位安装系统见图13-7。

(3) 研发了适用于20m水深范围的分离式柔性止水系统，可适应在波浪作用下钢管桩与承台相对运动带来的不利影响，并保证桩基与承台间快速、有效止水，形成安全可靠的干作业环境。

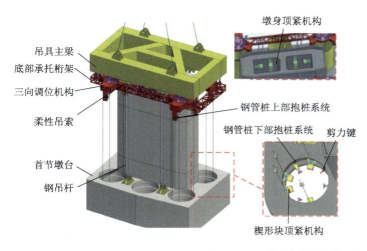

图 13-7 工具式墩台定位安装系统

结合国内外相似工程施工经验,对整体式和分离式两种不同止水方案进行了研究。研发的整体式止水系统,主要由安装预留槽、胶囊、充气装置和速凝砂浆等组成,通过现场工艺试验获得了胶囊基本满足现场止水要求的结论。

研发的分离式柔性止水系统,主要由填芯钢箱(含预留槽)、胶囊、P形止水带、充气装置、连接装置、安装牛腿和顶升装置等组成。工艺试验现场(图 13-8)采用分离式柔性止水系统对预制墩台与钢管复合桩间止水效果进行验证。相比整体式止水系统,分离式柔性止水系统更能适应在波浪作用下钢管桩与承台相对运动带来的不利影响,能够在整个连接部施工中安全可靠地形成良好的干作业环境,因此最后推荐采用了分离式柔性止水系统。实施过程中(图 13-9),通过对桩与预制墩台间止水系统进行深入的优化设计,在保证桩与承台间快速、有效止水效果的同时,进一步提高了分离式止水装置的可靠性。

在施工工艺技术方面,行业内形成了装配式柔性止水帷幕法安装桥梁预制墩台施工工艺(图 13-10)。现场施工中依靠预制墩台本体、装配式钢套箱、分离式托盘及其柔性止水结构形成定点隔水帷幕,为预制墩台与钢管复合桩基础的连接施工提供干作业环境。其技术原理为:依托预制墩台本体构造,将整体式钢套箱安装附着于本体之上,通过其连接部位设置的 GINA 橡胶止水带实现承台面以上部位的围闭;利用预制墩台承台部分及其分离式托盘,并通过其内部设置止水胶囊和 GINA 止水带实现承台面以下部位的围闭;共同实现附着式钢围堰的隔水功效。该方法采用柔性止水构造取代封底混凝土的作用,采用装配式钢套箱取代灌入式固定钢围堰,从而减少资源消耗和大型设备的投入,具有良好的经济效益。

(4)研制了全预制墩台结构受力及安装用 $\phi 75mm$ 全螺纹高强度钢筋预应力系统,实现了预制墩身干法连接构造安全可靠性能。

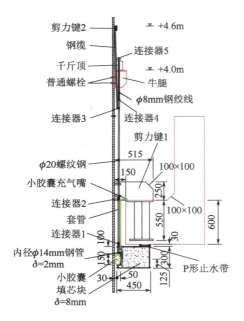

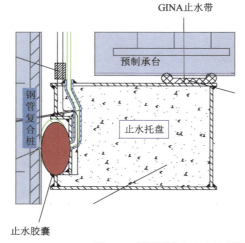

图 13-8 预制墩台与桩之间现场止水试验验证(尺寸单位:mm)

a) 环形托盘制作

b) 止水胶囊和GINA止水带安装

图 13-9

c) 桩顶三维千斤顶研制

d) 止水系统现场安装

e) 千斤顶和环形托盘整体下放

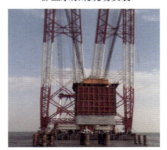
f) 预制墩台安装

g) 腔内抽水

h) 浇筑速凝砂浆

图 13-9　钢管复合桩与预制承台间分离式柔性止水系统施工

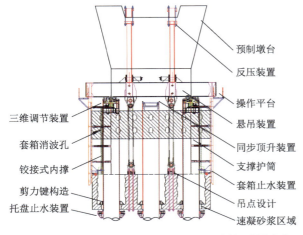

图 13-10　港珠澳大桥预制墩台装配式柔性止水帷幕法施工工艺

首次研制了全预制墩台结构受力和安装用全螺纹高强度钢筋预应力系统(图 13-11)。该系统具有钢筋直径大(ϕ75mm)、强度高(1030MPa 级以上)、回缩量小($\leq$1mm)、锚固性能可靠等特点。高强度螺纹粗钢筋采用冷挤压成形、在线感应调质工艺,防腐体系采用电隔离和真空灌浆技术组成的双重防护技术。该技术成果打破了国外的技术垄断,填补了我国大直径预应力高强度螺纹钢筋及其锚固体系的空白,很好地解决了预制墩身干法连接构造的安全可靠性问题,有力支撑和促进了全预制墩台的推广。

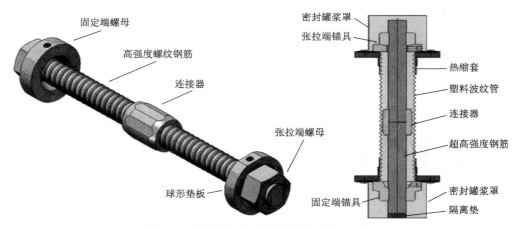

图 13-11 预制墩身全螺纹高强度钢筋预应力系统

预制墩身预应力粗钢筋平面布置见图 13-12。

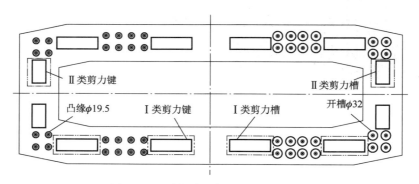

图 13-12 预制墩身预应力粗钢筋平面布置

港珠澳大桥主体桥梁工程 95% 以上的墩身采用预制墩身。预制墩身大规模采用干接缝的优点主要是:①墩身施工质量有保障,外海现场可快速进行墩身拼接,施工效率高;②墩身接缝处无拉应力,并具有环氧树脂涂层封闭,且无现场钢筋接长或混凝土浇筑作业,结构耐久性能好;③由于非通航孔桥采用了减隔震设计,下部结构采用弹性设计,因此对预制墩身接缝的延性需求相应降低;由于墩身接缝处通过环氧树脂涂层(图 13-13)和施加预应力粗钢筋完成节段拼接,在各种工况作用下接缝处均有压应力储备,抗弯承载能力好;同时,接缝处通过剪力键和环氧树脂涂层的黏结力提供抗剪强度,由于结合面存有较大压应力,抗剪承载力大。

图 13-13　预制墩身干接缝环氧树脂涂层

13.2.2　超大型钢构件装配化建造关键技术

主体桥梁工程大量应用了钢结构,为了贯彻工业化建设理念,实现大型构件的装配化高精度安装,就需要建设者们从设计、施工的角度进行创新。超大型钢构件建造关键技术主要包括以下内容。

1) 超大型长悬臂整体式与分离式钢箱梁结构

研究提出并大规模应用了超大型长悬臂整体式和分离式钢箱梁结构形式(图 13-14)。悬臂长约 5.7m,箱梁标准宽度为 33.1m。其中,江海桥宽 38.8m,两个主跨和次边跨为布索区,采用整体式;两个边跨为无索区,采用分离式;非通航孔与江海桥相接部分采用分离式,两个分离式箱梁间通过连接箱和工字梁加以连接。

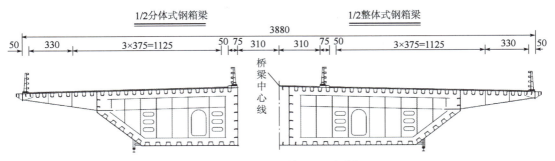

图 13-14　江海桥钢箱梁横断面(尺寸单位:cm)

2) 超大型钢箱梁整体高精度制造与安装

大桥钢结构用量巨大,尤其是在外海首次大规模采用了钢结构桥梁群。为了保障桥梁钢结构的制造质量和安装精度,通过研究形成了 3000t 级以上的钢箱梁从板单元到小节段再到整跨大节段的高精度制造技术和整跨钢箱梁节段高精度安装和控制技术。

钢箱梁板单元制造关键技术详见 13.2.3 部分。

钢箱梁大节段的组拼流程如图 13-15 所示,工厂现场组拼过程见图 13-16。

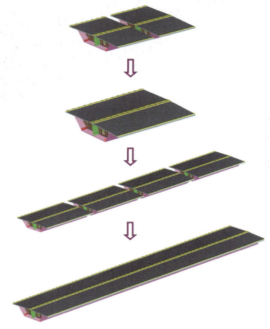

图 13-15　钢箱梁大节段组拼流程

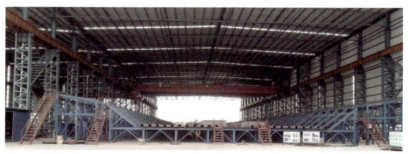

a) 钢箱梁拼装厂房

b) 钢箱梁拼装胎架

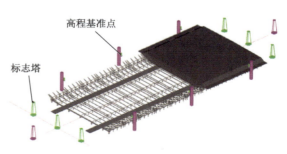

c) 钢箱梁拼装测量监控网

图 13-16

d) 无码组装定位

e) 自动焊接小车焊接作业

图 13-16　钢箱梁大节段工厂组拼

深水区非通航孔桥采用逐跨吊装的方案,前后两个吊装大节段的连接点设置于该连续梁结构的弯矩零点附近,因此首跨大节段钢箱梁的长度为 133m,吊装总重量(含吊具)超过 3000t。此外,青州桥边跨大节段长度达 135m,起吊重量(含吊具)近 4000t,这些均对钢箱梁的安装施工提出了严苛要求。

为解决上述问题,系统开展了外海大节段钢箱梁安装施工关键技术研究,形成了大节段钢箱梁安装施工工艺(图 13-17),研发了专用吊具和精确调位千斤顶设备,实现了超长大节段钢箱梁的安装(图 13-18),并达到精度目标即轴线偏位小于 10mm、梁段纵向位置偏差不大于 4mm、梁顶水平度偏差小于 6mm。成功采用 4000t + 2600t 双浮式起重机抬吊(图 13-19)超大型钢箱梁大节段施工技术应用于青州桥。

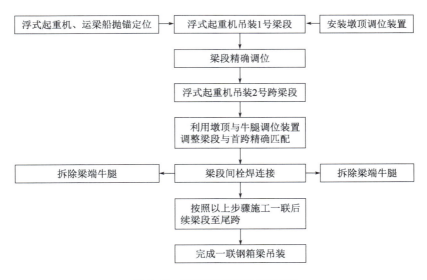

图 13-17　整跨钢箱梁吊装施工工艺

图 13-18 深水区非通航孔桥超大型钢箱梁整跨吊装

图 13-19 青州桥边跨钢箱梁大节段抬吊安装

3)超大型"海豚形"整体钢塔建造技术

(1)"海豚形"整体钢塔设计

为实现大桥"地标性建筑"建设目标,首次提出超大型"海豚形"钢塔结构。保护白海豚是本海域凸显"人与自然和谐共生"的一个重要特征和亮点,江海桥独特的索塔造型很好地融合了现代海洋文化和地域文化。"海豚形"整体钢塔设计详见 7.2.2 和 8.2.2 部分。

(2)超大型钢塔整体制造

为了实现钢索塔的大型化、装配化建造,在方案制订之初便提出了钢塔在工厂内整体制造、现场整体安装的要求。与以往其他类似工程不同(表 13-2),港珠澳大桥首次对钢索塔采取了将工厂节段制造变为整体制造,填补了钢索塔制造行业在无损总拼和机械矫正方面的空白。

桥梁钢塔技术特点对比 表 13-2

序号	桥梁名称	工厂制造	运输	吊装
1	港珠澳大桥钢塔	19m×20m×110m,整体制造	3000t 超大型钢塔整体运输	海上一次性整体吊装,最大吊重超过 3000t
2	南京长江三桥钢塔	小节段制造	小节段运输	小节段吊装,最大吊重 180t

续上表

序号	桥梁名称	工厂制造	运输	吊装
3	奥克兰新海湾大桥钢塔	小节段制造,最大尺寸 4m×5m×36m	小节段运输	分16节吊装,最大吊重1300t
4	日本明石海峡大桥钢塔	小节段制造,最大尺寸 5m×6.6m×10m	小节段运输	纵向分30节,横向分3块,共90块,最大吊重160t

该桥钢塔制造主要关键技术成果包括：

①研发了超大异形钢索塔整体制造技术,实现了超大型钢索塔整体的几何精度、焊接质量和结构线形精确控制。

②研发了钢索塔整体结构专用支撑制造转运一体化胎架系统,实现了制造胎架与运输胎架的体系转换,满足了钢索塔整体结构的制造和转运要求。

③研发了一种节段翻身和一套钢索塔节段的制造技术,实现了钢索塔节段的无损制造、承压板的无损翻身、无损拼板,焊后无须校正,锚固段分散制造,改善了焊接作业环境,提高了焊接质量和焊接效率。

④研发了船间半刚性连接技术和装置,实现了将钢塔吊装中产生的水平推力转化为一组自平衡的内力,保证吊装采用的两个船锚泊定位系统的稳定。

超大型"海豚形"钢塔整体制造与运输见图13-20和图13-21。

图13-20 "海豚形"钢塔厂内整体制造

(3)超大型"海豚形"钢塔整体翻身

由于江海桥138号钢塔受现场吊装条件的制约,在138号钢索塔制造完成后需在厂内进行180°整体翻转,这在国内外尚属首次。研发的超大体量异形钢索塔整体翻转技术主要包括：

①提出了超大体量钢索塔整体180°可靠整体翻转技术。

②研发了采用Q690钢材的L形专用翻转吊索具,有效解决了吊具焊接制造技术难题,降低了重量。

图 13-21 "海豚形"钢塔整体转运、运输上船离港

③研发了大型双门式起重机多吊点同步的通信联控系统,保证了超大体量异形钢索塔整体翻转、吊升的可靠性。

④研发了吊具升降和小车行走分步循环实施技术,有效解决了超大体量异形钢索塔翻转操作控制的难题。

钢塔工厂内翻身见图 13-22。

图 13-22 "海豚形"钢塔整体翻身

(4)超大型"海豚形"钢塔整体安装

目前,国内外钢塔一般均采用现场节段连接,至今尚未实现真正意义上的逾百米级钢索塔整体吊装。江海桥"海豚形"钢塔,整体段高度达 105m,重约 3000t,采用俯卧姿态运输至现场,利用"海升号"3200t 双臂架变幅式浮式起重机与"正力号"2200t 浮式起重机抬吊实现了塔身竖转吊装,创造了跨海大桥单体钢塔尺度和吊装规模的新纪录。该钢塔的整体安装关键技术主要包括:

①研发了双起重船协同实现百米级整体式重型异形钢索塔控制竖转、整体吊装的工艺技术:钢塔在工厂整体制造后,经海上运输至现场,采用两艘大型重载起重船协同实现钢索塔的空中竖转,整体吊装至墩位处并与基础之间连接施工,一次性完成钢索塔的安装施工,而无需

逐段拼装。该工艺技术将海上作业工厂化、高空作业地面化，有利于钢结构制造拼装质量控制；整体式钢索塔装配化施工可缩短海上作业时间，降低安全风险。

② 研发了用于重型异形整体式钢索塔由水平姿态向竖直姿态转体对的全回转悬臂销轴式结构重载吊具；吊具结构可实现超高重载异形索塔从水平姿态到竖直姿态的转换；双浮式起重机协同作用过程中，上吊点设置悬臂销轴式结构从而实现了钢塔的转体。

通过技术的研发与应用，最终实现了在海洋动态环境下，完成了高105m、重3100t异形钢塔空中竖转90°，实现了平面偏差小于3mm、垂直度偏差小于1/4500的精准对位，保证了钢塔底部18096个螺栓孔的精确匹配。

"海豚形"钢塔的整体安装过程见图13-23。

图13-23 港珠澳大桥钢塔海上整体安装

4）超大型"中国结"形钢结形撑设计、制造与安装技术

青州桥首次创造性地设计并应用了"中国结"造型的索塔上连接系结构，实现了文化、景观、结构的协调统一，极大提升了港珠澳大桥的文化内涵、人文内涵和原创性。通过研发集建筑、结构、制造、安装为一体的"中国结"造型钢-混组合桥塔成套技术，解决了大型异形钢-混凝土组合结构连接、制造和安装难题，保障了结构受力性能优、制造和安装精度高、运营安全可

靠。该技术成果主要包括：

(1)通过系统开展材料、构造、结构受力、抗风、抗震等研究,形成了钢结形撑设计技术。钢结形撑设计技术成果详见 7.2.2、8.2.1 和 13.2.8 部分。

(2)提出了钢结形撑整体形状保障制造技术(图 13-24)。①节段制造技术。对节段间的栓接,采用"节段出全孔、拼接板出半孔"的工艺,节段预拼装线形形成后,匹配钻制拼接板另外半部孔群,以对各节段的空间位置和摆放角度进行微调。②拼装工艺技术。预拼装前必须在场地上放地样。地样图由各关键点所连成的射线组成,关键点对应于结形撑节段端头部位的基准点。关键点和各条射线构成"中国结"形状。地面上设置好地样后,结形撑各节段根据地样调整平面位置和摆放角度,以精准形成设计线形。

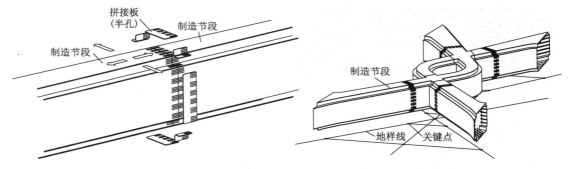

图 13-24　钢结形撑节段连接件制造与节段拼装工艺技术

(3)提出了钢结形撑安装工艺流程,形成了外海环境下大吨位复杂钢构件高空吊装施工技术,研制了塔顶起吊系统分节吊装超大型钢结形撑结构。自主研发了"在塔顶设置起吊系统,从侧面起吊,吊装至设计高度后顺桥向移动至塔柱中心位置,精确定位后进行连接"具有纵、横向位移的塔顶起吊系统(图 13-25),实现了复杂外海环境下高空大吨位复杂钢构件吊装和高精度安装。

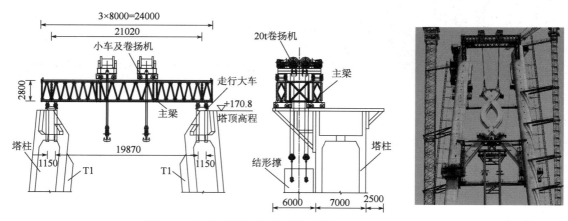

图 13-25　钢结形撑塔顶起吊系统及吊装施工(尺寸单位:mm)

13.2.3 连续钢箱梁正交异性钢桥面板抗疲劳性能关键技术

钢箱梁是现代大跨径桥梁常用的主梁形式之一，同时也是桥梁工程中新材料、新技术和新设计理念可以得以集中体现的一种结构形式。正交异性钢桥面板作为连续钢箱梁桥面板的首选结构形式，具有轻质高强度、承载能力高、适用范围广、施工方便快捷以及整体性和经济性好等突出优点。但是，正交异性钢桥面板的疲劳开裂问题一直是困扰其应用和发展的关键问题。

国内外研究者和作者对正交异性钢桥面板各疲劳易损部位疲劳性能的主要影响因素进行了大量研究，其影响因素可主要归纳总结为疲劳荷载、结构形式、构造细节、钢材性能以及加工制造质量。

港珠澳大桥钢结构用量巨大，如果出现大范围的疲劳开裂，将是一个系统性问题，引起的负面影响巨大。设计者基于多年的工程实践经验，认为钢箱梁正交异性钢桥面板的疲劳开裂与其设计、制造以及安装的各个环节密切相关，设计时应采用合适的疲劳荷载、结构形式、构造细节、钢材性能，并且控制桥面板各部位在超重车（超载车）作用下的高应力量值，此外，还应对制造和安装过程的每个环节提出有效的质量控制措施，以上措施可以有效提高其抗疲劳性能。

基于以上认识，从结构自身的抗疲劳细节设计、抗疲劳性能试验、自动化制造工艺、高精度检测等角度开展研究并取得关键技术成果。

1) 大跨径连续钢箱梁抗疲劳设计构造细节系统优化

港珠澳大桥连续钢箱梁的标准联采用 6×110m=660m 六跨一联的布置形式，钢箱梁梁宽33.1m，梁高4.5m，梁高与跨径比值为1/24.4。

设计过程中研究提出了系统化的抗疲劳设计构造细节，优化前后的构造细节主要如下：

(1) 斜腹板与顶板的连接构造

优化前的方案[图13-26a)]采用了斜腹板，与相邻板形加劲肋的空间较小，箱梁内的焊接作业以及涂装比较困难，易造成焊接缺陷产生疲劳。同时，由于边腹板与顶板连接位置与板形加劲肋间隔较大，钢桥面铺装产生裂缝的风险较高，且不利于结构的抗疲劳。优化后的方案[图13-26b)]将斜腹板与桥面板的节点构造进行了优化，增设了边腹板，并将边腹板与桥面板垂直布置，以确保其与顶板的焊接空间，保障焊接质量，改善抗疲劳特性。另外，将U形加劲肋与腹板的间隔控制在250mm以下，以有利于钢桥面铺装受力。

(2) 边腹板与顶板的连接位置

为了提高钢桥面板的抗疲劳特性以及防止钢桥面铺装出现裂缝，优化边腹板与顶板的连接位置，将边腹板与顶板的交点调整至外侧车道中央，以提高该节点处桥面板的疲劳受力性能以及桥面铺装抗裂性能（图13-27）。

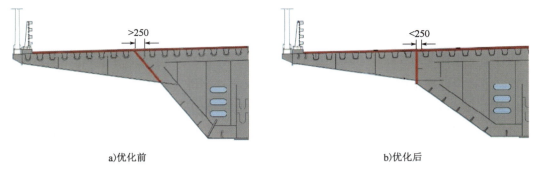

a)优化前　　　　　　　　　　　　　　　b)优化后

图 13-26　斜腹板与顶板连接构造优化(尺寸单位:mm)

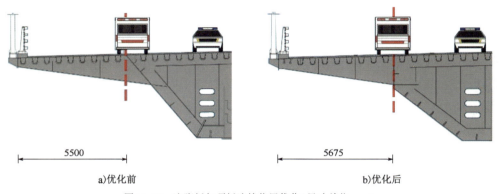

a)优化前　　　　　　　　　　　　　　　b)优化后

图 13-27　边腹板与顶板连接位置优化(尺寸单位:mm)

(3)悬臂横肋板与边腹板的连接

优化前的方案[图 13-28a)],箱梁内传递横隔板翼板受力的构件长度有所不足,有必要将其调整为切实能够传递受力的构造。调整后的方案[图 13-28b)]对悬臂下翼缘板向箱内的传力构造进行了优化,并在箱内设置水平加劲肋,从而使得该处结构传力更加合理。

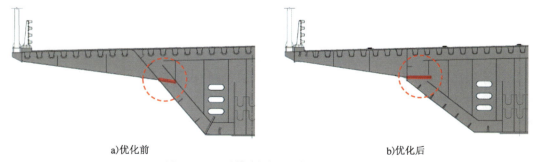

a)优化前　　　　　　　　　　　　　　　b)优化后

图 13-28　悬臂横肋板与边腹板连接构造优化

(4)U 形加劲肋在横隔板上的开口型式

通过优化 U 形加劲肋在横隔板的槽口型式,以改善该位置抗疲劳受力性能(图 13-29)。

(5)悬臂端部加劲肋

优化前的方案,悬臂桥面板外侧端部采用 U 形加劲肋,将会造成横隔板截面缺损较大;此外,外侧耳板与U形加劲肋间距较小,焊接施工困难。优化后的方案对悬臂端部细节构造进行了优化,将U形加劲肋调整为板形加劲肋,确保施工质量,减少横隔板的缺损,从而改善局部受力和抗疲劳性能(图13-30)。

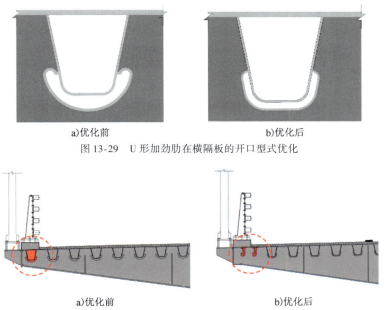

a)优化前　　　　　　　　b)优化后

图13-29　U形加劲肋在横隔板的开口型式优化

a)优化前　　　　　　　　b)优化后

图13-30　悬臂端部细节构造优化

(6)加劲肋翼缘形状

优化横向加劲肋翼缘板的转折形式,将其由曲线形式优化为折线形式,由冷弯调整为焊接,从而避免对其冷弯所产生的附加应力(图13-31)。

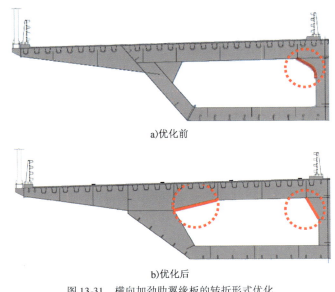

a)优化前

b)优化后

图13-31　横向加劲肋翼缘板的转折形式优化

（7）边腹板及横向加劲肋的加劲构造

优化边腹板和横向加劲肋的加劲构造，改善边腹板与横向加劲肋的受力状态，提高整体的抗疲劳特性(图13-32)。

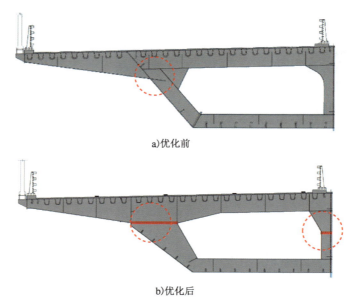

a)优化前

b)优化后

图13-32　边腹板及横向加劲肋的加劲构造优化

2)基于荷载谱、构造细节、制造工艺、检验标准和试验验证的长寿命正交异性钢桥面板抗疲劳系统解决方法

港珠澳大桥建设之前，研究正交异性钢桥面板抗疲劳的因素较为单一，缺乏从设计方法、材料、施工工艺和模型试验等一体化的系统研究，并且U形肋与桥面板焊缝的焊接质量多采用超声波探伤或磁粉探伤，该方式较难以确定裂纹深度。

为此，项目研究提出了以理论与试验验证相结合的研究方法，对正交异性钢桥面板疲劳开裂问题进行深入系统地研究，采用多参数优化理论与正交试验方法对各关键构造细节的特征参数进行优化，确定了关键构造细节抗疲劳最优参数组合。同时，考虑随机荷载谱、关键构造细节、制造工艺理论综合分析与试验验证相结合，提出了"理论＋设计＋制造"三位一体的正交异性钢桥面抗疲劳系统解决方法(图13-33)。

(1)基于港珠澳大桥荷载调研与预测以及青屿干线(中国香港8号干线的一部分)交通荷载实测统计数据，采用蒙特卡洛(Monte-Carlo)随机车辆模拟方法，模拟实际预测交通量下的正交异性钢桥面板疲劳荷载谱，基于线性累积损伤理论确定了等效疲劳荷载模型。同时，在对国内外疲劳荷载谱的相关研究成果进行对比分析的基础上，建立了适用于港珠澳大桥钢箱梁疲劳研究的车辆类型(图13-34)和代表车型荷载谱。

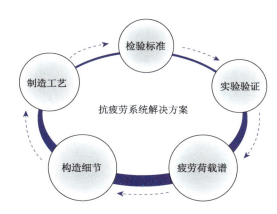

图 13-33　港珠澳大桥正交异性钢桥面板抗疲劳系统解决方案技术思路

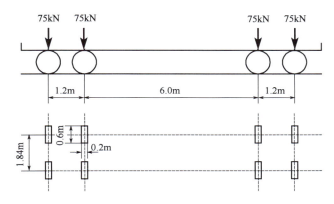

图 13-34　港珠澳大桥标准疲劳车辆荷载模型

（2）明确了决定正交异性钢桥面板疲劳性能的关键结构方案（表 13-3）；确定了正交异性钢桥面板重要构造细节疲劳抗力的关键影响因素，阐明了多参数耦合下各主要疲劳开裂模式的疲劳致损效应，确定了适用的正交异性钢桥面板合理构造（图 13-35）；同时，通过多参数目标优化，确定了最终主要设计参数，即 18mm≤顶板厚度≤22mm，12mm≤横隔板厚度≤16mm，8mm≤U 形肋厚度≤10mm。

港珠澳大桥正交异性钢桥面板抗疲劳关键结构方案　　表 13-3

项目	港珠澳大桥正交异性钢桥面板抗疲劳关键结构方案
桥面板厚度	桥面板厚度 $t \geqslant 16$mm
纵向加劲肋间隔	纵向加劲肋间隔 $e = 300$mm； $e/t = 300/18 = 16.7 \leqslant 25$
纵向加劲肋板厚	$\geqslant 8$mm
纵向加劲肋的弯曲加工半径	内侧半径 $R \geqslant 5t$； $R = 40 \geqslant 5t = 5 \times 8 = 40$（mm）

续上表

项目	港珠澳大桥正交异性钢桥面板抗疲劳关键结构方案
桥面板与纵向加劲肋的熔透焊接量	纵向加劲肋板厚的80%以上； 焊缝根部未熔接部位应≤1.6mm （尺寸单位:mm）
纵向加劲肋的连接	推荐采用对钢桥面板的抗疲劳性能更为有利的栓接构造。此外，顶板处的过焊孔长度为80mm
桥面板的焊接	利用X坡口或利用焊接垫板的V形坡口实施完全熔透焊接；接头位置避免布置于轮载正下方
纵向加劲肋与横肋板交叉部分的详细构造(有开槽时)	满足欧洲结构设计标准(Eurocode)规定的开槽形状($R25$,$R73$)以及美国国有公路运输管理员协会(AASHTO)规定的形状($C \geqslant h/3$，C为U形加劲肋的底部宽度，h为U形加劲肋的高度)。见图13-35
竖向加劲构件构造	顶板与加劲构件设置35mm的空隙，不与顶板焊接 （尺寸单位:mm）

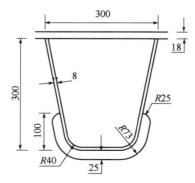

图13-35 纵肋与面板、横肋连接合理构造(尺寸单位:mm)

（3）采用制造与设计交互优化的方法，阐明钢桥面板与U形肋刚度组合、焊缝尺寸及焊缝熔透率等因素对于疲劳易损部位应力水平的影响效应；结合该部位的焊接技术确定了合理的焊接工艺及参数。首次提出并应用了钢箱梁超声波相控阵探伤检测技术及判定方法（图13-36），在此研究基础上提出了相应的《正交异性钢桥面板制造工艺及质量验收标准》。

图13-36 超声波相控阵探伤检测技术

对于正交异性钢桥面板焊缝质量的检测，在港珠澳大桥之前，由于受检测条件的限制，多采用普通A型脉冲反射式超声波探伤系统控制钢桥面板与U形加劲肋间角焊缝的内部质量，但多年的工程实践表明，其检测结果与实际情况符合性相对较差，技术争议较多。

港珠澳大桥首次应用了超声波相控阵探伤检测技术，该技术主要的依据是惠更斯（Huyghens-Fresnel）原理，即波动场的任何一个波阵面等同于一个次级波源；次级波场可以通过该波阵面上各点产生的球面子波叠加干涉计算得到。

通过使用超声相控阵探伤检测技术对正交异性钢桥面板与U形加劲肋间角焊缝的未熔透深度进行检测，相比较于传统的A型脉冲反射式超声波探伤方法，它可以精准地对钢桥面板与U形加劲肋间的角焊缝焊接质量进行检测和评估；通过选择合理的检测基准和检测灵敏度，将该技术应用到了港珠澳大桥钢桥面板与U形加劲肋间角焊缝的质量控制，有效地检测了U形肋与桥面板间角焊缝的熔透深度和内在质量，确保U形加劲肋焊缝的质量满足设计规范要求。

（4）综合考虑结构抗疲劳设计和制造技术，结合整体和局部参数化仿真分析模型，通过足尺构件模型试验和足尺节段模型试验（图13-37），针对正交异性钢桥面板疲劳特性的关键问题开展了深入系统研究。基于试验和理论研究成果，提出了构造细节三维疲劳裂纹扩展的数值模拟方法、基于概率断裂力学的正交异性钢桥面板疲劳寿命预测方法、基于应变能指标的正交异性钢桥面板疲劳抗力评估新方法等。

研究结果表明：在加工工艺精度和焊接质量严格控制的条件下，港珠澳大桥正交异性钢桥面板各关键疲劳易损部位的抗疲劳性能设计能够满足120年设计使用寿命的要求，所获得的研究成果为大桥在设计寿命期限内的安全服役提供了科学依据。

 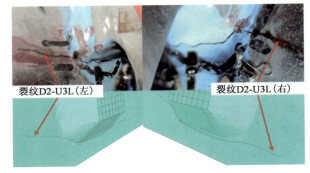

图 13-37　港珠澳大桥正交异性钢桥面板足尺疲劳模型试验与理论分析模拟

3）钢箱梁正交异性钢桥面板板单元制造关键技术与钢箱梁板单元制造自动化、智能化生产线

港珠澳大桥建设之前，国内传统的钢箱梁制造、组装及焊接过程基本上主要以人工作业或人工＋半自动化作业为主（图13-38）。港珠澳大桥钢结构体量巨大，若采用传统制造方式，不仅制造质量难以保障，施工工效也将远远不能满足大桥建设的需求。

图 13-38　港珠澳大桥建设之前钢箱梁传统制造方式

为此，研究团队通过多方位国内外调研，运用跨界思维和视角，借鉴汽车制造行业的自动化流水生产线，通过系统开展材料、制造、组装、焊接及成型检测全方位研究，研发了钢箱梁正交异性钢桥面板板单元制造关键技术（图13-39），建立了世界先进的钢箱梁板单元制造自动化、智能化生产线，从而带动了我国钢结构桥梁制造产业的全面升级。

（1）U形肋制造技术及装备研发。建立了U形加劲肋自动化生产线，研制了国内最先进的坡口数控加工机床并研究应用 $1000t\times2$ 大型双机联动数控折弯机，采用数控组合气动、分项弹力、随动检测、多点分压的自动化新技术，解决了坡口加工质量和精度不易控制的难题，实现了U形肋加工质量和生产效率的有效提升（图13-40）。

（2）板单元自动组装定位焊技术及装备研发。研发了U形肋板单元自动组装、定位机床，引进创新世界上先进的电弧跟踪技术，解决了以往光电跟踪和机械跟踪精度低的难题，跟踪精度达到0.2mm，能够稳定保证80%焊接熔深要求；研发了板式加劲肋自动组装、定位机床，实现了全自动化，可一次完成6条板式加劲肋的组装定位，定位焊质量稳定、可靠（图13-41）。

图13-39 港珠澳大桥钢箱梁板单元制造关键技术总成

a)切割

b)铣边

c)钻孔

d)U形肋成品

e)数控折弯

f)坡口加工

图13-40 U形肋加工自动化生产线

图13-41 U形肋板单元自动组装、定位机床

（3）自动化焊接技术及装备研发。研发了一套双悬臂、龙门式自动化焊接系统,通过液压驱动对板单元预置反变形后卡固定位并翻转38°,以实现板单元的反变形船位焊接,通过各项

工艺性试验定型了机器人在反变形翻转胎工况下多条加劲肋同步焊的焊接工艺,提升了钢箱梁板单元焊接质量和效率;采用焊接机器人系统(图13-42),利用焊接机器人实现对横隔板所有焊缝的自动化焊接,提高了焊接质量的稳定性和生产效率。

图13-42　板单元自动化焊接系统

(4)焊接数据管理和信息化监控技术研发。应用了一系列新型数字焊机,包括气体保护焊机、逆变焊机、埋弧自动焊机,并开发了与之配套的焊接数据管理系统,可通过网络或移动存储实现焊接全过程监控,并使每条焊缝的焊接记录具有永久可追溯性。

此外,港珠澳大桥钢箱梁由板单元制成小节段,然后在工厂车间内整体组成大节段,并广泛采用数字化焊机进行施焊。小节段和大节段拼装全部在厂房内进行(图13-43)。

图13-43　港珠澳大桥钢箱梁工厂制造

总之,港珠澳大桥钢箱梁制造通过"全面实现车间化作业、广泛使用机械自动化设备、采用计算机辅助制造技术、世界先进的电弧跟踪自动焊接技术、反变形船位施焊技术、U形肋焊缝超声波相控阵探伤检测技术及信息化质量控制"等一系列创新技术手段,大幅提升了钢箱梁制造质量水平,引领我国钢结构桥梁行业的转型与升级。

13.2.4 超长连续钢箱梁桥面系统长寿命最优设计方法及关键技术

我国应用的钢桥面铺装技术方案基本覆盖了世界上典型的铺装方案,每种铺装方案的特点与差别也较为显著,且多数铺装方案总体上应用时间相对较短,因此工程项目在选择钢桥面铺装方案时存在一定的难度。已有钢桥面铺装应用的工程实践经验表明:从交通荷载、环境气候、桥面结构、施工条件等方面综合考虑选择钢桥面铺装方案是非常必要和关键的。

港珠澳大桥钢桥面铺装工程面积达约50万 m^2,是目前世界上最大规模的钢桥面铺装工程。因工程的重要性和影响,保证其钢桥面铺装的优良使用性能意义重大。面对如此浩大的钢桥面铺装工程,面临的主要问题是如何确保钢桥面铺装的质量及如何保障钢桥面铺装的生产效率。为了攻克这一难题,开展了系列科研攻关。

1)钢桥面铺装方案比选研究

大桥设计使用寿命内每车道累计标准轴载作用次数为1140万次,属于中等交通条件。同时,该桥顶板最小厚度为18mm,顶板U形加劲肋高300mm、厚8mm,钢桥面板结构具有相对较大的刚度,这为钢桥面铺装的抗疲劳性能奠定了良好的基础条件。

纵观我国浇注沥青混凝土铺装应用较成功的工程案例,其总体上重载交通比例较低,多数属于中等或轻等交通荷载等级。其中,港珠澳大桥邻近区域的香港青马大桥、香港昂船洲大桥、深圳湾公路大桥采用的都是MA(沥青玛蹄脂混合料)铺装层结构和传统生产工艺,经过多年的通车运营,其整体表现优良,使用状况良好(表13-4)。我国内地使用的浇注式沥青混凝土绝大部分属于GA(浇注式沥青混合料)体系,使用状况整体良好。

港珠澳大桥临近区域应用MA类浇注式沥青混凝土铺装的典型工程　　表13-4

项目	香港青马大桥	香港昂船洲大桥	深圳湾公路大桥
桥型	悬索桥	斜拉桥	斜拉桥
主跨跨径(m)	1377	1018	200
交通荷载等级	中等	中等	中等
钢桥面板标准厚度(mm)	16	18	18
铺装防水层材料	甲基丙烯酸树脂	甲基丙烯酸树脂	甲基丙烯酸树脂
铺装结构下层	40mm厚单层MA,表面撒布14mm粒径沥青碎石	25mm厚MA	40mm厚MA
铺装结构上层		31mm厚SMA	40mm厚SMA
设计使用寿命	25a	13a	15a
使用状况	整体良好,局部维修	良好,无明显病害	良好,无明显病害

港珠澳大桥因受场地限制,只能在珠澳口岸人工岛设置沥青混合料搅拌站,钢桥面最远运输距离达约23km,且施工区域位于外海,气象多变。环氧类沥青混合料的抗气候干扰能力和短期内进行大规模工业化施工的可行性弱,且施工质量控制难度大、后期维养困难,因此该方

案虽在技术上可行,但在施工实施上不具备条件。浇注式沥青混凝土方案的高温稳定性虽然弱于前者,但其在外海复杂气候条件的适用性及应对能力强,施工窗口期长,后期维养方便,在该桥具备可实施性。同时,港珠澳大桥的地理位置与前述香港青马大桥、香港昂船洲大桥、深圳湾公路大桥位于同一区域,气候条件及交通荷载等级均基本一致,借鉴已成功的工程实践经验,将使得方案选择的风险性大大降低。

经综合分析,鉴于港珠澳大桥建设标准高、铺装规模大、外海长距离运输等因素,考虑该桥的使用条件、桥位区环境及参考邻近地区同类铺装成功经验,并考虑技术方案的稳定性和大规模施工的可控性,最终选择了浇注式沥青加 SMA(沥青玛蹄脂碎石混合料)的铺装结构设计方案[图 13-44a)]。为充分发挥 MA 的性能稳定优势和 GA 的工效优势,最终研究采用以 GA 的生产工艺来拌和 MA 浇注式沥青混合料的创新方案,称之为 GMA。GMA 浇注式沥青混合料按照 MA 备料方式备料,配合比设计和技术指标参照 MA 体系进行,生产工艺采用 GA 的方式[图 13-44b)]。

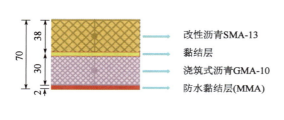
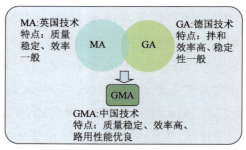

a)铺装结构体系方案　　　　　　　　b)铺装方案技术特点

图 13-44　港珠澳大桥钢桥面铺装设计方案及特点(尺寸单位:mm)

针对该铺装体系,主要从高温性能、疲劳性能等方面开展试验研究,并通过足尺仿真加速加载试验进行验证,从而确定钢桥面铺装的关键技术指标。

2)超大规模钢桥面 GMA 浇筑式沥青铺装设计及施工质量控制关键技术与钢桥面铺装足尺仿真加速加载试验技术

基于大量的试验研究,明确了浇注式沥青混合料施工过程的拌和温度、拌和时间等关键参数对其性能的影响规律,提出了浇注式沥青混合料施工控制关键指标和过程质量控制要求。同时,对 MA、GMA 浇注式沥青铺装进行高温性能和疲劳性能的足尺仿真加速加载试验,并对技术指标进行了评定。

为了更好地评价浇注式沥青混凝土的性能,开展了足尺仿真加速加载试验,试验车辆见图 13-45。其中,高温性能试验在 60℃ 钢桥面温度和 0.7MPa 轮胎压强下进行,按照加速加载运行次数为 5 万次或车辙深度达到 25.4mm 进行控制;疲劳性能试验在 15℃ 钢桥面温度和 1.05MPa 轮胎压强下进行,按照加速加载运行次数为 200 万次或铺装层表面出现疲劳裂缝进行控制。

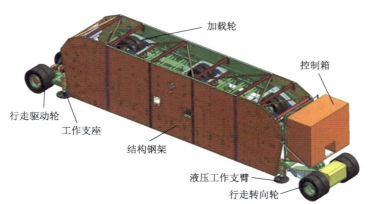

a) 加速加载车辆模型

b) 加速加载实物车辆

图 13-45　足尺仿真加速加载试验车辆

高温性能足尺仿真加速加载试验结果表明：GMA 浇注式沥青混合料的高温性能优于 MA 沥青混合料；高温条件下车辙变形的发展趋势与动稳定度相关性良好，采用动稳定度作为铺装高温性能的评价指标是可行的；MA 和 GMA 分别与 SMA 组成的复合铺装结构，其车辙动稳定度提高显著，且 GMA + SMA 复合结构的动稳定度要高于 MA + SMA 复合结构。MA 工艺和 GMA 工艺两种铺装体系高温足尺仿真加速加载试验的车辙变形试验结果见图 13-46，试验现场加速加载 5 万次后的变形见图 13-47。

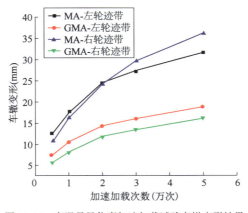

图 13-46　高温足尺仿真加速加载试验车辙变形结果

a) MA试验段　　　　　　　　b) GMA试验段

图 13-47　高温足尺仿真加速加载 5 万次后铺装变形状况

疲劳性能加速加载试验结果表明：经过 200 万次疲劳性能加速加载试验后，MA 和 GMA 两种铺装体系均未出现疲劳裂缝，具备良好的抗疲劳性能。

3) 关键技术指标

基于 GMA 浇注式沥青混凝土开展的高温性能和疲劳性能足尺仿真加速加载试验研究成果，对不同批次、不同工艺的浇注式沥青混凝土的车辙试验数据与冲击韧性试验数据进行统计分析，对各项性能检测指标进行大批量的试验分析，同时调研、参考和借鉴国内外标准规范要求及邻近地区同类铺装项目的技术要求和内地典型工程（如泰州长江大桥、南京长江四桥等）的技术要求，最终提出本项目钢桥面铺装方案关键技术指标要求，见表 13-5。

港珠澳大桥 GMA 沥青混合料关键技术指标要求　　　　表 13-5

技术指标	单位	技术要求
马歇尔稳定度(60℃)	kN	流值 5mm 时，≥4.0
		流值 15mm 时，≥8.0
硬度值(35℃)	0.1mm	5 ~ 20
流动性(240℃)	s	≤20
冲击韧性值(15℃)	N·mm	≥400
车辙动稳定度(60℃，轮压 0.7MPa)	次/mm	300 ~ 800

由于 GMA 浇注式沥青混合料随拌和时间的延长与拌和温度的提高，其老化进程将不断增加，抵抗车辙变形的能力变强，动稳定度增大，但冲击韧性会不断下降，疲劳抗裂性能降低明显，因此，平衡好高温性能与疲劳性能是确定该技术标准的一项重要因素。为了同时保证铺装体系的高温性能和疲劳性能，最终采用动稳定度和冲击韧性的双指标控制，动稳定度控制范围为 300 ~ 800 次/mm，冲击韧性值要求不低于 400 N·mm。

按照设计要求进行配合比设计和混合料拌制,实际生产的 GMA 浇注式沥青混合料性能检测结果见表 13-6。依据实测结果,实际生产的 GMA 沥青混合料可以满足技术指标的要求,且其动稳定度和冲击韧性的检测结果良好,具有良好的高温性能和抗疲劳性能。

实际生产 GMA 沥青混合料性能检测结果　　　　　表 13-6

性能指标	硬度 (0.1mm)	冲击韧性 (N·mm)	GMA 动稳定度 (次/mm)	GMA+SMA 组合结构动稳定度 (次/mm)	流值 5mm 时 马歇尔稳定度 (kN)
第 1 批次	9	589	513	3552	7.6
第 2 批次	6	519	657	3705	8.0

4)铺装集料的生产加工与精细分级技术、世界先进的自动化生产线与 GMA 钢桥面铺装自动化生产关键装备

为了从源头上保障大桥铺装材料质量,采用"跨界"创新思维,通过借鉴食品、医药行业的超精细设备,自主研发并建立了世界领先的集料自动化生产线(图 13-48)。针对集料生产,自主研发了全自动生产、空气筛和多点驱动概率筛精细分级、产品质量溯源信息化(图 13-49)等一系列最新技术,从原材料源头进行质量控制,实现集料生产过程中自动化、智能化、信息化、无尘化作业,确保了港珠澳大桥钢桥面铺装集料的高品质和稳定性。

a) 集料工厂外观

b) 粗集料生产线

c) 细集料生产线

d) 集料的包装和仓储

图 13-48

e) 集料分档

图 13-48 港珠澳大桥钢桥面铺装集料工厂与自动化生产线

图 13-49 钢桥面铺装集料生产质量可溯源信息化技术应用

该项技术开创了集料微米级分档加工生产线的技术先河,解决了港珠澳大桥钢桥面铺装集料分档的技术难题。细集料分档等级精度提升了 4 倍,确保了集料的高品质和稳定性。

为了保障钢桥面铺装施工效率,研发了关键装备,首次全面采用全自动化设备进行机械化施工作业,主要包括:(1)研发了湖沥青混融设备和粉料加热系统,结合浇注式沥青搅拌站,形成 GMA 浇注式沥青专用搅拌站(图 13-50);(2)研发了"全断面风雨棚+防水黏结层自动化喷涂设备",完美实现了钢桥面黏结层"露天工厂化"施工(图 13-51);(3)大规模采用一体化车载式抛丸机对钢桥面板进行喷砂除锈处理,功效较普通设备提升 5~8 倍,完全实现单人驾驶和操作,具有集成度高、快捷环保、抛丸清理彻底、清洁度高、粗糙度均匀等优点(图 13-52);(4)研发了钢桥面全自动宽幅碎石撒布机,有效保障了防水黏结层与碎石撒布的施工质量,有效降低了人工施工的弊端,保证了施工的均匀性和稳定性(图 13-53)。

图 13-50　自动化控制的沥青搅拌站

图 13-51　全断面风雨棚 + 防水黏结层自动化喷涂设备

图 13-52　一体化车载式抛丸机装备

总之，采用国际先进的工厂化、标准化集料生产线装备生产高质量钢桥面铺装集料，为保证钢桥面铺装施工质量提供了优良的材料基础；采用"工厂化、标准化、自动化"的混合料拌和工厂装备生产 GMA 沥青混合料，有效保证了混合料施工质量；采用国际先进的自动化施工设备，实现了施工的标准化，有效保证了施工质量和提高了施工速度。综合基于"工厂化、标准化、自动化"的关键技术和关键设备，为实现港珠澳大桥钢桥面铺装的"高品质、长寿命"目标建立了坚实基础。

图 13-53　全自动碎石撒布机与机械化碎石碾压施工

13.2.5　超长大跨径连续钢箱梁桥抗震关键技术

针对超长大跨径连续钢箱梁桥抗震面临的关键技术问题,项目研究采用了理论分析、试验模拟和产品性能检验等多种方式,获得了不同减隔震装置应用下结构的地震动响应,比较分析了减隔震效果,首次提出了跨海超长大跨径连续钢箱梁桥的减隔震体系、设计参数和减隔震装置技术要求,并成功应用。主要技术创新体现在:

1)构建了减隔震体系理论

首先从理论上验证采用该减隔震系统的可行性。理论研究表明:当大桥采用减隔震体系,相比较于传统抗震方式,其地震力响应可降低 75%,桥梁的抗震能力可由 7 度提升至 9 度(图 13-54)。图 13-54 中,R_a 表示桥梁在特定振动频率条件下的加速度响应放大系数,ω 表示激励频率,ω_n 表示结构的自然频率。

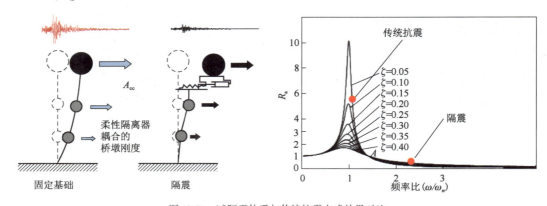

图 13-54　减隔震体系与传统抗震方式效果对比

由于非通航孔桥桥墩承台全部位于水下,若采用传统抗震方式,在地震响应下结构将在墩底产生损伤开裂,海水侵蚀将无法修复。通过采用减隔震体系,可以将桥墩底部的非线性变形转移至墩顶支座,将桥墩的塑性铰设置于墩顶,使得桥墩墩身结构保持弹性,在地震响应下避免了结构的水下维修,从而不损坏桥梁的交通功能。此外,通过采用减隔震体系,地震作用下桥墩内力将降为1/4，桥墩基础的桩基数量可减少1/3，大大降低基础的规模，节约工程造价。

同时，通过试验完成了大桥减隔震体系的效果验证。对于非通航孔桥采用了三种减隔震装置（铅芯橡胶支座、高阻尼橡胶支座及摩擦摆支座）的优化组合，以满足不同桥梁区段的抗震性能需求（图13-55）。

a) 铅芯橡胶支座

b) 高阻尼橡胶支座

c) 摩擦摆支座

d) 振动台试验

图13-55　港珠澳大桥减隔震支座及试验验证

2) 减隔震装置的耐久性保障技术

通过开展大规模、系统性、海洋环境下的减隔震支座基本性能变化规律研究，揭示了海洋环境下减隔震支座及材料120年劣化规律，提出了海蚀环境下减隔震装置全寿命控制参数指标。试验研究考虑的海洋环境要素有：温度、湿度、阳光辐射、空气和海水成分、盐浓度、pH值及干湿循环时间比。试验主要为：老化试验（人工高温加速法20d）、海蚀试验（人工加速高温海水全浸法90d）。现场试验见图13-56。

a) 人工加速老化试验

b) 人工加速海蚀试验

c) 无保护层支座

d) 有保护层支座

图 13-56　减隔震支座现场耐久性试验

试验结果表明：

(1)"老化+海蚀"作用后：20mm 深度范围内，橡胶材料的硬度将显著增大，伸长率显著下降；

(2)"老化+海蚀"作用后：支座竖向刚度增大 8%～23%，水平刚度增大 9%～12%；

(3)钢板不齐、橡胶厚度不均等加工质量误差将会加剧支座性能的劣化。

根据上述试验研究结果，提出了海蚀环境下减隔震装置全寿命控制参数指标：

(1)保护层厚度。现有支座的保护层厚度基本为 10mm，将不适应桥位区海洋环境需求，为此，提出了大桥减隔震支座的保护层厚度应不小于 20mm 的技术要求。

(2)增设橡胶封层。现有支座基本无封层，为了保障支座耐久性能，提出支座增设 2.5mm 的上下橡胶封层的技术要求。

(3)支座极限变形控制指标。相比较于传统设计限制值 300%，提出减隔震支座的极限变形控制指标值为 250%。

13.2.6 超长大跨径连续钢箱梁桥抗风关键技术

对于大跨径连续钢箱梁桥,其结构刚度比混凝土梁桥或钢-混凝土组合梁桥要小,且其截面形式多为钝形截面,因此,当钢箱梁结构重量较轻、阻尼较小时,即使低于设计风速,在风的动力作用下也较易发生涡激共振现象。

由于大桥抗风设计标准高(采用120年重现期),极端风速高(桥位处120年重现期10min最大平均风速47.2m/s),主梁结构形式对风的作用敏感性强。为确保大桥在运营期极端风速下的抗风稳定性、常遇风速下的使用舒适性以及施工阶段的抗风安全等,对大跨径大悬臂钢箱梁桥抗风减振关键技术开展了研究和技术攻关。

通过系列风洞试验,包括主梁节段模型涡激振动风洞试验、大比例尺主梁节段模型风洞试验、全桥气动弹性模型风洞试验等,测定了涡激共振发振风速、振幅以及主梁截面的斯托罗哈数,并在较大的试验雷诺数下,检验和优化了主梁的涡激振动特性,测定了结构风致振动特性,明确了抑制主梁涡激振动的控制阻尼比。内容主要包括:

(1)开展大跨径大悬臂钢箱梁主梁节段模型涡激振动试验,测定了涡激共振发振风速、振幅以及主梁截面的斯托罗哈数。

涡激振动试验所用的节段模型由8根拉伸弹簧悬挂在支架上,几何缩尺比为1∶50(图13-57),主要研究模型的竖向涡激共振,试验阻尼比按0.3%设置。试验分别在$\alpha = 0°$、$+3°$、$-3°$、$+5°$、$-5°$五种攻角条件下,在均匀流场中进行。试验风速范围为2~10m/s,以0.1m/s递增。在找到其涡振区后,风速再按0.1m/s递增,以确定准确的涡激共振起始风速和最大振幅。试验结果表明:在100%施工状态下,在设计风速范围内没有出现明显的涡振现象;成桥状态下,均匀流中风速30~40m/s范围内,主梁出现超过振幅容许值的涡激共振,即主梁涡激共振发振风速为30~40m/s,需要采取适当措施控制或抑制涡激振动。

图13-57 主梁节段模型涡激振动试验

(2) 开展大比例尺主梁节段模型试验,检验了在较大的试验雷诺数下主梁的涡激振动特性。

大尺度主梁节段模型试验(图 13-58)主要是为了通过更精确地模拟主梁的构造细节、气动外形、减小风速比,实现更准确模拟主梁涡激共振。试验中采用激光位移传感器测试桥面边缘处的位移响应,试验结果按不同的风速比换算到实桥。

试验结果显示,对于非通航孔桥标准段模型在成桥状态下,风攻角在 -5°、-3°、0°、+3°、+5°时在不同风速下分别发生了竖向涡激振动现象。试验结果(图 13-59)进一步证实成桥状态 30~40m/s 风速下容易发生涡激共振,需要采用适当措施控制或抑制过大的涡激振动。

 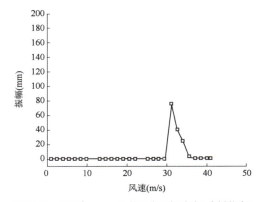

图 13-58　主梁大节段模型试验　　　图 13-59　风攻角 α = -5°的竖向涡振响应(成桥状态)

(3) 开展全桥气弹模型试验,测定了结构风致振动特性,明确了抑制主梁涡激振动的控制阻尼比。

通过开展气弹模型风洞试验,全面模拟大跨度大悬臂钢箱梁的动力特性,并在三维流动特性的条件下测定桥梁的风致振动特性。通过均匀流场中的气弹模型试验,测定可能的涡激振动的发振风速范围和振动幅度。试验结果显示,对于非通航孔桥标准段全桥气弹模型在成桥状态下,风攻角在 0°、+3°时,在不同风速下分别发生了竖向涡激振动现象,施工状态在基本风速以内无明显的涡振现象,如图 13-60 所示。

 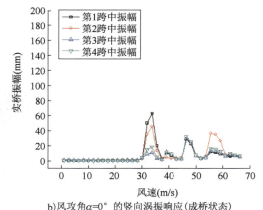

a) 试验模型　　　　　　　　　　b) 风攻角 α=0°的竖向涡振响应(成桥状态)

图 13-60　全桥气弹模型试验

通过开展增加主梁竖向阻尼比的全桥气弹模型的涡振试验,确定了抑制主梁涡振的控制阻尼比。试验结果显示,成桥状态下通过将主梁竖向阻尼比增加至1.0%以上时,可良好地控制结构竖向涡激振动,可将涡激振动降至满足规范要求(图13-61)。

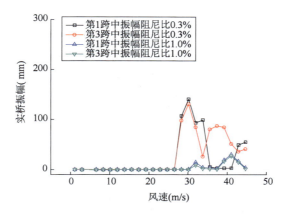

图13-61　成桥状态+3°风攻角不同阻尼比竖向涡振响应

通过系列风洞试验,揭示了大跨径大悬臂钢箱梁桥的涡激振动规律,探明了全桥各节段涡激振动特性,提出了优化的控制参数。

(4)大跨径大悬臂钢箱梁抗风措施技术研究。

根据上述结构抗风性能试验研究结果,大跨度大悬臂钢箱梁在设计风速范围内将会发生涡激振动现象,且振幅和加速度将会影响桥梁结构安全和运营期间的舒适性,因此,必须采用适当措施控制或抑制过大的涡激振动。

一般而言,提高桥梁结构抗风性能的措施主要从改善结构断面气动性能、提高结构整体刚度、增大结构阻尼三方面来考虑,即气动措施、结构措施和机械措施等。气动措施是指通过选择气动稳定性好的断面或附加外部装置或修改结构的截面外形,改善周围的绕流状态,提高气动稳定性,减小风振的幅度;结构措施主要通过增加结构的总体刚度,从而降低风致振动响应和提高其气动稳定性;机械措施是通过增加结构的阻尼或附加重物来提高结构的气动稳定性以降低风振响应。

涡激振动对结构阻尼非常敏感,增大结构阻尼可以缩短风速锁定区,明显降低涡激振动的振幅,有效抑制涡激振动。因此,对于基于其他因素设计既已确定的钢箱梁结构,采用机械措施和增设阻尼装置来提高结构阻尼是大悬臂钢箱梁提高抗涡激振动性能可以考虑的主要措施。结构阻尼装置类型众多,通过综合比选,最终确定对增设TMD开展研究和应用。

TMD装置(图13-62)的工作原理是:主结构承受动力作用产生振动时,带动质量块将产生惯性运动;选取合适的TMD结构参数,当TMD的自振频率与激励频率达到某种关系时,TMD

将借助弹簧向主结构施加反向力,起到抵消部分输入结构的激振力,并通过阻尼器消耗振动能量,使主结构的振动反应很快衰减。由于 TMD 可利用钢箱梁内部的较大空间,置于桥梁结构内部,且具有结构简单、成本低、施工方便、机动灵活、控制效率高等特点,所以大跨径钢箱梁桥的风振控制措施广泛采用 TMD 控制。

a)

b)

图 13-62　港珠澳大桥连续钢箱梁内部两种类型 TMD 装置

通过开展大跨径大悬臂钢箱梁 TMD 参数设计研究,提出了 TMD 主要技术要求,明确了 TMD 参数设计的原则,即需重点考虑减振率、等效阻尼比、行程比等。减振率即安装 TMD 后振幅减小的幅度;等效阻尼比即安装 TMD 后结构整体的等效阻尼比;行程比即 TMD 的振幅与结构振幅的比值。

通过研究不同质量与不同阻尼比的 TMD 的减振效果,进行参数比较分析,明确了参数设置与减振效果之间的规律:当 TMD 取相同的阻尼比时,控制效率和等效阻尼比随 TMD 质量增加,控制效率随之增加,而 TMD 行程比变化不明显;当 TMD 质量保持不变且 TMD 阻尼比高于最优阻尼比时,随着 TMD 阻尼比增加,其控制效率和等效阻尼比显著减小,同时 TMD 的行程比也显著减小;当 TMD 频率比和阻尼比都最优时,TMD 的控制效率和等效阻尼比均最大,但此时 TMD 的行程比最大。主要试验结果见表 13-7 ~ 表 13-9。

TMD 阻尼比 5% 参数试验分析结果　　　　　　　　　　　　　表 13-7

相关参数	TMD 质量						
	80t	70t	60t	50t	40t	30t	20t
行程比	8.96	8.98	8.99	9.01	9.02	9.03	9.04
减振率(%)	95.72	95.15	94.39	93.35	91.83	89.41	84.92
等效阻尼比(%)	4.67	4.12	3.56	3.00	2.45	1.88	1.32
TMD 最优频率(Hz)	0.8062	0.8067	0.8072	0.8076	0.8081	0.8086	0.8091

TMD 阻尼比 10% 参数试验分析结果 表 13-8

相关参数	TMD 质量						
	80t	70t	60t	50t	40t	30t	20t
行程比	4.07	4.08	4.08	4.08	4.09	4.09	4.09
减振率(%)	91.92	90.87	89.52	87.68	85.07	81.03	73.99
等效阻尼比(%)	2.45	2.17	1.89	1.61	1.32	1.04	0.76
TMD 最优频率(Hz)	0.8062	0.8067	0.8072	0.8076	0.8081	0.8086	0.8091

TMD 取最优阻尼比(相对于减振率最高)参数试验分析结果 表 13-9

相关参数	TMD 质量						
	80t	70t	60t	50t	40t	30t	20t
TMD 最优阻尼比(%)	4.47	4.43	4.10	3.75	3.35	2.90	2.37
行程比	9.51	10.24	11.15	12.31	13.89	16.20	20.08
减振率(%)	95.93	95.67	95.34	94.92	94.35	93.54	92.21
等效阻尼比(%)	4.92	4.61	4.29	3.94	3.54	3.10	2.57
TMD 最优频率(Hz)	0.8062	0.8067	0.8072	0.8076	0.8081	0.8086	0.8091

根据上述 TMD 参数分析研究结果，首次提出了 110m 跨径大悬臂钢箱梁 TMD 主要技术要求，包括：摆动质量(单个 TMD 质量)采用 3000kg、3750kg、4000kg、6250kg 四种；质量块最大位移 ±250mm、±300mm；阻尼比 10%；安装 TMD 后主梁结构的等效阻尼比应大于 1%；TMD 系统设计寿命要求与桥梁主体结构相同，即 120 年。

需要注意的是，TMD 在桥梁上应按起控制作用的结构振型来布置。因为对于发生风致振动的桥梁，在参与振动的主振型中振型值最大处结构振动位移最大，在 TMD 质量一定的情况下，安装在此处提供的广义质量最大，控制效率高。因此在实际工程中，TMD 应尽量安装于靠近所需控制振型的振型坐标最大处。以港珠澳大桥六跨一联的 110m 跨径连续钢箱梁为例，TMD 布置在一联的次边跨跨中，每个 TMD 重量为 3.75t，每联共布置 8 个，即两个次边跨跨中分别布置 4 个。

(5)大跨径大悬臂钢箱梁 TMD 监测系统。

TMD 健康监测系统主要通过测量 TMD 质量块和桥梁的振动时程曲线，对 TMD 的工作状态和减振性能进行实时监测，并监测 TMD 是否正常工作。该系统能够用于保障行车安全和抗风安全，能够用于指导桥梁 TMD 运营管养维护以及设计验证，实现桥梁 TMD 数字化、信息化管理，提高运营管理水平。

研发的系统包括：传感器子系统、信号采集子系统、数据分析评判软件子系统、数据传输子系统、数据处理和管理子系统、用户界面子系统。

13.2.7 120 年桥梁设计使用寿命保障技术与新材料应用关键技术

为了提升结构的耐久性能，保障大桥 120 年的设计使用寿命，首先制订了 120 年长寿命耐久性设计保证策略和方法,即"基于'大型化、工厂化、标准化、装配化'建设理念,统筹'结构、材料、工艺、附加措施'综合要素,贯穿于建、管、养全过程,集宏观和细节为一体"的耐久性设计保证策略和方法。

总体保证策略主要包括:

(1)研究并优化设计,采用更合理的结构,注重并研究改善利于耐久性的细节构造设计。

(2)采用有利于结构耐久性保障的高性能材料、产品和装备。对既有高性能材料、产品和装备开展应用研究,对尚缺乏但又必须采用的,开展原创性研究。

(3)采用工业化建造施工方法。高度契合依托工程建设理念,从施工工艺方面根本提升工程内在品质。

(4)研究采用提升、保障耐久性的防护措施。

(5)加强运营期管养研究并制订有效措施。

大桥的耐久性设计方法主要是:首先根据其所处海洋环境确定了工程环境分类与作用等级,基于桥梁主体结构120年的设计使用寿命需求,研究制订了各构件设计使用寿命,进而从原材料要求、构件强度等级及氯离子扩散系数要求、构件钢筋净保护层厚度、构件裂缝宽度限制、构件附加防腐蚀措施等方面开展了详细的混凝土结构耐久性设计;从材料的选择、表面防腐涂装技术措施、内部除湿系统等方面开展了钢结构耐久性设计;对所有附属构件或附属工程同样开展了耐久性设计或提出要求。详见第10章。

下面主要介绍耐久性保障采用的新材料与新技术。

1)1860MPa级平行钢丝拉索

港珠澳大桥在国内首次设计采用1860MPa钢丝斜拉索。通过成功研发1860MPa超高强度钢丝及其锌–5%铝混合稀土合金镀层和成品斜拉索,并应用于通航孔斜拉桥,形成了1860MPa超高强度锌铝合金镀层平行钢丝斜拉索综合体系技术,提高了我国桥梁产品的性能和工业化水平。1860MPa平行钢丝斜拉索体系主要技术要求见表13-10。

1860MPa 平行钢丝斜拉索体系主要技术要求 表13-10

项目	技术指标
抗拉强度	≥1860MPa
屈服强度	≥1660MPa
扭转性能	≥12次(标距100D),且断口为平齐断口
疲劳性能	对应成品索250MPa应力幅的要求,相应的钢丝疲劳应力幅为410MPa(上限应力$0.45\sigma_b$,循环次数2×10^6次,不断裂)
镀锌铝层重量	≥300g/m^2
镀层铝含量	4.2% ~ 7.2%

通过开展钢丝盘条材料研究和试制以及钢丝静载、疲劳试验研究：①掌握了桥梁缆索用1860MPa超高强度热度钢丝在各生产工序中的性能变化规律，制订了合理的生产工艺参数；②研发的桥梁缆索用钢丝抗拉强度达到1860MPa，扭转次数不小于12次（图13-63），松弛率小于2.5%，有良好的抗疲劳性能，在最大应力载荷$0.45F_m$（F_m指极限抗拉强度）、应力幅410MPa下，经200万次循环加载钢丝不断裂；③实现了产品的批量化生产。

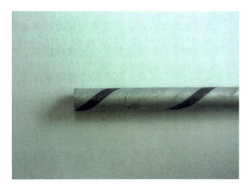

图13-63 扭转次数大于12次时钢丝的平齐断口

通过理论计算分析（图13-64）和试制成品索的物理模型的静载性能试验、抗疲劳性能试验和水密性试验，验证了斜拉索的锚固和疲劳性能满足使用性能要求，成果主要包括：①相比1770MPa、1670MPa钢丝斜拉索在强度上大幅提高，可节省钢材约6%~13%，有效降低了工程造价；②优化了锚具的材质选择和结构尺寸，使拉索体系的强度得到了提升，拉索结构变得更加轻巧；③该斜拉索体系具有很好的抗疲劳性能，提高了桥梁的使用安全性。

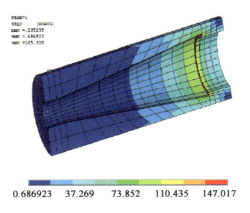

图13-64 锚杯有限元分析

通过研发钢丝采用锌-5%铝混合稀土合金镀层的工艺和技术，锌铝镀层钢丝相比镀锌钢丝，其镀层中铝元素把钢基与环境分隔，起到了屏障保护作用；同时，锌元素又具有优异的电化学防护性能。试验证明在各种大气环境的抗腐蚀能力是同厚度热镀锌层的2倍以上，具有优良的抗腐蚀性能。

2) 高性能环氧钢筋

港珠澳大桥高性能环氧涂层钢筋是在普通环氧涂层钢筋基础上进行的升级换代,对涂层材料、涂层结构、涂装工艺等进行了全新设计,防护涂层的机械加工性能和防护耐久性能有了显著提高,可满足混凝土施工工艺要求,从而提高钢筋混凝土的整体耐久性。

根据中国科学院金属研究所的研究成果,针对港珠澳大桥工程环境条件和工程需求,提出了满足耐久性120年要求的高性能环氧涂层钢筋性能指标,与杭州湾跨海大桥采用的普通环氧涂层钢筋相比,在涂层的厚度、破损率和针孔率等关键性能指标方面有了极大改善,并对涂层的耐脱层性能方面有了明确要求,增强了涂层的抗脱层能力,其综合耐久性能得以明显改善。

主体桥梁工程的钢筋绝大部分采用高抗弯曲性、高抗冲击性和高抗耐磨性的高性能环氧钢筋(小部分采用了不锈钢钢筋)。研发的高性能环氧涂层钢筋与普通环氧涂层钢筋相比,具有如下优势:①环氧涂层钢筋的性能指标得到大幅提高;②环氧涂层厚度比原普通环氧涂层钢筋增加了15%~25%,大大增加了环氧涂层钢筋的强度及在施工现场的可操作性,使环氧涂层钢筋在工地施工过程中破损率大大降低;③环氧涂层漏点由原普通环氧涂层钢筋3个/m降低为0.5个/m,大大增加了环氧涂层钢筋的涂层完整性;④增加了环氧涂层湿附着力、吸水增重率、黏结强度等重要检测指标,使高性能环氧涂层钢筋在涂层防腐性能、黏结强度以及涂层在海水环境下的耐久性大大提高。

总之,港珠澳大桥采用的高性能环氧涂层钢筋较杭州湾跨海大桥采用的普通环氧涂层钢筋,在性能指标上又有了进一步提升和改善,尤其在涂层的厚度、破损率和针孔率等关键性能指标方面有了极大改善,并对涂层的耐脱层性能方面有了明确要求,增强了涂层的抗脱层能力,其综合耐久性能得以明显改善,详见表13-11。

港珠澳大桥高性能环氧涂层钢筋与普通环氧涂层钢筋的主要技术特性区别　　表13-11

编号	指标	高性能环氧涂层钢筋	普通环氧涂层钢筋
1	涂层厚度	单层:220~350μm 双层:250~400μm	180~300μm
2	破损率	<0.5%	<1.0%
3	针孔率	0.5个/m	3.0个/m
4	湿附着力	90℃,>15d 或 >45d	未作要求

同时,通过系统地研究,港珠澳大桥在环氧涂料的制备、涂层钢筋的施工工艺和装备方面取得了全面进展,制定了专用技术规范,生产出了合格的高性能环氧涂层钢筋,解决了环氧涂层钢筋不适用于耐久性要求的问题,满足海洋环境下不同区域混凝土钢筋长效防腐需要,满足120年耐久性的要求。港珠澳大桥高性能环氧涂层钢筋的生产及应用见图13-65和图13-66。

a) 钢筋表面处理

b) 钢筋涂覆涂层

图 13-65　钢筋涂装生产线关键装置

图 13-66　港珠澳大桥高性能环氧涂层钢筋应用

3) 大直径钢管复合桩 (钢管) 防腐蚀技术

港珠澳大桥桥梁基础基本全部采用大直径钢管复合桩,对于外海恶劣环境的钢管复合桩,其结构耐久性至关重要。为此,提出了满足 120 年设计寿命的钢管复合桩(钢管)防腐蚀技术体系,即内外壁高性能环氧涂层防护技术与高效铝合金牺牲阳极阴极保护联合保护技术。

通过系统研究形成了港珠澳大桥钢管复合桩(钢管)防腐蚀技术(图 13-67),主要创新技术成果包括:

(1) 提出了钢管复合桩(钢管)防腐蚀技术体系,即内外壁高性能环氧涂层防护技术与高效铝合金牺牲阳极阴极保护联合保护技术。

(2) 提出了高性能涂层体系关键控制性能指标:高温下涂层吸水性、抗离子渗透性、抗湿态附着力、干态黏结强度、抗阴极剥离能力、耐磨性等,并规定了其技术指标参数和检测标准。

(3) 形成了钢管复合桩(钢管)的内外壁高性能涂层体系的施工工艺和质量控制方法。

(4) 研发了一系列钢管复合桩(钢管)高性能环氧粉末防腐施工关键装备。

(5)提出了在不同服役区域钢管复合桩(钢管)内外壁高性能的涂层厚度设计和结构:泥下区采用双层高性能熔融结合环氧粉末涂层进行保护,底层厚度不小于300μm,面层厚度不小于350μm,总厚度不小于650μm;海水区和泥下冲刷区:采用加强级双层高性能熔融结合环氧涂层,底层厚度不小于300μm,面层厚度不小于700μm,总厚度不小于1000μm。

(6)根据钢管复合桩(钢管)的服役环境和结构力学要求,在桩内壁首次采用防腐层和耐磨黏结层的复合涂层结构。

(7)论证了阴极保护对钢管桩防护的必要性,提出了牺牲高效铝阳极的阴极保护方式。

(8)提出了水中安装牺牲阳极,保护泥下区低墩区钢管复合桩的新型阴极保护方法,给出了新型安装方式的理论和模拟试验两方面验证结果。

(9)设计了阴极保护和腐蚀监控系统的远程终端控制系统,测量和数据传输实现了智能化。

a) 外壁

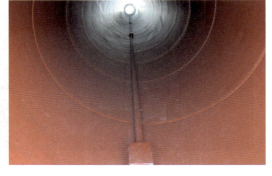
b) 内壁

图 13-67 港珠澳大桥钢管复合桩高性能环氧粉末钢管

4) 耐候钢锚箱设计和制造技术

在国内首次开展了耐候钢锚箱的应用技术研究,形成了耐候钢锚箱设计和制造技术,提高了索塔锚固结构的耐久性,减少了后期运营养护工作,节约成本。通过对钢锚梁采用的耐候钢力学性能、耐久性能、焊接性能进行试验研究,获得了耐候钢的预测设计使用寿命。在此基础上,国内首次将耐候钢应用于青州桥斜拉桥索-塔锚固结构中,并开展了耐候钢锚箱的制造工艺研究与应用,形成了耐候钢应用于斜拉桥索-塔锚固结构的设计和制造技术,提高了索-塔锚固结构的耐久性,保障了海洋腐蚀环境下桥梁的120年设计使用寿命。

主要研究内容和成果包括:

(1)开展了耐候钢耐候性能研究。在广州大气暴露试验站进行了大气暴露腐蚀试验,结果表明:随着试验周期的延长,Q355NHD耐候钢和$Q345_qD$普通钢的腐蚀速率均降低,$Q345_q$钢平均腐蚀速率约为Q355NHD钢的1.5~2倍,即Q355NHD钢的耐大气腐蚀性能约为

Q345qD 钢的 1.5~2 倍。

(2) 开展了耐候钢寿命周期的减薄量预测。耐候钢 Q355NHD 耐候指数 I 为 5.7,根据《低合金钢耐大气腐蚀性评估的标准指南》(ASTM G101—1997)的有关公式,可算得 15.5 年后钢板腐蚀减薄量为 109μm,同时,根据耐候钢 Q355NHD 在广州大气暴露试验站腐蚀数据,两年的腐蚀减薄量为 52μm,可推出腐蚀减薄量与时间的关系如公式(13-1)所示:

$$\log C = 1.612 + 0.36 \log t \tag{13-1}$$

式中:C——腐蚀速率(mm/a);
　　　t——暴露时间(a)。

根据公式(13-1)预测 Q355NHD 钢在 120 年寿命周期的腐蚀减薄量为 230μm。将上述减薄量影响计入到结构计算中,保证在考虑钢板减薄量后结构受力满足要求。

(3) 开展了周期浸润加速腐蚀试验。采用质量分数为 3.5% 的 NaCl 溶液和 0.01mol/L 的 $NaHSO_3$ 混合溶液进行周期浸润加速腐蚀试验,模拟海洋工业大气环境条件下耐候钢 Q355NHD 和普通钢 Q345qD 的腐蚀行为,根据试验测得的腐蚀失重以及计算出的腐蚀速率和年腐蚀减薄量,对比评价耐候钢 Q355NHD 的耐腐蚀性能。试验结果表明:在模拟海洋工业大气环境条件下,耐候钢 Q355NHD 的耐大气腐蚀性能是普通钢 Q345qD 的 2 倍。

(4) 根据钢锚箱的接头特点选取典型接头进行了焊接工艺评定试验(图 13-68)。试验项目包括对接焊缝、全熔透角焊缝、部分熔透角焊缝以及 T 形接头角焊缝等共 13 组焊接型式。焊接工艺评定试验结果表明:焊接接头的力学性能全部满足技术要求,试验所采用的焊接工艺可作为钢锚箱焊接工艺的依据。

5) 全自动智能桥梁巡检车

桥梁巡检车是大桥运营维养期重要的装备。在港珠澳大桥之前,国内外桥梁梁内检查车多是简易的、敞篷式构造,无法适应箱梁内部高温、缺氧的特殊工作环境,且无法跨越伸缩缝、智能通过密封门。国内外桥梁梁外检查车多采用单跨、单联式设置,存在的问题主要为:检查车工作效率低;承载能力差、寿命短;安全性差,智能化低;环保性差;电源供给能力弱等。

为了保障大桥运营期的养护工作顺利、有效开展,通过研究和足尺模型试验验证(图 13-69),提出了新一代的全自动智能桥梁巡检车。自主研发的新一代桥梁梁内检查车首次实现了智能通过智能跨越伸缩缝、智能通过密封门、调温供氧等功能;自主研发的新一代桥梁梁外检查车相比于嘉绍大桥梁外检查车,实现了智能跨越伸缩缝、变宽行走、变平、竖曲线行走、升降平台、紧急制动、驻车制动等功能。

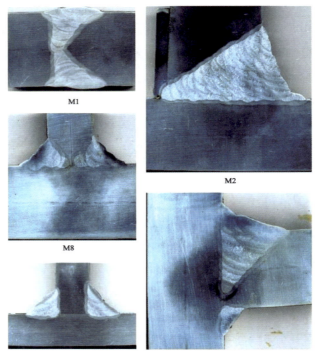

图 13-68　耐候钢钢锚箱焊接工艺评定典型接头断面

图 13-69　港珠澳大桥梁内检查车足尺模型试验

(1) 梁内全自动智能巡检车

梁内全自动智能巡检车(图 13-70)的技术特点体现在以下几个方面：

①设计、研制了梁内轨道伸缩系统，实现梁内检查车快速平稳跨越伸缩缝的功能，满足可达性要求。

②设计、研制了遥控密封门，在满足密封的前提下，实现梁内检查车快速通过梁内密封门。

本项目首次提出了遥控智能开启密封门方案,在满足密封的前提下,实现检查车快速通过梁内密封门,提高工作效率。

③梁内检查车采用了绿色新能源锂电池供电,实现能量的高效率利用和节能环保。

④研制了梁内检查车钢轮外包聚氨酯构造,减小了车体与轨道之间的振动冲击及车轮对轨道的摩擦损伤,提高了轨道及车轮的使用寿命。

⑤梁内检查车开创性搭载了空调、供氧系统,提高了工作人员的舒适度,增加了检查车的适用范围。

图13-70　港珠澳大桥梁内巡检车

(2)梁外全自动智能巡检车

梁外全自动智能巡检车(图13-71)的技术特点体现在以下几个方面:

①设计、研制了梁外检查车转轨控制系统,旋转轨道结合自动化控制能实现梁外检查车智能过墩(塔)的功能,达到多联共用检查车的目的。

②设计、研制了梁外检查车轨道伸缩系统,实现梁外检查车智能跨越伸缩缝墩功能。同时,墩台外侧梁外轨道采用单侧双轨(辅助墩处)和三轨系统(伸缩缝处),增加了检查车过墩稳定性。

③设计、研制了活动龙门架系统,实现了检查车的变宽行走,最大轨距变宽量为5.7m。

④设计、研制了梁外检查车升降作业平台,可实现梁底全方位高效率检修。

⑤设计、研制了钢轮外包聚氨酯橡胶构造,既满足检查车高爬坡能力的要求,又减小对轨道涂层的损伤,也有利于提高梁外检查车的使用舒适度。

⑥设计、研制了检查车电磁制动装置,结合电机制动和手轮制动,多重制动保证了驻车安全。

⑦采用绿色新能源锂电池供电,实现高效率利用和节能环保。

图 13-71 港珠澳大桥梁外巡检车及其过墩过程

综上所述,在 120 年长寿命耐久性设计总体保证策略的指引下,通过多项新材料、新技术、新工艺、新装备的研发和应用,并采取其他多种、高效的综合措施,以达到为港珠澳大桥的设计使用寿命保驾护航的目标。

13.2.8 结构体系创新技术

1) 斜拉-连续梁组合体系

如前所述,为充分利用与自身主梁结构相同的相邻非通航孔桥的上部结构,3 座通航孔斜拉桥均采用了比常规斜拉桥多出的"拖带"不设置斜拉索的外边跨,从而整体形成了斜拉-连续梁组合体系(图 13-72)。

以青州桥为例,对常规布跨(不设辅助墩)、边跨配重的双塔三跨斜拉桥体系[图 13-73a)]、利用相邻一跨非通航孔桥进行压重但结构不连续的斜拉-简支梁组合体系[图 13-73b)]和斜拉-连续梁组合体系[图 13-73c)]进行静动力性能对比分析研究,得出如下结论:

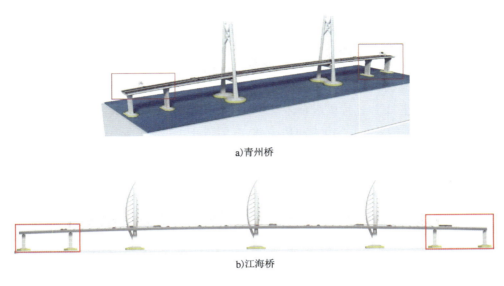

图 13-72 斜拉-连续梁组合体系

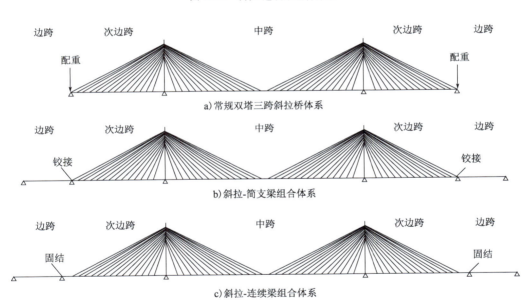

图 13-73 不同结构体系(以青州桥为例)

斜拉-连续梁组合体系整体刚度大,结构变形小,边锚索不易发生疲劳破坏,但辅助墩顶主梁断面在恒载和活载作用下负弯矩大,需要特殊设计。斜拉-连续梁组合体系较斜拉-简支梁组合体系自振频率高,具有整体刚度大、结构受力有利的优点,但易受地震等动力作用的影响,需要进行抗震优化设计。斜拉-简支梁组合体系与常规体系受力及变形状态基本相同,仅节省了边跨墩顶梁内配重。

基于研究结论,结合项目特点,最终因地制宜地实施了斜拉-连续梁组合体系,并基于该体系的结构特点,进行了辅助墩范围钢箱梁结构构造和全桥钢箱梁结构约束体系的针对性优化设计。

2)基于静动力性能最优目标的斜拉桥结构约束体系

如前所述,对3座斜拉-连续梁组合体系通航孔斜拉桥进行了基于静动力性能最优目标的结构约束体系研究和优化设计。以青州桥为例,由于边跨未设斜拉索,在竖向,主梁兼具斜拉桥(有索区)和连续梁(无索区)的受力特性,上部结构传给桥墩的力较大;在横向,由于钢主梁柔度大,当辅助墩顶主梁横向自由时,该处极限静风横向位移虽很小,但E3水准地震作用下横向位移达0.37m,具备了足够的阻尼装置耗能行程。上述特点有别于常规布置的钢主梁斜拉桥和边跨为混凝土主梁的混合梁斜拉桥。

3)斜拉桥施工期取代临时墩的拉索平衡结构体系

(1)技术方案

青州桥的上部结构施工采用对称悬臂拼装方案。为了确保结构受力安全,需要在双悬臂长度达到一定程度后增加平衡措施。如果采用传统方案,则需要在每个近桥塔边跨内设置一个临时墩,距塔柱中心线102m。然而,该方法无法满足该桥"无支架、无托架、无临时墩"的施工目标。因此,提出了采用拉索平衡结构体系的方案。

(2)设计原则

拉索平衡结构体系的设计主要遵循以下原则:

①全替代功能。拉索应完全取代临时墩的功能,在中、边跨均应设置拉索,并且对称布置,以保证在双臂施工过程中上部结构的约束体系不发生改变。

②持续受拉状态。拉索在任何工况下都应处于受拉状态,防止松弛。为此,需要对拉索进行预张拉,预张拉力应通过桥梁总体结构计算确定,以满足受力要求。

③施工过程控制。拉索的张拉和拆除应经过精确计算,并纳入桥梁施工控制中,以考虑其对施工阶段和成桥状态的受力和线形影响。

④抗风设计。桥梁施工期的抗风性能应符合要求,需要通过模型风洞试验进行相关研究。

(3)拉索平衡结构体系设计

根据研究,在中、边跨各设置一对临时拉索。临时拉索下端锚固于桥塔承台中,承台端为张拉端,通过钢锚梁连接于预埋在承台混凝土中的$\phi32mm$精轧螺纹钢筋实现锚固和张拉。临时拉索上端连接在第六对斜拉索对应的梁段底端,连接位置距桥塔中心线102m。临时拉索采用成品斜拉索,型号为PES7-151,单根长约101m,两端配冷铸锚。在第六对斜拉索第二次张拉后,对称安装临时拉索,并对其施加3000kN的张拉力。待边跨合龙后,拆除临时拉索。

(4) 桥梁受力性能分析

桥梁双悬臂施工状态下的静载受力分为正常工况和意外工况。计算分析表明,临时拉索的预张拉使其临近的斜拉索索力得到附加增量,且增量随距离增大而下降。在正常工况下,拉索平衡结构体系方案对应的主梁根部弯矩比临时墩方案增大约6%,塔底纵向弯矩减少约27%。在最不利意外工况下,塔底纵向弯矩比临时墩方案减少约9%,主梁根部弯矩减少约79%。结构的对称性改善了受力条件;成桥阶段的内力可通过斜拉索索力调整,使受力更加合理。

有限元分析显示,在正常工况下,临时拉索的拉力为2200~3600kN;在最大双悬臂工况下,最小拉力为657kN,最大拉力为6172kN,安全系数为1.75,符合要求。屈曲计算分析表明,桥梁的弹性稳定安全系数为20.3,满足大于4的要求。

(5) 抗风性能试验研究

为研究施工期桥梁的抗风性能和动力响应,进行了比例为1:70的全桥气动弹性模型风洞试验(图13-74),施工期设计基本风速按30年重现期取用,取值为39.1m/s,相应桥面基准风速为45.6 m/s。在均匀流和紊流工况下,最大双悬臂状态下的试验结果表明,拉索平衡结构体系能提高桥梁的抗风性能,降低抖振响应,并提高在风自激振动下的稳定性。

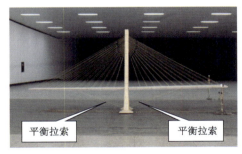
a) 均匀流

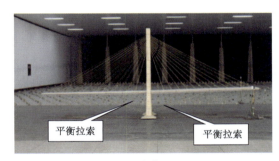
b) 紊流

图13-74 最大双悬臂状态全桥气弹模型风洞试验

(6) 实践效果

该技术在青州桥上成功应用,相较于传统临时墩方案,节省了约50d工期,节约工程造价约1100万元(拉索平衡方案造价仅为临时墩方案的5.7%)。拉索平衡结构体系在资源节约、快速施工和经济性方面具有显著优势,具备良好的推广应用价值。

4) 钢结形撑钢-混凝土结合技术

(1) 钢-混凝土结合传力机理

混凝土桥塔钢结形撑连接系与混凝土塔柱通常采用带锚固钢筋的预埋钢板连接,或带预应力束的预埋钢板连接,钢结构连接系与预埋钢板在现场进行焊接。青州桥作为斜拉桥,其上塔柱受力显著受到斜拉索的影响,在横风和地震作用下,连接节点承受较大的力,两肢塔柱存在扭转受力,导致连接节点受力复杂。

为应对此问题,设计提出将连接箱作为一个将结形撑与塔柱连接节点范围内的塔壁包裹的箱体。其壁板(腹板和面板)均开设圆孔,塔柱竖、横向钢筋穿过圆孔,形成PBL剪力键(开孔板连接件)传力(腹板上还设置了少量剪力钉),并设有大的混凝土浇注孔,利于混凝土的浇筑流通,形成整体受力。

(2) 模型试验研究

基于上述传力机理,开展了结构相对标准化的钢箱格式壁板-混凝土塔壁连接箱接合部1∶2缩尺模型试验,以研究新型壁板构造的竖向传力机理和破坏模态,并评估其承载能力和整体刚度,为实际工程提供理论支持。研究结果表明:

①在1.8P荷载(P为设计荷载)作用时,除钢壁板局部和个别开孔板局部达到屈服强度外,其余钢结构和普通钢筋均处于弹性工作状态,钢箱格式连接构造承载性能良好,结构安全可靠。

②根据钢筋应力和相对位移结果,塔壁开裂荷载约为1.2P。由于钢箱格式连接构造外面板对塔壁混凝土形成"套箍"作用,在2.2P荷载作用下,最大脱离量仅约1.0mm,最大竖向滑移量不到0.8mm,结构具有良好的整体刚度。

③试件加载至2.5P时塔壁表面未出现明显开裂,表明新型壁板构造具有较好的抗裂性,有利于提高组合钢-混凝土接合部的结构耐久性。

(3) 计算分析

钢结形撑设计属国内外首次提出,为确保受力安全,开展了全桥总体计算中结形撑受力计算、桥塔框架中结形撑受力计算、结形撑与塔柱连接局部精细有限元分析等,计算结果表明结构性能满足要求。

(4) 实践效果

青州桥首次创新性地设计并应用了"中国结"造型的索塔上连接系结构,取得了良好的实践效果,详细内容见13.2.2部分。

5) 江海桥临时固结体系

江海桥主梁安装施工过程中需将钢箱梁与钢塔进行临时固结。为此研究提出了一种新型塔梁临时固结构造(图13-75),主要包括临时固结箱形构造、垫块和紧固螺栓。紧固螺栓依次穿过钢塔、钢箱梁和垫块,通过对其施加预紧力约束塔梁间各方向自由度。该构造具有结构简洁、受力明确、适用性强及易拆卸等特点。

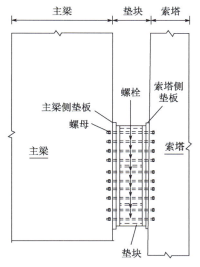 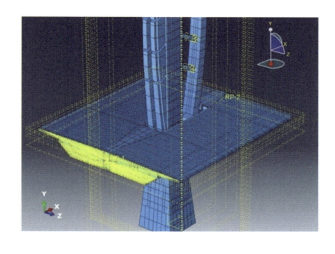

图 13-75 江海桥新型塔-梁临时固结体系

13.3 推广应用及前景

港珠澳大桥是具有国家战略意义的世界级跨海长大桥梁,具有建设意义重大、自然环境特殊、建设质量要求和使用寿命要求高等特点。因工程的特殊区位、建设条件、质量要求和多重功能决定了它面对"工程技术、施工安全、环境保护、建设管理"四大挑战。为了应对四大挑战,解决所带来的各项问题,项目创新实践了"大型化、工厂化、标准化、装配化"建设理念。

"大型化、工厂化、标准化、装配化"的核心是工业化,其目的是要全面提升跨海桥梁建设的工业化水平,改变过去的跨海大桥的建设理念,变浇筑为建造,变建造为制造,引入生产流水线的标准化理念,推动桥梁工程领域里的工业化革命,将工业化的生产方式引入桥梁工程建设。工业化的根本在于实现桥梁建设的"装配化","大型化、工厂化、标准化"是实现"装配化"的前提条件。

因此,面对复杂的建设条件、极高的建设目标和要求,港珠澳大桥主体桥梁工程的建设必须采用装配化桥梁建设技术,最大限度减少现场工作量、作业人员和机具船舶数量,变海上现场施工为陆上工厂作业,规避工程区因台风影响、航运繁忙、环保要求等带来的风险,确保施工安全并最大限度降低对海洋生物的伤害和干扰。

针对海上装配化桥梁建设技术难题,建设者们实践应用了前述成套关键技术成果,确保了港珠澳大桥装配化桥梁建设方案的合理性,并保证了其安全、高效、优质地建成。项目研究以解决港珠澳大桥桥梁集群工程装配化建设关键技术为切入点,以自主创新、集成创新为主导,以"产-学-研-用"结合模式开展研究工作,取得的成果涵盖试验技术、设计技术、施工技术、材料技术以及装备技术等,研发了多项新材料、新技术、新产品、新工艺、新设备,最终形成了港珠澳大桥桥梁集群工程成套关键技术，并最终实现了技术成果的推广应用，升级了我国桥梁产业化、工业化水平，打造了"国家新名片"。

港珠澳大桥桥梁集群工程创新技术成果的推广应用，主要体现在：

(1) 通过应用埋床式全预制海上桥梁墩台装配化建造技术，采用研发的大直径钢管复合桩和墩台整体预制、全预制墩台安装、墩身之间采用干接缝连接等关键技术，大大减少了港珠澳大桥现场工程量，缩短了海上作业时间，降低施工风险，节约了工程造价。此外，通过将研发的大直径钢管复合桩计算及设计方法与埋床式全预制墩台设计施工成套关键技术并推广应用于翔安大桥（厦门第二东通道）工程，取得了良好的经济效益和社会效益。

(2) 依托港珠澳大桥建立的钢箱梁桥板单元自动化制造生产线，将该技术成果直接应用于港珠澳大桥钢箱梁制造，对提高效率、稳定质量、保证安全、环保等方面均起到了重要作用，确保了港珠澳大桥钢箱梁制造质量的同时也大幅提高了劳动生产率，大大节省了工程造价。该技术成果大范围推广应用于南沙大桥（虎门二桥）、深圳至中山跨海通道（深中通道）、武汉杨泗港长江大桥、武汉沌口长江大桥、湖北石首长江大桥、武汉青山长江大桥、沪苏通长江公铁大桥、蒙华洞庭湖大桥、湖北棋盘洲大桥、南京长江大桥维修改造、湖北武穴长江大桥、宁波舟山港主通道、中俄黑河-布拉戈维申斯克界河公路大桥、美国纽约韦拉扎诺海峡大桥桥面板更换工程、挪威Halogaland大桥、蒙西华中铁路公安长江公铁两用特大桥等诸多国内外大型工程项目，取得了显著的直接经济效益和社会效益，带动了我国钢桥制造业的全面提升，改变了传统的钢箱梁制造模式，推动了行业技术发展，提高了我国钢桥梁制造技术的国际竞争力。

(3) 采用研发的跨海长大桥梁减隔震技术，使港珠澳大桥深水区非通航孔桥基础规模由9根钢管复合桩得以优化为6根钢管复合桩，共计减少363根，节省工程造价约1.4亿元。

(4) 采用研发的GMA浇注式沥青成套技术，较采用传统的温拌拌环氧沥青方案，节省投资约2.4亿元。同时，通过将研发的钢桥面铺装自动化集料生产线应用于港珠澳大桥外，并推广应用至南沙大桥、湖北石首长江大桥、芜湖长江公路二桥等项目，取得了显著的经济效益和社会效益。

(5) 对于项目研发的120年设计使用寿命保障技术，除了整体应用于港珠澳大桥外，还将大直径高强度螺纹钢筋和锚固体系大规模推广应用于翔安大桥、南宁英华大桥、云南虎跳峡金沙江大桥、湖北石首长江大桥、浙江三门湾大桥等项目；将全自动智能桥梁巡检车技术推广应用于安徽铜陵长江大桥、富翅门大桥、杨浦大桥大修工程养护、武汉青山长江大桥检查车等众多项目；高性能环氧钢筋及专用装备、钢管复合桩（钢管）防腐蚀技术、高性能环氧粉末钢管桩及专用装备推广应用于舟岱大桥、宁波舟山港主通道等诸多项目；1860MPa超高强度热镀（锌、锌-铝合金）钢丝推广应用于湖南洞庭湖大桥、武汉青山长江大桥，等等。

基于港珠澳大桥桥梁工业化建造的成功设计实践经验，有关单位于2017年在北京发起成立了我国首家装配化钢结构桥梁产业技术创新战略联盟，旨在引领我国钢结构桥梁全产业链技术与建设机制迈向国际高端。通过集中优势资源，开展了装配化钢结构桥梁系列通用图技术的研发、转化与工程应用，并最终形成了交通运输行业钢结构桥梁系列通用图创新技术成果，其中《装配化工字组合梁钢桥通用图》(JTG/T 3911—2021)和《装配化箱形组合梁钢桥通用图》(JTG/T 3912—2022)已作为我国交通行业标准图集公开发布实施，这将进一步推动我国钢结构桥梁建设的转型升级和高质量发展。

此外，大桥建设取得了显著的社会效益，主要体现在：

(1)新技术的应用保障了工程质量、提高了施工工效、加快了施工进程，为港珠澳大桥顺利建成提供了有力技术保障。

(2)减少了水下混凝土施工用量，减少了污水、废水的排量，最大限度地降低了施工对伶仃洋水质的污染，符合中华白海豚相关水域环保要求。

(3)实现了海上桥梁上下部结构的全面装配化施工，提升我国跨海桥梁建造能力和工业化水平，开启我国装配化桥梁建设的新时代。

(4)建立的全新自动化生产线、智能化的板单元组装和焊接机器人系统、先进的超声波相控阵检测设备，代替了过去以手工操作为主的生产模式，大大提高了钢结构桥梁板单元成品的质量和稳定性，推动并提升了整个行业的技术进步。

(5)形成的钢桥面新型浇筑式沥青铺装成套关键技术对地理位置处于高温多雨的地区、复杂多变的自然环境、繁重的交通负荷作用以及工作条件十分复杂的钢桥面铺装层设计与施工均具有很好的借鉴意义。

(6)研发的新材料、新技术、新装备、新工艺及其应用有效推动了行业技术发展，对节约工程造价、节能减排具有重要意义。

(7)形成的成套技术成果对现行规范的修订、相应标准的制定以及设计、施工具有重要指导意义和参考价值。

形成的具有突破性的成套技术创新成果，为大桥安全、优质地建成提供了有力技术支撑，并且有力提升了全产业链服务能力，升级我国桥梁产业化、工业化水平，打造了"中国桥梁"名片。

第 14 章　岛隧工程技术创新

如果说港珠澳大桥的景观亮点在桥梁,那么更大的技术挑战则在岛隧工程。我国第一次在外海实施如此规模庞大的岛隧工程,海底构造物的整个建造过程难以凭肉眼进行观察,并且无成熟的经验可以借鉴。为应对复杂的海中建设环境、高标准的技术挑战,降低工程风险,确保工程安全、高品质建设,项目依托设计施工总承包平台,整合全球资源,开展了一系列专题研究和试验验证,最终实现了多项技术创新,建成了当前世界上第一座沉管段最长、埋深最深的海底沉管隧道,打造了"中国隧道"名片。

14.1　技术创新背景

14.1.1　关键技术难题

岛隧工程实施过程中,面临着一系列的问题,比如:东、西人工岛怎么建?隧道的沉管管节如何制造、寄放和浮运、安装?沉管采用什么样的结构形式?沉管的"根基"即地基条件怎么样,采用什么样的基础合适?地基如果需要加固,如何加固?沉管的合龙段即最终接头设置在哪里妥当,采用什么样的结构形式合适?各类技术疑问,不一而足。

当面对未知、复杂的事物或问题,我们可能会感到迷茫或不知所措,或甚至感到恐惧,所有的一切来源于未来的或未知事物的巨大不确定性,不确定即意味着存在风险。然而,在我们的世界里,我们每天都要面对不确定的事物或人,并且在动态的世界中,在不确定的条件下,问题往往并不存在单一的答案。

面对岛隧工程建设难题和巨大的不确定性,我们需要基于先验的经验,整合国内外优势资源,开拓解决问题的思路,最终通过技术创新来予以解决,并尽可能地寻求到解决问题的最优解。

岛隧工程建设面临的关键技术难题主要体现在以下几个方面。

1) 离岸筑岛与地基处理

东、西人工岛是港珠澳大桥重要的组成部分,是岛隧工程的先导工程,其建设具有以下技术特点和难点:

(1)人工岛在外海无掩护条件及深厚软土地基条件下进行建设,西人工岛需要在18个月内为首节沉管安装提供对接条件。

(2)岛上隧道和房建结构坐落于人工岛上,为实现隧道基础纵向刚度协调,控制建筑结构总沉降及差异沉降,需要快速密实回填砂、加固软土地基并有效控制沉降。

(3)人工岛内须提供可靠的海上基坑以满足岛上隧道段现浇要求。

若考虑传统的抛石斜坡堤方案,则开挖回填工程量大,成岛后再施工岛内基坑支护结构,斜坡堤和岛内陆域需要大量的地基处理,无法保障工期计划需求。同时,岛内地基处理若采用排水砂井和堆载预压,增加了基坑止水风险,施工作业船机数量多、时间长,交通安全管理难度大,环保影响难以避免。因此,面对上述技术难题,需要采用一种新的筑岛技术方案。

2)沉管隧道深水基础

高质量的地基基础是沉管隧道顺利建设的基石。港珠澳大桥海底沉管隧道工程地处软基,基础工程施工面临外海、深水、精度要求高、需处理好回淤等难题,具体体现在:

(1)外海深埋、超长沉管隧道,无成熟设计、施工经验借鉴,需探索研究适合外伶仃洋作业、复杂地质等制约条件下的设计、施工方法。

(2)基础施工包括沉管基槽精挖、抛石夯平、碎石垫层铺设,现场作业最大水深近50m,施工控制精度要求高于码头等常规水工结构;工程地处外海开敞海域,气象水文条件复杂,水下不可视,基础施工质量控制是重点也是难点。

(3)沉管隧道横卧珠江口,基槽内和基床上必然发生泥沙回淤,如何在给定工期内清除基床上回淤物又不扰动基床也是面临的一个技术难题。

3)沉管隧道结构

沉管隧道通常采用浅埋形式,沉管管顶一般位于床面以下2~3m。港珠澳大桥为了预留30万吨级航道,沉管隧道近3km长度范围内需要埋置于海床面以下约22m,此前在世界上还没有先例。同时,沉管结构需长期承受22m厚淤泥和高水压荷载,是常规沉管结构荷载的4~5倍,再叠加复杂的基础条件,这些都对沉管结构本身和管节接头提出了严苛的要求。如果采用欧洲沉管常用的节段式纵向柔性管节体系(图14-1),节段接头剪力键存在能力不足的破坏与止水失效风险;如果采用浅埋沉管中另一种常用的整体式刚性管节(图14-2),管节长度通常只能维持在100m左右,管节数量将增加50%,工期也会延长,且存在结构开裂漏水的风险。

既然柔性管节和刚性管节都不太适用于本项目,那么是否可能存在一种新型的沉管结构可以应用于港珠澳大桥,这是需要认真思考和面对的技术难题。

图 14-1　柔性管节结构风险机理

图 14-2　刚性管节结构风险机理

此外,沉管隧道需要在水下进行合龙,沉管的合龙段即沉管的最终接头。港珠澳大桥沉管隧道最终接头处于外海,深槽紊流、东人工岛岛头绕流等气象水文条件复杂,很难找到满足潜水作业的连续长周期时间,潜水水下作业存在断断续续的风险,并且最终接头如果长时间在水下施工则可能会带来超标的回淤,清淤作业将影响施工进度。因此,能否提出一种新型的沉管隧道最终接头结构,以满足安全、高效安装,是面临并需要创新解决的难题。

4)大型沉管预制

港珠澳大桥的海底沉管隧道共需要预制 33 个管节,其中直线管节 28 个、曲线管节 5 个,混凝土预制总量约 87 万 m^3。标准管节由 8 个 22.5m 长的节段连接而成,长 180m,宽 37.95m,高 11.4m,预制总重约 7.6 万 t,混凝土用量约 2.8 万 m^3(图 14-3)。沉管管节设计寿命 120年,混凝土 28d 强度等级为 C45,截面尺度大,钢筋含量超过 $300kg/m^3$,无外包防水,需要在40m 水下保证管内一级防水标准,沉管预制质量的保障面临巨大的挑战。同时,如何预制大型管节、存放管节及进行大体积混凝土防裂,这些都是面临的重大技术难题。

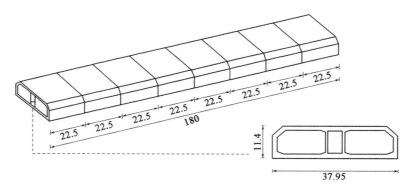

图 14-3　沉管管节(尺寸单位:m)

5)大型沉管浮运与安装

港珠澳大桥沉管隧道是我国第一条需要在外海环境浮运、安装的沉管隧道,最大沉放水深44.5m,基槽最深处约为 35m,槽深是同类沉管隧道的 2~3 倍,槽底海流复杂,流场紊乱。深槽深水沉管有别于其他沉管,应该说港珠澳大桥的深水深槽大型管节安装是世界范围内的首次尝试,其浮运、安装特点见表 14-1。

港珠澳大桥沉管浮运、安装特点 表 14-1

序号	项目	特点分析
1	规模	管节体量大(7.6万吨级)、数量多(33节)
2	作业条件	①现场远离大陆,材料、设备、人员等组织运输效率低; ②外海无掩护施工,易受台风、热带气旋、短时雷暴等恶劣天气影响,安装期需跨越多个台风季节; ③位于珠江口航道运输最繁忙水域,水上交通安全管理难度大; ④岛头区沉管安装作业面狭窄、水流条件复杂
3	技术难点	①复杂水流和航运条件下的管节浮运; ②水文与气象作业窗口分析、精细化预报和保证; ③跨海控制测量和高程传递; ④深水(45m)长距离(5.6km)条件的沉管水下高精度定位测控; ⑤岛头效应产生的挑流对岛隧结合部管节沉放的影响
4	安装工期	①安装施工作业条件严格,每月只有2个窗口期,可作业天数有限; ②33节沉管的安装,与国内外类似工程比较,工期挑战性大
5	施工风险	①深水压力条件下的端封门等结构安全风险; ②深水条件的潜水作业安全风险; ③突发灾害天气条件下现场作业安全风险; ④沉管浮运通航安全风险; ⑤在回淤环境下,先铺碎石基床及基槽边坡回淤超标风险

基于上述特点,为了保障大型沉管的高效、高精度安装,需要从装备、测控系统、监测系统等方面展开一系列技术攻关。

14.1.2 创新目标

基于前述本项目面临的关键技术难题,以问题为导向,以"产-学-研-用"相结合模式,通过技术创新以期实现:

(1)研发在外海恶劣环境条件下的快速筑岛技术。人工岛填筑完成后可以提供可靠的海上基坑以满足岛上隧道段现浇要求,同时可以实现隧道基础纵向刚度协调和均匀过渡,并能够控制建筑结构总沉降和差异沉降。

(2)研发沉管隧道基础精细化设计施工成套技术。高质量建造沉管隧道基础,实现沉管隧道工程的沉降控制目标为:总沉降小于20cm,不均匀沉降小于2‰,48m水下开挖基槽开挖槽底允许高程偏差−60~+40cm,40m水下铺设碎石基床顶面允许高程偏差±4cm;建立一套基床面控淤、清淤技术,实现深水碎石基床面的清淤。

(3)研究并提出一种新型沉管结构。其技术特点介于刚性管节和柔性管节之间,刚柔并济,使得各管节节段之间允许一定张开变形,在不失整体刚度的前提下具有一定的柔度,从而可以适应一定程度的基础变形。

(4)研发一种新型的沉管隧道最终接头,降低外海深水沉管隧道合龙施工的风险,实现最终接头高效安装,隧道高质量贯通。

(5) 研发一套沉管大型构件的工厂化预制技术。实现沉管管节的工厂式流水线预制,沉管管节混凝土浇筑过程中的控裂防裂,并实现高效存储和移动。

(6) 研发系列化大型装备和监测系统,保障沉管隧道的管节预制、浮运和安装施工质量。

14.2 主要创新技术成果

针对上述关键技术问题,作者所带领的研究团队以解决港珠澳大桥岛隧工程建设关键技术为切入点,整合国内外优势技术资源,以自主创新、集成创新为主导,以"产-学-研-用"结合模式开展了研究工作。

基于项目特点,结合功能需求,先后开展了百余项专题研究和试验验证,解决了深埋沉管结构形式、隧道复合地基基础和组合基床、大型沉管工厂法预制、半刚性管节、曲线段节段式管节设计、动止水可逆式最终接头、长大隧道附属构件标准化高品质设计等一系列技术难题,建立了外海长大沉管隧道勘察设计施工成套关键技术。

14.2.1 岛隧工程精细化勘察创新技术

岛隧工程设计的综合难度大,对勘察的依存度比较高,勘察本身具有鲜明的特点:

(1) 兼顾香港特别行政区、澳门特别行政区和内地的技术规范标准,协同难度大;
(2) 工程地质条件复杂,勘察技术难度大;
(3) 海底沉管隧道的差异沉降评估对勘察精度要求高。

岛隧工程正式动工之前开展了初步勘察和详细勘察,设计施工总承包启动后,结合拟定的设计方案和施工工序,对工程参数指标需求进行全面评估后提出针对性补充勘察工作,重点补充和验证相关的岩土参数。为保证项目质量,尽量准确地获得地质岩土信息和设计参数,为合理确定岛隧工程地基基础方案奠定基础,经研究提出实施外海精细化勘察的思想和要求,具体采取的创新技术措施主要有:

1) 精细化勘察实施标准

在遵照国内规范的基础上,按就高原则,执行了英国标准协会(BS)、香港及国际土力学与岩土工程学会(ISSMGE)的相关标准,分别在土体分类、原位测试、室内试验方面开展了精细化的工作。土体分类不仅注重土体的主要组分分析,也关注次要组分,可支持开展精细化分层;原位测试中完善了带孔压消散的静力触探(CPT),并通过杆长与锤击能量修正了标准贯入度试验(SPT)指标;室内试验与原位应力状态相协调,开展了异向固结三轴剪切试验。

2) 现场取样及测试

研发并采用一系列精细化的海上勘察装备,提高现场勘察取样和测试的精度。

(1)为尽量消除海上波浪等不利因素影响获取少扰动土样,研发了采用带波浪补偿的钻探船和海上钻探平台,采用固定活塞式取土器和不扰动样的土样箱,减少对原状土的扰动。精细化海上勘察装备和设备见图14-4。

a)带波浪补偿钻探船　　　　b)海上固定钻探平台　　　　c)固定活塞薄壁取土器

图14-4　精细化海上勘察装备及设备

(2)研发使用海底坐床式静力触探系统(图14-5),贯入系统直接放置到海床,消除风浪不利影响,连续贯入记录现场锥尖阻力、侧摩阻力、孔隙水压力及探头倾角等数据,在海上快速完成试验;通过上覆影响压力、孔隙水压力、孔斜等校正,获得连续性原位性好的锥尖、侧摩阻力,进行精细地层划分,连续取得土层的物理力学指标,并同时评估土层的渗透性、地下水情况及进行砂土液化判别。

a)　　　　　　　　b)　　　　　　　　c)

图14-5　海床式孔压静力触探设备

3)勘察组织管理

(1)对多种勘察手段分析结论互相验证,提高结论准确度。

(2)由设计方对勘察过程进行监督和管理,提出岩土试验技术要求、参与实验方案制订并动态跟进,根据设计荷载制订加载序列等,构建"设计-勘察"一体化动态管理体系。

14.2.2 外海深插钢圆筒快速成岛技术

就人工岛建设而言,其软土基础利弊兼有:若采用传统的筑岛方法将软土改良或移除,再填上砂石,则需要投入巨大的工程量是其不利的一面;软土易插入和不透水特性是有利的一面,此点可以被充分利用。

为满足建设条件要求,降低工程风险,在世界范围内首创提出了利用深插大直径钢圆筒作为人工岛岛壁兼作深基坑围护结构的全新快速筑岛技术。

该技术的原理和特点主要是:

(1)采用直径22.0m钢圆筒作为直立式岛壁结构,沿人工岛外围将钢圆筒振沉至不透水层,最大筒高50.5m、最大振沉深度30.0m,壁厚16mm;西人工岛采用61个钢圆筒,东人工岛采用59个钢圆筒,共计120个钢圆筒。利用整体式副格连接相邻的钢圆筒,并深插入至软土的不透水层,就可形成低渗透率的临时岛壁,从而为岛内的超载排水作业提供了条件。

(2)钢圆筒之间采用宽榫槽与弧形钢板组合的副格结构相连,插入土不小于16m,具备超预期偏差的适应性;钢圆筒兼作隧道基坑止水围护结构,满足高水头差作用下结构安全、止水可靠,避免了传统围护结构的内部支撑结构,扩大了岛上隧道施工的作业面,并为岛内外同步施工提供了条件。

(3)利用整岛止水条件,设置井点降水,回填砂后进行降水,变回填砂浮重度为干重度,配合岛内塑料排水板,实现大超载比堆载预压,进行软基快速加固。

岛隧工程深插钢圆筒快速成岛的岛壁结构和平面布置如图14-6所示,现场施工见图14-7。

a)岛壁结构

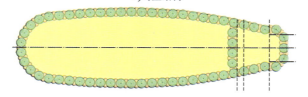

b)西人工岛钢圆筒平面布置

图14-6 人工岛岛壁结构及钢圆筒平面布置

a) 钢圆筒制造

b) 钢圆筒运输

c) 钢圆筒振沉

d) 副格仓振沉

图 14-7

e)人工岛岛壁结构合龙

f)快速成岛

图 14-7　钢圆筒筑岛现场施工

采用数值模拟、模型试验、现场测试和反演分析等手段,开展了针对性研究。港珠澳大桥人工岛外海深插钢圆筒快速成岛技术填补了国内外空白,主要成果的创造性如下:

(1)提出并在国内外首次使用深插钢圆筒作为岛壁兼深基坑围护结构在外海快速筑岛;首次实现了超大面积外海深基坑的整体止水和首次具备了根据沉降监测数据动态调整已浇筑完工的岛上隧道结构基底荷载水平的能力。解决了外海离岸、深厚软土地基上,大外荷载作用下桥隧转换人工岛结构的稳定、止水、地基沉降、工期、施工安全和环保等系列问题。该方案经济性好,施工速度快,缩短成岛工期2年多,有效保障了岛上现浇隧道结构和基础的建设质量。

(2)首次系统研究并揭示了深插式大直径钢圆筒在深厚软黏土地基上的圆筒和土体耦合作用工作模式和破坏机理,分析了深插钢圆筒结构在深厚软黏土地基中的受力条件、破坏形式、计算参数的选取及计算模型的简化等,形成了完整的计算理论、设计方法和稳定性判别标准,对深插式大直径钢圆筒用于防波堤、护岸、码头结构等不同功能构筑物的适用原则提出了建议。技术领先,填补了国内外空白。

（3）针对超大直径、超埋深的空间薄壁钢圆筒结构，首次建立了一套新的有效的钢圆筒振动下沉综合分析方法。创造性地提出了通过单元划分法，获取钢圆筒不同土层深度处振动加速度与筒侧摩阻力降低系数的关系以及相应的钢圆筒振幅，形成了振沉钢圆筒所需最小激振力的精确分析方法，首次建立了一套薄壁钢圆筒振动下沉综合分析方法，确定了钢圆筒振动下沉的主要技术参数；研发了八锤联动振沉系统和施工监控管理系统，形成了外海大型钢圆筒快速筑岛施工成套技术。

（4）国际上首次研发并成功使用八锤联动振沉系统对大直径大埋深钢圆筒进行联动振沉，解决了机械同步、液压同步和电气同步的技术难题；首次开发了大型钢圆筒振沉施工监控管理系统，将 GPS 定位设备、自动跟踪全站仪和液位传感器等观测采集数据集成处理，通过可视化操作界面，实现了钢圆筒振动下沉过程中的三维姿态监控和实时纠偏。

（5）首次研发了一种宽榫槽与弧形钢板组合的深插止水副格结构体系，形成了副格结构体系的计算和设计方法；研发了宽榫槽内的止水材料，实现了外海人工岛和岛内基坑的有效止水；通过开展副格结构体系陆上大型物理模型试验，开发了副格振沉系统并形成了相关施工工艺和工法。

（6）基于围闭的钢圆筒围堰，创造性地提出了深井降水同步密实饱和回填砂及超载预压深厚软土地基的快速加固方法。通过深井降水产生的渗透力密实饱和回填砂的同时，实现了对下卧深厚软土的大超载比预压加固。该方法经济性好，缩短了施工工期，将工后沉降显著降低至 20cm 以内，为后续岛上隧道基础的设计优化、实现隧道全线基础纵向刚度的均匀和协调创造了条件。

港珠澳大桥通过采用深插式大直径钢圆筒快速成岛技术，在保障安全和质量基础上，215d 内完成了东、西人工岛 120 个钢圆筒的振沉和 242 片副格的插入，形成了总计约 3km 的深水岸壁，减少开挖淤泥量约 500 万 m^3。同时，采用深插式大直径钢圆筒快速筑岛技术，人工岛的成岛时间从 3 年缩短到 7 个月，海上作业时间的缩短降低了对中华白海豚种群的生存环境，以及该区域繁忙的海上交通的影响。

相比较于传统的重力式围水结构，深插大直径钢圆筒深入式结构，其施工效率高并可以获得更好的稳定性，同时也拓展了其应用领域，形成的关键技术可在类似人工岛工程、码头工程、防波堤工程、护岸工程建设中推广，应用前景广阔。

14.2.3　沉管深水组合基础创新技术

港珠澳大桥岛隧工程深水基础创新技术主要包括：复合地基＋组合基床沉管基础创新结构、高精度深水基础施工控制技术与装备研发、回淤预报、减淤及清淤创新技术等。

1）复合地基＋组合基床沉管基础创新结构

港珠澳大桥沉管隧道埋置深度变化大，荷载分布差异大，沿线地质变化复杂，历经新填人工岛、厚度超过 20m 淤泥质黏土、中粗砂等，基础设计的难点在于沉降控制，通过沉降分析针对不同地段的地质、隧道结构和隧道埋深的不同采用不同处理方案。根据项目前期计算评估，隧道全线若采用天然地基则沉降将不能满足要求，需对岛上段、岛头区、斜坡过渡段进行地基加固处理，中间区段可采用天然地基。

研究过程中，对于海中过渡段的软基加固方案选择，早期阶段曾论证采用减沉桩基础（图14-8），即打入直径50～60cm钢管桩，桩顶设置桩帽，桩帽顶铺设碎石垫层，其上安放沉管。为验证这种新结构，在青岛组织开展了物理模型试验。试验结果表明，在碎石层加载后，桩帽顶碎石层呈现不稳定状态，存在向两侧桩间软泥塌落的现象。

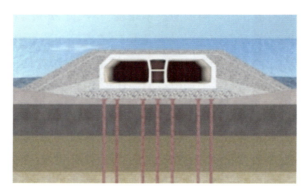

图14-8 斜坡段减沉桩方案

基于试验分析并结合理论研究，斜坡段不宜采用减沉桩，为实现中间天然砂层地基与斜坡过渡段基础刚度协调，最终采用了海上挤密砂桩复合地基技术（图14-9）。根据荷载和地质分区段采用不同砂桩置换率，砂桩置换率为42%～70%，在局部区段再增加堆载预压措施。

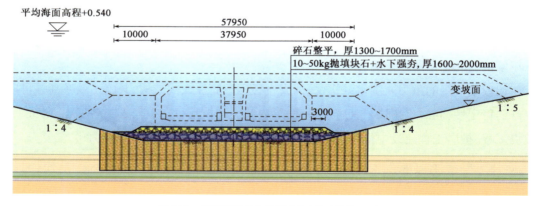

图14-9 挤密砂桩复合地基方案（尺寸单位：mm）

通过多方案的比选，大胆设想、科学推演、试验研究，历经2年时间，隧道纵向根据条件不同因地制宜采用复合地基处理方案，即基于沉降变形协调理论及可行加固工法分析，确定隧道从中间段、过渡段、暗埋段到敞开段分别采用天然地基、挤密砂桩复合地基、高压旋喷桩复合地基、PHC刚性桩复合地基以及预压处理后的人工岛"天然地基"。

地基处理的总体方案确定之后,考虑到沉管基槽开挖后卸载影响,基底会出现隆起趋势,并会伴随有底渣、落淤情况。因此,为进一步硬化、均化沉管隧道基底,利于传递分布上覆荷载,降低底渣和落淤对基础质量的影响,并为后续施工过程回淤处理提供条件,首次提出海中沉管段在天然地基或复合地基上再设置组合基床结构,即由底层 2m 厚块石和其上 1.3m 厚碎石基床组成(图 14-10)。

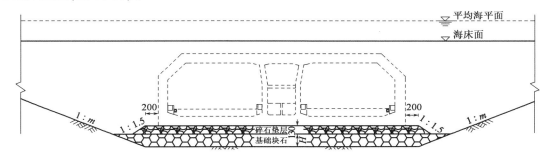

图 14-10　沉管隧道基底组合基床横断面(尺寸单位:cm)

组合基床结构的实施步骤是:首先在基槽底铺设厚 2m 的块石层并夯实,然后采用专用平台式碎石基床铺设船施工 1.3m 厚碎石垫层,以满足竖向拟合纵坡要求和基床顶面平整度要求。碎石垫层基本构造设置为 V 形槽,纵断面锯齿形,平面 S 形铺设,单垄顶面纵向宽度为 1.8m,V 形槽口顶宽为 1.05m。碎石垫层构造及整平实测情况见图 14-11 和图 14-12。

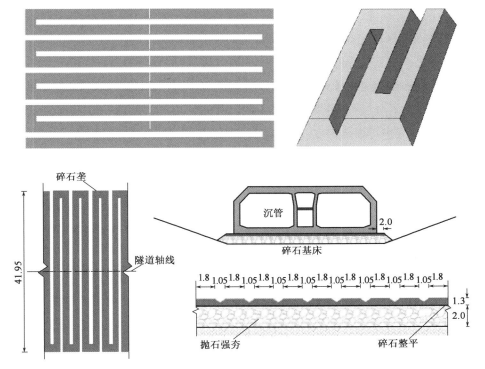

图 14-11　沉管隧道基础碎石垫层构造(尺寸单位:m)

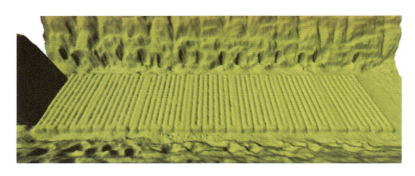

图 14-12　碎石整平实测

通过在沉管隧道底板下方设置组合基床,取代常用的砂流法基础,有效控制了沉管总沉降量和差异沉降。根据监测结果,天然地基段沉管沉降量基本为 7~8cm,远小于国外同类工程 20cm 以上的沉降量,取得了良好效果。

2)高精度深水基础施工控制技术与装备研发

沉管基础施工主要涉及基槽开挖、过渡段挤密砂桩软基加固、块石基床抛填与夯实、碎石基床整平、清淤等工序,上述施工工序都是在水下进行,过程不可视。但深水施工需要满足:槽底开挖允许高程偏差 -60cm~+40cm,将 10~100kg 块石抛填至水下并夯实,顶面允许高程偏差小于 30cm,碎石基床铺设顶面允许高程偏差小于 4cm。

面对严苛的施工条件,为实现上述施工质量控制要求,研发了系列装备与监控系统:

(1)采用平挖定深精挖抓斗船,实现了开挖高程智能控制,有效避免了超挖以及对槽底原状土的扰动,实现了施工过程的可视、可控。

(2)采用集抛石和振动夯实功能于一体的专用装备,进行定点定量抛石以及时间可控的定点夯平夯实;开发了全过程、可视化监控系统,对抛石、夯实过程进行实时监测;创新采用液压振动锤对块石基床进行振动夯实,在振动锤下增设夯板,一次夯实面积达到 $20m^2$,持续振夯 30s 能够达到普通重锤 12 夯次的夯沉效果,大幅提高了夯实的施工效率。

(3)研制平台式碎石整平船"津平 1",实现了碎石输送、下料管控制、整平刮刀高程调节、台车移动、水下目标高程动态定位、碎石基床同步质量检测等施工作业自动化和一体化管理。与以往的坐底式基床抛石整平船、平台式基床抛石整平船和水下步履式整平机相比,自动化程度、施工效率及整平精度更高。

上述设备的主要情况见第 14.2.8 部分。

(4)研发了沉管基础施工质量检测、监测管理系统,通过过程质量自动控制、潜水检查、多波束扫测(图 14-13)、多种方法验证等手段,获取信息并分析评估、判断,进行施工质量管理与控制;研发了外海堆载预压监测系统对挤密砂桩堆载预压进行监测;研发了沉管隧道沉降变形监测系统,对沉管隧道施工过程沉降等信息全面掌握,并动态控制。这些系统对保证基础施工过程质量起到了重要保障作用。

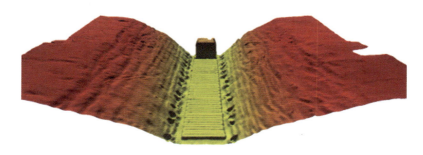

图 14-13　碎石基床多波束扫测

3）回淤预报、减淤及清淤关键技术

沉管开挖基槽横卧珠江口，将形成沉淀池效应，回淤是不可回避的问题，而超出设计允许的回淤量将增大基础沉降和不均匀沉降并影响沉管着床，并且基槽边坡回淤物积累到一定厚度时将会失稳滑塌至基床，所以说深水清淤特别是碎石基床面清淤是一个难题。为此，开展了一系列回淤机理、回淤预报、控淤及清淤等技术的研究，实现了创新突破，主要包括：

（1）开展物理模型试验研究，分析并明确了先铺碎石基床纳淤机理、敏感因子以及纳淤能力的定量规律。

经实验研究，发现回淤物主要是通过碎石基床空隙，自下而上沉积，基床空隙对回淤过程起到了决定性作用，因此，基床的碎石级配、碎石空隙率及基床厚度是影响基床纳淤能力的重要因素。

（2）利用多重网格嵌套技术研发了潮流、海浪和泥沙耦合的精细化回淤数值预报系统，基于大型超级计算机和大量实测资料不断对模型进行调试训练，实现每节沉管逐日回淤量的高精度预报，实现基槽回淤定点、定时和定量预报。

通过采用该预警预报系统对 E15～E33 管节共 19 个管节的基槽泥沙淤积预警预报，实现了基槽泥沙淤积预报范围从宏观到局部，预报时效从"年、月"精确到"逐日"，预报精度由米级到厘米级提高，极大地提升了回淤预报的精确度和时效性，保障了各沉管的顺利、安全沉放。

（3）开发专用清淤船"捷龙号"，研发了利用恒压技术的基槽床面清淤防损系统和触底保护装置，实现了泥面和基床面上清淤；开发适用于外海 50m 水深、不扰动碎石基床情况下快速清淤装备和技术，实现快速清淤（图 14-14）。

（4）提出并实施"防淤屏"技术，降低了屏内水体浊度达到减淤效果。

E33 管节与东人工岛暗埋段相接，受堤头空间限制，碎石整平船无法作业，只能采用人工方法铺设水下碎石基床，施工期大大延长，将带来已铺基床面泥沙淤积量增加，如不采取措施，回淤量将大大超出设计容许值，且随时间延长底部会形成较密实的淤积体，导致清淤十分困难。

图 14-14 现场碎石基床快速清淤作业

为此,研究提出采用防淤屏技术方案,以减少 E33 管节基床回淤。通过进行防淤屏防淤原位试验研究,并同步进行水流、含沙量、回淤盒及多波束水深测量等多项观测工作,试验结果表明:

①防淤屏内外侧浊度差明显,内侧浊度约为外侧的 78%,含沙量约为外侧的 62%;

②增加防淤屏后,E33 基槽内回淤强度明显降低,是原来回淤强度的 50%~60%。

在 E33 实际施工中,通过应用防淤屏技术,成功将碎石基床回淤控制在容许范围内。现场安装及平面布置如图 14-15 所示。

图 14-15 防淤屏安装及现场平面布置

总体而言,深基槽高精度挖泥、外海深水基床抛石及夯实、外海深水基床高精度铺设整平及深水清淤等关键技术构成了港珠澳大桥沉管隧道基础的精细化施工成套技术。

通过将上述深水基础创新技术应用于港珠澳大桥岛隧工程,对保证工程建设质量、减少施工风险、保障工期等方面发挥了积极重要的作用,并且可为后续类似沉管隧道、码头、防波堤、护岸等工程提供参考和借鉴。

14.2.4 海上挤密砂桩关键技术

海上挤密砂桩是一种地基加固技术,它通过振动设备和管腔增压装置把砂强制压入软弱地基中形成扩径砂桩,从而增加地基强度,加快地基固结,减少结构物沉降,提高地基的抗液化能力,具有施工周期短、加固效果明显、工序可控性好的特点。

与一般砂桩相比,挤密砂桩桩体的密实性高,加固的置换率可达60%～70%。最重要的是,它能适应海洋工程的特点,能在一定程度上克服风浪作业,在深水海域几乎成为唯一的软土地基加固手段,非常适用于人工岛、深水防波堤、护岸、深水港等工程的地基基础加固。

港珠澳大桥在东西两个人工岛岛壁结构、救援码头以及沉管隧道基础工程中采用了挤密砂桩复合地基方案。

实施过程中,开展了挤密砂桩船升级改造工作,研发改造包括:砂桩船桩架、振动锤、三联管、砂料输送系统、施工自动控制系统、GPS测量定位系统、雷达式砂面计无线传输系统等。通过研发实现:挤密砂桩船地基加固深度可达水下66m,挤密砂桩最大直径可达2m,复合地基置换率可达70%。

应用过程中,东西两个人工岛护岸通过采用水下挤密砂桩复合地基(挤密砂桩直径1.6m,桩间距为2.9m和2.7m,呈矩形布置,置换率为26%),保证了护岸施工期和运营期边坡稳定性,减少了护岸工后沉降。

东西两个人工岛救援码头为重力式沉箱结构,通过采用挤密砂桩对其下软基进行加固(砂桩直径1.6m,桩间距为1.8m,置换率为62%),为沉箱结构救援码头提供了足够的地基承载力,保证了边坡稳定性,减少了码头工后沉降。

沉管隧道过渡斜坡段通过采用变桩径、变置换率的挤密砂桩复合地基(淤泥深厚且荷载较大区段设置高置换率挤密砂桩,同时进行水上堆载预压),使沉管隧道地基刚度均匀过渡,较好地控制了管节间差异沉降,保证了沉管隧道受力和止水的安全。

同时,通过开展水下挤密砂桩载荷试验,观测不同置换率挤密砂桩复合地基沉降规律,通过对监测数据的反演分析并结合日本和洋山港工程经验,对挤密砂桩复合地基承载力、稳定性计算和沉降机理及理论计算进行研究,形成的创新技术成果主要有:

(1)系统研究分析了水下挤密砂桩复合地基加固机理、地基承载力和沉降变化规律,开展了水下挤密砂桩现场试验,提出了桩土应力比取值、复合地基承载力和沉降计算修正公式等,形成了适用不同条件的水下挤密砂桩复合地基设计计算方法。

(2)研制了自动化程度高、振动能量大、操作便捷的水下挤密砂桩施工成套装备,砂桩船水下处理深度可达水下66m,可在同一个桩中实现不同桩径的挤密扩径控制,自主开发了砂桩船的施工控制系统,实现了成桩过程自动化控制。

(3)通过现场试验提出了扩径与着底双控的成桩判定标准;分析提出了采用标准贯入击数和用砂量双控的质量检测方法和相关参数。

(4)研究形成了水下挤密砂桩的成套施工工艺,编制了《海上挤密砂桩设计与施工指南》《水下挤密砂桩设计与施工规程》和《水下挤密砂桩施工质量检验标准》。

总之,通过对水下挤密砂桩设计理论进行完善,以及对施工成套设备成功研发,促进了挤密砂桩的推广应用,未来该技术可在人工岛、护岸、码头、防波堤、机场等工程推广应用,前景广阔。

14.2.5 沉管结构创新技术

海底沉管隧道是港珠澳大桥的控制性关键工程,隧道总长约6.7km。隧道东端位于圆曲线上,隧道沉管段长5664m,包括33个管节、1个最终接头,标准管节长180m,为满足30万吨级油轮安全通航要求,隧道超过3km长埋于海床面超过20m,最大沉放水深44.5m。沉管隧道纵面布置如图14-16所示。

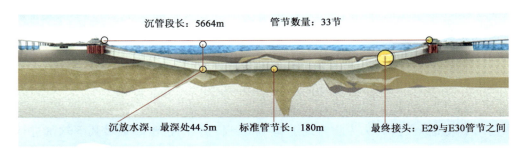

图14-16 沉管隧道立面布置

面对新的结构,设计研究团队进行了艰苦卓绝的长期探索和努力。

1) 沉管横断面结构

沉管隧道横断面可被设计为不同形式用以适应沉管运营、防灾等,这是考虑沉管横断面基本的要求。从经济角度考虑,总是希望沉管的管壁更薄,重量更轻。但是管壁厚度的确定要考虑工程的具体水深条件,保证管壁具备足够的防渗能力,同时还要满足结构受力要求,并具有一定的抵受火灾、爆炸、沉船等偶然事件的能力等。

由于港珠澳大桥沉管的埋深是一般类型沉管埋深的5倍,管顶覆土叠加水压力荷载也是一般沉管的4~5倍,因此,沉管结构横断面受力极大。若显著增加混凝土结构厚度将会导致大体积混凝土施工困难,但若仅仅提高结构配筋设计将带来混凝土结构施工控制和质量问题。因此,经试验、结构反复优化,最终创新提出了Y形中墙两孔一管廊的结构形式。工程实践证明,Y形结构合理分布了横结构受力,降低了板厚和配筋率,为沉管管节的预制和控裂创造了良好条件。

2) 半刚性沉管结构

对于沉管的纵向结构,通常可分为刚性沉管结构和柔性沉管结构。

刚性沉管管节结构纵向刚度大,在地基反力的作用下,会呈现"宁折不弯"的结构特性,其追随和适应地基变形能力弱,沉管结构易产生较大的纵向内力,且差异沉降变形会集中反应在沉管接头,沉管接头需要具有更高的传力能力。刚性管节不宜过长,原因是其长度越长,对结构纵向受力和沉管接头传力的要求越高,结构设计的难度越大。

柔性沉管管节通常由若干个小节段通过临时预应力组合而成,其受力变形时能利用更多的节段接头及时消化变形,吸收平衡内力。与刚性沉管管节相比较,其追随和适应地基变形能力较强,会呈现"以柔克刚"的结构特点。对于同样长度的沉管工程,柔性管节需要进行更多次安装,因此需要花费更长的工期。此外,从沉管防渗漏的角度看,刚性管节仅需在管节与管节之间设置接头,而柔性管节需要设置更多的接头,接头越多,渗漏水的概率越大。

对于本项目的沉管隧道,其未来的覆土厚度将超过20m,对于世界上第一条深埋沉管隧道,其上覆荷载数倍于一般沉管。额外的上覆荷载对沉管横向结构受力的影响,可以通过加强沉管横向结构来解决,然而难以解决的是对沉管结构纵向的影响。过大的覆土荷载通过沉管作用到地基时,无论对于沉管还是地基都会产生数倍于一般沉管的受力响应,这对于设计毫无疑问是极为艰难的挑战。

深埋沉管结构相比一般沉管结构,假设基础条件相同,深埋沉管结构会产生更大的内力,基础会产生更大的变形,沉管会发生更大的沉降。对于刚性管节,纵向受力要依靠沉管纵向结构来抵抗,沉降变形要集中由管节接头承担,这会使得沉管纵向结构和管节接头难以承受,也极易对结构和防水留下隐患和风险。对于柔性管节,虽然大部分内力可以通过节段接头变形得到释放,沉降变形也会被分散到更多的节段接头,但在数倍于一般沉管荷载的条件下,对地基作用的不均匀性以及加载时空变异性等带来的受力不均、差异变形、接头防水等,均显著加大了节段接头结构设计的难度。若要将刚性管节或柔性管节应用于本项目,唯一较为可行的路径是对沉管纵向结构体系进行减载设计,即采用轻质材料减载或在运营期清淤减载,但这样做将会明显增加工程的投资。

为应对挑战,通过一年多的深入研究,最终在世界范围首次创新提出了一种全新的沉管新结构——半刚性管节。这种结构综合了刚性管节和柔性管节的特点,在柔性管节基础上设置纵向部分无黏结预应力体系,使得各管节节段之间允许一定张开变形,在不失整体刚度的前提下具有一定的柔度。该结构关键机理(图14-17)是:通过采用纵向预应力钢筋将适应地基变形的管节节段柔性连接起来,并加以适当约束以保证管节节段间有可控的转角变形而不会发生滑脱破坏。

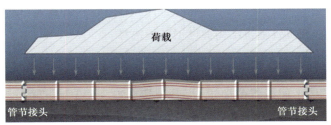

图14-17 半刚性管节机理

主要构造特征和创新点如下：

(1) 沿管节纵向通长设置创新的部分无黏结预应力系统，在节段接头处预应力管道可在一定范围内活动，采用特殊的节段接头连接件实现跨缝处的无黏结构造，其他区段同常规的体内预应力。通过对部分无黏结预应力系统进行专门设计，使预应力钢束和管道能适应一定量的三向变形，同时确保密封，并采用多道防腐措施，确保永久预应力系统的耐久性。

(2) 预应力度是影响结构纵向刚度的关键因子，预应力度高结构呈现刚性，预应力度低结构呈现柔性，结构纵向刚度会影响结构中纵向内力、管节结构纵向位移、地震工况下接头水平向受力、节段接头位移等。根据实际需要设置预应力度，通过预应力来调节纵向结构的刚性。

半刚性管节、刚性管节和柔性管节间的结构受力特性对比见表14-2。

不同结构体系力学特性分析　　　　　表14-2

项目	半刚性管节	柔性管节	刚性管节
节段接头变形	受预应力约束，节段接头张开量小于柔性管节	接头在张开和转动过程中，无预应力约束作用	不允许张开和转动，接头的张开趋势体现在结构拉应力增加
管节纵向内力	结构纵向受力介于柔性管节与刚性管节之间	节段接头张开释放弯矩，结构纵向受力较小	纵向受力较大，需配置较多钢筋或预应力
预应力	部分无黏结预应力永久设置，施工期无须另外设置预应力	施工期设置临时预应力，运营前预应力被剪断	一般无须纵向预应力
节段接头抗剪	除剪力键外还有预压力产生的摩擦力，总体抗剪能力提高	剪力键抗剪	全截面抗剪，能力强
管节接头张开量	介于柔性管节与刚性管节之间	较小	较大

半刚性沉管管节是中国工程师提出的一种创新结构，依托港珠澳大桥深埋沉管隧道，通过开展理论和机理研究、数值模拟、现场测试和对比反演，在沉管半刚性结构机理、设计方法、部分无黏结纵向预应力体系等方面形成了系列创新成果，有效支撑了港珠澳大桥深埋沉管隧道高质量建成。半刚性沉管结构也受到了国际同行的高度认可，将成为与刚性管节、柔性管节并列的第三种结构，为未来沉管隧道结构提供了新的选择。

3) 曲线段管节

为了符合项目总体平面线形的要求，沉管隧道 E29～E33 计 5 个管节共 793.362m 位于 $R=5500$m 圆曲线上，曲线管节采用中心线长度为 22.5m 的直线楔形节段拟合组成，形成一个外长、内短的折线管节，按 22.5m 节段折线平面拟合（图 14-18）。

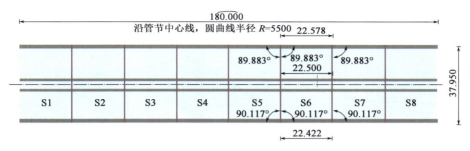

图 14-18 曲线段管节平面布置(尺寸单位:m)

长度 180m、曲线段、节段式管节三个关键因素给沉管管节设计和施工控制带来了极大的难题,通过设计与施工联动,工程调研、理论分析和科学论证,有效解决了长大曲线节段式沉管管节在预制顶推、系泊浮运、拉合安装等过程中的关键技术问题,特别是在水力压接时的 GINA 止水带不均匀压缩的精确判定等,为港珠澳大桥整个沉管隧道工程的安全高质量推进奠定了坚实的基础。

4)主动止水可逆式最终接头

沉管隧道是在水下将管节依次沉放、对接的一种工法。为保证最后一个管节的顺利沉放,在设计时必须留置大于管节长度的安装距离,这样在最后一个管节完成对接后仍会留有一定的施工间隙。为使沉管隧道最终闭合贯通,需要对此间隙进行特殊的连接处理,连接间隙的结构称为最终接头。最终接头的结构形式和施工质量对沉管隧道的防水质量和安全稳定有着重要的影响,是沉管隧道设计施工中极为重要的一环。

最终接头的选型与最终接头的位置紧密相关,而最终接头的位置需要根据水深、施工环境条件、工期要求等综合选定,要以潜水施工安全、止水可靠、风险最低为目标,尽可能地选择水深浅、水流稳定、泥沙含量少的区段施作最终接头。最终接头的施工工法分为现场浇筑和预制安装两大类。

现浇类最终接头是一种在水体中形成无水的空间进行结构施工的方法。其原理是利用挡水结构形成密闭的空间,然后排干水,在无水的条件下浇筑混凝土,完成最终接头的施工。对于水深较浅、水下环境较为稳定的接头位置,该方法施工难度较小。常见的现浇类最终接头的工法包括临时围堰干作法和水下止水板法(图 14-19)。

预制最终接头常见于日本。该方法在陆地预制一定长度的最终接头,经过浮运、沉放,最后利用特殊的手段与已完成的管节进行水下对接。适用于工期紧张,水深较大,水下环境恶劣的情况。常见的预制最终接头工法包括端部块体法,V 形块体法和"Key 型"管节工法(图 14-20)。

沉管隧道最终接头施工方案和结构体系是世界范围工程界关注的重点。港珠澳大桥沉管隧道工程是一个具有超大横断面,建设条件复杂,工期要求高的重大工程,因此在进行最终接头位置的确定、最终接头工法和结构体系的选择方面借鉴国内外的成功经验,在大型化、工厂化、装配化方面做了进一步的探索,最终研究提出了整体预制主动止水可逆安装式最终接头创新型结构,以适应现场建设条件、缩短水下作业时间、降低工程的风险。

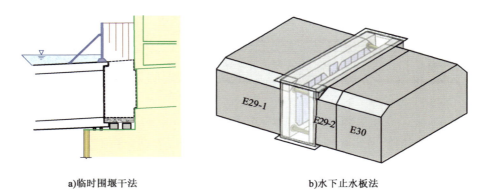

图 14-19 常见的现浇类最终接头工艺

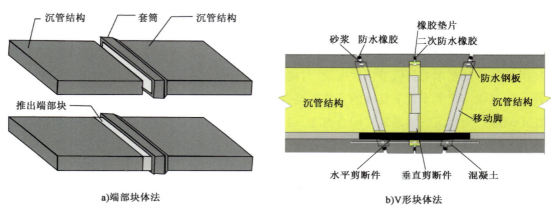

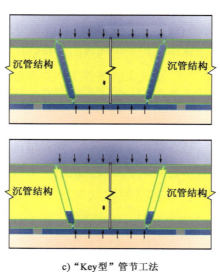

图 14-20 常见的预制类最终接头工艺

可逆式主动止水最终接头采用了预制的"三明治"钢-混组合结构,即在陆上工厂进行钢壳制造,钢壳内灌注高流动性混凝土形成"三明治"结构;结构纵向两侧增加了千斤顶系统,系统行程大,能够实现主动顶推止水;纵向中间设置了含预应力的 GINA 止水接头,可通过施加、放松预应力来实现最终接头结构体系的转换。港珠澳大桥可逆式主动止水最终接头位置如图 14-21 所示。

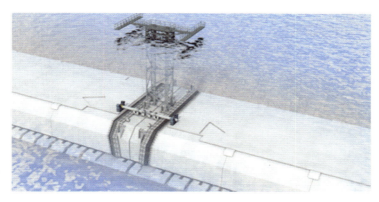

图 14-21　港珠澳大桥沉管隧道最终接头位置

最终接头的钢壳混凝土"三明治"结构是由外包钢板和内部混凝土组成的组合构造,以达到确保管节水密性的要求。"三明治"结构的钢板也可以兼作混凝土浇筑的模板,极大方便了施工;"三明治"结构除了内外面板,还设置有纵横交错的隔板,形成一个个隔舱;面板、纵横隔板均设有角钢或者扁钢等加劲钢材,以增强其力学性能。对于钢壳结构,首先根据钢与混凝土"三明治"组合结构设计确定钢壳尺寸,包括面板和横纵隔板板厚、隔板布置、加劲板间距和形式等,以此确定钢壳结构构造;然后,验算制造加工过程中钢壳结构是否满足受力要求,进而对其构造进行优化。此外,对于高流动性混凝土的配合比设计,遵循试验先行理念,开展了配合比和工艺试验验证,以确保高流动性混凝土浇筑质量达标为目标,并动态反馈设计,必要时对设计局部进行优化。

研究提出的最终接头顶推和临时主动止水系统包括:顶推千斤顶系统、顶推小梁和临时支撑桁架、小梁滑轨、小梁上支座垫块、小梁前端的 GINA 止水带、外侧的 M 形止水带及小梁与空腔间的 Lip 止水带。最终接头段本体沿四周设置有空腔,内藏千斤顶、顶推小梁和临时止水系统;最终接头段沉放就位后,启动千斤顶顶推小梁水平滑动,直至小梁前端 GINA 止水带充分压缩实现止水,确认结合腔形成后,结合腔排水,形成管内干施工环境。最终接头主动止水系统顶推前后状态,如图 14-22 所示。

最终接头的实施步骤为:在工厂内预制最终接头;选择气象窗口,将最终接头运输到位;采用大型浮式起重机整体吊装沉放就位;通过结构内设的千斤顶系统压缩 GINA 临时止水,实现与海水隔离,抽排结合腔水,快速实现主动止水;形成管内干作业环境,在管内干环境施工,焊接刚性连接件并灌注高流动性自密实混凝土形成永久性刚接头,分别实现最终接头与其两侧已沉沉管结构的连接,最终实现隧道贯通。最终接头的现场安装过程如图 14-23 所示。

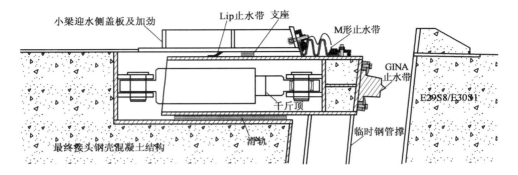

a)小梁顶推前

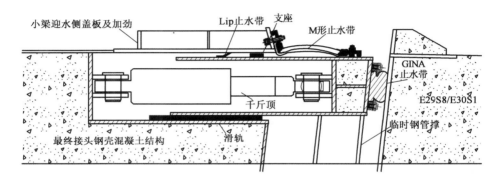

b)小梁顶推后

图 14-22 沉管隧道最终接头主动止水系统

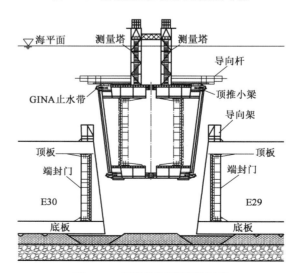

图 14-23 最终接头现场安装过程

可逆式主动止水最终接头是基于V形块体法的一种新型预制安装式最终接头。传统的V形块体法对端面安装精度要求较高,为保证临时止水的正常工作,一般要求最终接头纵向长度以及与两侧管节的轴线和高程安装误差控制在5cm之内,初始对接施工难度大。因此,研究并在V形块的基础上增设了主动止水措施,通过千斤顶顶推小梁进行初始对接。主要优点有:①纵向长度上的误差可以通过千斤顶顶推消除;②GINA止水带的压缩量通过千斤顶顶推力进行控制,保证临时止水的正常工作;③轴线偏差和高程偏差容错度较大,可以控制在15cm左右。可逆式主动止水最终接头工法与其他典型工法的比较见表14-3。

可逆式主动止水最终接头与典型工法比较　　　　表14-3

施工工法	止水方式	优点	缺点
止水板法	被动	①施工流程简单; ②无须较大规模水下吊装; ③施工方法成熟	①现场施工工期长; ②潜水作业风险大; ③大断面大埋深下荷载变形大
V形块体法	被动	①施工安装速度快; ②潜水风险小; ③结构预制,施工质量高	①施工安装精度要求高; ②需使用日本专利
可逆式主动	主动	①施工安装速度快; ②潜水风险小; ③结构预制,施工质量高; ④施工安装精度要求相对较低; ⑤自主研发	首次使用,需要进行大量论证

港珠澳大桥沉管隧道最终接头具有以下特征:

(1)预制整体安装,实现海上快速施工;

(2)现场水上作业时间少,减少外海作业环境风险;

(3)潜水工作量尽可能少,减少水下作业风险的同时提高作业工效;

(4)能够适应较大的合龙口纵横向误差,降低沉管安装线形精确控制难度;

(5)安装过程能够可逆,可以灵活应对施工过程中出现的各种可能的意外情况。

可逆式主动止水最终接头的技术创新点主要包括:

(1)首次研发了整体安装、主动止水可逆式外海深水沉管隧道最终接头结构体系;揭示了最终接头结构受力变形、止水等机理;提出了可逆式主动止水最终接头的计算理论和设计方法,创新了世界沉管隧道最终接头关键技术。

项目研究围绕可逆式主动止水最终接头施工涉及的受力变形运动止水等机理进行深入分析,包括确定了最终接头位置的选取、纵向长度及坡度确定、最终接头立面尺寸确定、体系转换的具体实现、管节接头永久止水和主动顶推止水等止水系统的研发、抽水后最终接头及其相邻沉管结构整体力学分析、纵向内力变形重分配、最终接头地基处理等方面。确保了最终接头安装全过程整体沉管结构受力变形处于合理范围,为最终接头的顺利施工奠定了理论基础。

同时，总结并研发了新型的"三明治"结构、主动止水系统、辅助安装体系、刚接头和后注浆基础等可逆式主动止水最终接头的成套设计、制造、施工关键技术，形成《可逆式主动止水最终接头设计指南》《港珠澳大桥沉管最终接头混凝土施工及质量验收标准》等多项指南和规程。

（2）首次研发了沉管最终接头可逆式顶推结构和控制系统、GINA 止水带 + M 形止水带 + Lip 止水带止水体系，实现最终接头和已安管节止水压接的主动精确控制。

项目研发的 GINA 止水带 + M 形止水带 + Lip 止水带的多道止水体系（图 14-24），防水体系复杂，能最大化利用各种止水带的防水效果并充分发挥其各自优势。在主动式顶推系统中，M 形止水带能适应千斤顶 30cm 伸缩并保证良好的防水性，Lip 止水带则为顶推系统提供了额外的防水保障，GINA 止水带充分压缩可快速形成管内干施工环境。整个防水系统中各种防水体系有机结合并协同工作。

图 14-24　最终接头 M 形止水带、GINA 止水带和 Lip 止水带

通过研发主动顶推和控制系统，系统中 27 个千斤顶分区可实现单独或共同工作，能实现智能控制顶推和可逆安装，保证了主动同步止水的效果。仅用一天时间就完成了临时 GINA 止水带的均匀压缩，并实现了沉管隧道快速临时止水条件下的贯通。

（3）首次提出了双线形联合锁网新型沉管隧道贯通测量技术，以及多种测量技术相互校核的沉管龙口形态控制新方法，实现了沉管隧道龙口形态毫米级的精准控制。

项目研究提出适用于定位精度要求高的"双线形联合锁网"新型贯通测量技术，并总结形成了以贯通测量法为主，双测量塔法、双人孔投点法、潜水水下测量等多种测量技术相互校核的沉管龙口形态控制新方法。通过多种测量成果间的交互对比，将龙口控制在相对偏差 ±20mm 误差范围以内，达到了 ±25mm 的目标，同时验证了龙口形态控制技术的准确性和可靠性。

（4）研发高精度水下吊装姿态控制和定位系统，实现了 6000t 级构件 28m 深水龙口内 15cm 间隙吊装就位；研发精确调位系统，实现了最终接头毫米级对接精度。

最终接头净重超过 6000t，实施中采用 12000t 浮式起重机安装，是国内最大的一次吊装作业。最终接头入水深度接近28m,吊装过程中需要克服水流力的作用实现精准就位,最小龙口间隙仅为15cm。为了确保最终接头吊装作业顺利进行,项目对吊平措施、最终接头纵向位移以及最终接头试吊等进行了深入研究,掌握了大吨位精确就位吊装方法。

定位系统的硬件设备主要由高精度定位GPS、高精度自动照准全站仪、精密倾斜仪、不同距离无线数据传输设备、数据处理计算机及视频设备等主要部件组成,分为水面全景定位模式和水下安装定位模式。定位系统可以展示整个安装现场参与安装的各艘船舶和最终接头的实时关系及空间关系,实时显示各艘施工船舶在底图中的实时位置。

精调系统利用导向杆上4个调位千斤顶进行横向精调,利用最终接头端面8个调位千斤顶(图14-25)进行纵向精调,利用测距功能记录每台千斤顶实时定位数据和顶推距离,实现调位千斤顶的精准控制和顶推。

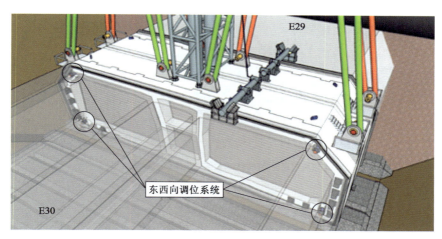

图14-25 最终接头安装精调系统

(5)研发了"三明治"沉管结构钢结构制造和控制技术、高流动性混凝土配制和浇筑技术,形成了钢壳和高流动性混凝土施工技术规程及验收标准。

研究出适合于最终接头钢结构制作工艺和精度、变形控制方案,设计翻身和转运方案,以及楔形块滑移合体方案。通过高流动性混凝土的强度、水化热、收缩变化规律研究,优选出综合性能最优的高流动性混凝土配合比和性能指标(表14-4)。

沉管最终接头高流动性混凝土性能指标   表14-4

类别		性能指标
集料最大粒径		≤10mm
流动性	初始扩展度/30min 扩展度	(650±50)mm
	T500	3~15s
	V_{75}漏斗时间	7~20s

续上表

类别		性能指标
凝结时间		≥48h
泌水率(%)		0
水下不分散性	浊度或pH值	浊度小于150mg/L 或 pH<12
抗压强度(MPa)		7d：≥0.15,28d：≤1.5

港珠澳大桥沉管隧道最终接头的制造、运输及安装如图14-26所示。

a)建筑信息模型(BIM)及最终接头本体实际结构

b)混凝土浇筑

图 14-26

c) 海上运输

d) 最终接头23DY锚地试吊

e) 安装沉放现场

图 14-26

f) 准备正式起吊

g) 正式沉放

h) 最终接头全部安放入海

图 14-26　沉管隧道最终接头制造、运输及安装

港珠澳大桥沉管隧道最终接头于 2017 年 5 月 2 日顺利安装完成,安装精度达到毫米级,并于 5 月 25 日完成刚性接头焊接,比传统的止水板法缩短了施工工期至少 3 个月,且大量减少了潜水作业,从最大程度上降低了施工风险。

岛隧工程研究提出的"主动止水预制安装沉管隧道最终接头",经过港珠澳大桥沉管隧道的实践,首次实现沉管最终接头可重复对接,成功解决了深水复杂海洋环境下的沉管隧道贯通难题,为未来世界沉管最终接头方案提供了新的工具。

5)管节接头记忆支座

半刚性沉管结构可显著提高节段接头的抗剪能力,提高管节结构受力和防水安全度,但管节接头结构相比常规沉管结构没有得到加强,管节与管节之间的接头仍是一个薄弱环节。在运营期隧道顶部会逐渐累积厚度超过 20m 的淤积土荷载,钢剪力键及其连接部位的混凝土墙体仍然将受到较大的荷载,特别是临海侧的混凝土结构,一旦开裂会带来诸如钢筋锈蚀的耐久性问题。

针对此问题,研发了一种新型管节接头记忆支座。支座记忆的力值设定为剪力键安全的抗力,当剪力键受力小于该记忆的力,结构和支座处于弹性工作状态,一旦剪力键受力超出记忆的力,支座发生变形,保持受力不变。记忆支座设计的荷载位移曲线如图 14-27 所示。

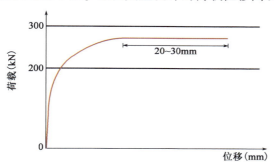

图 14-27　记忆支座单个金属件荷载位移曲线

确定记忆支座功能和荷载位移曲线后,通过一系列材料比选和性能试验,获得了一种新型的保护荷载记忆型支座的产品。在一定厚度(约 6cm)和面积(约 60cm×60cm)的多孔钢制底板上,插入 20～30 个直径大于底板孔径的金属承压柱构成剪力键承压接头,并配以辅助性构件形成为管节接头记忆支座。记忆支座安装位置和构造如图 14-28 所示。

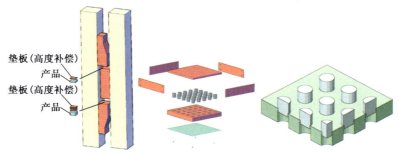

图 14-28　记忆支座安装位置及构造

14.2.6　沉管工厂化预制关键技术

港珠澳大桥的沉管管节为全球第二例、国内首次采用工厂法流水线预制,是目前世界上最大体量的工厂法预制混凝土构件。预制工厂厂房建筑面积2.7万 m^2,最大高度30.5m,深、浅坞最大蓄水面积约为13万 m^2,蓄水量约为170万 m^3,深、浅坞能同时存放6节管节,钢结构厂房和深、浅坞都是当今超大规模的预制厂工程构筑物。沉管工厂化预制的创新关键技术主要有以下几个方面。

1) 预制工厂平面布置

世界第一例的厄勒海峡通道的沉管预制厂预制车间、浅坞及舾装区、管节寄存区呈串联布置,预制好的沉管寄存在厂外海域。港珠澳大桥沉管如果也采用厂外寄存方式,则需要建设防波堤降低风浪影响,保证沉管安全,工程规模大。

因此,设计师根据现有地形地貌创新提出了预制车间与浅坞串联、浅坞与深坞并排的L形工厂总体平面布局,将管节二次舾装和存放安排在深坞,避免了建设厂外防波堤,同时,利用现有采石坑并扩大尺度建设深坞,有效减少了深坞土石方爆破开挖量、拦水坝工程量和深浅坞灌排水量。此外,预制车间呈T形布置,两侧为钢筋加工区,中间为钢筋绑扎台座和混凝土浇筑坑,实现流水式标准化生产模式。

2) 浅坞钢闸门结构

浅坞区面积约196m×104m,满足两节标准管节的一次舾装和起浮要求;浅坞坞门需要满足便于多次反复移动开启,并能承受单侧水压条件下受力和止水安全。因此,创新研究并采用了一种自稳式三角形结构钢闸门(图14-29),以三角钢架为基本受力单元,通过相互联系的撑杆形成整体受力钢架,利用倾斜的迎水面巧妙地化解了12.7m水压形成的巨大水平推力和倾覆力矩,水压力还提供部分有利于稳定的垂直力,同时减少了浅坞钢闸门结构的受力。

图14-29　浅坞钢闸门结构

3)深坞钢闸门结构

深坞区面积约203m×196m,底高程-12.8m,满足4个管节寄存要求;深坞坞门需要满足多次开启及近15m单侧水压条件下受力和止水安全。为此,创新采用了钢筋混凝土+钢结构组合沉箱浮坞门结构,通过采用该组合式结构(图14-30),降低了坞门结构重心,提高了浮游稳定性。

图14-30 深坞钢闸门结构

4)自动化大型液压模板系统

联合德国派利(PERI)有限公司,创新开发了沉管节段混凝土浇筑全断面液压模板系统(图14-31),包括底模、内模、侧模、端模和针形梁5大系统。底模、侧模、内模均布设相应液压系统用于模板操作,保证了模板具有足够的强度和刚度,同时便于快捷地安拆。

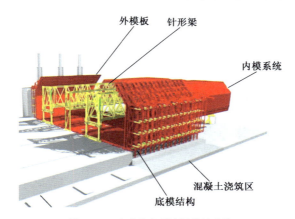

图14-31 自动化大型液压模板系统

5)大体积混凝土温控技术

管节工作水深超过40m,壁厚达1.5m,采用全断面浇筑工艺,平均浇筑强度约150m³/h,属于大体积混凝土施工,结构浇筑不设施工缝、不设冷却水管、不设外包防水,混凝土浇筑过程控裂极具挑战。因此,创新研究开发了低热混凝土配合比;研发了原材料-拌和-浇筑-养护全过程温控措施,开发了节水喷雾系统,实现了混凝土原材料仓库温湿度控制;开发了风冷系统,实现了搅拌站输料系统的温度控制;研制了冰拌和系统,实现了混凝土出机温度控制;通过特制泵管降温护套控制混凝土运输过程的升温。通过采用上述措施,最终组合而成了混凝土浇筑温度调控体系(图 14-32),实现了炎热海岛淡水缺乏环境下浇筑温度夏季不高于 26℃、冬季不高于 20℃ 的目标。

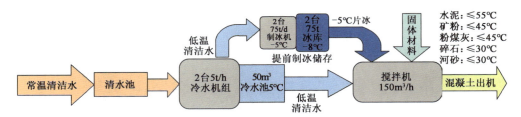

图 14-32　沉管混凝土浇筑温度调控体系

6) 大型构件长距离顶推技术

沉管隧道单个沉管重约 7.6 万 t,从预制台座顶推至浅坞,移动距离超过 200m,顶推过程中要求轴线偏差控制精度 5mm,且顶推过程中需要解决轨道不平整、顶推力大、沉管混凝土表面拉应力可能出现超标引起开裂的风险。为此,合作研发了多点主动支撑分散顶推系统,即单个节段下方布置 6 台 850t 主动支撑千斤顶,采用三点支撑;设 4 台 40t 顶推千斤顶,多点连续同步顶推;通过主动支撑系统、分散顶推系统,解决大质量沉管长距离顶推难题。

该顶推系统分为支撑系统、顶推系统和纠偏系统 3 部分,采用主控柜集中控制。顶推过程根据主控台显示的各项参数,及时进行调整。沉管顶推系统见图 14-33。

图 14-33　沉管顶推系统

7) 曲线段沉管工厂化预制技术

沉管 E29~E33 管节位于半径 5500m 的平曲线上,这 5 个管节也需要在桂山岛沉管预制厂内进行预制,这是世界范围内首次实施工厂法预制曲线沉管,在诸多设计和工艺技术上与直线沉管完全不同,不能沿用直线管节工厂法预制方法。针对此问题,通过设计施工联合攻关,取得的关键成果有：

（1）攻克了曲线沉管工厂法预制技术，开发了钢筋笼可调式胎架和顶推滑移系统、可调式外模和悬挂式自平衡内模系统、混凝土全断面浇筑和四维信息化控制系统，实现了曲线沉管的匹配浇筑和线形控制。

（2）研发了曲线沉管工厂法预制全过程线形动态控制系统，实现了管节毫米级线形控制目标，形成一套适用于曲线沉管工厂法预制高精度管节线形控制方法。

（3）通过对曲线沉管受力特征的分析研究，首次提出曲线沉管三维姿态数字化顶推控制技术，集成开发三点并联主动式支撑系统、分散同步连续顶推系统、导向动态纠偏系统，实现了7.6万吨级曲线沉管的长距离顶推和三维姿态毫米级控制，形成了超大曲线沉管长距离顶推成套技术。

总之，通过创新采用L形总体布局，大幅减少了石方开挖量，实现管节坞内寄存，保证沉管台风期安全，同时省去外海设置管节寄放区所需防波堤，仅用14个月建成了世界规模最大的沉管预制工厂。

通过开展工厂法沉管预制技术攻关，集成开发沉管生产流水线（图14-34）、自动化大型液压模板系统、混凝土全断面浇筑及控裂、7.6万吨级沉管顶推等系列成套技术，实现了超大型混凝土构件的工业化制造，在流水线上预制沉管管节，不受天气影响，真正实现连续作业，生产效率保持均衡与稳定，保证了管节的预制质量和进度可控，历时44个月完成了港珠澳大桥33个沉管管节的全部预制。这些创新技术成果将为后续类似沉管隧道、大型沉箱等水工预制构件提供参考和借鉴。

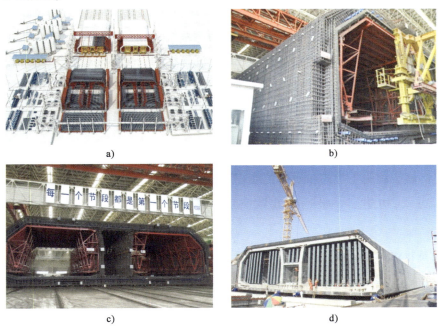

图14-34　沉管工厂制造流水线

14.2.7 沉管安装关键技术

沉管安装主要工序(图14-35)包括:出坞、浮运、系泊、下沉、对接、精调及锁定回填等。为了攻克外海深槽沉管安装难题,岛隧工程项目团队前后历时6年,自主研发并在实践中逐步完善了13个外海沉管安装保障系统,确保了33节沉管安装顺利完成,实现海底高精度对接。

图14-35 沉管安装工序

港珠澳大桥外海沉管安装的13个保障系统具体包括:沉管安装船及控制系统、锚泊定位系统、压载控制系统、拉合系统、深水测控系统、精调系统、浮运导航系统、作业窗口管理系统、沉管对接保障系统、沉管运动姿态实时监控系统、沉管结构安全实时监控系统、沉管水力压接控制系统、回淤监测及预警预报系统。正是通过对上述系统的研发和综合应用,才保障了大桥管节的顺利出运和安放。

14.2.8 大型关键装备研发

为满足岛隧工程施工工艺和质量控制需要,通过自主设计制造、合作改造、联合开发及引进采购等方式,构建了一批达到世界一流水平的大型关键施工装备。主要包括以下几方面。

1) 钢圆筒振沉成套设备

液压振动锤组是钢圆筒振沉成套设备(图14-36)中最核心的装备,首次研发了八锤联动同步振沉系统。该设备性能参数为:偏心力矩1845kg·m,最大激振力39617.43kN,最大上拔力17792kN,最大频率1400cpm,振动重量112t,最大振幅14.8mm。

图 14-36 钢圆筒振沉成套设备

通过应用该设备仅用 215d 完成东西两个人工岛 120 个钢圆筒沉放,最大入土深度超过 30m,垂直度最高精度大于 1/500。

2) 精挖船

开挖隧道基槽,槽底高程偏差要求介于 -0.6 ~ +0.4m,常规设备难以满足此要求。通过改造抓斗船"金雄"轮(图 14-37),实现最深水下约 48m 按上述高精度挖掘。具体优化创新有:

(1) 由计算机与设备微调系统实时控制抓斗吊缆长度、抓斗闭合轨迹,大幅度减小风浪流对挖掘精度的影响。

(2) 构建了精挖监控系统,精确控制抓斗运动轨迹,测控精度小于 50cm,实现了对挖泥施工的可视、可控、可测。

(3) 研发了挖泥自动整平控制系统,使平挖高差从 30cm 减小到 5cm。

图 14-37 "金雄"轮精挖船

3) 挤密砂桩船

沉管隧道过渡段基础、人工岛抛石斜坡护岸基础及人工岛救援码头沉箱基础施工中采用了挤密砂桩技术,共计打设砂桩近 4 万根,用砂量近 150 万 m³。先后投入砂桩船 7 艘,高峰时 6 艘船同时作业。

以"砂桩 7"(图 14-38)为例,作业环境条件:作业水域流速不大于 3.0m/s,风速不大于 17.1m/s,1/3H 波高不大于 2.0m,作业深度不大于 65m;锚泊环境条件:在蒲氏 8～9 级,水域流速不大于 4.5m/s,作业区水域就地抛锚抗风;作业性能:该船为三管挤密式砂桩船,可同时施打 3 根挤密砂桩。

图 14-38　挤密砂桩船"砂桩 7"

4)清淤船

为满足沉管隧道基槽清淤要求,对 2000m³/h 抓斗绞吸式挖泥船"捷龙轮"(图 14-39)进行改造,从而实现对沉管隧道基槽底部、碎石层表面淤积进行清理,清淤过程中,基槽底部、碎石层不被干扰和破坏。实施中,可以采用定点清淤或者连续扫动式两种方式进行清淤。该装备在技术性能上,疏浚深度 20～50m;基槽底部允许误差 -0.5～0m;疏浚后基槽底部水浓度小于 1.1～1.2t/m³;疏浚能力平均约 1512m³/d。

图 14-39　清淤船"捷龙轮"

5)碎石垫层铺设船

采用了"津平1"(图14-40)碎石铺设整平船来承担隧道基床碎石垄的铺设、整平和定点精确清淤施工,该船是国内首创的深水高精度碎石铺设整平清淤一体平台。碎石铺设整平船锁定双层平台结构,采用外海石油平台桩腿升降技术、集装箱岸吊轨道行走机构、自主研发的电控技术,实现了高精度水下碎石垄铺设,填补了国内空白。

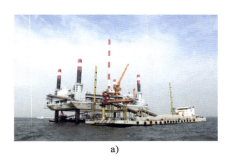 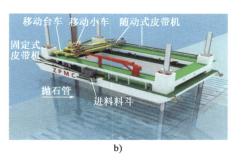

图14-40 碎石垫层铺设船

该船适应碎石垫层整平宽度不小于42m,整平后的碎石垫层纵向具有最大坡度3%;满足作业水深范围10~50m;一次最大铺设厚度1.7m或满足碎石垫层的要求;石料粒径满足20~80mm基本要求;碎石基床顶面允许高程偏差±4.0cm;碎石垫层顶部宽度为1.8m。

6)液压模板成套设备

液压模板成套设备(图14-41)是工厂法沉管预制的核心装备,承担混凝土浇筑成形模板功能,与前道工序钢筋笼顶推和后道工序预制管节顶推形成流水线衔接。

图14-41 沉管隧道液压模板装备

该套模板安装允许偏差要求为:长度±2mm,宽度±2mm,高度±6mm;孔与孔中心距、孔中心与板面间距、孔中心与板端间距1mm;拉杆孔直径+5mm;面板平整度不大于2mm/2m;模板对角线误差±0.5‰;面板及板侧挠度不大于1‰;模板接缝错台2mm;剪力键凹、凸槽平面位置±4mm;剪力键凹、凸槽几何尺寸±5mm;预应力管道及封锚位置±3mm。

7）分散液压顶推设备

分散液压顶推设备（图14-42）承担了33个每个重达7.6万t预制管节（共252个小节段）的顶推作业。每套顶推设备包括192台套850t×50mm支撑千斤顶、96台套40t×850mm顶推千斤顶及顶推架、4台56t×50mm侧导向千斤顶，以及配套的19台套液压站、全自动电控系统，具备支撑力和顶推力自动平衡调节功能和自动化集中控制多点同步分散顶推功能，顶推重量和难度均居世界前列。

图14-42　沉管隧道分散液压顶推设备

8）浮运安装船

浮运安装船（图14-43）是沉管浮运过程中浮态、航迹控制、沉放安装过程中位置、姿态和对接控制的核心船机设备。沉放驳结构是沉放系统的骨架，为双体船金属结构，分为两侧浮箱和顶部跨梁3大部分；浮箱用来提供整个沉放驳的浮力；顶部跨梁主要用来安装各种绞车、动力系统和控制系统，还设置有沉管内部压载水系统、水下监控系统、调节系统等。

图14-43　沉管浮运安装船

9）沉管安装拉合、精调、脱开成套装备

拉合、精调、脱开装备（图14-44）是沉管安装过程的关键装置，实现了沉管安装全过程跟踪精调。为满足沉管轴向和竖向位置偏差，该拉合系统具有的角度适应能力：平面方向：±1°；垂直方向：荷载条件下±1.5°。拉合速度为0~15cm/min，拉合精度为±1mm。

图 14-44 沉管安装拉合、精调、脱开成套装备

10) 沉管安装测控设备

测控设备是水下超声波距离测量设备,通过接收安装船上发信器与沉管上转发器之间超声波信号,实时测量已沉管节与待沉管节间的相对位置关系,进而指导管节的沉放对接施工。

11) 最终接头安装起重船

最终接头采用"振华30"(图 14-45)进行起吊和水下安装就位。"振华30"是世界最大的起重船,单臂起重量1.2万t,全回旋起重量7000t,起重高度120m;船体由25.8万吨级油轮"TOHZAN"(东山)号改造,无限航区自航能力,带动力无锚定位功能。

图 14-45 起重船"振华30"

14.2.9 附属构件标准化技术

依据功能需求,结合品质工程建设理念,研究并设计了适应于外海大型海底隧道的内装及附属工程,首次在海底隧道中采用全标准化、全预制化的边沟、排水沟、检修道等小构件,并大规模采用可装配式的装饰工程。

隧道闭口段路面低侧连续设置排水边沟,以排出隧道内消防废水、冲洗废水、结构渗水等。通过研究提出采用一体式预制成品排水沟,设计使用寿命不小于30年,承重等级不低于E400。成品排水沟跨管节接头处设置可伸缩结构,适应管节接头张合量。另外,隧道管线支架均采用成品支吊架系统,主要构件采用Q235B或以上强度标准钢材,采用热浸镀锌处理(镀锌层厚度不小于60μm），工厂预制，现场装配式安装。

沉管隧道内附属工程实施后实景见图14-46。

图14-46　沉管隧道附属工程实施后实景

14.2.10　清水混凝土应用技术

岛隧工程采用的清水混凝土不同于常规房建工程，其服役环境更为苛刻，除满足清水混凝土外观质量要求外，还需满足海洋环境的耐久性要求，同时结构构件类型更多、个别尺寸较大。

在经过多次对欧洲、日本清水混凝土结构深入考察的基础上，从项目实际情况出发，设计方案考虑利于进行清水混凝土施工和质量控制，既考虑整体性效果，又重视细节；在强调混凝土本身的结构功能和耐久性能的同时，也注重浇筑成型的外观效果。研究过程中，从清水混凝土的配合比到施工等过程均有创新，具体体现在：

（1）基于粉体材料颗粒级配优化设计方法，采用石灰石粉＋矿粉＋水泥或硅灰＋矿粉＋水泥的胶凝材料体系，制备出技术指标先进，超长断面、大高差一次浇筑无泌水、无色差的海工清水混凝土，解决了常规清水混凝土色差、泌水和易开裂的难题。

（2）基于分子结构设计和醚酯共聚方法，将马来酸酐聚乙二醇（MPEG）酯类大单体与高分子（相对分子质量3600）醚类大单体共聚，研制出适合海工清水混凝土的低引气高适应性的聚羧酸减水剂。

（3）研制优选出适合海洋工程用的清水混凝土外观保护体系：采用聚合物改性砂浆修饰混凝土缺陷、硅烷作为底涂、氟硅烷作为面涂，可保证清水混凝土长期表面光滑、色泽均一亮白、线条美观抗油污和抗氯离子渗透性能优良，并通过实际工程验证了其有效性和可靠性。

（4）编制了《海洋环境下清水混凝土施工技术指南》，提出海洋环境下清水混凝土模板及外观设计、配制、外观质量评价和施工成套技术体系，并首次在外海离岸人工岛超大建筑集群工程中获得应用。

采用清水混凝土的岛上建筑工程见图14-47。

图 14-47 清水混凝土岛上建筑实景

14.3 推广应用及前景

回顾过去,我们或许会感叹,岛隧工程的建设者们是如何一步步探索并走出了一条自主创新的道路。创新,常常是一场漫长的旅途,需要研究者学会与时间为伴,秉持长期主义的理念,因为好的创新绝非一蹴而就。

作者认为港珠澳大桥岛隧工程技术创新与高质量建成的重大意义,主要体现在以下3个方面。

1) 建立了国际一流的沉管技术和装备体系,填补了多项沉管领域空白

通过岛隧工程的建设实践,形成了管节预制、浮运、安装全过程的技术标准、工法和装备等创新成果,解决了包括深埋沉管、快速成岛、沉管深水基础、工厂法预制管节、外海深槽安装等一系列工程难题,为世界沉管工程技术增添了新知识和新样本,创造了沉管领域的"中国标准"和"中国方案",使我国从沉管技术相对落后跃升为国际沉管隧道技术的领军国家之一。

2) 大规模集成应用先进科研成果,为工程与科研循环互促提供了平台

岛隧工程不仅仅是一项土木工程,它在工程装备、工程材料、施工控制等方面大量集成了跨专业、跨领域的先进技术成果,堪称一个多学科的试验基地和工程博物馆。在管浮运安装过程中,工程依靠国家强大的科研实力和平台,集聚了国家海洋环境预报中心、中国航天科工集团有限公司、上海振华重工(集团)股份有限公司等实力团队,实现了从技术到装备再到软件的全面自主创新与自力更生,造就了前无古人的深埋长大沉管隧道,既彰显了"中国速度"和"中国质造",又充分展示了我国的综合国力和整体科学技术发展水平。

3) 树立了我国国有企业和工程师的品牌形象

岛隧工程建设展现了国有企业的担当精神,实现了对工程的全过程控制与全球优势资源

的整合,并锻造了一批"大国工匠"和行业领军团队,丰富了我国工程界宝贵的人才资源。

第一个"吃螃蟹"很难,但也很"香"。"难"在于此前没有人做过,没有参考和借鉴;"香"在于工程顺利建成后,每个参建者由内而生的自豪感、成就感和幸福感!在我国沉管隧道领域,有了港珠澳大桥沉管隧道工程的摸索和积累的成功经验,为后续的一系列海域或江域的沉管隧道工程都提供了宝贵的参考和借鉴。

港珠澳大桥岛隧工程的创新技术成果,已推广应用于深中通道、大连湾海底沉管隧道、湖北襄阳东西轴线鱼梁洲汉江隧道等一系列重大工程项目,潜入海底、深入内河,天堑变通途,获得了良好的经济效益、生态效益和社会效益。未来,随着跨江河湖海通道建设的发展,港珠澳大桥岛隧工程的技术创新成果必将拥有更广阔的推广应用空间和前景。

第 15 章　工程管理创新

工程管理与工程建设之间的关系犹如智者与工匠的结合。工程管理关注全局,致力于资源的最优配置、时间的精准掌控以及风险的有效规避,其核心在于科学的计划与严密的控制,通过系统化的思维,将复杂的工程分解为可控的任务;工程建设则是项目的执行之力,它关注细节,专注于将蓝图变为现实。两者关系相辅相成,具体可以表现为:整体框架与执行细节关系、目标导向与过程控制关系、资源整合与现场实施关系,以及反馈与改进的循环关系。

港珠澳大桥的工程管理创新是多维度的,通过对传统管理理念和方法进行更新和升级,通过引入新的技术、方法和组织模式,从而不断提升项目管理的效率、质量和可持续性。

15.1　工程管理创新

作者认为港珠澳大桥的工程管理创新主要体现在建设模式和机制的创新、技术标准的协调统一、国际合作的示范引领,以及设计管理创新。

1)建设模式及机制创新

港珠澳大桥是在"一国两制"多元体制下建设的。法律制度、政府管理、技术条件以及社会环境与文化的差异,使得三地政府在建设理念上存在一定的差异,大桥建设需要同时满足三地要求,而这样的差异给工程带来一定程度的不确定影响。

为此,中央人民政府牵头研究建立了三地政府共建共管的港珠澳大桥决策机制,建设管理采用"专责小组-三地委-项目法人"三个层面的组织架构,其中专责小组由国家发展和改革委员会牵头,国家有关部门和粤港澳三地政府参加,主要履行中央人民政府明确的职责,协调项目建设过程中涉及中央事权和相关重大问题;三地委即三地联合工作委员会,由广东省人民政府作为召集人,粤港澳三地政府各派代表共同组成,代表三地政府协调、解决项目建设和运营过程中涉及的重要问题;项目法人即大桥管理局,由广东省牵头、粤港澳三方共同组建,负责大桥主体部分的具体实施和运营管理。同时,国务院批复同意由交通运输部牵头组织成立了由40余位著名专家组成的港珠澳大桥技术专家组,在重大技术方案、施工方案的论证以及重大工程问题的处理措施等方面提供咨询和技术支持。

港珠澳大桥这种跨区域的协同管理,要求在法律、标准和政策上的统一与协调,它强调了合作共赢的理念,通过三地资源的整合,打破区域的界限,实现项目的高效推进。

2) 技术标准的协调统一

港珠澳大桥跨越香港、内地和澳门地区,三地设计技术规范要求和设计习惯不完全一致,为保证大桥按统一标准建设,需要统一确定设计中采用的技术标准和规范要求。为此,研究和设计过程中通过收集三地和世界范围内现有相关规范,对规范的适用性进行分析比较,根据具体设计内容和项目特点提出规范使用要求。从工可研究开始,按照"就高不就低"原则,在每一个阶段都对技术标准安排了专项研究,吸取、归纳、综合了港澳地区及相关国际标准的长处,逐步建立了完整的项目技术标准体系,涵盖设计、施工、运营等各个方面,形成了港珠澳大桥专用技术标准。该系列标准不仅良好地支撑了工程建设,而且系统地填补了我国外海交通集群工程建设技术标准的空白。

3) 国际合作的示范引领

港珠澳大桥作为"一国两制"下的开创性工程,工程规模大、技术标准高且界面复杂,涉及了大量的新技术、新工艺,需要充分吸收和借鉴国内外类似项目的经验,确保工程的顺利实施。为了既能满足国内法律法规的有关规定,又能有效引入国外的优质资源,项目通过采用中外合作联合模式,设置设计咨询复核、国内牵头联合等间接方式,针对核心关键环节引入了国外的优质资源。在大桥初步设计招标中引入国外优秀设计团队(丹麦科威国际咨询公司、英国奥雅纳工程顾问公司)参与沉管隧道设计、桥梁结构设计等;在桥梁工程施工图设计招标中引入国外优秀设计团队(日本株式会社长大 Chodai、英国合乐集团公司 Halcrow)参与钢箱梁结构设计、钢混组合梁结构设计等;在桥面铺装阶段引入了国际咨询公司(香港安达臣沥青公司 Anderson Asphalt、瑞士埃施利曼沥青工程公司 Aeschliman AG);在设计及施工咨询招标中引入桥梁咨询团队(林同棪国际集团 T. Y. Lin International)等。

国际合作团队的加入不仅带来了新的技术和施工工艺,也带来了新的管理理念,同时更让港珠澳大桥的影响波及海外,获得了国际工程界的高度赞赏和普遍好评。自大桥开工建设以来,已有来自世界 80 多个国家和地区的专家学者和团队来到港珠澳大桥参观访问。通过港珠澳大桥的平台,向世界展示了中国基础设施建设的实力,也向世界展示了中国工匠的力量。

4) 设计管理创新

充分贯彻"大型化、工厂化、标准化、装配化"的建设理念,奠定工程优质高效建设的基础;港珠澳大桥设计过程中,坚持精细化设计,并考虑后期运维需求及全寿命周期成本,提升工程品质;通过工程建设期间的联动设计、动态设计与优化设计,使得工程设计方案更加可行、完善,从而降低工程风险,保证工程质量与安全;并且在设计过程中注重整合各方资源,充分发挥全产业链优势。同时,通过树立不懈探索的科学家精神,坚持开放创新的工程师心态,整合最优资源的全球化视野,充分发挥了设计与施工、思想与实践的互补融合作用。

15.2　岛隧工程设计施工总承包模式

港珠澳大桥主体工程的建设管理模式主要包括传统建设(Design-Bid-Build, DBB)和设计施工总承包建设(Design/Build, DB)两种模式。DBB模式主要应用于桥梁工程的标段,而DB模式则主要应用于岛隧工程。

就工程管理而言,并不存在一种建设管理模式适用于任何一类工程项目,选择DB模式作为港珠澳大桥岛隧工程的建设管理模式应该说是根据岛隧工程特点和建设目标需要,同时考虑到对行业发展的推动作用而作出的选择。

岛隧工程为什么要采用DB模式?这种模式的优势是什么?其与以往总承包模式有什么不同之处,优势体现在哪里?

DB模式在发达国家的工程建设中已经成功实践多年,对于工程界面的综合集成、行业供应链的精益管理、流程再造、建设行业转型与升级,以及国际化等均有正面的作用。考虑到港珠澳大桥主体工程的复杂性,尤其是关键线路的岛隧工程,更是集成了海中长大隧道结构新、造价高、水深且海床地质条件复杂、技术标准高、施工难度大、环保要求高、海上施工风险大及工期紧张等各方面特点,再加之近年来交通运输行业陆续开展了公路设计施工总承包试点工作,这些都进一步推动并促成了岛隧工程采用DB模式。

岛隧工程采用DB模式不仅有利于降低项目的复杂性,同时也是大力推进理念创新、科技创新、机制体制创新和政策创新的积极探索。催生港珠澳大桥岛隧工程最终采用DB模式的主要因素具体表现在:

1) 工程的跨界性与集群性

港珠澳大桥作为我国在"一国两制"背景下唯一的涉及三地的跨海交通集群工程,在具体工程进展过程中将会受到港澳地区的项目实践经验和管理惯例的影响,其中香港地区的政府工程对DB模式有较为强烈的偏好。此外,岛隧工程这种复杂的集群工程对内地的任何一家建筑企业都是一个巨大的挑战。

2) 工程质量的高标准要求

项目设计使用寿命长达120年,这对岛隧工程的设计和施工提出了高标准的质量要求。在DB模式下,总承包人既能够及时掌握设计方面的工作动态和进展,又可以及时掌握施工方面的工作动态和进展,这种优势互补的氛围有利于设计施工整体方案的优化,有利于提高工程质量。

3) 工期要求

项目建设环境复杂,岛隧工程处于主体工程的关键线路,因可能存在的不确定性因素,如果完全采用传统承包模式,有可能无法完全满足工期要求。然而在 DB 模式下,设计完成一部分后即可开展施工,施工反过来又可以优化设计,二者的交叉和互动对工期的保障有积极的作用。

4)工程造价要求

在 DB 模式下,因为设计施工总承包一般为固定的总价合同,业主在招投标阶段会给予投标人较长的考察工程现场、评估工程风险、编制投标文件的时间,这样有利于投标人的工程报价较为合理,再叠加设计施工互动和相互优化,若合同机制完善,DB 模式在控制工程造价方面较传统承包模式有一定的优势。

5)减少工程变更

在传统建设模式下,设计人和承包人分别独立,由于设计人关注的重点倾向于结构的安全和可行,承包人关注的重点倾向于方案的经济性和技术的方便运用,两者利益趋向性不同将导致二者可能存在既相互脱节又相互制约,从而导致工程变更的情形较多。在 DB 模式下,由于设计人和承包人均处于总承包人的主导下,信息和需求可以充分共享,从而可以相对有效减少工程的变更行为。

6)优化工程界面

岛隧工程技术难度大、工程界面多,建设过程中需要设计施工联动配合的工作非常多,如沉管预制与浮运、高水压条件下管节对接等均需要设计施工联动;人工岛与沉管均处于深厚软土地基区,地质情况复杂、控制差异沉降问题突出,这也需要设计与施工相互配合解决。因而,采用 DB 模式可以提升不同类型工作界面间的配合效率。

7)简化管理环节

在传统建设模式下,岛隧工程将可能被划分为多个标段,各标段均需要由业主进行管理,这样将造成管理环节较多。采用 DB 模式,仅有一个标段,发包人只需要负责和总承包人对接联系,总承包人内的设计人和承包人由总承包人管理。如港珠澳大桥岛隧设计施工总承包项目内有 4 个设计团队、5 个施工工区均由总承包人管理,这样既可以克服业主管理力量的不足,又可以使得管理环节大大简化。

综上,港珠澳大桥岛隧工程基于对跨界集群、工期、质量、造价、界面等有效控制而选择了设计施工总承包模式即 DB 模式。但是,本项目模式却既不同于国际常用的方式,也不同于内地以往项目采用的总承包模式,它是根据项目特点和国情而构建的新模式,其优势主要体现在:

(1)由内地具有设计、施工综合管理能力的大型基建企业集团牵头组建中外合作联合体,联合体成员包括具有同类工程经验的国外设计合作方和施工管理顾问,较好地融合了两方面的优势;内地大型骨干企业具备统筹设计、施工、有效整合有利资源的能力和经验,而国际合作方可以带来国际先进的理念、技术和管理经验,发挥国际优势。

(2)强调设计牵头人和设计团队在联合体中的相对独立性,较好地融合两方面的需求;在充分发挥DB模式优点的同时,满足国家和地方有关法律法规对基本建设项目设计管理的要求。

(3)建立"设计施工联动,施工驱动设计"的设计施工总承包联合体的运行导则,并建立了一系列匹配的制度和流程。

需要指出的是,岛隧工程设计施工总承包采取的多元主体的联合体模式,其主体利益和文化的多元化给项目组织和管理带来了一定的挑战性,对参与大桥管理的政府、业主和监理方也提出了新的要求。

第四篇
展望未来

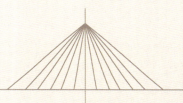

第 16 章　港珠澳大桥的意义及影响

1957年，我国就在万里长江上建成了第一座公铁两用大桥——武汉长江大桥，从此"一桥飞架南北，天堑变通途"。大桥成为了连接我国南北的大动脉，对促进南北经济的发展起到了十分重要的作用。60多年后，我国又在浩瀚的伶仃洋上架起了一座新世纪的海上通道，将香港、珠海和澳门连接在一起，从此"一桥飞架三地，粤港澳大融通"！

港珠澳大桥作为我国继三峡工程、青藏铁路、南水北调、西气东输、京沪高铁之后又一重大基础设施项目，集桥、岛、隧为一体的超大型跨海集群工程通道，大桥的成功建造对我国公路桥梁行业的发展、国家及民族的发展具有十分重要的意义，并且对我国粤港澳大湾区的发展、"一带一路"的发展将产生重要的影响。

16.1　大桥成功建造的意义

港珠澳大桥的成功建造创下了多项之"最"，主要体现在：

最长的跨海大桥——全长55km，是世界上最长跨海集群工程；

最长的设计使用寿命——设计使用寿命120年；

最长的钢结构桥梁——钢结构桥梁总长约23km，是世界上最大规模的钢桥；

最长的海底沉管隧道——海底沉管隧道全长约6.7km；

埋深最大的沉管隧道——海底沉管隧道埋深约22m，是世界上埋深最大的沉管隧道；

用时最短的离岸人工岛——外海深厚软基上两个人工岛围闭成岛时长不到7个月；

规模最大的钢桥面铺装工程——大桥整体钢桥面铺装面积达50万m^2，是世界上最大规模的单体钢桥面铺装工程；

中国交通建设史技术最复杂、施工难度最大、规模最大的跨海集群工程通道——自然条件复杂、生态环保要求高；施工现场航道运输繁忙，安全管理难度大；一桥三地，技术标准不同；社会关注度高。

下面主要从行业发展的维度，探讨并阐述大桥成功建造的意义。

改革开放以来，我国公路交通行业多个技术领域都进行了翻天覆地的革新，尤其是公路桥隧领域取得了举世瞩目的成就。从1978年至今，我国公路交通建设历经了学习借鉴（20世纪七八十年代）、跟踪发展（20世纪90年代）、开拓引领（21世纪初至今）的三大阶段，尤其是桥梁工程领域,业内提出并认为:世界桥梁建设在20世纪70年代以前主要看欧美,90年代看日本,21世纪须看中国。

纵观我国跨海通道工程建设,尤其是改革开放以来,无论是数量规模还是科技含量,都正以其磅礴的气势和无限的活力展现在世人面前,跨越四海,通向未来。目前世界上比较著名的跨海工程,大多位于发达国家和地区,其中代表性工程包括英吉利海峡隧道、日本青函海底隧道、丹麦大贝尔特海峡通道等。

我国的跨海通道工程建设,起始于20世纪90年代,在港珠澳大桥之前已建的著名跨海大桥有杭州湾跨海大桥、舟山连岛工程、东海大桥、青岛胶州湾大桥等。应该说,一个国家的跨海通道工程建设受制于当时的经济实力和技术水平。早期的通道建设主要以混凝土结构为主,施工作业效率和质量受现场环境、施工技术装备等条件限制,因此存在一定的局限性。随着上述重大工程的不断建设,它们对公路交通行业的影响是深刻的,对推动我国跨海通道工程的发展起到了积极重要的作用。

港珠澳大桥的成功建造,既是对以往跨海大桥成功建造经验的总结与凝练,也是对跨海通道工程建设的新提升、新引领,对行业起到了积极、重要的引领推动作用,具体表现在:

(1)提出了一种全新的建设理念,即"大型化、工厂化、标准化、装配化",正是基于这样一种核心理念,以理念为纲,大幅提升了我国跨海通道建设的工业化技术水平,开启了我国公路建设的新模式,在全国范围内掀起了工业化建造模式新浪潮。

(2)提出了一种桥岛隧集群工程技术创新的新范式,以工程实际需求和问题为导向,通过技术创新来实现建设目标,达到高品质、长寿命的要求。

(3)创新了大直径钢管复合桩结构与埋床式全预制墩台结构,并通过在港珠澳大桥上大规模推广应用,树立了海上桥梁装配化建造的样板。同时,通过进一步推广应用于厦门翔安大桥、厦门第三东通道大桥等重大工程,引领了我国桥梁墩台基础结构设计和施工的新方向。

(4)通过大规模推广应用钢结构桥梁,打破了以往混凝土结构为主"一混独大"的局面。同时,通过引进并建立世界先进的钢结构桥梁板单元自动化制造生产线,彻底颠覆以往钢桥制造行业以人工为主或半机械半人工的落后生产手段,以港珠澳大桥40万吨级钢结构桥梁为契机,通过自我技术革新,大幅提升了钢桥制造业的生产效率,推动了我国钢结构桥梁制造行业的高质量发展。此外,作者及所在单位中交公路规划设计院有限公司基于港珠澳大桥钢结构桥梁长期积累的设计经验,牵头编制了我国首套16项公路行业钢结构桥梁通用图标准,希望在行业内通过推行高质量的通用图以期带动我国常规跨径钢结构桥梁建设的转型、升级。

(5)通过原始创新,建造了我国首个海底深埋沉管隧道,实现了从"0"到"1"的突破,以港珠澳大桥为契机,构建了我国沉管隧道设计施工全产业链,极大地推动了我国沉管隧道工程技术的快速发展,并且也为世界沉管隧道工程提供了第三种新结构,即"半刚性沉管结构"。正是在港珠澳大桥沉管隧道创新技术的积累和引导下,我们后面相继开展建设了深中通道海底沉管隧道、大连湾海底沉管隧道、湖北襄阳鱼梁洲沉管隧道等，彻底转型、升级了我国沉管隧道行业领域，实现了从"1"到"N"的发展。此外，中交公路规划设计院有限公司基于长期以来港珠澳大桥沉管隧道设计和施工工程实践经验，牵头起草了我国首项公路沉管隧道设计规范，以期更好地推动行业高质量发展。

港珠澳大桥可以被视为一个土木工程高质量发展的广阔平台，在这个平台上相关行业的每个人都希望将最好的作品呈现出来，也许有人会说是我们成就了大桥，但反过来也可以说是大桥成全了我们，让我们变得更好，让我们借助时代的发展、国家综合实力的提升，乘风破浪，勇往直前。

16.2 大桥通车的影响

16.2.1 对粤港澳大湾区的影响

过去若干年间，由于粤港澳大湾区存在创新要素基础和社会文化土壤的差异，各地经济活动出现了较大分化，一江之隔的珠江两岸"东强西弱"格局十分明显。港珠澳大桥通车后，香港不仅与珠海建立直接的陆路联系，与珠海接近的中山和江门的陆路距离也大为缩短，甚至整个广东地区都将纳入港珠澳大桥所形成的3h粤港澳大湾区经济圈之内，大桥是大湾区经济社会一体化发展的整合器，也是大湾区生产总值的加速器、倍增器。

大桥的开通，不管是从路程还是时间方面考虑，都极大地方便了粤港澳大湾区居民的交流活动和各行业的发展，对粤港澳大湾区的发展起到极大的促进作用。不同通关模式的比对情况见表16-1。

不同通关方式的对比　　　　　　　　　　　　　　　　　　　表16-1

通关地点	香港	澳门	港珠澳大桥
口岸名称	罗湖口岸	拱北口岸	港珠澳大桥口岸
可通关时间	06:30~24:00	06:30~1:00（次日）	24h通关（香港—澳门:8:00~22:00）
检验方式	一地两检	一地两检	三地三检，采用一站式通关
交通方式	香港地铁	步行	巴士或自驾车
费用	40元左右	免费	58~63元
路程时间	1h左右	时间较短（视现场人流量）	巴士(香港):40min；巴士(澳门):50min
现场人流（正常情况）	较大	较大	相对较少

港珠澳大桥作为一项世纪工程，减少的不仅是地理阻隔和物理通勤成本，而且由大桥牵引而来的粤港澳大湾区人流、物流、资金流、信息流、技术流，以及粤港澳的深度融合，将会给粤港

澳大湾区的产业发展格局重构带来极具想象力的空间。

大桥开通之初曾有人质疑,大桥的建设花费上千亿元,一年在大桥通行的车辆没多少,按目前的收费标准,可能要超过100年才能收回大桥的建设成本。其实,有这样的质疑很正常,目前我们肉眼所见,大桥上的车辆并没有达到车水马龙的程度。但是,毛泽东主席曾告诉我们要"风物长宜放眼量",对于港珠澳大桥这种超大型交通基础设施而言,要达到"满负荷"状态,一定是需要时间与市场的磨合。

比较典型的例子是我国的高铁建设,起初高铁建成运营时,并没有几条线路能够全员坐满,不少车次上都是空空荡荡,当时曾有人嘲讽"整天拉着椅子跑",社会上也存在不少质疑声,认为我国已经有了完整的铁路网,再建高铁是拍脑袋、瞎花钱。然而,此后短短几年时间,高铁上座率便达到客满状态,节假日更是一票难求,超出了许多人的想象。在事实面前,当年的质疑声早已销声匿迹。交通是国民经济发展的先行官,它既可以用经济效益衡量,又不能仅用其量之,它对国家经济社会发展的战略作用是巨大而又必须的!

2019年2月,中共中央、国务院印发《粤港澳大湾区发展规划纲要》,提出要把粤港澳大湾区建设成为富有活力和国际竞争力的一流湾区和世界级城市群,打造高质量发展的典范。若要把粤港澳大湾区打造成高质量发展的典范,未来需要我们以港珠澳大桥开通为契机,充分挖掘大桥的应用潜力和价值。

为贯彻落实《粤港澳大湾区发展规划纲要》,进一步促进粤澳两地人员车辆往来便利化,经粤澳两地政府各相关单位共同努力,2022年12月20日,"澳车北上"政策正式落地实施;2023年7月1日,"港车北上"政策正式实施,即香港私家车可经港珠澳大桥口岸往来香港与广东省。据边检部门公布数据,截至2024年6月30日,港车北上车辆超过95万辆次,完成"港车北上"备案的驾驶员已超过8.2万人次、车辆已超过6.7万辆次,自驾"北上"已经成为当前香港居民入出内地最热门的跨境方式之一。如今,港珠澳大桥正在逐渐"热闹"起来(图16-1)。

图16-1 正在排队入关的港澳车辆

此外,自大桥开通以来,大桥管养单位港珠澳大桥管理局相继推行了"跨境电子支付"(20条车道均支持国标ETC、香港快易通、澳门通、微信、支付宝等16种非现金支付方式)、"提前备案、快速查验放行"管控模式等一系列创新举措,大幅提升了大桥的通行效率。

对于我们这个东方大国而言,港珠澳大桥连接的不仅仅是粤港澳大湾区,未来因它而形成的 5.6 万 km^2 粤港澳大湾区将是继纽约湾区、旧金山湾区、东京湾区之后的世界经济版图上又一个闪耀的经济增长极。

有人说,永远不要小瞧一座桥、一条路的力量。是的,这座世界上最长的跨海大桥,设计使用寿命 120 年的跨海大桥,目前通车运营还仅仅是个开始。未来的 5 年、10 年、50 年……120 年,这条东方伶仃洋之上的巨龙终将释放出巨大的驱动能量,让我们一起拭目以待。

16.2.2 对"一带一路"发展的影响

"一带一路"是"丝绸之路经济带"和"21 世纪海上丝绸之路"的简称,它旨在借用古代丝绸之路的历史符号,高举和平发展的旗帜,积极发展"一带一路"伙伴关系,共同打造政治互信、经济融合、文化包容的利益共同体、命运共同体和责任共同体。

共建"一带一路",其关键核心是互联互通,包括通道联通、贸易畅通、货币流通、政策沟通、人心相通等。亚当·斯密在《国富论》一书中写道:"道路、运河、港口、桥梁等公共基础设施影响着市场规模和商业发展,对经济发展产生不可估量的影响";宏观经济学家约翰·梅纳德·凯恩斯也主张大力建设重要的公共工程项目。因此,交通基础设施可以说是"互联互通"的基石,是建设经济走廊、实现互联互通的基础。

在国家"一带一路"倡议实施背景下提出的粤港澳大湾区建设,旨在充分发挥粤港澳地区的综合优势,深化粤港澳合作,推进粤港澳大湾区高水平参与国际合作,提升其在国家经济发展和全方位开放中的引领作用,为港澳发展注入新动能,保持港澳长期繁荣稳定。

应该说,粤港澳大湾区是"一带一路"倡议下国家对粤港澳区域合作提出的新概念。粤港澳地区具有悠久的合作历史和良好的合作基础,地理位置、发展水平决定了其将是我国"一带一路"倡议中的枢纽节点。粤港澳大湾区重要的发展目的在于突破区域合作的发展瓶颈,更好地发挥粤港澳地区在"一带一路"倡议中的功能和作用。

从空间一体化角度看待粤港澳大湾区的湾区经济发展模式,打造便捷的区域内交通圈是区域紧密合作的基础保证。交通基础设施的互联互通无疑对促进区域内的要素流动、改进地区的资源配置效率、扩大市场规模进而扩大企业的生产规模有着积极的影响。

跨境通道有利于促进粤港澳大湾区发展要素的便利流动和优化配置。港珠澳大桥作为连接珠江东西两岸的重要公路运输通道,对加强珠江西岸地区与香港地区的经济社会联系,改善珠江西岸地区的投资环境,加快产业结构调整和布局优化,拓展经济发展空间,提升珠江三角洲地区的综合竞争力,保持港澳地区的持续繁荣和稳定,促进珠江两岸经济社会协调发展,无疑有着积极意义。

因此,港珠澳大桥的开通,为香港与珠江西岸城市乃至粤西和中国西部城市的便捷联系提供了新的渠道。这正迎合了粤港澳大湾区建设需要加强珠江东西两岸联系、促进区域融合发展的需求。可见,大湾区建设的需求为大桥发挥客货联系的作用提供了新契机。

同时,粤港澳大湾区建设也为港珠澳大桥发挥积极的经济效益提供了良好的机遇。一方面,区域融合的需求使珠江东西两岸对便捷的交通联系需求更为迫切;另一方面,湾区建设为大桥通车提供了制度创新的契机。

未来,随着港珠澳大桥等交通基础设施的不断完善,大湾区立体交通体系将逐步形成,这将对海上丝绸之路的贸易畅通起到积极作用,港珠澳大桥的影响也将向西延伸,接通东南亚、南亚,融入亚欧第三大通道中,成为东西之间的一条交通大动脉。

16.3　120年后的港珠澳大桥

16.3.1　120年后的随想

未来未来,未来已来。120年对于一个人是一生,对于历史长河却宛如一砂砾,我们是否能够穿越周期,掀起时空的幕布,窥探未来的发展呢?

未来存在太多的不确定性,人们通常是基于过往的经验来预判未来发展趋势。畅想120年后的港珠澳大桥,远眺伶仃洋之上的大桥,我们希望可以看到桥面之上的车水马龙,可以看到"中国结""海豚""风帆"及"蚝贝"依旧"伶仃珠连"。

从工程主体结构看,桥梁工程的钢箱梁、钢索塔、钢结形撑、预制墩身承台及桩基础,岛隧工程的沉管段结构、暗埋段和敞开段结构、管节接头和节段接头混凝土剪力键、最终接头、预应力体系以及止水带,等等,都已达到120年;从桥梁附属结构看,120年后的大桥预计支座和护栏更换了1次,斜拉索更换了4次,伸缩缝更换了5次,桥面铺装更换了7次;从岛隧工程附属结构看,预计扭工字块体、挡浪墙、预制码头沉箱和预制栅栏板等更换了2次,预制盖板、中管廊下隔板、边水沟及雨水井等也更换了3次……是的,120年后,港珠澳大桥可能已经经历了多次升级和改造。作者暂时能够预想到的变化可能主要有:

(1)自动化自动驾驶技术的推广应用。届时,桥面上所有的车辆可能都将是自动驾驶,这样可以大大提高大桥的通行能力。

(2)绿色新能源技术的推广应用。大桥上可能会安装太阳能板或风能涡轮机,以收集和利用可再生能源,实现能源自给,满足低碳环保的需求。

(3)人工智能(AI)形式的交通管理。利用AI技术,采用更加高效的交通管理系统,实现实时调整交通流量,预测并解决交通问题,从而大大提高大桥的运输效率。

(4)多模式交通运行模式。大桥可能不再仅仅是常规车辆的通行通道,可能将形成更多的通行通道,如自行车道、步行道和无人驾驶的公共交通工具的通道。

那么120年后的港珠澳大桥是否依旧能够继续使用？作者认为，随着工程技术的发展，运营维养技术的不断进步，通过科学的日常检查、定期检测及特殊检测，依据检查结果对结构进行评估，只要经养护维修及加固后，结构状态评估满足结构受力、安全性等要求，那么大桥依旧可以继续使用，继续发挥其作用；因为第一次工业革命期间建造的钢结构桥梁，今天尚在运营使用的桥梁不在少数。但从另一个角度来看，若大桥真正到了"寿终正寝"时刻，这座世界上最长的海上钢结构桥梁，其用钢量超过40万t，我们可以考虑将其拆除后将大量钢材回收再利用，这应该是一个不错的选择。

16.3.2 对120年后港珠澳大桥的几点建议

作者基于目前的认知和自身工程实践经验，对120年后的港珠澳大桥提出的建议有：

（1）坚持"能用尽用"的原则，充分发挥大桥的纽带作用，这个纽带应该不仅是经济发展的纽带，更是粤港澳大湾区人民心中的精神纽带。

（2）充分发挥大桥旅游和教育基地的作用，即使大桥已完成历史使命，希望依旧可以充分发掘2个人工岛的旅游和教育资源，告诉后来者们，在很久以前的伶仃洋上，曾有一群人为挑战自我、突破自我、造福人民而努力奋斗过十数年。在历史长河中，能够生生不息、代代传承的，一定是这样的一种精神财富。

（3）若大桥还能使用，则在继续使用的过程中，要继承大桥运营期良好的维护管养的经验，一如既往地加强对大桥的日常检查和养护，提高定期检查的频率，并注意加强大桥的日常监测工作；加强大桥薄弱构件的维修加固工作，持续保障正常的使用功能。

（4）加强AI技术的应用，实现大桥自主交通。随着自动驾驶技术的发展，大桥上的车辆将可能完全实现自动驾驶，这将大大提高交通效率，降低交通事故。

（5）采用虚拟现实导览技术，提供虚拟现实导览服务，让游客可以在家中就能体验港珠澳大桥的壮观景色和历史文化。

在这里，想特别指出的是，AI技术在未来将具有广泛的应用前景，对于桥梁工程而言，AI将可以帮助工程师在设计阶段进行优化，通过算法找出最有效、最经济的设计方案，并协助工程师开展结构方案的计算，例如作者曾尝试采用AI程序ChatGPT（Chat Generative Pre-trained Transformer）4.0按要求给出对应的有限元分析软件ANSYS的计算命令流（图16-2），其运行效率和精准度可以说令人惊叹。

正如美国当代计算机科学家、数学家和理论物理学家斯蒂芬·沃尔弗拉姆（Stephen Wolfram）在其著作《这就是ChatGPT》中所言："人类不会受限于技术的演变，只会受制于自身目标的设定"。未来，AI技术与土木工程之间，必将碰撞出诸多令人赏心悦目的火花。

```
! 假想的ANSYS命令流，不代表实际操作
/PREP7
ET,1,SHELL181        ! 定义壳元素类型
MP,EX,1,210E9        ! 定义钢材的弹性模量（Pa）
MP,NUXY,1,0.3        ! 定义钢材的泊松比
SECTYPE,1,SHELL      ! 定义截面类型为壳
SECNUM,1             ! 选择截面编号
SECCTRL,0.1          ! 设置壳的厚度（m）
CYL4,0,0,0,2,0,360!  创建一个直径为2m的圆柱面
SMRTSIZE,1           ! 设置网格大小
AMESH,ALL            ! 对圆柱面进行网格划分
D,1,UX,0             ! 简支边界条件（固定X方向位移）
D,1,ROTZ,0           ! 简支边界条件（固定Z方向旋转）
/SOLU
ANTYPE,STATIC        ! 静态分析
SOLVE                ! 求解静态分析
ANTYPE,BUCKLE        ! 屈曲分析
BUCKLE,5             ! 计算前5个屈曲模态
SOLVE                ! 求解屈曲分析
FINISH
/POST1
PLDISP               ! 显示屈曲模态形状
```

图 16-2　ChatGPT4.0 自动生成的 ANSYS 命令流

16.4　港珠澳大桥的经验与启示

纵以观之，全球跨海工程比较集中、技术比较成熟的国家主要有日本、丹麦、挪威、英国、美国、中国、意大利等。中国的海岸线全长约 3.2 万 km，其中大陆海岸线长度约 1.8 万 km，在东部沿海地区从北往南依次分布着渤海海峡、台湾海峡、琼州海峡等，此外，还有众多的海湾、海岛、海峡等，均受到交通制约。我国已经进入世界桥梁和隧道大国行列，桥梁、隧道工程的规模、投资等均居世界前列，无论是跨海桥梁、海底隧道，还是桥隧结合，中国均已具备工程的研究、设计、规划和建设能力。

那么作为目前世界上规模最大的跨海集群工程——港珠澳大桥，它对我国未来跨海通道建设带来了哪些经验和启示？作者给出的考量主要有：

(1)一座大型或超大型的跨海通道工程能不能建？怎么建？何时建？需要根据当时的国家经济社会需求、综合实力来判别，包括了基础理论、制造装备、勘测技术、材料技术、信息技术、工业化水平甚至是智能化水平。

(2)跨海通道工程不同于陆路通道工程，其海上建设和运营条件通常极为恶劣，我们对客观世界的认知很多存在着不确定性，那么应该怎么办？我们需要坚持一种长期主义，加强基础理论的研究，加强对客观数据的观测与收集，用数据来说话，从而尽量将相对不确定变为相对确定，降低工程建设风险。

(3)面对一片海域如何建造跨海通道，关键核心是要先确定建设理念，将理念贯穿于工程建设。同时，需要注重工程景观，单调重复的结构无法给人以美的感受，因此，在设计之初就要注重将景观设计与结构设计相互融合起来。

(4)跨海通道工程的设计使用寿命是选择 100 年、120 年再或者 150 年甚至是 200 年，作

者认为需要从设计理论、建造技术、耐久性理论以及全寿命周期成本综合来衡量,需要系统开展针对性研究,形成技术标准体系。

(5)总结以往跨海通道工程建设经验,打造一支跨海通道工程建设专业队伍,搭建技术交流平台,构建跨海通道建设创新技术联盟,推动核心技术的发展。

作者认为港珠澳大桥的成功建造为未来世界上其他跨海通道的建设提供的宝贵经验和启示,还可以体现在:

(1)技术突破与创新。港珠澳大桥的建设挑战了许多世界级的技术难题,特别是海底深埋沉管隧道的建设。其成功建造表明,跨海通道建设需要不断地技术突破和创新,通过积极采用新材料、新工艺和新技术,以应对更复杂的海底地质条件和更严苛的环境要求。

(2)国际合作与经验分享。港珠澳大桥的建设得到了国际上许多专家和企业的支持与参与,体现了跨海通道建设需要国际合作和经验分享的重要性。未来在建设其他跨海通道时,可以借鉴港珠澳大桥的合作模式,促进国际技术交流和合作,共同攻克技术难关。

(3)项目管理与风险控制。港珠澳大桥的建设过程中,涉及复杂的工程管理和风险控制,需要高效的项目管理和应对突发情况的能力。未来建设跨海通道的管理者们,可以借鉴港珠澳大桥的管理经验,加强对项目进度、成本和质量的监控,有效应对各种风险和挑战。

(4)可持续发展与环境保护。港珠澳大桥的建设充分考虑了对环境的影响和可持续发展的要求,采取了一系列环保措施和生态恢复措施。因此,未来跨海通道的建设,也需要注重生态环境的保护和可持续发展的目标,通过科学规划和有效管理,实现经济效益与环境效益的双赢。

时光荏苒,岁月如梭。在我国高质量建成港珠澳大桥以来这短短的六年时间里,我国相继已建成或在建多座跨海通道,且座座都是具有世界影响力的超大型工程项目,这不禁让人对我国交通基础设施建设乃至国家社会经济全面发展的日新月异和高歌猛进而发出深深的感叹!屹立于港珠澳大桥这座"高台",极目远眺世界特别是我国的跨海通道工程建设舞台,可谓"前可见古人,后更有来者。感天地之悠悠,惟慨然而奋发!"

第17章 我国大型跨海通道建设成就及启示

自古以来,海湾、海峡这些自然天堑一定程度上阻隔了人类为了拓展生存空间所进行的自由迁徙。然而,艰难险阻却无法阻拦人类仰望夜空和探索海洋的勇气和实践。人类自开启航海大时代特别是工业革命以来,利用研制的轮船、飞机通过海上和天空航行可以到达大海的彼岸,创造了灿烂的海洋文化和繁荣的海洋经济。现代经济社会的高速发展,对跨海交通运输不断提出更高的新要求,一种固定式跨海交通方式——跨海通道,由此诞生。

17.1 大型跨海通道工程特点与技术挑战

大型跨海通道工程指跨越入海河口、海湾、海峡而连接两端陆地的交通工程,主体结构通常为超长桥梁或隧道或桥梁-人工岛-隧道集群工程。

大型跨海通道工程建设是经济社会发展的必然要求,也是一个国家综合国力的体现。世界上修建跨海桥梁、海底隧道等现代跨海通道已有约170年的历史,已建成、在建和拟建跨海通道有120余项。在这些跨海通道中,长度超过10km的大型通道工程则占比相对较少,最早建成时间距今约60年,并于20世纪八九十年代进入建设高潮,进入21世纪后仍陆续有一些工程建成(表17-1)。这些大型通道工程在交通形式上主要为铁路、公路或公铁合建,在工程方案上则存在桥梁、隧道和桥隧组合等形式,在地理位置上则主要分布在欧、美、日等发达国家或地区,在其他一些拥有海峡、海湾、海岛较多的地方也有分布。我国大型跨海桥梁工程建设起步于20世纪八九十年代,而我国大型跨海通道工程则始建于21世纪初,经过近30年的发展,已取得飞跃进步。特别是以港珠澳大桥为代表的一批项目已经成为中国交通强国的靓丽名片,彰显了中国基础设施建设强大实力和综合国力。

国外部分大型跨海通道工程 表17-1

序号	通道名称	国家	建成年份	工程长(km)	交通形式	备注
1	切萨皮克湾大桥	美国	1964	37.0	公路	桥隧组合
2	新关门隧道	日本	1975	18.7	铁路	钻爆法
3	巴林-沙特阿拉伯跨海大桥	巴林/沙特	1986	25.0	公路	桥梁
4	青函海底隧道	日本	1988	54.0	铁路	钻爆法

续上表

序号	通道名称	国家	建成年份	工程长(km)	交通形式	备注
5	日本本州四国联络桥（三条线之一的儿岛-坂出线）	日本	1988	28.1	公铁合建	桥梁
6	英吉利海峡隧道	英国/法国	1993	50.0	铁路	盾构法
7	东京湾横断公路	日本	1997	15.1	公路	桥隧组合
8	大贝尔特海峡通道	丹麦	1998	17.5	公铁合建	桥隧组合
9	瓦斯科·达·伽马大桥	葡萄牙	1998	17.2	公路	桥梁
10	厄勒海峡大桥	丹麦/瑞典	2000	16.0	公铁合建	桥隧组合
11	仁川大桥	韩国	2009	21.38	公路	桥梁
12	马尔马拉海底隧道	土耳其	2013	13.5	铁路	沉管法
13	马来西亚槟城二桥	马来西亚	2014	22.5	公路	桥梁

17.1.1 工程特点

大型跨海通道海上长度通常超过10km,具有如下主要工程特点:

(1)工程主体远离陆岸,海上长度长,海域施工时间久,安全管理风险大。

(2)需要考虑高湿、高盐、潮汐、波浪、台风等多种海洋性环境特征对结构受力、安全及耐久性的影响。

(3)大雾、大风、强浪等海况不定期经常出现,海上有效施工作业时间短,运营环境差。

(4)工程施工需要采用能适应海况特点和工法需要的工程船舶和装备。

17.1.2 工程挑战

大型跨海通道通常面临如下工程挑战:

(1)工程结构长期处于高湿、高盐、潮汐、波浪、台风等复杂环境,如何提高结构耐久性,达到高品质、长寿命、绿色环保及全寿命经济性,是跨海通道工程建设面临的总体挑战。

(2)建设条件复杂,工程受多种环境作用耦合影响,不确定因素多,对工程材料、结构技术、安全耐久、设计理念、设计技术等提出了重大挑战。

(3)为应对海上施工的不利影响,降低对工程质量、施工安全、施工效率的影响,对施工工法、装备能力、施工组织提出了特殊要求,对建设理念和设计方案是一个技术挑战。

(4)通道运营维护需要结合环境条件、交通荷载、结构衰变规律及病害,采取有针对性的措施。开展结构服役数据的长期监测和积累,如何有效长期收集、挖掘整理、分析使用运维数据的价值,达到监测数据及结构状态评估的准确性和实用性,实现科学管养、延寿增寿是面临的新挑战。

17.2　我国大型跨海通道建设发展

在经济发展和综合国力提升的背景下,我国跨海通道工程建设也取得了长足的进步和巨大的成就。主要大型跨海通道工程建设实例见表17-2。

国内主要大型跨海通道工程　　　　　表 17-2

序号	通道名称	建成年份	工程长(km)	交通形式	备注
1	东海大桥(上海)	2005	32.5	公路	桥梁
2	杭州湾跨海大桥	2008	36.0	公路	桥梁
3	舟山连岛工程(分两期)	2009	49.96	公路	桥梁
4	青岛海湾大桥	2010	42.0	公路	桥梁
5	嘉绍大桥	2013	10.1	公路	桥梁
6	泉州湾跨海公路大桥	2015	26.7	公路	桥梁
7	港珠澳大桥	2018	55.0	公路	桥岛隧组合
8	平潭海峡公铁大桥	2020	16.3	公铁合建	桥梁
9	宁波舟山港主通道	2021	36.7	公路	桥梁
10	厦门第二东通道	2022	12.3	公路	桥梁
11	深中通道	2024	24.0	公路	桥岛隧组合
12	黄茅海跨海通道	预计2024	24.4	公路	桥梁
13	厦门第三东通道	在建	19.6	公路	桥梁
14	杭州湾跨海铁路大桥	在建	29.2	铁路	桥梁
15	青岛胶州湾第二隧道	在建	10.0 海域段	公路	盾构法+钻爆法
16	舟甬铁路金塘海底隧道	在建	11.2 海域段	高铁	盾构法

由表17-2可知,我国大型跨海通道工程的建设虽起步晚于国外约40年,但近20年来,却如雨后春笋般取得突飞猛进的发展。

2012年以前,我国大型跨海通道工程建设主要以桥梁集群工程为主。东海大桥、杭州湾跨海大桥是我国首批建设的外海跨海通道工程,创新了多项技术,带动了2500t级以上大型浮式起重机等装备的研制,攻克了强潮海域桥梁建设难题,开创了我国外海超长桥梁建设理论和实践先河;舟山连岛工程因地制宜地采用大跨径桥梁跨越海域,并针对结构防台减灾等进行技术攻关与创新实践,推动了我国大跨径跨海桥梁技术进步;青岛海湾大桥是我国第一座在北方地区建设的跨海大桥,攻克了寒冷冰冻海区建桥的诸多难题。

自港珠澳大桥建设开始,我国跨海桥岛隧集群工程实现了由"0"到"1"的突破,同时,开始系统地践行"大型化、工厂化、标准化、装配化"建设理念;其后的深中通道、平潭海峡公铁大桥、宁波舟山港主通道、黄茅海跨海通道等工程结合各自工程特点,进一步拓展"四化"建设理念,大力推行数字化、智能化建造,催生了一批现代化的大型海工船舶和装备,大幅提升了我国大型跨海通道建设的工业化建造水平,并逐步开展生态保护、节能降耗等新时代绿色公路技术创新探索实践,标志着我国大型跨海通道工程建设水平已进入世界领先行列。

17.3 代表性工程

17.3.1 东海大桥

东海大桥是上海洋山深水港的三大重要配套工程之一,路线全长32.5km,其中跨海桥梁长25.3km。项目始建于2002年6月,于2005年底建成通车。

跨海段主桥包括一座主航道桥、三座副航道桥以及非通航孔桥。主航道桥为主跨420m双塔单索面组合梁斜拉桥,三个副航道桥为主跨120m、140m和160m的变高度预应力混凝土连续梁,非通航孔桥采用60m、70m跨预应力混凝土等高度连续箱梁,桥墩采用预制墩身,基础主要采用φ1500mm的钢管桩。其主要技术特征体现在:

(1)建立了海上大跨度钢-混凝土箱形组合梁斜拉桥建造技术,主航道桥为我国首座在外海建造的大跨径斜拉桥,跨径420m创当时同类桥梁中世界之最。

(2)研发了外海超长桥梁精确测量定位技术。通过研制海上GPS打桩定位系统,有效解决了水位变化条件下快速进行桩位平面坐标定位和斜桩的方向定位问题。

(3)提出了外海超大型混凝土箱形连续梁预制安装技术。海上60m、70m跨径的非通航孔桥预应力混凝土箱梁均采用工厂整体预制、现场整孔吊装的快速施工方法(图17-1);非通航孔桥墩采用钢筋混凝土空心薄壁墩,占总数80%的桥墩采用了在预制场制作、海上整体吊装的工艺。桥梁预制装配化水平处于世界先进行列。

图17-1 东海大桥预制箱梁海中整体吊装

(4)提出了桥梁设计寿命100年的要求,提出并制订了一套外海桥梁防腐蚀方案以应对耐久性挑战。主要体现在:采用高性能混凝土、提高混凝土密实度、降低水化热、适当增加钢筋保护层厚度及控制裂缝宽度等方式,提高混凝土结构的耐久性;通过对钢梁采用金属喷涂加重防腐涂料,水中钢管桩采用牺牲阳极保护及预留腐蚀厚度等方法,提高钢结构的耐久性。

(5)研发了新型施工装备,包括运架一体中心起吊的3000t浮式起重机——"小天鹅"号,悬臂起吊的2500t浮式起重机——"大力"号等。

17.3.2 杭州湾跨海大桥

大桥北起嘉兴海盐县,跨越杭州湾后止于宁波慈溪市,全长36km。1992—1993年,宁波市人民政府筹建杭州湾交通通道;2000年6月,浙江省人民政府决定建设跨越杭州湾的大桥,同年7月开展工可研究。项目始建于2003年6月,于2008年5月建成通车,为当时世界上最长的跨海大桥(图17-2)。

图17-2 杭州湾跨海大桥

杭州湾跨海大桥由北航道桥、南航道桥、引桥及海中平台组成。其中,北航道桥为主跨448m的钻石形双塔双索面五跨连续钢箱梁斜拉桥;南航道桥为主跨318m的A形独塔单索面钢箱梁斜拉桥;中引桥和南引桥水中区为跨径70m的预应力混凝土连续箱梁桥;南引桥滩涂区为跨径50m的预应力混凝土连续箱梁桥。该桥非通航孔桥设计立足于整跨预制安装理念,以保障工程质量,降低海上施工风险。

该桥的主要技术特征包括:

(1)70m跨径引桥基础结构大部分采用了工厂化、机械化程度高、施工速度快的φ1500mm和φ1600m钢管桩基础;桥墩墩身除少数高墩外,均采用整体预制安装,预制桥墩高7.5~17.4m,重量240~440t;预制桥墩通过现场浇筑接头混凝土与承台连成一体。

(2) 海上引桥和滩涂区引桥基本采用大型预制混凝土箱梁结构，滩涂区50m跨径预应力混凝土箱梁采用陆上预制，采用两台800t轮胎搬运机移梁提升至桥面，并用当时世界上陆地运梁最重型设备1600t轮胎式运梁车运输（图17-3），最后采用步履式架桥机架设；引桥和南引桥水中区70m跨径预应力混凝土箱梁采用运架一体船运输和架设，一孔70m跨预制箱梁安装的重量约为2260t。

图17-3　杭州湾跨海大桥50m跨径预制箱梁梁上运梁

(3) 在跨海桥梁中设置海中平台，该海中平台不仅具备大桥监控维护、抢险救生的服务保障功能，还具有旅游休闲服务功能。

(4) 提出了系统的耐久性保障措施。上部结构按全预应力混凝土结构设计，钢筋混凝土结构裂缝宽度控制在0.1mm以内；材料采用海工耐久性混凝土，通过大比例掺入矿物掺合料和采用低水胶比，以提高混凝土的抗氯离子渗透性能；施工工艺上，预应力混凝土箱梁均采用塑料波纹管和真空辅助压浆技术；防腐附加措施上，对混凝土表面涂装，现浇墩身浪溅区部分采用环氧钢筋并使用了掺入型钢筋阻锈剂；钢管桩顶部浪溅区采用800~1000μm加强型双层环氧粉末涂层、水中区及泥下区采用300~600μm单层环氧粉末涂层的保护措施，并采用牺牲阳极的阴极保护措施。

17.3.3　舟山连岛工程——金塘大桥和西堠门大桥

舟山连岛工程连接舟山、宁波两市，是舟山群岛与大陆之间的重要跨海通道，全长49.96km，包括5座跨海大桥，分别是岑港大桥、响礁门大桥、桃夭门大桥、西堠门大桥和金塘大桥。项目始建于1999年9月，2003年岑港大桥、响礁门大桥和桃夭门大桥率先建成；2009年12月，金塘大桥和西堠门大桥正式通车。

西堠门大桥采用主跨为1650m的两跨连续钢箱梁悬索桥（图17-4），主跨跨径时为世界第二，仅次于日本的明石海峡大桥。金塘大桥全长21.029km，其中海上桥梁长18.415km，主通航孔钢箱梁斜拉桥主跨620m，时为我国在外海条件建设的跨径最大的斜拉桥。

西堠门大桥是在海洋环境建设的大跨径桥梁，其主要技术特征及创新包括：

图 17-4 西堠门大桥

(1) 桥位区风环境恶劣，颤振检验风速高达 78.74m/s，主梁首次采用中央开槽的双箱断面加劲梁方案（图 17-5），通过数值风洞气动选型和风洞试验验证，确定了开槽宽度为 6m，并研发了考虑颤振和涡振综合影响的气动控制措施，解决了特大跨径悬索桥的抗风难题和安全性挑战。

a) 加劲梁节段

b) 完成架设的加劲梁

图 17-5 西堠门大桥中央开槽双箱截面加劲梁

(2) 西堠门大桥单根主缆长约 2881m，为减轻结构自重，该桥研发并完善了 $\phi 5.25$mm 规格 1770MPa 悬索桥主缆索股，面对海洋环境，提出采用"镀锌钢绞线 + 防腐油脂、镀锌钢绞线可更换"的主缆锚固系统防腐方案。

(3) 基于结构危险性分析的跨海悬索桥巡检技术，研发并应用了基于工业以太网技术和 GIS（地理信息系统）技术的跨海悬索桥结构监测巡检管理系统，积累了大桥运营以来的环境、交通荷载、结构状态等监测、检测数据，为实现科学管养积累了经验。

(4) 研发了可变姿态桥面活动风障系统，通过风障姿态的变化来减小桥面风荷载作用，从而保障桥面行车和结构抗风的安全性。

17.3.4 胶州湾跨海大桥

1993 年 4 月，青岛市人民政府规划并启动"青岛跨海大桥"可行性研究；胶州湾跨海大桥于2006年12月动工兴建,时称"青岛海湾大桥";2010年12月全桥贯通;2011年6月通车运营。

大桥位于胶州湾北部,是我国北方寒冷冰冻海域第一座超大型海上桥梁集群工程。大桥线路全长42.23km,主线全长约26.707km,其中跨海大桥长25.881km,工程主要包括通航孔桥、海上非通航孔桥、陆上引桥及接线工程等。其中,沧口航道桥和红岛航道桥采用主跨260m和120m的稀索钢斜拉桥,大沽河航道桥采用独塔主跨260m自锚式悬索桥,采用空间单索面,双边钢箱梁+横向连接箱结构;非通航孔桥采用跨径60m双幅分离整孔吊装施工的混凝土连续梁,西岸滩涂区采用跨径50m移动模架施工的混凝土连续梁,基础均采用水下钻孔灌注桩。

该工程从下面几方面进行了技术创新:

(1)管理创新。该工程是国内长大跨海桥梁第一个BOT管理模式的工程,由国内大型企业集团承担其施工、运营和移交管理,是将我国大型跨海桥梁工程管理推向国际水平的一次历史性尝试。

(2)结构创新。沧口航道桥采用平行稀索钢箱梁斜拉桥,结构简洁大气、型式新颖;大沽河航道桥为独塔独柱自锚式悬索桥,采用大跨径空间索面,主梁为双体钢箱梁+横梁结构,结构新颖。

(3)施工创新。非通航孔桥大规模采用跨整孔吊装和节段吊装施工工艺,大型混凝土箱梁的预制、吊装施工具有一定新意;桥墩承台施工研究提出了水下无封底混凝土套箱技术,用混凝土套箱代替了传统的钢套箱,节约了工期和造价,该工艺的核心在于采用胶囊进行止水,在低潮时将套箱内水抽干后创造干施工环境条件。

(4)耐久性措施。提出以防腐蚀混凝土和钢筋保护层厚度作为保证混凝土结构耐久性的根本措施,透水模板布技术为防腐蚀混凝土的改善措施,表层涂装、混凝土套箱和阴极防护为混凝土结构耐久性辅助措施。

(5)运营维养。建立了一体化设计结构健康监测系统和巡检养护管理系统,以指导结构的运营管理,验证设计参数,最大限度地保证大桥安全运营,延长大桥使用寿命。

17.3.5 港珠澳大桥

港珠澳大桥为我国大型跨海通道工程发展历程中的重要里程碑,本书其他章节对其进行了详细介绍,在此不再赘述。

17.3.6 平潭海峡公铁大桥

平潭海峡公铁大桥线路全长16.323km,跨海段长11.15km,桥址所在的平潭海峡是世界三大风口海域之一,具有风大、浪高、水深、流急等特点。项目始建于2013年11月,2020年10月公路段通车试运营,2020年12月铁路段通车运营。

该桥主要由通航孔桥、非通航孔桥及铁路路基等3部分组成。通航孔主桥共3座,依次为元洪航道桥、鼓屿门航道桥和大小练岛航道桥。3座通航孔桥均采用钢桁混合梁斜拉桥,主跨依次为532m、364m、336m,主墩基础采用4.0m和4.5m大直径嵌岩钻孔桩;深水高墩区非通航孔桥采用跨径80m和88m简支钢桁双层组合梁,浅水及陆地高墩区引桥采用跨径49.2m混凝土箱梁,陆地低墩区引桥采用跨径40.7m混凝土箱梁。

该桥的主要技术特征包括:

(1)该桥是国内第一座公铁合建跨海大桥,其中上层为双向六车道高速公路,下层为双线铁路。

(2)实现80m和88m跨径非通航孔桥简支钢桁梁的主梁工厂化整孔全焊制造,现场采用3600t浮式起重机整孔架设,解决了复杂海域大型双层结合简支钢桁梁快速安装难题。

(3)提出了全焊大节段斜拉桥钢桁梁设计制造、架设技术,首次实现斜拉桥钢桁梁两节间整节段全焊制造;采用两节间整节段悬臂架设和边跨、辅助跨整孔吊装架设方案(图17-6)。

图17-6 平潭海峡公铁大桥鼓屿门航道桥边跨钢桁梁大节段安装

(4)深水基础首次采用4.5m超大直径钻孔桩,鼓屿门航道桥的主墩基础采用了18根ϕ4.5m钻孔桩基础。

17.3.7 深中通道

工程连接深圳市与中山市,跨越内伶仃洋海域,路线全长约24km,其中桥梁工程全长17.034km,水下隧道工程长约6.845km,是我国继港珠澳大桥之后集"桥-岛-隧-水下枢纽互通"于一体的超大型跨海交通基础设施工程。项目可行性研究报告于2015年底获国家发展和改革委员会批复,于2016年12月开工,2024年6月建成通车。工程实景见图17-7。

图 17-7 深中通道

桥梁工程包括深中大桥、中山大桥二座主通航孔桥,以及泄洪区和浅滩区非通航孔桥。深中大桥采用主跨 1666m 全漂浮体系双塔悬索桥方案,中山大桥采用主跨 580m 半漂浮体系双塔斜拉桥方案。沉管隧道总宽度为 46.0~55.5m,由 32 节管节和 1 个最终接头组成,是目前世界上最宽的海底沉管隧道。该通道采用"标准化、工厂化、智能化、一体化"建设理念。

该通道主要创新技术有:

(1)深中大桥颤振检验风速高达 83.7m/s,为此,研发了"整体钢箱梁 + 水平导流板 + 上、下稳定板 + 高透风率栏杆"的新型组合动力结构,解决结构抗风稳定性问题。

(2)解决了海中超大锚碇建造难题,采用锁扣钢管桩与工字型板桩组合围堰筑岛结构形式,研制了自适应圆形组合围堰变位的平行钢丝索柔性约束装置。

(3)世界上首次采用双向八车道超宽钢壳混凝土组合结构形式的沉管隧道和水下基于水压的组合推出式最终接头,构建了钢-混凝土复合的"三明治"结构类型的沉管隧道设计、预制、浮运、安装及合龙成套技术。

(4)研发了具备自航、精准定位等功能的沉管浮运安装一体船(图 17-8)和更高效率的碎石整平船,采用海上深层水泥搅拌桩进行沉管软基加固,进一步发展了外海沉管施工装备和技术。

(5)研发并实践跨海集群工程智能建造技术,开展钢箱梁自动化智能化制造生产线建设,建立了钢筋网柔性制造生产线,研发了具有混凝土布料、浇筑、养护功能的一体化智能筑塔机,建设了基于 BIM + 移动互联网的智慧工地。

深中通道是继港珠澳大桥之后又一个世界级跨海通道,它在世界首例双向八车道海底隧道、世界最大跨径离岸海中悬索桥、世界首例水下枢纽互通立交等领域取得许多关键技术突破,是我国跨海通道集群工程建造技术取得进一步突破的工程典例。

图 17-8　深中通道沉管浮运

17.4　对我国未来跨海通道建设的启示

17.4.1　大型跨海通道发展经验与启示

伴随我国经济发展及全球国际化进程，国内和国外都还将有大量跨海通道建造需求。例如，我国台湾海峡、琼州海峡、渤海海峡三大跨海通道，已经在技术层面开始了前期探讨和研究；在国际上，中国企业已开始谋划参与多个国家的跨海通道工程。未来的跨海通道建设，机遇与挑战并存。

基于世界特别是我国大型跨海通道建设的实践和成就，展望未来，从技术发展角度看，一方面需要加强对我国已经投入运营的跨海通道长期性能的观测并进行研究总结，形成我国大型跨海通道系统的技术规范体系，积极推动中国标准"走出去"，提升我国跨海通道建设水平和能力的国际影响力，助力中国企业参与国际跨海通道建设竞争。同时，也需要面向未来跨海通道建设需求，积极开展新技术研究与储备，加快推动新技术、新材料和新装备研发及应用，为未来工程建设奠定基础条件。

1）全面加强技术储备，建立更长寿命跨海通道技术标准

跨海通道工程战略意义大，建设投资高，保持工程的长期服役性能及寿命具有重要意义。目前，我国已建成工程设计寿命一般为 100 年，少数采用 120 年。根据比较分析，合理提升设计寿命从经济成本角度是具备价值优势的。同时，随着现代材料、工程建造、运维管理等技术的进步，建造 150～200 年设计寿命的跨海通道具备技术可行性。因此，未来需要围绕 150～200 年设计寿命工程，从新材料、设计理论、合理结构、建造质量标准、管养策略等方面开展系统的规划研究和技术储备，建立专用标准。

2) 勇敢突破经验认知,开创跨越更复杂海域通道建管技术

更复杂的海域通道建设条件包括但不限于深水、强浪、高烈度地震、强台风、强腐蚀海洋环境、深厚软弱地基等,很多方面可能突破我们已有的经验甚至认知,我们目前掌握的技术可能还不能完全适用,需要新的技术。例如:需要研发针对水深 60～100m 的深水基础和深水隧道,研发可以跨越更大水深的悬浮隧道、浮式桥梁等新结构,并向整体化、预制化、装备化和智能化方向发展;在防灾减灾领域需要加强对海洋灾害规律以及对结构工程损害的认识和研究,加大对多灾害作用的现场采集和原型观测;提高灾变试验模拟水平,提升灾害耦合、极端灾害作用的模拟试验能力;针对复杂海况的灾害研发针对性的防灾、减灾技术措施等。

3) 贯通工程建设全过程,研制更新型高效智能的工程装备

海上装备水平直接关系到跨海通道工程建设安全、质量和效率。我国目前已拥有成套成熟的海上大型施工装备,如 2000～13000t 级浮式起重机、大吨位打桩船、海上挤密砂桩船、沉管运输安装一体船等工程船舶,也具备根据工程需要研发制造新型扩能的海上工程装备的能力。面向未来更高质量、更加绿色、更高效率的建设需求,将需要更加高效、更加智能的勘测设备、建造装备以及匹配新型结构特点的新设备,如:结合卫星通信技术,研发大型海洋工程综合勘察船,并采用一系列精细化的海上勘测装备,提高现场勘察取样和测试的精度;需要与新型深水基础结构同步研发新型施工装备;为实现对深水水下工程水下作业、质量检测,需要更加便捷、智能、精准、快速的检测设备,如水下检测、作业机器人等。

4) 构建系统规范体系,提升我国大型跨海通道建设国际影响力

当前我国一些跨海通道工程已经开展了结构长期性能的监测和检测,有的已积累了 10 多年的数据,并利用这些数据开展了跨海大桥结构性能演变规律、影响因素和衰变减缓措施的研究。为系统提升我国大型跨海通道工程建设国际影响力,我们应该结合长期性能观测数据,研究解决材料统计特征、正常使用极限状态可靠指标及耐久性设计指标等指标参数问题,着眼于建立基于可靠度理论的海洋环境下桥隧工程荷载及组合方法、全寿命周期的近似概率极限状态设计方法,注重概念设计和基于性能的设计理论方法及多灾害作用下防灾减灾理论方法的系统深化研究与应用,从而建立并完善大型跨海通道技术指标和规范体系。

17.4.2 大型跨海通道建设应注意的问题

1) 关于前期论证

大型跨海通道工程对经济社会的发展具有重大的推动作用,必须高度重视前期论证。因涉及多领域、多学科、多专业,其前期研究论证也关系到多区域、多行业、多部门,时间和空间跨度也超乎常规,特别是在多种交通运输方式建设时代背景下,首先应尽量考虑各种交通运输方

式通道的自身功能和特点,各种交通运输方式是否存在相互干扰影响,是否有利于每种交通运输方式的自身运营,选择适当的分建方案模式,而不是简单采用集成合建方案模式。因此,应将大型跨海通道纳入国民经济和社会发展的中长远规划统筹安排,选择优秀且具有相当能力的国家级研究论证单位与团队,配置充足的人、财、物资源,保证必要的研究论证周期,加强工程项目的前期调查和研究论证,针对区域经济社会发展、生态环境影响、工程方案、项目风险等重点领域、关键技术开展研究和评价,为国家决策和项目规划建设提供参考依据。

2) 关于技术标准

由于大型跨海通道工程规模和投资巨大、前期论证和建设时间长、影响因素繁多,还体现了国家的发展战略,意义重大,影响深远,其超长寿命及长远功能规划的要求必须得到关注和重视,而不是简单参照现有技术规范的技术标准。因此,应根据某项超大型跨海通道工程的建设特点,研究制定其自身的项目技术标准和规范。由于工程结构所关联的时间要素的增长,除了关系到技术方面的工作应充分研究并科学确定外,在工作的方法论方面,还应着眼未来、从长计议,以超前眼光来看待和确定大型跨海通道工程合适的技术标准。

3) 关于建设理念

新时代背景下高质量发展的理念和任务,要求工程建设必须走创新、绿色、生态、环保、工业化、数字化、智慧化的发展道路。大型跨海通道建设应通过推行系统创新设计理念,依靠当今和未来先进的科学技术和国家强大的工业和信息化技术实力以实现工程的"高品质、长寿命、高智能"建设目标。

工程决策、方案比选和设计过程应坚持以人为本,确保建设方案先进、安全、便捷和舒适。应增强工程韧性、提高工程耐久性、确保安全可靠,将其贯穿工程勘察、设计、施工和运维的全寿命周期。应积极采用智能勘察、智能设计、智能施工和智能运维技术,实现工程建设运营智能化。工程活动是人类文化内涵的具体表现,文化是工程的灵魂。现代大型跨海通道建设应以人为本,充分体现其工程人文价值。

4) 关于技术方案

大型跨海通道的技术方案应紧密结合工程所在地的情况进行科学决策。无论是宏观的桥梁、隧道或桥岛隧集群方案,还是具体的结构设计和建造方案,都应以工程建设基本原则为前提,因地制宜、因时制宜,紧密结合工程所在地的经济、社会、地理环境、自然建设条件以及工期、造价等多方面因素对各种工程技术方案进行全面综合比选,最终确定最优方案。

5)关于运营维护

大型跨海通道工程运营维护任务长期而艰巨,应在设计阶段充分考虑各种不利因素的影响,结合设计方案和工程实际情况进行运营期风险评估,制订科学、经济、有效的运营维护和防灾救援方案和措施,运用先进的信息化技术和手段,实现全方位智能化管理。应坚持维养工作社会化原则,由专业队伍承担实施具体的运营维护工作。

第 18 章　台湾海峡跨海通道

跨海通道的建设不仅是交通运输的需求,更是区域经济一体化的重要推动力。台湾海峡作为连接大陆与台湾岛的重要海域,其跨海通道的建设构想越发引起学术界和工程界的广泛关注。本章将主要从建设必要性、建设条件、通道特点与挑战、工程方案构思,以及建设机制和工作保障等方面进行分析和论述,探讨台湾海峡跨海通道建设面临的关键问题。

18.1　概　　述

台湾海峡连接东海与南海,是贯通中国南北海运的关键通道。海峡呈北东—南西走向,全长约 400km,面积约 9 万 km^2。海峡南宽北窄,南口宽约 400km,北口宽约 200km,北部最窄处为 130km。

台湾海峡跨海通道的建设设想最初由清华大学教授吴之明先生于 1996 年提出。当年他在英国考察后,发表了题为《英吉利海峡隧道工程的经验教训与台湾海峡隧道构想》的文章,在学术界引起了热烈反响。自 1998 年以来,台湾海峡两岸的研究者、工程师和专家多次召开台湾海峡桥隧通道学术研讨会议,研究并提出了北线方案、中线方案和南线方案。

台湾海峡跨海通道是利国利民、突破区域发展瓶颈和事关中华民族伟大复兴的国家工程,是人类交通建设发展史上一项划时代的超级工程,无疑将对建设管理、工程勘察、设计技术、工程技术、施工装备、运营管理带来前所未有的挑战。在高质量建成港珠澳大桥之后,我们对完成台湾海峡跨海通道工程的创新规划设计,高质量、长寿命、高效率建设,智能化运维管理是具有充足信心的。该通道的建设意义,不仅体现在推动两岸社会大发展,促进两岸区域经济一体化战略融合,完善国家综合交通运输网络,重塑旅游空间格局、构筑沿海旅游发展新格局等方面,更体现在从根本上实现国家统一和长治久安,增进两岸人民的情感交流,实现中华民族伟大复兴。建成台湾海峡跨海通道是全体中华儿女的共同愿望,是中华民族的根本利益所在,是国家统一大业的必然要求。

18.2 建设条件

18.2.1 气象

台湾海峡位于亚热带、北热带季风气候区。受东北季风影响,10 月至次年 3 月风力较大,有时达到 6 级以上。5—9 月受西南季风影响,风力较小,7—9 月多热带气旋。海峡阴雨天气较多,但与两岸相比降水量较少;东北季风期、西南季风期多,秋季较少。

台湾海峡是西北太平洋台风的主要活动区域之一,台风经过海峡时,会带来狂风和暴雨,造成海面涌浪和潮汐增大,对船只、海上设施和沿岸地区造成严重的灾害。台湾海峡每年平均受热带风暴和台风影响平均 5~6 次,中心通过平均 2 次。台风将对未来台湾海峡跨海通道工程施工和材料运输造成严重的困难和风险。台风一定程度上也会对工程结构产生巨大的水动力和风荷载,影响工程的安全性和耐久性。此外,台风还会对海峡的水文、地质、生态等环境因素造成变化,影响工程的设计和施工参数,需要进行动态调整和监测。因此,台湾海峡跨海通道工程必须考虑台风的影响,采用合理的设计方案和施工技术,以及有效的防灾减灾措施,以保证工程的顺利建造和长期运营。

18.2.2 水文

海峡的潮汐情况比较复杂,福建沿岸、澎湖列岛和海口泊地以北台湾的西海岸为正规半日潮;海口泊地以南台湾西海岸为不正规半日潮;其中冈山至枋寮段为不正规全日潮。潮差西部大于东部,往南显著减小,东部中间大于两端。后龙港至海坛岛一线以北,涨潮流向西南,落潮流向西北,以南流向与上述相反。流速在澎湖列岛附近较大。海峡处于东海风浪较大地区。涌浪多于风浪。在东北季风季节,以东北-北向浪为主。西南季风季节以西南-南向浪为主。在冬季寒潮和夏季热带气旋影响下,可形成 8~9 级浪。海流为北上的黑潮西分支和南海流及南下的浙闽沿岸流所控制,并受季风影响。夏季沿岸流停止南下,整个海峡为西南季风流和黑潮西分支结合的东北流。冬季受东北季风影响的沿岸流南下,西部和中部为西南流;东部的东北流减弱,当东北风强劲时,表层甚至改变为西南流。

18.2.3 地质

台湾海峡区域是一个复杂的构造单元,受到欧亚板块和菲律宾板块的挤压作用。该地区由菲律宾板块上的陆缘陆块与欧亚板块上的陆缘盆地陆块拼接而成,主要包括 3 个地质单元:西部盆地系(WPB)、中央山脉系(CMR)和东部山脉系(EMR)。西部盆地系是一个典型的前陆盆地,由新生代沉积岩组成;中央山脉系是一个变质造山带,由古生代变质岩组成;东部山脉系是一个火山弧,由新生代火山岩和沉积岩组成。

海峡区域的海底地形属于东海大陆架区,地形地貌比较复杂,北部水深一般为60～80m,而南部水深一般为70～160m。区域地质主要由一些断裂围限的沉积盆地和前第三纪基底组成,基底沉积物较薄。地质构造呈现不对称状,西北部较高而东南部较低,为半地堑型断陷盆地,其边界大多为平行的北东向断层,但盆地南北两端又被北西、东西向断层切割。因此,跨海通道工程(主要为北西向)将不可避免地穿越这些断层,但在选线时应尽量避开顺轴向的断层。

该地区海底地层主要为更新世"巅科山组"的砂岩、页岩、砾岩及其上部"大南湾组"的页岩及含砾石红土,具有较大的黏性。根据地震反射波测定,该区域海床下岩层的最上部,自上新世底面向上,包括第四纪岩层在内,厚度至少300m,均呈水平状分布,下部断层未穿切至此层,形成了良好的承力层和隔水层。如果进行跨海桥梁工程设计,工程基础可以优先考虑此层;进行跨海隧道工程选线时,这也为隧道的防水(防止海水下渗)提供了较好的地层条件。综上,可以初步判断该地区的地层和岩性具备适宜的工程地质条件。

18.2.4 地震

台湾海峡是一个地震活跃区域,受到板块运动和地壳应力的影响,其地震主要分为两类:板内地震和板间地震。板内地震是指发生在欧亚板块或菲律宾板块内部的地震,震级较小,分布较广。板间地震是指发生在欧亚板块和菲律宾板块之间的地震,震级较大,分布较集中。台湾海峡的地震活动主要集中在两个带状区域:一是沿着台湾岛东部和南部的岛弧带,这是菲律宾板块向西北俯冲到欧亚板块下方所形成的强烈地震带;二是沿着台湾岛西部和北部的断裂带,这是欧亚板块向东南挤压到菲律宾板块上方所形成的弱中等地震带。台湾海峡的地震对跨海通道设计有重要影响,需要考虑其对结构物的动力响应、液化效应、滑移效应等。

1994年9月16日14时20分台湾海峡发生7.3级地震。震中位置是北纬22°42′,东经118°45′,震级$M=7.3$,震源深度20km。广东、福建沿海地区遭到不同程度的损失和人员伤亡,广东的汕头市、潮州市、揭阳市、佛山市及福建的漳州市、厦门市强烈有感并受到不同程度的破坏,地震还波及杭州、合肥、武汉、南昌等地区。

18.2.5 通航

台湾海峡一直以来都是一条重要的海上航道。国内,它是连接东海和南海的"海上走廊";国际上,它是从日本海、琉球群岛海域通向巴士海峡、东南亚的海上捷径,海峡航运繁忙。由于峡宽水深,暂未形成固定航道,习惯航迹带宽度大,超过10km。台湾海峡每年有约10万艘船只通过,其中大型船舶占比约为30%,船舶的吨位和尺寸也呈现不断增大的趋势。因此,台湾海峡跨海通道工程的通航条件应考虑到航运的规模、频率和发展趋势，以满足航运的安全和便利。

台湾海峡海面开阔，其通航要求高于琼州海峡。结合现有资料分析，若考虑桥梁方案，台湾海峡全线宜至少采用三组主通航孔，一组通航船舶吨级为50万DWT，两组通航船舶吨级为10万DWT；其余作为辅通航孔通航，这样既可以保证不同规模的船舶的通行需求，也可以提高工程的经济性和安全性。本方案暂不考虑限速通航，因为限速通航会增加通航管理的复杂性和风险性，降低航运的效率和便利。通航孔尺寸主要由船舶的尺寸、船舶的活动域和桥梁的结构形式等因素决定。参照国际桥梁及结构工程协会（IABSE）提出的"船舶活动域理论"，确定通航孔的净空宽度和净空高度，可确定各船级的通航孔尺寸，如表18-1所示。

各船级的通航孔尺寸　　　　　　　　　　　　　　　表18-1

通航船舶吨级 （DWT）	船长×船高 （m）	自由航行		通航净高 满载-空载（m）
		分孔（m）	合孔（m）	
10万	300×63	2×1000	2000	58~62
30万	350×80	2×1200	2400	65~70
50万	460×90	2×1500	3000	70~75

18.2.6　生态环保

台湾海峡海域具有丰富的生物多样性和生态价值。其生态环境主要受到气候、水文、地质和人类活动等因素的影响，具体包括以下几个方面。

1）海洋生物资源

该海域是一个典型的半封闭水域，具有温带和热带海洋生物的特征，成为多种鱼类、甲壳类、软体类和藻类的栖息地和产卵场。海洋生物资源十分丰富，约有1000种鱼类，其中包括一些珍稀或具有高经济价值的物种，如鲸鱼、海豚、鲨鱼、鲟鱼、龙虾、螃蟹、牡蛎、珍珠贝和紫菜等。这些生物资源对两岸渔业和旅游业有重要意义，也是保护生物多样性和维持生态平衡的重要因素。

2）海洋环境质量

该水域的环境质量受到自然和人为因素的影响。自然因素包括气候变化、潮汐、风浪和沉积物输运等，影响海水的温度、盐度、溶氧量、营养盐含量等物理化学指标，以及水流的速度、方向和涡流等动力特征。人为因素包括沿海的工农业排放、船舶运输、渔业捕捞和旅游开发等，可能导致海水污染和富营养化，以及生物资源的过度开发和破坏。海洋环境质量对生态系统的功能和服务有重大影响，也关系到两岸人民的健康和福祉。

3）海岸带资源

该海域两岸拥有丰富多样的海岸带资源，包括沙滩、岩礁、沙洲、岛屿、潮间带、红树林、盐田和滩涂等。这些资源具有重要的生态和经济价值，是许多陆生和水生动植物的栖息地和过渡地带，也是人类进行休闲娱乐和文化交流的场所。这些资源面临自然侵蚀和人为破坏的双重威胁，需要加强保护和管理，以实现可持续利用。

18.3 通道特点与挑战

18.3.1 通道特点

该跨海通道是一个具有战略意义和挑战性的超大型工程项目，除具备大型跨海通道的共同工程特点外，还具有以下突出的特点：

(1) 规模宏大、投资空前。该跨海通道的单线长度至少超过130km，如考虑多线总长度达到数百千米，其中跨海部分将占80%以上，涉及多种交通方式，如铁路、公路、公铁组合，桥梁、隧道、桥岛隧组合等。需要协调两岸的技术标准、运营管理、安全保障等方面，投资规模将达数万亿元人民币，建成后将成为世界上规模最大、投资最高的跨海通道工程。

(2) 条件复杂、难度极高。该工程的建设条件十分复杂，需要在恶劣的自然环境下进行施工，面临强风、大浪、暴雨、地震、台风等多种自然灾害的威胁，同时还需考虑水文、地质、生态、通航和其他多方面的影响和约束。这些因素都对工程的设计、施工和运营带来了巨大的挑战和风险。因此，建设难度极高，需要采用先进的技术装备和创新的方案。

(3) 意义重大、影响深远。该工程不仅是一项重大交通基础设施建设项目，更是具有重大政治、经济和文化意义的国家战略项目。它将实现两岸的直接连接，打破依靠航空和轮渡的交通壁垒，极大地促进两岸的经济合作、文化交流和人员往来。该通道也将成为中国实现国家统一和民族复兴的重要标志，对两岸的经济社会发展、科技教育文化交流、政治法律社会关系等产生深远的影响。

18.3.2 建设挑战

台湾海峡跨海通道作为一项具有世界级难度的超级工程，具有大型跨海通道共同的建设挑战，主要表现在以下几方面。

1) 工程安全

工程建设条件极其复杂和恶劣，工程受多种环境作用耦合影响，不确定因素多，对工程结构安全提出了巨大挑战。

2) 建设技术

对桥梁方案，国内超大跨桥梁结构设计、抗风、抗震技术和超深水基础结构设计建设具有巨大的挑战。对隧道方案，超高水压状态下隧道结构及盾构刀具更换、单向超长距离的施工通风与安全控制、水下软弱地层的盾构地中对接等方面,均缺乏经验,挑战巨大。修建公路隧道,则其运营期长距离通风和防灾问题需要技术创新与攻关;修建全电驱动列车的铁路隧道技术挑战小于公路隧道。

3) 长期服役

面对复杂恶劣的海洋环境和复杂的工程地质条件,如何保障结构的150~200年长期服役性能,满足高品质、长寿命的要求,也将是工程面临的技术挑战。

4) 运营安全

公路海底隧道方案长度大、防灾救援疏散困难,运营过程中一旦出现事故,将对人员安全造成威胁。如何在既有跨海通道工程建设的经验基础上实现超长公路海底隧道科学管养是面临的新挑战。

5) 生态环保

海洋环境方面,应考虑海洋环境的敏感性、脆弱性和复杂性,需要采用低污染、低干扰、低风险的施工方式和措施,解决海洋污染物的监测、预警、处理和处置等问题;生态环境方面,应考虑生态环境的多样性、重要性和互动性,需要采用绿色生态、循环利用、协调发展的理念和方法,解决生态资源的保护、修复和增殖等问题。

气候变暖、环境问题是人类面临的重大而紧迫的全球性问题。通道工程规模大、能源消耗多,选择低碳材料和低碳建设、运维技术,研究论证和正确选择对生态环境影响最小的工程技术方案至关重要。

18.4　工程方案构想

18.4.1　线位方案

台湾海峡跨海通道的选址是一个综合决策问题,需要考虑工程的技术可行性、经济合理性、社会效益和环境影响等多方面因素。经过多年研究与论证,目前基本确定了三条线路方案:北线、中线和南线。

1) 北线方案

北线方案从福建平潭岛到新竹市,具有以下主要优势:

(1) 距离最短:全长122km,是三个方案中最短的,可降低工程造价和维护成本,缩短施工时间。

(2) 地质条件优越:水深最浅、地质最稳定、地震活动最弱,可降低工程结构设计和施工难度,提高工程安全性和耐久性。

(3)接驳便利:两端分别靠近福州市和台北市,可以扩大通道的辐射效应,提升社会、经济和文化价值。

2)中线方案

中线方案包括两条分支:从福建莆田南日岛到苗栗县,或从福建泉州惠安崇武镇到彰化县。其主要特点为:

(1)优势:连接了福建和台湾中部地区,有利于促进两岸中部地区的经济发展和交流合作。

(2)劣势:距离分别为128km和150km,水深较深,地震活动较强,增加了造价和维护成本,提高了结构设计和施工难度。

3)南线方案

南线方案从福建厦门市经过金门、澎湖列岛到嘉义县,全长约174km,是三个方案中最长的。其主要特点为:

(1)优势:连接了经济发达城市,利用金门、澎湖等岛屿作为分段建设和中转站,减少了跨海段长度和难度,带动岛屿经济发展和旅游业。

(2)劣势:沿线水深超过100m,地震活动频繁,造价和维护成本高,结构设计和施工难度大。

综合分析,北线方案是合理、可行且有利的选址方案。其优势在于距离最短、地质条件优越、接驳便利,目前已经得到有关专家和研究者的认可和支持。因此,将北线方案作为研究与论证的基础,有较好的实施价值。

18.4.2 适应性工程方案分析

大型跨海通道的工程方案论证是一项系统工程。台湾海峡跨海通道更是一个复杂的超级系统工程,建设方案应综合考虑工程技术、水文地质、经济效益、环境生态影响、社会需求等多方面建设条件的因素,目前阶段应重点进行以下三个方面的比选。

1)公铁比较

在选择公路通道还是铁路通道的问题上,业内多年来一直存在不同的观点。

(1)公路通道的优点是灵活性大,可以根据不同的车辆类型和行驶速度进行调整,也可以与其他交通方式进行衔接,适应多样化的交通需求;缺点是容量小,易发生拥堵和事故,对环境的污染和影响也较大。目前,世界上最长的跨海公路通道是港珠澳大桥,全长约55km,为超长桥岛隧集群工程;世界上最长的公路隧道是位于挪威的洛达尔隧道(2000年建成),全长24.51km。建设超长公路隧道的困难在于:如何保证能安全快速地建造隧道,如何保证隧道内通风等服务保障系统的正常有效运行,以及如何降低隧道的建造和维护成本。

（2）铁路通道的优点是容量大,可以实现高速、大批量、低成本的运输,对环境的污染和影响也较小,运营要求相对低;缺点是灵活性小,需要专用的轨道和设备,与其他交通方式的衔接也较困难,适应单一化的交通需求。世界上最长的跨海铁路大桥是我国的杭州湾跨海铁路大桥(在建),全长约29.2km。建设超长跨海铁路大桥的困难在于:如何保证桥梁能承受高速列车的荷载、振动、噪声等影响,如何保证桥梁内通信、信号、供电等系统的正常运行,以及如何与周边的水文、生态、景观等环境相协调。世界上最长的铁路隧道是位于瑞士的圣哥达基线隧道,全长57.1km。铁路隧道在超特长通道方面有一定的优势和经验,因为铁路隧道运营对环境的影响更小。圣哥达基线隧道的建设采用了世界上最先进的隧道掘进机,以及高效的隧道支护和排水系统,保证了隧道的质量和安全。

此外,公路与铁路的选择与通道位置也有较大的关系。初步研究认为,因为北线方案的距离最短,水深最浅,地震活动最弱,北线方案更适合建设公路通道或公铁分建通道,可以采用全桥或者桥岛隧组合的形式,而中线和南线方案目前看仅适合建设铁路通道。

2）桥隧比选

在不同的水深、地形、地质、航运等条件下,台湾海峡跨海通道可以采用不同的结构形式,如桥梁、隧道以及桥岛隧组合等,以下对这三种跨海通道方案进行比较分析。

（1）桥梁方案

桥梁方案是指以全程桥梁的方式跨越台湾海峡,以实现公路和(或)铁路的双向通行。对于台湾海峡跨海通道,适用的桥型有悬索桥、斜拉桥、梁式桥等,目前来看,主航道桥采用悬索桥是较适合的桥型。但悬索桥需在海中施作巨型锚碇,造价高、施工难度大。随着斜拉桥的技术提升及跨度突破,未来台湾海峡跨海通道的主航道桥建设也可考虑采用斜拉桥方案。

桥梁方案的优点:

①通行能力高。桥梁可以提供多条车道和轨道,满足不同类型和数量的车辆和列车的通行需求,同时也可以与其他交通方式进行衔接,适应多样化的交通需求。

②行车舒适性好。桥梁视野开阔,空气环境好,司乘人员心理感觉好,可以欣赏海上风光和景观效果,增加旅游价值。

③施工周期短。桥梁可以多个工作面平行施工,流水作业,机械设备和周转材料可以得到有效利用,施工不可预见因素相对较少,施工周期短于隧道。

④建设运营成本低。桥梁建设成本比较低,营运阶段不需要通风设备,防灾设备简单,仅需防腐耐久性的维护和一定量的检查维修,工作量较小、性质明确,运营维护费用低,尤其用电量明显低于隧道。

桥梁方案也有一些缺点:

①对航运影响大。台湾海峡是一个重要的国际航道,每年有数万艘船舶通过或停靠海峡两岸港口。桥梁的架设会影响到航运安全,需要与航道管理部门沟通,确定通航孔净高和跨径,并详细研究论证船舶通行安全保障和桥梁防撞设计方案。此外,桥墩设置后也会造成阻流,改变水流方向,引起主槽变迁。

②受天气影响大。在雷雨、大风或浓雾天气,桥面行车会受到很大影响,甚至要封锁交通。台湾海峡横风较大,桥面通行易发生交通事故。

③对生态环境影响大。桥梁占用海面和海域空间,对台湾海峡环境和水动力有一定的影响。运营期间车辆废气的扩散也会造成一定程度的污染。

④防战能力较差。桥梁目标明显,易遭受军事打击,如主桥倒塌不仅影响交通功能,还可能影响主航道的顺畅通航,影响军事防御系统的快速启动和发挥作用。

(2)隧道方案

隧道方案是指以全程隧道的方式穿越台湾海峡,以实现公路和(或)铁路的双向通行。隧道常用的工法有以下几种:

①钻爆法:是一种利用钻孔爆破的方式,在岩石或土层中开挖隧道的施工方法。钻爆法具有设备简单、施工成本低、适应性强等优点,但也有爆破振动大、噪声污染大、施工安全隐患大等缺点。钻爆法适用于围岩较坚硬、地下水较少、地质条件较稳定的山岭隧道。对于台湾海峡跨海通道工程,如采用钻爆法施作隧道(图18-1),则需进入质量较好岩层以下2~3倍隧道直径深度。钻爆法隧道的埋深较大,线路较长,且海底超长隧道的钻爆施工难度大、风险高,故不推荐采用此工法。

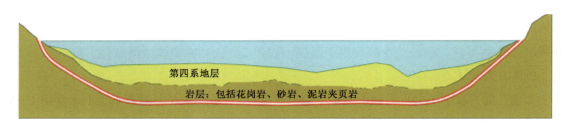

图18-1 钻爆法隧道线位纵断面

②盾构法:是一种利用盾构机在土层或岩层中推进,并同时安装管片作为隧道衬砌的施工方法。盾构法具有施工速度快、对路面或海面交通影响小、施工质量高等优点,但也有设备复杂、对操作技术要求高、可能引起地表沉降等缺点。盾构法可用于水深较深、海床较复杂、水流较急的水域,或者土质较松软、地下水较多、地质条件较复杂的山岭隧道。采用盾构法施工只需要进入稳定海床以下约1倍隧道直径深度,线路长度适中,技术和经济效益良好(图18-2)。

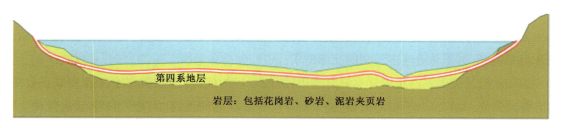

图 18-2　盾构法隧道线位纵断面

③沉管法：是一种将预制的钢筋混凝土管节或钢壳混凝土管节沉入水底，并利用水力压接的方式将管节接头密封连接起来的施工方法。沉管法具有结构简单、断面空间利用率高、预制施工质量可靠等优点，但也有对水文地质条件要求高、对航运有一定影响、施工作业窗口期较短、挖掘海床时或将扬起沉积的污染物而影响水质等缺点。沉管法适用于水深较浅、海床较平坦、地质条件较好、水流较缓和的水域。虽然沉管隧道可紧贴海床或略微进入海床进行布线，线路最短（图 18-3），但鉴于台湾海峡处于风浪较大、水深较深、地质条件复杂的外海水域，沉管工法受限较大，故不推荐采用。

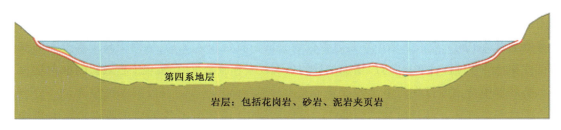

图 18-3　沉管法隧道线位纵断面

综合比较各种工法的优缺点，盾构法可以克服风浪、水深、水流以及地质等不利因素，同时也具有较高的施工效率、施工质量、环境保护和经济效益，因此盾构工法是最适合台湾海峡跨海隧道的工法。

隧道方案的优点：

①对航运的影响小。由于隧道一般建于海床以下，对航运基本无影响，只需要合理选择隧道埋深以及海上通风口（人工岛等）的位置，设置警示和防撞标志。

②运营期受外界干扰较小。隧道不受大风、大雪、大雾、暴雨和严重冰冻等气候变化的影响，基本能做到通道的全天候运营，具有稳定的运行能力。隧道受地震影响较桥梁小，抗震性能更优。此外，隧道内部可以设置智能化的监控系统，针对危险情况及时发出警报和指令。

③对生态环境的影响小。隧道方案可基本保持原有海岸和海岛的自然风貌，对台湾海峡生态环境和水动力基本无影响，但需对开挖过程中产生的弃渣进行有效的处理和利用。

④防战能力较强。隧道在战争期间隐蔽性好，不易被摧毁，甚至可以继续发挥交通运输作用，即使遭受打击，也不会影响航道安全。

隧道方案的缺点：

①通行能力较低。隧道方案较桥梁方案提供更有限的车道和轨道，更不易与其他交通方式进行衔接，也更不易适应多元化的交通需求。

②行车舒适性弱。隧道内驾车视野受限，洞内环境封闭，不能欣赏海上风光和景观效果，缺乏旅游价值，尤其是对于台湾海峡这种长达120km以上的隧道，司乘人员穿越通行时会有较强的压抑感。

③施工周期长。隧道只能少数工作面施工，受水文、地质条件复杂多变的影响，施工不可预见因素相对较多，施工周期将明显长于桥梁。

④运营成本较高。隧道运营期需要较大一笔费用用于通风、照明、通信、监控、报警、消防等多种设备，需配用管理人员多，维护和管理费用高，尤其用电量明显高于桥梁。

(3) 桥岛隧组合方案

桥岛隧组合方案是指利用桥梁、隧道和海上人工岛组合的方式跨越台湾海峡。桥岛隧组合方案的优点是可以充分利用各种结构形式的特点和优势。根据不同的水深、地形、地质、航运等条件，采用不同的结构形式实现通道的贯通。例如，在水深较浅、地形较平坦、地震活动较弱的区域建设跨海大桥，在水深较深、地形较复杂、地震活动较强的区域建设海底隧道，在桥隧转换位置以及中间需要设置通风和紧急救援设施的位置建设人工岛，从而提高工程方案的技术可行性和经济合理性，同时也可以增加工程的景观效果和旅游价值，实现工程效益的最大化。

桥岛隧组合方案存在的不足：

①技术难度大。涉及多种结构形式的设计和施工，需要考虑各种结构形式之间的衔接和协调问题，以及各种自然灾害和人为干扰对工程的影响和应对措施。这些问题都需要进行深入的研究和论证，提出创新的技术方案和措施，提高工程的技术水平和可靠性。

②综合成本高。由于涉及多种结构形式的建设，需要投入大量的资金、人力、物力等资源，导致较高的综合建造成本。同时，由于各种结构形式之间的衔接和协调问题，也会增加运营维护费用，造成运营成本较高。

③对生态环境的影响具有不确定性。由于涉及多种结构形式的建设，对台湾海峡生态环境和水动力可能产生不同程度和方面的影响，这些影响需要进行长期的监测和评估，以确定其具体的影响范围和程度，并采取相应的保护和修复措施。

采用桥岛隧组合方案需要充分利用并发挥各种结构形式的特点和优势。随着近年来一些大型桥岛隧工程的陆续建成，如国内的港珠澳大桥、深中通道等，以及国际上著名的厄勒海峡通道、切萨皮克湾大桥等，桥岛隧工程逐渐体现出其独特的魅力和竞争力。以台湾海峡跨海通道北线方案为例，如图18-4所示，可在靠近福建侧海域选择水深较浅的合适位置建设人工岛，在海中人工岛与福建侧陆域之间采用桥梁方案，人工岛与台湾岛之间采用隧道方案，人工岛则可兼作桥隧中转站、通风排烟竖井和防灾疏散接驳点。

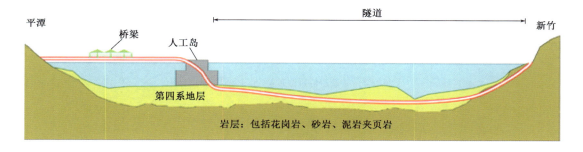

图 18-4　桥岛隧方案线位纵断面(桥墩未示出)

3）分析结论

台湾海峡跨海通道论证可采用的桥梁、隧道、桥岛隧组合方案各有利弊,其中涉及许多技术问题和挑战,需要进行深入的研究和论证,以确定最优的方案。

北线方案可考虑采用公铁分建的方式,即在北线建设两条平行的通道,1 条为公路通道,1 条为铁路通道。公路通道采用桥梁方案,铁路通道采用隧道方案。具体如下:

(1)公路通道:采用全桥方案,设计标准为高速公路,设计速度为 120km/h,采用 10 车道的双向布局,其中每个方向设 4 个普通车道和 1 个自动驾驶车道,以满足不同类型和等级的车辆的交通需求。

(2)铁路通道:采用全隧道方案,设计标准为高速铁路,设计速度为 300km/h,采用双向两管四线的布局,其中每个方向有 2 条单线隧道,以满足不同类型和等级的列车的运行需求(1 条线路客运,1 条线路货运)。铁路通道还设有 1 个中间单管服务隧道,用于提供紧急救援、维修保养、人员转移等服务功能。

对于南线来讲,两端均有较大城市,连接闽台两省经济发达地区,工程建设具有较强的必要性,技术等方面的可能性也是存在的。本书暂不对南线的建设方案作具体阐述。

18.4.3　北线公路全桥方案

针对北线工程方案,作者提出了相应的工程方案构想,供读者们参考。

1）主航道桥

北线方案中主航道构想采用东、西航道分离布置,主航道桥采用主跨跨径为 3118m 的悬索桥方案,东、西主航道桥跨度布置均为:1418m + 3118m + 1418m,桥型布置见图 18-5。

北线方案主航道桥塔(图 18-6)设计高度约 400m,主梁(图 18-7)采用双向 10 车道布置,加劲梁宽度约 61m。

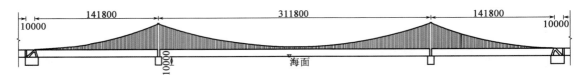

图 18-5　主航道桥桥型布置（尺寸单位：cm）

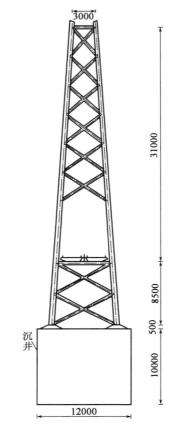

图 18-6　主航道桥桥塔布置（尺寸单位：cm）

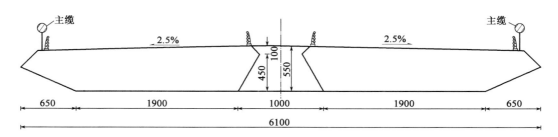

图 18-7　主航道桥主梁横断面（尺寸单位：cm）

2)一般通航孔桥

北线方案一般航道桥构想采用多跨连续斜拉桥,布设在主航道桥两侧。一般航道桥的主跨跨径采用618m,上部结构主梁采用多跨刚性铰结构体系,其桥型布置见图18-8。

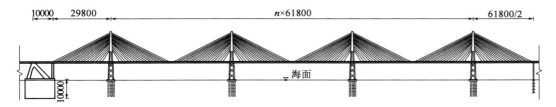

图18-8 一般航道桥桥型布置(尺寸单位:cm)

桥塔(图18-9)设计高度约255m,主梁采用双向10车道布置,加劲梁宽度约61m。

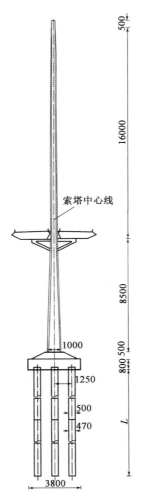

图18-9 一般通航孔桥塔布置(尺寸单位:cm)

3) 非通航孔桥

北线方案中的非通航孔桥构想采用多跨连续钢箱梁桥,其主跨跨径采用138m,桥型布置见图18-10。

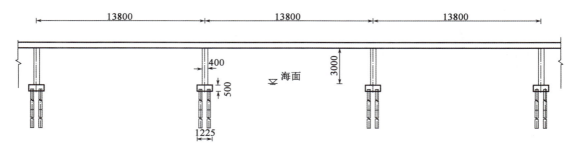

图 18-10 非通航孔桥桥型布置(尺寸单位:cm)

18.4.4 北线铁路全隧方案

1) 方案概述

北线铁路通道构想采用全隧道方案,设计标准参照港珠澳大桥的建设理念,依据两地的技术标准,并按照就高原则选用。

2) 横断面布置

隧道横断面为典型的盾构隧道圆形断面,如图18-11所示。一期方案中隧道横断面采用三管布置,两侧为同向的双线行车管道,客货分离,一客一货,单管直径约13~14m;中间为服务隧道。未来,随着交通需求的增加和新能源电动汽车的普及,可考虑在铁路隧道行车洞外侧新增两条电动汽车专用隧道,每条公路隧道为单向三车道。公路隧道与铁路隧道通过横向通道连接,形成公铁共通道的分建方案,以最大程度满足多种交通需求,强化两岸之间的交通联系,如图18-12所示。

图 18-11 铁路隧道横断面布置(一期方案)

图 18-12　铁路与公路组合隧道横断面布置（远期方案）

3）施工方案

隧道采用盾构法施工，使用直径分别为 15m 级和 10m 级的泥水平衡盾构机开挖主洞隧道和服务隧道，隧道顶面进入海床面 1 倍洞径以下地层。

国际上已有多个大型隧道采用盾构法施工，如日本东京湾海底隧道、美国西雅图 SR99 隧道、意大利圣塔露琪亚（Santa Lucia）隧道等，均取得了成功经验。我国也在南京长江隧道、上海外滩隧道、杭州钱江隧道等水下隧道工程中广泛应用盾构法，积累了丰富的经验。因此，本隧道方案采用盾构法施工，具有适应性和可行性。

4）隧道运营通风与防灾救援

隧道建成后，可以采用智能化的隧道监控系统，实现隧道内的视频监控、火灾报警、通风照明、广播通信等功能，并在隧道外设置航运警示、地震预警等设备，以保障隧道的正常运行和安全管理。

隧道运营的通风、防灾和救援方面，针对海底隧道的特殊性和高风险性，在隧道运营期间需采用国际先进的创新技术，具体措施包括：

（1）设置人工岛竖井。北线工程方案中，如图 18-13 所示，通风竖井布置结合纵向通风换气、消防救援及施工作业需求，全线隧道设置至少一处海中竖井，主要用于通风、排烟及防灾救援，同时可兼作施工期的工作井，提升施工效率。人工岛上设置隧道运营风塔，与隧道两端的风机房和排风井共同构成隧道的纵向通风系统。

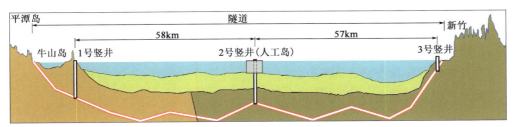

图 18-13　北线全隧方案人工岛竖井布置

（2）设置横通道。在铁路隧道和公路隧道之间，每隔约 1km 设置一个横向通道，用于紧急疏散和人员转移，同时作为隧道的检修和维护通道，一期工程中可预留部分通道。

（3）设置防火措施。在隧道内设置自动喷淋系统和防火门，以防止火灾蔓延；在隧道两端和人工岛设置消防站,配备专业消防人员和设备,随时应对火灾。

(4)设置防水措施。在隧道内设置防水层和防水板,防止海水渗漏;在隧道的关键部位设置防淹门,若发生管片破损或其他漏水情况,可及时关闭防淹门,隔断水流,保护隧道的完整性。

(5)设置防爆措施。在隧道内设置爆炸检测和报警系统,一旦发现爆炸物或爆炸威胁,可及时通知隧道管理人员和相关部门,采取相应措施,避免爆炸事故的发生。

18.5 建设机制

鉴于台湾海峡跨海通道工程的特殊性,笔者认为该工程的建设模式宜采用两岸合作的方式,即共同出资、共同决策、共同监督;共同承建、共同运营;由两岸专家共同设计、共同研究、共同指导;由两岸民众共同参与、共同受益、共同维护。具体的建设机制和模式设想如下:

(1)两岸联合建设台湾海峡跨海通道项目;

(2)两岸联合组建项目建设工作领导协调咨询机构;

(3)两岸共同筹措建设前期工作经费和建设资本金;

(4)建设资本金之外的资金可按银团贷款、发行建设债券、国际财团和两岸财团参股筹措,按照实际需要设定大桥收费周期;

(5)两岸勘察设计咨询机构联合开展项目可行性研究及专题研究工作;

(6)两岸按照公路铁路通道分建、公桥铁隧、先桥后隧的计划组织建设;

(7)两岸按照统一标准,一次性总体统筹与规划设计,分区段组织建设的工作模式。

同时,为推动各项工作取得实效,应建立台湾海峡跨海通道项目前期工作机构,包括:

(1)两岸高层专责领导与指导机构;

(2)两岸建设前期工作协调机构;

(3)两岸交通主管部门建设前期工作机构;

(4)福建建设前期工作协调机构;

(5)台湾建设前期工作协调机构;

(6)可行性研究阶段专家咨询委员会;

(7)两岸项目建设管理公司(业主机构)等。

18.6 工作保障

在正式启动工程前,应对工程的可行性和必要性进行全面和深入的研究和论证,包括技术可行性、经济可行性、环境可行性、社会可行性等方面。关于台湾海峡跨海通道项目前期研究

阶段各项工作,宜开展如下研究:

(1) 台湾海峡跨海通道预可行性研究;

(2) 台湾海峡跨海通道工可研究;

(3) 北中南线位方案比选专题研究;

(4) 公路全桥方案线位专题研究;

(5) 铁路全隧方案线位专题研究;

(6) 建设资金筹措专题研究;

(7) 公路交通经济专题研究;

(8) 铁路交通经济专题研究;

(9) 公路全桥工程环保专题研究;

(10) 铁路全隧工程环保专题研究;

(11) 公路技术标准专题研究;

(12) 铁路技术标准专题研究;

(13) 公路全桥方案工程地质专题研究;

(14) 铁路全隧方案工程地质专题研究;

(15) 气象专题研究;

(16) 水文专题研究;

(17) 公路全桥方案通航标准专题研究;

(18) 工程测量专题研究;

(19) 海底埋设物专题研究;

(20) 铁路全隧方案搭载管线专题研究;

(21) 公路全桥工程方案专题研究;

(22) 铁路全隧工程方案专题研究;

(23) 铁路隧道竖井人工岛工程方案专题研究;

(24) 铁路隧道通风竖井工程方案专题研究;

(25) 公路全桥工程方案抗风专题研究;

(26) 公路全桥工程方案抗震专题研究;

(27) 铁路全隧工程方案抗震专题研究;

(28) 公路桥梁高强度耐候钢材专题研究;

(29) 公路桥梁高性能海工混凝土专题研究;

(30) 公路交通口岸工程方案专题研究;

(31) 铁路交通口岸工程方案专题研究;

(32) 两岸施工现场选择与布置专题研究;

(33)施工成套装备专题研究;

(34)公路全桥方案工程造价定额专题研究;

(35)铁路全隧方案工程造价定额专题研究;

(36)综合勘察测量船研发制造专题研究。

第 19 章　琼州海峡跨海通道

琼州海峡作为连接海南岛与大陆的重要海域,是我国交通与经济发展中的关键战略要地。尽管面临复杂建设条件和技术挑战,但是通过工程技术的创新和合理的科学规划,该通道有望成为世界上跨海通道工程的新典范。本章将围绕琼州海峡跨海通道的建设必要性、建设条件、技术挑战和工程方案等展开探讨,以期为未来的实际工程提供参考和借鉴。

19.1　概　述

琼州海峡位于广东省雷州半岛与海南省海南岛之间,连通我国的南海和北部湾,是海南岛与陆地实现陆岛连接必须跨越的天堑。海南岛是"一带一路"重要的海上交通集散地。由于受到琼州海峡的隔断,海南岛和内陆的交通现状目前虽然有铁路轮渡、水运、航空等运输方式,但这些运输方式受天气和航路限制较大,无法提供全天候、大流量的运输保障。现有粤海铁路轮渡,跨海运输效率低,受气候影响较大,不能满足人民群众高质量出行需要和货物运量的需求。琼州海峡跨海通道是"十纵十横"国家综合运输大通道中沿海运输通道的重要组成部分,被纳入国家《中长期铁路网规划》(发改基础〔2016〕1536 号)和《国家公路网规划(2013 年—2030 年)》(发改基础〔2022〕1033 号)。

建设琼州海峡跨海通道十分必要,关系到海南省之发展大计,关系到国家经略南海、管控南海的发展战略,其意义十分重大。琼州海峡跨海通道工程也是推进交通强国建设的重要战略任务之一,对我国构建新发展格局具有特殊的重要意义。在改善交通布局方面,该通道将缩短我国雷州半岛与海南岛的时空距离,提供全天候、快速、大能力运输服务,满足琼州海峡不同时段、不同层次的运输需求,不仅可完善国家综合立体交通运输网络结构,而且符合未来综合交通发展方向;在促进经济发展方面,该通道建设可提升海峡两岸的区位优势,有力地推动高质量、高标准建设海南自由贸易港和国际旅游岛,并为海南省积极融入粤港澳大湾区、加强北部湾区域合作创造新契机;在推动科技进步方面,该通道建设将成为我国工程科技创新的主攻目标,通过自主创新研发形成新材料、新技术、新装备、新工艺、新管理等,建成世界领先的跨越海峡的通道工程。此外,该通道还可一体化建设我国内陆通往海南省综合管廊,提高海南省的保障能力,增强资源供应链的安全可靠性。

近 30 年来,国家、地方政府部门及相关机构组织包括作者在内的众多专家、研究者对通道规划和建设方案等进行了大量研究和探讨,形成了较多的资料和成果。在新的建设理念指导下,基于这些成果并结合自身经验和认识,本书提出琼州海峡通道建设的初步构想和建议,以期抛砖引玉。

19.2 建设条件

19.2.1 地形地貌

琼州海峡西接北部湾,东连南海北部,呈东西向延伸,东西向长约80km,南北向宽19~39km。在50m等深线之间有一深槽,长约70km,平均宽度为10km。

工程区地貌主要有沿海火山丘陵区、冲洪积区、海积区和海峡地貌等地貌单元,南北两岸陆地均向海峡倾斜,地面海拔高度不超过30m,地形起伏平缓。

工程区海底地形差异较大,大致可以分为中央深水槽侵蚀区、中央侵蚀盆地区、地形中度破碎的侵蚀区、地形强烈起伏的浅滩区、波状起伏平原、地形平坦堆积区等。

19.2.2 气象

琼州海峡地处低纬度地带,属北热带海洋性季风气候区。气候基本特征为:全年四季不分明,气温偏高,雨水多,湿度大,热带气旋较频繁。夏季受暖湿气流影响,降水量多且强度大。受海洋性季风的影响,夏无酷热,冬无严寒,气温年较差小。海峡区年内干季、雨季较明显,冬春干旱,夏秋多雨,是热带气旋、中小尺度的龙卷风以及雷暴等灾害性气候频繁发生的地区。

工程区全年平均气温最高为23.9℃,最冷月1月份平均气温最低为16.6℃,极端最高气温可达40℃,极端最低气温2.2℃。年平均降水量在1374.9~1787.2mm,年最大降水量可达2342.7mm,全年降水日数平均最多可达146.8d。年平均风速为2.0~3.5m/s,台风0.5个/年,全年8级以上大风日数最多为11.8d。根据资料分析,工程区域10m高度100年一遇和120年一遇对应的设计基本风速为46~51m/s和47~53m/s。年平均相对湿度在83%左右。该地区海雾较多,年平均浓雾日达21.5~29.0d,轻雾日89d。工程区为雷暴频发地区,年平均出现雷暴日数100d左右。灾害性天气主要是热带气旋和龙卷风。

19.2.3 水文

海峡东西长约80km,南北最窄处宽度约19km,出口处最宽约39km。水深一般深达80m,深坑深槽处达120~160m,峡口附近水深较浅,在40~45m之间。

工程海域为典型的规则日潮海区。根据资料分析得出的设计水位见表19-1。

设计水位　　　　　　　　　　　　　　　　　　　　　表 19-1

测站	125 年一遇极端高潮位	100 年一遇极端高潮位	50 年一遇极端高潮位	125 年一遇极端低潮位	100 年一遇极端低潮位	50 年一遇极端低潮位	高潮累积频率 10% 潮位	高潮累积频率 90% 潮位
新海(m)	3.92	3.82	3.54	-1.75	-1.74	-1.68	1.80	-0.85
三塘(m)	3.17	3.09	2.87	-1.29	-1.28	-1.24	1.50	-0.59
金牌(m)	3.46	3.37	—	-1.80	-1.79	—	2.13	-0.86

有关实测资料表明,工程海区潮流运动呈往复流运动态势,与海峡岸线地形走向一致,呈东西走向,流速较强。100 年一遇涨落潮设计流速为 1.9～3.5m/s。工程海域重现期为 100 年的设计波高 7.1～9.5m,相应的平均周期为 8.8～10.1s。

19.2.4 通航

桥位区通航船舶控制船型及相应尺度见表 19-2。

桥位区通航船舶控制船型及相应尺度　　　　　　　　　表 19-2

船舶种类	通航船舶吨级(DWT)	总长 L(m)	型宽 B(m)	空载水面以上高度(m)
油轮	30 万	334	59.0	57.5
集装箱船	15 万	398	56.4	68.5
集装箱船	5 万	294	32.2	57.8
散货船	25 万	325	55.0	—
杂货船	5000	125	18.5	32.0
小型船舶	500	49	8.0	12.0

通道需设置 3 个通航孔,分别为北通航孔、中通航孔和南通航孔,跨越通过琼州海峡的 3 条主要航线;另设必要的引桥通航孔。通航孔净空尺度见表 19-3。

各通航孔净空高度　　　　　　　　　　　　　　　　表 19-3

通航孔		代表船型高度(m)	富余高度(m)	通航孔净空高度(m)
中通航孔	主通航孔	68.5	4.5	73.0
中通航孔	副通航孔	57.8	4.5	63.0
北通航孔	主通航孔	57.8	4.5	63.0
北通航孔	副通航孔	32.0	4.5	37.0
南通航孔	主通航孔	57.8	4.5	63.0
南通航孔	副通航孔	32.0	4.5	37.0
引桥孔	通航孔	12.0	4.5	17.0

注:表格中通航净空高度均以设计最高通航水位起算。

根据琼州海峡的通航条件,分别参照国内的"通航标准法"和国际的"IABSE 法"两种方法进行初步计算,拟定的两种通航宽度见表 19-4。综合考虑,桥梁方案按"IABSE 法"计算结果作为依据。

各通航孔净空宽度表　　　　　　　　　表 19-4

通航孔		通航船舶吨级（DWT）	"通航标准法"		"IABSE 法"	
			单向通航(m)	双向通航(m)	单向通航(m)	双向通航(m)
中通航孔	主通航孔	30 万	622	1031	1270	2650
	副通航孔	5 万	294	—	950	—
北通航孔	主通航孔	5 万	294	471	950	1970
	副通航孔	5000	126	—	400	—
南通航孔	主通航孔	5 万	294	471	950	1970
	副通航孔	5000	126	—	400	—
一般通航孔		1000	85	—	230	—
		500	60	—	160	—

19.2.5　地质

区域地质构造环境：区域的陆域与水域均隶属加里东地槽之华南褶皱系；泥盆-中三叠世为地台发展阶段，印支运动结束了准地台的发展，晚三叠世-第四纪进入了大陆边缘活动带活动阶段；以断裂、断块运动为主，并伴有大规模中酸性岩浆侵入和喷发活动。

构造运动：总体上，琼州海峡新构造运动强烈，全新世断裂构造发育、近代地震频发、新生界地层深厚。但海峡是否存在深大断裂，断裂的活动性、火山活动性等对琼州海峡跨海工程的影响如何，有待于进一步的深入研究。

海床平坦，经钻探 131m 深及地球物理勘探 300m 深，未见岩盘。多道地震剖面没有揭示海峡的基岩埋藏深度，物探剖面解释的地层层序只到亚黏土，深度约在 150～200m。海峡海底地层主要为第三、第四纪海相沉积，从上到下近 200m 深地层为淤泥、砂层、粉砂质黏土、黏土、粉土质砂、黏土层、粉砂质砂层。发育的不良地质现象与特殊性岩土主要有砂土液化、软土等。

19.2.6　地震

区域地震环境复杂。区内 7 级以上大震发生在全新世活动断裂交汇部位。区内全新世活动断裂长度均在 40km 以上，有发生 7 级左右地震的潜在危险。地震基本烈度在 Ⅶ～Ⅷ（Ⅷ主要在东线）。琼州海峡区地震动峰值加速度以海口为中心，依次以 $0.30g$、$0.20g$、$0.15g$、$0.10g$ 呈环状递减，海峡区地震动峰值加速度主要分为 $0.2g$ 和 $0.3g$，地震动反应谱特征周期为 $0.35s$。

19.2.7 生态环保

工程规划涉及区域内,水动力较强,自然环境状况良好。影响因素包括徐闻珊瑚礁国家级自然保护区、徐闻南部海洋生态系统保护区、临高白蝶贝自然保护区和本区域的渔业资源分布。在避让禁止开发的环境敏感区和与相关环境规划进行充分协调的情况下,本工程可以和相关环境和海洋功能区划相适应。

19.3 通道特点与挑战

从目前掌握的资料分析,琼州海峡通道工程建设条件复杂而恶劣,综合表现为"水深、风大、浪高、流急、地质构造复杂、地质条件差、地震烈度高、通航要求高、环境腐蚀强"等。此外,还存在生态、自然保护区和渔业资源等环境敏感区需要避开或协调。琼州海峡跨海通道具有与台湾海峡跨海通等大型跨海通道基本相同的特点和建设挑战。

19.4 工程方案构想

19.4.1 技术标准

根据前期有关研究,基于琼州海峡两岸经济社会发展和交通总需求,应同时考虑公路和铁路跨越海峡的需求。建议技术标准为:公路设计采用不低于双向8车道高速公路标准,设计速度为100~120km/h;铁路设计采用客货分离4线铁路(2线高铁);速度目标值:桥梁方案为160km/h,隧道方案为200km/h,预留250km/h;货车为120km/h。建议本通道工程设计使用寿命不低于150年。

19.4.2 线位方案

根据建设条件、海峡两端城镇规划,在东西宽约80km的海峡范围内,多年来较多研究者提出了Ⅰ至Ⅶ线(含线位子方案)共10条通道位置。经初步分析后,最终集中对东线(徐闻海安港、排尾—海口湾西岸)、中线(徐闻四塘、炮台角—海口天尾角)、西线(徐闻灯楼角—海南道伦角、红牌咀)3条通道线位方案进行比选。3个通道线位海床纵断面如图19-1所示。

3条通道线位综合比较见表19-5。由于东线方案海底有数次隆起,地形起伏强烈,最大水深大,地震烈度为Ⅷ度,靠近1605年琼海7.5级大地震震中,受地震和断裂的影响大,且登陆位置及两端连接线与规划不符,故不宜采用本线位。西线位和中线位方案有一定优势,在今后工程方案研究中可做进一步重点研究。本书针对这两个线位提出工程方案构想。

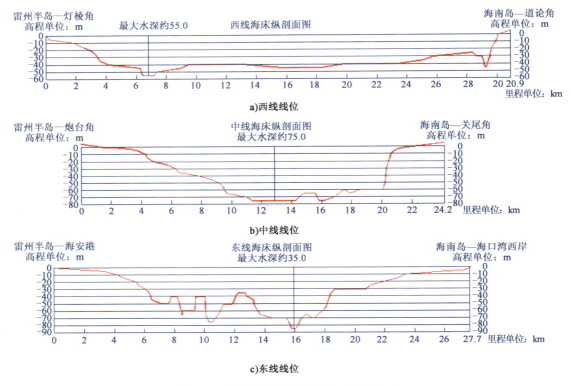

图 19-1 3 条通道线位海床纵断面(尺寸单位:m)

三个通道线位综合比较　　　　　　　　　　　　　　　　　　　　表 19-5

线位	东线线位	中线线位	西线线位
海底地形	海底地形较复杂,差异较大,海峡南北两侧分布有陡坎,海峡底部分布有珊瑚礁、沙坡、海丘、洼地等,海床整体较稳定 海底数次隆起,地形起伏强烈,最深处水深约 85m,隆起处水深约 35~40m,水深大于 50m 的海域约 9.4km	北部海床较平坦,中部水深一般在 60~80m 之间,最深处约 85m;南部发育陡坎,近海处水深一般在 10~60m	西部峡口为一个巨大的水下三角洲,地形比较平缓,水深一般在 40~50m,最大水深约 55m
断层	断层、活动断层发育	断层、活动断层较西线发育	断层较发育
地震	地震动峰值加速度 0.20g~0.30g	地震动峰值加速度 0.20g,南岸局部加速度 0.30g	地震动峰值加速度 0.15g~0.20g
城市规划	与城市规划不一致,对城市切割影响较大	符合城市规划	跨海通道位置远离徐闻县、海口市中心,与徐闻县及海口市城市规划不一致
跨海桥梁长度(km)	27.35	20.1	40.36

19.4.3 适应性工程方案分析

1) 公铁合建与分建方案

本通道作为支撑国家南海战略以及海南地区经济社会发展的关键要素,琼州海峡通道的公路和铁路建设显得尤为必要。根据有关研究,基于琼州海峡两岸的经济社会发展现状和整体交通需求,应同时考虑跨越海峡的公路通道和铁路通道的需求。

对于公铁分合建方式,研究者对公铁合建和公铁分建(包括共通道线位并列分建或不同通道线位独立分建)都进行了研究,提出了相应的工程方案,但对各方案的可行性研究结论却不尽相同。从目前公开发表的文献看,倾向于公铁分建方案的居多。结合工程方案看,对于隧道方案,基本都舍弃了公铁合建方式,尤其是在仅建设铁路隧道方案时,建议兼顾列车背负汽车的运输功能。而对公铁分建方式,研究者们基本都建议先期建设铁路隧道,远期再考虑公路隧道的建设。对于桥梁方案,若采用单一线位,则更倾向于公铁合建方式。

项目前期的研究和论证涉及多领域、多学科、多专业,涵盖了多个地域、行业和部门的协调与合作。公铁分建/合建方式的选择,涉及公路铁路规划、自然建设条件、通道线位选择、工程方案的可行性和技术挑战、运营条件和需求、工程经济效益等众多复杂因素。因此,必须对运输功能、设施布局、建设管理、运营安全与管理养护等多方面的合理性进行综合、深入的研究。公铁合建和分建各有利弊。从资源节约、综合交通统筹与经济性角度来看,合建是首选方案。然而,公铁分建的优势在于能够充分发挥两种运输方式的最大效能,互不干扰,技术可行性高,难度相对较小,有助于降低建设与运营风险,有利于环境保护,并有助于两岸交通的疏导与管理养护。这些问题仍需在未来的可行性研究中进一步探讨与论证。

2) 桥梁与隧道方案

根据建设条件,无论哪个线位,在深海中修建人工岛不仅面临极高的技术风险,而且要付出巨大的经济代价。因此,本通道不宜采用桥岛隧组合工程方案。

独立的桥梁方案和隧道方案之争还停留在宏观层面。桥、隧方案各有优缺点。隧道方案面临的主要挑战是通风、施工、工期、运营期防灾救灾等问题。桥梁方案,将面临深水基础施工、恶劣气象和水文条件下结构受力安全和运营通行等问题。桥、隧建设都面临着前述各项挑战,桥、隧方案都存在许多技术问题有待解决。因此,桥、隧方案都应尽早开展研究,做好技术储备。初步分析认为:中线位最大水深 80m 左右,水深大于 60m 的海域约 10.6km,中线位修建桥梁深水基础规模巨大、数量众多,技术挑战和经济代价均巨大,采用桥梁方案要慎重考虑,而隧道方案相对适宜。西线位桥、隧方案均是可行的。无论哪个线位,修建公路隧道,其运营期长距离通风及防灾问题需要技术创新与攻关;修建全电驱动列车的铁路隧道(可不设置深水海域通风竖井)技术挑战小于公路隧道。

3) 总体工程方案

基于前述线位及桥梁、隧道方案的研究初步结论,研究者对中、西线位的独立桥梁、隧道工程方案进行了研究和比选,形成了对应于不同线位的桥梁、隧道工程方案及组合,主要包括:①中线位铁路隧道方案(兼顾汽车背负功能);②中线位公铁分建隧道方案;③西线位公路桥梁+中线位铁路隧道方案;④西线位公铁合建桥梁方案;⑤西线位公路桥梁+西线位铁路隧道方案;⑥中线位公铁合建桥梁方案等。然而,对于各个方案的可行性研究结论和比选意见仍然存在分歧。根据目前公开发表的文献,研究者们更倾向于隧道方案,仅在西线位上提出了公铁合建桥梁的建议;同时,对于隧道方案,多数研究者倾向于采用盾构工法。

我国在大型跨海通道建设中积累的经验表明,无论选择桥梁、隧道或桥岛隧组合方案,亦或是在具体的结构设计和建造方案上,都必须紧密结合工程建设的实际条件、需求和特点。在此基础上,应以先进的建设理念为指导,遵循工程建设的基本原则,因地制宜、因时制宜,开展技术经济的全面综合比选,最终做出科学决策。

结合各研究者及笔者参与本通道前期研究所取得的成果,并借鉴我国在大型跨海通道建设中的成就和经验,同时考虑当今国内外桥梁、隧道工程建设最新技术发展水平,经综合分析,作者认为,琼州海峡跨海通道较为合理可行的总体工程方案包括以下两种:

方案一:西线位公路桥梁+中线位铁路隧道;

方案二:西线位公铁合建桥梁。

其中,方案一实际上相当于两个独立通道,可根据实际情况同时建设或分期建设。综上所述,考虑到各方案的可行性、合理性、经济性及涵盖性,作者认为方案一相对更为合适。以下对方案一的工程方案提出具体构想。同时,对于方案二,也可以参考方案一的西线位公路桥梁方案。

19.4.4 西线位公路桥梁方案

1) 桥型方案

西线桥位跨海部分桥梁总长约40km,设置北、中、南共3处主通航孔以及一般通航孔桥、非通航孔桥。桥梁工程方案见表19-6。

桥梁工程方案一览表 表19-6

桥梁	桥型方案
中通航孔桥	主跨2800m悬索桥或主跨2×1350m斜拉桥
南、北通航孔桥	主跨2200m悬索桥或主跨2×1100m斜拉桥
一般通航孔桥	300m跨径斜拉桥
非通航孔桥	130m跨径连续梁

对上述方案进行组合,形成两个桥型布置组合方案,见表 19-7。

桥梁工程组合方案一览表　　　　　　　　表 19-7

桥型组合	描述(由北向南)
方案一	130m 跨径连续梁 + 300m 跨径斜拉桥 + 主跨 2200m 悬索桥 + 300m 跨径斜拉桥 + 主跨 2800m 悬索桥 + 300m 跨径斜拉桥 + 主跨 2200m 悬索桥 + 300m 跨径斜拉桥 + 130m 跨径连续梁
方案二	130m 跨径连续梁 + 300m 跨径斜拉桥 + 主跨 2×1100m 斜拉桥 + 300m 跨径斜拉桥 + 主跨 2×1350m 斜拉桥 + 300m 跨径斜拉桥 + 主跨 2×1100m 斜拉桥 + 300m 跨径斜拉桥 + 130m 跨径连续梁

2) 结构方案

(1) 桥型布置

通航孔跨径的选择要满足通航和结构性能要求,并考虑提高经济性。根据通航净宽要求,按单孔双向通航时,中通航孔桥和北、南通航孔桥的主孔跨径需满足净宽 2650m 和 1970m 的要求,此等规模当前技术水平只有悬索桥或悬索-斜拉协作体系桥型才具备技术可行性。为此,在考虑主塔基础结构尺寸和富余量后,中通航孔桥和北、南通航孔桥首先考虑主跨分别为 2800m 悬索桥方案(图 19-2)和 2200m 悬索桥方案(图 19-3)。

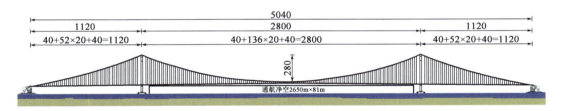

图 19-2　中通航孔桥方案一桥型布置(尺寸单位:m)

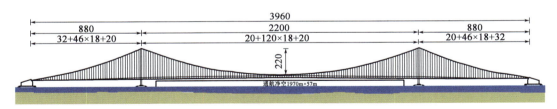

图 19-3　北、南通航孔桥方案一桥型布置(尺寸单位:m)

悬索桥方案虽然可行,且最大程度上满足了通航需求,但鉴于锚址处水深很深,且地质条件差,在远海深水深厚软土地基上修建巨大的锚碇,技术和建造风险挑战较大,经济性差,为此进一步考虑满足单孔单向的分孔通航的桥型方案。按分孔通航时,中通航孔桥和北、南通航孔桥的主孔跨径需满足净宽 2×1270m 和 2×950m 的要求,即需采用超大跨三塔桥梁方案。当前技术水平采用三塔悬索桥或斜拉桥或悬索-斜拉协作体系桥型都是可行的。但悬索桥和协作体系仍均需设置水中锚碇,为避开深水锚碇的技术和造价高的问题,因此,应首选斜拉桥方案。根据研究，跨海工程中，主跨小于 1400m 时，斜拉桥在经济性能、结构刚度、抗风性能及拉索可更换性等方面较其他桥型具有优势。为此，在考虑主塔基础结构尺寸和富余量后，中通航孔桥和北、南通航孔桥考虑主跨分别为 2×1350m 斜拉桥方案和 2×1100m 斜拉桥方案。桥型布置如图 19-4 所示。

图 19-4　北、南通航孔桥方案二桥型布置

（2）主梁选型

主梁选型主要考虑横断面布置满足车道布设要求并在风速小于规定值时部分车道的全天候通行、提高大轴力作用下主梁稳定性、改善主梁气动外形、减小横风效应等。各个桥型方案初拟主梁典型钢箱梁横断面见图 19-5。当然，也可对钢桁梁方案进行比选。钢箱梁梁高小，宽度大，使其横向抗弯刚度远大于桁梁，有利于减小横风效应，提高抗风性能，改善列车运营的平稳性。而分层布置的钢桁梁，更利于下层实现全天候通行。两种主梁都可以安装智能风障，通过实时监测风压，控制风障自动开合，以保证极端横风下结构的安全。风压一旦超限，发禁止通行指令并打开风障。

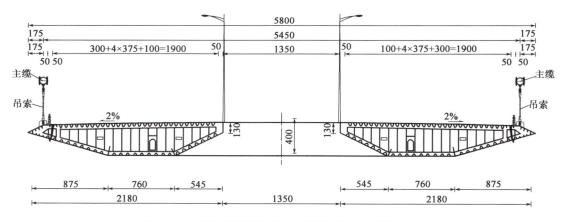

图 19-5　主梁典型横断面方案（八车道为例）（尺寸单位：cm）

（3）巨型深水基础方案

对通航孔桥，桥塔可采用常见的双柱框架结构或空间四肢锥形桥塔，以提高结构刚度和抗弯能力。锚碇采用重力式锚碇。桥塔和锚碇基础为巨型深水深厚软基基础。

国内对四壁钢围堰+打入钢管桩基础（图 19-6）、导管架+打入钢管桩基础、混凝土沉箱+打入钢管桩基础、钢壳沉井和 GBS+放置式沉箱等方案进行了研究，初步结论认为各个方案均具备可行性。

其中,四壁钢围堰+打入钢管桩基础,入土桩长110m,单根桩总长165m,单个主墩共计桩数为212根。四壁钢围堰与钢管桩分离,抵抗船撞和海流冲刷。钢管桩采用直径3.0~3.5m变截面桩,壁厚0.035m,钢管桩上部一定范围内浇筑混凝土。初步计算表明,在上部最不利荷载下基础受力满足要求。

鉴于国内经验缺乏,可借鉴国外经验。日本明石海峡大桥基础采用的为设置沉井基础结构(直径80m),希腊翁-安蒂里翁大桥基础工程(图19-7)采用沉箱基础结构(直径90m)。这两项工程基础结构的共同特点是对地基进行加固后,将沉井或沉箱基础结构浮运就位使用。

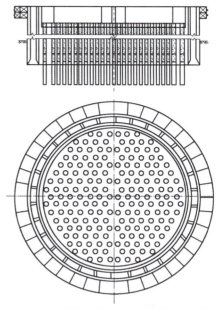

图19-6　四壁钢围堰+打入钢管桩基础方案

图19-7　希腊翁-安蒂里翁大桥深水基础工程

19.4.5　中线位铁路隧道方案

1)工法方案

从目前掌握的工程建设条件和当前技术水平看,沉管隧道方案已不太适宜,采用盾构法修建琼州海峡铁路隧道方案在技术上是可行的。中线盾构方案工程规模小,工期短,接线条件好,不用设置人工岛,投资最低,且适合地质条件,宜优先采用。宜采用两台盾构机"相向掘进和中间水下对接"的施工组织方式,尚待进一步研究。

2)工程方案

铁路自拟建湛海高铁徐闻南站引出,经广东省湛江市徐闻县,在炮台角以海底隧道穿越琼州海峡,至海南省海口市天尾角登陆后,引入既有海口站,线路长约29km。

跨海隧道工程全长22.8km,其中隧道跨海域段20.1km,主要穿越黏土地层,海床最大水深90m,隧道穿越两端海岸陆域段总长2.7km,工程纵断面如图19-8所示。采用"双洞双线铁路隧道+服务隧道"的横断面方案,横断面如图19-9所示。

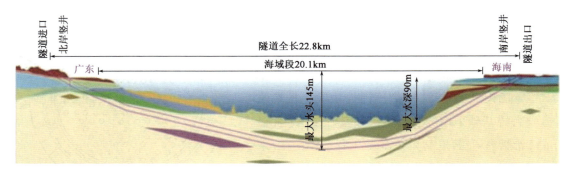

图19-8　中线铁路隧道纵断面

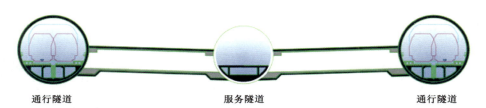

图19-9　中线铁路隧道横断面

最后,需指出的是,发展新能源汽车是我国乃至全世界未来汽车行业的发展趋势。随着通风技术和设备的发展,汽车尾气排放标准的提高,以及新能源电动汽车的普及,20km级公路隧道运营通风技术难题的解决指日可待。目前,连接德国与丹麦之间长度超过18km的费马恩通道已开工建设,未设置通风竖井。因此,条件成熟时,中线位也可在修建铁路隧道的同时修建海底公路隧道,满足新能源汽车行驶要求,解决隧道安全、救援等问题,实现公铁分线运输。相关断面布置可与铁路隧道类似。

此外,结合通道建设的时机,放眼未来,作者给出以下设想:

(1)近年来,世界范围内再次掀起高速磁浮水中隧道/桥梁研究的热潮,我国也在大力推进相关的技术研发,时速约1000km以上的超高速真空管道磁浮水中隧道/桥梁系统也已在研究中,但任重而道远。随着该技术逐渐成熟,适时和琼州海峡通道工程相结合,将会带来更为便捷的出行方式选择。

(2)深水浮式桥梁在理论上可替代解决中线大跨桥梁深水基础的建造技术难题和经济性差的问题,或将在未来跨海通道工程中表现出良好的应用前景,但诸多技术难点和关键科学问题尚需研究解决。

第 20 章　渤海海峡跨海通道

20.1　概　　述

在《庄子》的《逍遥游》中,开篇提及"北冥有鱼,其名为鲲。鲲之大,不知其几千里也;化而为鸟,其名为鹏。鹏之背,不知其几千里也",此处的"北冥"泛指北方的大海,描绘其广阔幽深。唐代骆宾王在《浮槎》中也曾感慨道:"渤海三千里,泥沙几万重"。

渤海,我国最北的近海,海岸线全长约3800km,面积约8万 km^2,其东西宽约346km,南北长约550km。渤海三面环陆,其北、西、南三面分别与辽宁、河北、天津和山东毗邻,三面大陆环绕状犹如英文字母C。根据地形地貌,渤海可分为辽东湾、渤海湾、莱州湾、中央浅海盆地和渤海海峡5个部分。其中,渤海海峡,是渤海的唯一出口,被称为"渤海咽喉",位于我国辽宁省大连市南端的老铁山角与山东省山东半岛之间,并连接黄海与渤海,南北向最短距离约106km。可以说,渤海海峡横亘在两大半岛之间,既是外海进入渤海的海上必经通道,又是我国南北陆路交通的天堑。

关于渤海海峡跨海通道建设的必要性,国内研究者们曾对此进行了多方位研究,概括起来主要有:

(1)渤海海峡跨海通道是我国综合立体交通网规划中南北沿海大通道的重要组成部分,是联系东北与华东地区的重要纽带,通道建成后可从根本上改变环渤海地区既有陆路、航空及轮渡运输系统在运输质量、效率、能力等方面的不足,破解东北地区进出关地理瓶颈,优化区域国土空间布局,推动东北全方位振兴,从而促进京津冀和环渤海地区经济协同发展。

2021年2月印发的《国家综合立体交通网规划纲要》中提出,到2035年要建成70万km"4极、6轴、7廊、8通道"的立体交通线网,其中,渤海海峡跨海通道就是国家综合立体交通网主骨架中"京哈走廊"支线沈阳至青岛的重要组成部分。

因此,通过建设渤海海峡跨海通道,将现有缺口的C形交通变成四通八达的D形交通,化天堑为通途,进而形成纵贯联通我国南北交通的大动脉。

(2)建设渤海海峡跨海通道将改善区域内资源流通关系,重塑区域经济格局,促进产业结构调整和升级,助推"京津冀协同发展"战略实施,强化京津冀、山东半岛、辽东半岛乃至长三角区域等板块间的联通性。

(3)建设渤海海峡跨海通道将重塑渤海湾地理格局,将辽东半岛和山东半岛从地理格局上的"软连接"转变为"硬连接",提升我国环渤海交通运输效率,大幅度减少海峡两岸客货运输的能耗和碳排放。

20.2 建设条件

20.2.1 地形地貌

渤海海峡中的庙岛群岛呈近南北向在海峡南部排列,群岛南北长约 56.4km,东西宽约 30.8km,素有"渤海钥匙"之称。庙岛群岛中较大的岛屿主要有北隍城岛、南隍城岛、小钦岛、大钦岛、砣矶岛、高山岛、大黑山岛、北长山岛和南长山岛等(图 20-1)。众多岛屿将海峡分隔成一系列东西向峡道,岛屿之间形成了诸多大小不一的水道,主要包括老铁山水道、隍城水道、小钦水道、大钦水道、北砣矶水道、南砣矶水道、高山水道、猴矶水道、长山水道和登州水道等,它们主要承担了渤海与黄海水体与能量的交换功能。

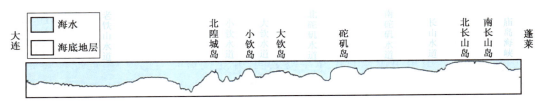

图 20-1 渤海海峡主要岛屿和水道分布

渤海海峡水深地形受断裂构造、庙岛群岛和潮流的共同作用,海底地形复杂,海底近东西向的沟槽与庙岛群岛诸岛屿相间分布。其中,老铁山岬和蓬莱角断壁直下海底,庙岛群岛横亘其间,海底地貌蔚为壮观;潮流、沙脊夹持岛、礁纵向延伸冲刷槽和侵蚀洼地出现在海底沙脊之间,在岛间或岬角与岛屿间,槽谷和洼槽的横剖面多呈 V 形,其底部多被沙砾覆盖,并有基岩突露;整个海峡的地势是自南向北呈阶梯下降。宽而深的老铁山水道冲刷槽位于最北端的老铁山岬之下;老铁山水道呈 V 形沟谷,该处水深最深近 90m,呈洼、脊相间的状态,堆积有砾石和棕色亚黏土组成的洪积层和海积层,厚度一般为 1~3m。亦有砾和含砾亚砂土或亚黏土组成的坡积、洪积层,厚度一般约 20~40m。模拟生成的海底地形地貌如图 20-2 所示。

老铁山水道冲刷槽呈西北-东南向延伸,是海流由黄海进入渤海的通道,总长约 82km,平均宽约 9km,最大水深约 86m,大部呈 U 形,局部为 V 形。黄海-渤海分界线自然奇观见图 20-3。

渤海海峡沿线遍布诸多岛屿,其面积大小与人口分布各不相同。国内研究者曾对此进行统计,岛屿共计 32 座、暗礁 16 个、长滩 2 处。

图 20-2　渤海海峡海底地形地貌

图 20-3　黄海-渤海分界线

海峡岛屿以剥蚀山丘和海岸地貌为主要特征,丘陵和山脉多与地层走向一致(南、北长山岛尤为明显)。岛陆起伏较大,基岩裸露,最高岛海拔约203m,最低岛仅17m;石英岩抗风化组成山脊,板岩风化为谷,近海微地貌极为发育。诸岛山势多为平顶山和半劈山,山体坡度一般在10°~40°,除南长山、北长山、大黑山、砣矶、大钦和北隍城等有多山夹谷和局部小块平地外,多数岛屿为露海孤山(丘)。群岛部分岛屿实景见图20-4。

图 20-4　渤海海峡庙岛群岛部分岛屿

此外，渤海海峡是潮水进出渤海湾的通道，束窄效应使得该峡道区形成高速水流，冲刷形成海底深槽，众多岛屿对水流的分隔导致渤海海峡一线形成多条潮流水道，且由于水量和流速的不同深浅不一。众多岛屿将海峡分隔成一系列相间排列的东西向峡道，在潮流侵蚀作用下，区内有多个水道发育，由南向北发育的主要水道共有14条。总的来说，北部水道宽而深，南部水道窄而浅。海峡主要水道情况见表20-1。

渤海海峡主要水道一览表　　　　　　　　　　　表20-1

名称	位置	走向	长（km）	宽（km）	水深范围（m）
老铁山水道	北隍城岛和老铁山角之间	东西	—	42.0	40~90
隍城水道	南北隍城岛之间	东西	5.6	1.5	20~40
小钦水道	小钦岛与南隍城岛之间	北西	4.5	4.0	40~50
大钦水道	大小钦岛之间	东西	8.5	2.0	30~45
北砣矶水道	砣矶岛与大钦岛之间	东西	11.5	10.0	30~50
高山水道	高山岛与砣矶岛之间	北西	4.5	8.5	20~25
南砣矶水道	车由岛与砣矶岛之间	东西	—	—	20~25
猴矶水道	猴矶岛与高山岛之间	东西	6.4	7.5	20~30
长山水道	北长山岛与猴矶岛之间	东西	17.0	7.5	20~30
登州水道	南长山岛与蓬莱角之间	东西	31.5	6.0	10~35

20.2.2　气象

渤海海峡地处北半球中纬度地带，具有暖温带半湿润的季风气候兼有海洋性的气候特点。历年年平均气温为11.9℃，极端最高气温36.5℃，极端最低气温-13.3℃。气温变化特点是5月份回升最快，11月份降温幅度最大。

渤海海峡地处风道，年均大风日约67.8d，其中，北隍城岛年均为100.8d，最多年达129d；全年大风日数冬季最多，平均约23.4d，春秋两季平均约19d，夏季最少，平均约6.6d。最大风速约40m/s。

渤海海域年平均降水量约537mm，最大年降水量约为881mm，最小年降水量约为204mm。历年年平均相对湿度约67%，其中7~8月最大，为85%，12月最小，为60%。

该区域历年年平均霜日约为121d，全年无霜期平均约245d，最多276d，最少204d。该区域伴随有海冰，渤海和北黄海沿岸冬季海水均有不同程度的结冰现象，历年年平均结冰日约为128d，通常年份渤海沿岸的流冰外缘线距海岸线约30~60km，渤海中部通常无结冰现象，但1969年渤海特大冰封时期，渤海绝大部分海域封冻，流冰线外缘已抵达海峡以西约40km的海域。

20.2.3　水文

渤海海峡海域的潮汐性质属正规半日潮，平均潮差约为1m，其规律是一昼夜两涨两退，俗称"四架潮"。渤海海峡是黄海和渤海之间的潮流通道,主要水道潮流多为东西流,北部水道多为西流,南部水道多为东流;南部水道潮流一般在 0.6~1.0m/s,北部水道潮流一般在 1.25m/s 左右,砣矶水道最大值约 3.7m/s。

海域的海浪主要表现为"风浪",秋季和冬季偏北,夏季偏南,全年月平均浪高约 0.5~1.1m,历年最大浪高平均为 8.6m,极端最大浪高为 10m。渤海海域历年海水表层温度年平均为 11.5℃,8 月份最高,月均最高为 22.1℃,2 月份最低,月均最高为 2.5℃。海水透明度,北部海域通常在 3.7~9.5m,南部海域通常在 1.7~3.0m。

20.2.4 地质

渤海海峡跨海通道位于胶辽隆起区,出露地层主要为元古界"蓬莱群"浅变质岩系。通道沿线地层岩性主要有石英片岩、变质砂岩、长石砂岩、片麻岩等,岩性较为坚硬,岩体质量基本分级以Ⅲ~Ⅳ级为主;海底土主要由砾石、粗砂、中砂、细砂、粉砂、粉砂质砂、粉质黏土和淤泥质黏土组成,黏性土主要分布在海峡通道的南部区域,砂性土主要分布在老铁山岬和北隍城岛之间以北的区域。

通道沿线海底第四系覆盖层厚度深浅不一,邻近岛屿附近埋藏较浅,海峡腹地、峡道中部厚度较大。其中,蓬莱至长岛段第四系覆盖层厚度 0~70m,长岛至砣矶岛段第四系覆盖层厚度 20~160m,砣矶岛至大钦岛覆盖层厚度 30~100m,大钦岛至北隍城岛覆盖层厚度 20~100m,北隍城岛至老铁山水道中央覆盖层厚度 0~200m,老铁山水道中央位置处覆盖层最厚。

此外,沿线不良地质类型主要有危岩落石、人为坑洞和地震地质灾害等。

20.2.5 地震

工程所在地处于华北地震区,是中国大陆地震活动较为强烈的地区之一。在 NNE 向郯庐断裂带与 NW 向燕山渤海断裂带交汇的渤海区域,历史地震活动十分频繁。区域内共记录到破坏性地震($M \geqslant 4.7$)44 次,其中 $M5~5.9$ 级地震 19 次、$M6~6.9$ 级地震 5 次、$M7~7.9$ 级地震 4 次。最早记录的地震为公元 495 年山东乳山东南 5 级地震,最大地震为 1888 年渤海 7.5 级地震。

工程所在区域内小震活动较为活跃,现代仪器记录地震与历史地震活动的空间分布特征基本一致,NW 向地震条带明显,同时在区域西部的渤海海域,出现 NNE 向地震条带,空间上对应郯庐断裂带。历史地震与现代小震活动在空间分布上的一致性及区域上的稳定性说明,工程建设区域是历史地震和现代小震的集中活动区,仍是未来强震活动的主要场所。

根据《中国地震动参数区划图》(GB 18306—2015),渤海海峡跨海通道沿线地震动峰值加速度为 $0.15g$,抗震设防烈度为 7 度。目前抗震问题相对突出的是结构跨越断裂带时的抗震处理方式,已有资料表明区内活动断裂最大垂直活动速率为 0.2~0.3mm/a。

20.2.6　通航

目前,渤海海峡海域可以通行商船的水道主要是老铁山水道、长山水道和登州水道。老铁山水道水域宽广,最大水深近 90m,可通航目前所有的船舶;长山水道控制水深约为 17.5m,通航船舶为 10 万吨级满载集装箱船和 25 万吨级空载散货船;登州水道控制水深约为 13.5m,通航船舶为 5 万吨级的集装箱船。

根据渤海海峡的通航条件,参照国际桥梁及结构工程协会(IABSE)推荐的方法,即单向通航的净空宽度为 3.2 倍船长,经初步估算,各主要水道通航净空尺度见表 20-2。

主要水道通航净空尺度　　　　　　　　　　表 20-2

水道名称	通航船舶吨级（DWT）	主通航孔净空尺度		副通航孔净空尺度	
		净宽(m)	净高(m)	净宽(m)	净高(m)
老铁山水道	≥30 万(油轮)	—	—	—	—
隍城水道	1 万(杂货)	255	42	190	24
小钦水道					
大钦水道					
北砣矶水道					
南砣矶水道					
高山水道					
猴矶水道					
长山水道	25 万(散货) 10 万(集装箱)	2×1100	68	190	24
登州水道	5 万(集装箱)	475	61	190	24

20.2.7　生态环保

渤海海峡动植物资源十分丰富,包括了重要的国家级保护海洋生物(如斑海豹、海水江豚等);包括了重要的渔业资源,海域海产丰富,有甲壳类、贝类、藻类、鱼类等海产品 217 种,是中国北方刺参、光棘球海胆、皱纹盘鲍、栉孔扇贝、虾夷扇贝、江瑶贝、许氏平鲉、海带等多种海珍品的原产地,被誉为中国"鲍鱼之乡""扇贝之乡""海带之乡"。同时,海峡区域包括了诸多重要鸟类、爬行动物及重要植物等。

关于自然保护地,渤海海峡区域涵盖了 11 个国家级和 2 个省级自然保护地,保护面积合计约 1994km²。其中,国家级自然保护区主要有:大连蛇岛老铁山国家级自然保护区(老铁山片区)、长岛国家级自然保护区、蓬莱登州浅滩国家级海洋生态特别保护区等;国家级资源保护区主要有:长岛皱纹盘鲍光棘球海胆国家级水产种质资源保护区、长岛许氏平鲉国家级水产种质资源保护区、蓬莱牙鲆黄盖鲽国家级水产种质资源保护区等;国家级风景名胜区及公园主要有:胶东半岛国家级风景名胜区(长岛片区、蓬莱片区)、长山列岛国家级地质公园、长岛国家森林公园、长岛国家级海洋公园、山东蓬莱国家级海洋公园等。

需要指出的是,渤海海域水体更新交换能力较差,更新周期一般长达 6～10 年,加之环渤海经济圈发展,入渤海的陆源污染居高不下,造成了渤海污染物"进得多、出得慢"。根据 2001—2018 年《中国海洋生态环境状况公报》,渤海海域水质一般,水质总体较为稳定。

总体看,本工程建设对渤海海峡生态环境的影响,将主要体现在工程地质勘探期、施工建设期及通车运营期三大阶段,可能的主要影响因素将包括:海洋水文动力、地形地貌与冲淤、海水水质、沉积物、海洋生物种群及迁徙鸟类、通航环境、景观环境等多个方面。

20.3　通道特点与挑战

1)通道建设条件特点

渤海海峡跨海通道工程在建设条件方面具有以下突出特点:

(1)建设条件极为复杂。海底地形地貌起伏变化大,工程地质条件复杂;工程所在区域受地震断裂带影响大,地震频发;海域气候起伏变化大且风环境恶劣;海雾海冰影响大,尤其是海冰,它是本工程独具的建设条件特点;同时,海域水文条件复杂,潮流变化多、流速较大,并且工程所在区域受风浪潮影响大。

(2)生态环境敏感度高。海峡区域的海岛多数位于生态红线范围内,国家级自然保护地众多,各类保护区、养殖区、旅游区分布多,并且考虑到渤海海峡海域水体更新速率慢,平衡、协调好工程建设与生态环保之间的关系,是本工程的特点之一。

2)关键技术问题及挑战

根据目前已掌握的建设条件,预想通道建设可能面临的关键技术问题主要有:

(1)桥梁工程方面

①超大跨径桥梁结构体系

跨海桥梁结构体系是决定其跨越能力的基线,控制了跨海大桥桥位选择、设计协调、施工部署及运营机制,是通道建设能否顺利开展的基本问题。对于本工程,老铁山水道最大水深近 90m,长山水道水深接近 20m,无论采用斜拉桥、拱桥或悬索桥,均需超大跨径结构体系,如斜拉桥主跨跨径可能需大于 1500m,拱桥主跨跨径需大于 1000m,悬索桥主跨跨径需大于 2000m。

②深水基础

工程所在区域,老铁山水道水深范围为 40～90m,其余水道水深约 20～50m,由于我国跨海桥梁常采用桩基础,对深水基础的研究及应用尚不够充分,通道建设将对深水基础结构设计提出新的挑战。

③桥梁抗风

目前,千米级跨径的斜拉桥已能达到100m/s以上的颤振临界风速,1500m级跨径的海中悬索桥颤振临界风速可提升至88m/s;但2000m跨径对于海中悬索桥的气动稳定性是不可逾越的极限跨径,风险较大,需要考虑采用合适的措施以提高结构的刚度和气动性能。

渤海海峡区域年均台风发生约0.9次,最大风速约40m/s,主要发生在7月~9月。因此,桥梁结构设计需要充分考虑风对结构在静力、动力、稳定性等方面的影响。

④桥梁抗震

由于工程建设区域是历史地震和现代小震的集中活动区,也是未来强震活动的主要场所,因此需要注重结构抗震设计,尤其对于超大跨径桥梁,地震动影响显著。

⑤桥梁抗浪

通道的建设需要考虑可能遭受台风、地震引发的海啸、海浪(最高10m)等恶劣自然环境动力荷载的影响,尤其对于超大跨径桥梁,需要考虑风、浪、流耦合作用的影响。

⑥抗冰防冻

工程所在区域冬季的海域会伴有结冰现象,冰层的形成和运动对桥梁结构产生不利影响,尤其是流冰或漂浮冰块的冲击力可能对桥墩基础和上部结构造成破坏;另外,极低的气温会影响材料和施工装备的性能,全年适合施工的时间窗口有限,大大增加了施工难度。

(2)隧道工程方面

①隧道最小埋深

对于海底隧道其最小覆盖层厚度由隧道长度、最大水压力、施工安全、海床的稳定性等因素决定。若岩石覆盖层太薄,隧道承受的水压会较大,围岩条件较差,施工安全性较差;若岩石覆盖层太厚,施工相对安全,但成本高,隧道坡度设计条件较差。因此,根据工程建设条件,选取合适的最小埋深至关重要。

②隧道纵向坡度

隧道坡度过小将增加隧道长度,导致造价提高,坡度过陡则可能增加交通事故隐患。对于本工程,海底隧道的坡度设定问题不仅要考虑工程建设的可行性和风险,而且要考虑隧道运营和防灾救援的要求,并结合地形地质条件和水深来综合确定。

③隧道结构断面

目前已提出的隧道结构断面主要包括双洞单线隧道方案、单洞双线隧道方案,以及双洞单线+服务隧道方案。其中,考虑到双洞单线+服务隧道方案有利于施工安全和施工中采用巷道式射流通风,且运营风险小、防灾救援能力强,因此目前多推荐采用该方案,未来实际实施中,需通过综合比选来确定。

④隧道防水

工程所在区域如老铁山水道最大水深接近90m,加上上覆岩体,水土压力可达1.0~1.8MPa,施工涌水突泥风险较高,挑战大,对海底隧道防水性能要求高。可以说,海底隧道突涌水是该通道工程面临的关键问题。隧道突涌水风险主要集中在断裂破碎带附近,需要特别注意海底基岩出露,且岩体中裂隙密集分布的区段。

⑤隧道抗震

地震将造成海底隧道破坏、震陷、洞口塌方等灾害,同时致使混凝土开裂、落石或岩石崩落、结构错位,更为重要的是结构错位引起海水渗入将造成破坏性影响。郯庐断裂带8.5级地震重复间隔达千年量级,7级以上地震约为百年,6级以上地震约为30年,因此有必要进行抗震专项研究,确保结构安全。

⑥隧道施工工法

特长岩石隧道的开挖施工常采用隧道硬岩掘进机(TBM)为主,但由于钻爆法开挖的机动性好及其适应面广的特点,多数研究者建议以钻爆法为掘进机开挖的辅佐和配合,但需要注意解决高水压、长距离掘进、多模式掘进机设备研制问题,以及大直径TBM海底对接的可行性问题。

除了作者列出的上述关键问题,我们认为无论桥梁结构还是隧道结构,都需要加强工程地质勘察和结构耐久性的研究。由于工程所在区域地质条件极为复杂,海底钻探困难,存在地层分布及参数取值的不确定性风险,需着重对全线工程地质条件及不良地质类型和空间分布特征进行梳理,对水文地质主要灾害类型的分布特征、发育情况和危害程度以及海床的稳定性等进行评价。另一方面,工程常年处于海洋恶劣环境,尤其还面临海冰侵蚀影响,需要开展专项研究并综合考虑,确定通道工程设计使用寿命及耐久性设计和防护措施。

因为渤海海峡跨海通道与前述的台湾海峡跨海通道等大型跨海通道具有基本相同的建设挑战,所以在此不再赘述。

20.4　工程方案构想

对于本工程,虽然目前已开展了数十年的前期研究,但仍存在诸多的不确定因素。作者仅根据已有的公开资料,提出工程方案构想,供读者参考、思索。

20.4.1　线位方案

通道建设区域分布有诸多岛屿,根据老铁山水道区域复杂的地形条件和水深条件,同时考虑到该周边的军事活动需求,决定了通道线位方案可能比较单一,即依托岛链迹线作为线位方案是目前较为合理的选择。

20.4.2 适应性工程方案分析

根据渤海海峡跨海通道工程区域地形条件、水文地质条件、通航条件等因素,作者认为采用"南桥北隧"的工程方案,总体是合适的。作者认为,就环渤海经济圈、东北地区经济社会发展的需求而言,渤海海峡跨海通道同时建设公路、铁路通道是必要的;基于南桥北隧总体建设方案,并根据前述台湾海峡跨海通道公铁分建的合理理由,本通道采用公铁分建(保持一定间距)的形式是科学合理的。

相比较于全桥梁方案和全隧道方案,南桥北隧方案的主要优点在于:(1)利用隧道穿越老铁山水道,不影响航道通航;(2)穿越老铁山水道的隧道长度相对较短,不到50km,大大减小了建设、运营通风及防灾的难度;(3)可以利用岛屿条件,缩短桥梁长度,大大减小建设难度;(4)相对全桥方案和全隧方案,建设周期相对较短;(5)便于庙岛群岛的居民出行。

从满足公路运输需求方面看,汽车过海底隧道方式主要有:公路隧道、汽车驮背式运输铁路隧道、公铁合建隧道(隧道内设置双层通道,分别布置铁路和公路)三种。

如果采用公铁合建隧道,由于此处不具备平铺布置条件,采用上下叠层的圆形盾构方案,一方面盾构隧道直径将达到世界级水平,超大断面超长距离掘进的施工风险巨大;另一方面,上下叠层公铁合建隧道的防灾和救援疏散等面临着前所未有的技术挑战和管理挑战,无成熟经验,因此不推荐此方案。

对于汽车驮背式运输铁路隧道方案,即汽车通过穿梭列车驮背式通过隧道,虽然世界范围内已有成功建造的工程案例(如英吉利海峡隧道),但是铁路驼背汽车的运送量难以与公路的交通量匹配,并且参考已建成的英吉利海峡隧道,铁路运营期间曾发生过多起事故,造成列车停运多个小时甚至几个月,不良社会影响显著。

对于公路隧道方案而言,无论是交通量的需求还是人们自主通行的便捷性较铁路隧道方案都具有一定的优势,目前阶段公路隧道方案的主要问题是通风问题,但随着未来新能源汽车的大规模推广应用,以及节能环保新技术的使用,公路隧道方案的超长距离通风将成为可能。

本书仅针对公路通道桥隧组合工程方案,构思相应工程方案,供读者参考。

20.4.3 南段桥梁方案

对于渤海海峡跨海通道工程,由于老铁山水道建议采用海底水道进行穿越,所以通道中除老铁山水道外,比较大的水道主要有长山水道和登州水道,需要采用大跨径桥梁穿越。对此,分别提出了大跨径斜拉桥、大跨径悬索桥、大跨径拱桥等方案的构想。

1)大跨径斜拉桥方案

超大跨径斜拉桥方案桥跨布置为120m+550m+1200m+1200m+550m+120m,桥型布置见图20-5。

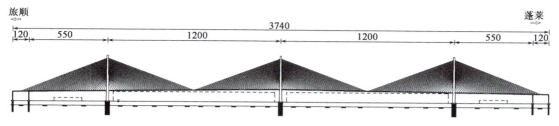

图 20-5 大跨径斜拉桥方案(尺寸单位:m)

2) 大跨径悬索桥方案

大跨径悬索桥的主跨跨径为 2560m，其桥跨布置为 1200m + 2560m + 1200m，桥型布置见图 20-6。

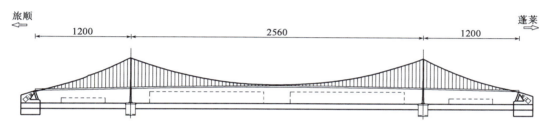

图 20-6 大跨径悬索桥方案(尺寸单位:m)

3) 大跨径拱桥方案

目前，作者已牵头开展了"千米级跨径中承式钢箱拱桥关键技术"的研究工作，拟实现拱桥千米级跨径的突破。根据桥位处岛链地形条件，提出的大跨径拱桥方案效果图见图 20-7。

图 20-7 大跨径拱桥方案景观效果

4) 通道 AI 概念设计

作者通过集成应用 AI 技术，构建了通道跨海桥梁与人工岛等工程的一系列概念设计效果图，供读者参考并希望有助于激发读者的灵感。

采用 AI 技术构建的渤海海峡跨海通道的鸟瞰效果如图 20-8 所示。

图 20-8 通道远景鸟瞰概念设计景观效果

悬索桥概念设计效果如图 20-9 所示。

图 20-9 悬索桥概念设计景观效果

斜拉桥概念设计效果如图 20-10 所示。

图 20-10

图 20-10 斜拉桥概念设计景观效果

引桥概念设计效果如图 20-11 所示。

图 20-11 引桥概念设计景观效果

拱桥概念设计效果如图 20-12 所示。

图 20-12 拱桥概念设计景观效果

海中人工岛概念设计效果如图 20-13 所示。

图 20-13 海中人工岛概念设计景观效果

通过借助 AI 技术这项工具,相信未来的桥梁工程设计师们将在与 AI 的互动中获得更多的设计灵感,创造出更多优美的桥梁建筑作品。

20.4.4 北段隧道方案

从目前已知的岩石可钻性、地下水、断层破碎程度、隧道长度、工期情况来看,渤海海峡跨海通道的隧道施工选用钻爆法并结合 TBM 法总体来看是比较可行的,可根据具体的地质特征选择使用。需要注意的是,海底隧道长距离掘进,刀具磨损及海底换刀、长距离通风及渣石出运等将是隧道工程建设的关键因素。

有关研究曾提出深埋海底隧道方案其最大纵坡采用 1.8%,隧道横断面如图 20-14 所示;另有研究曾提出渤海海峡海底隧道采用"两孔主隧道 + 一孔服务隧道"方式,隧道横断面如图 20-15 所示。

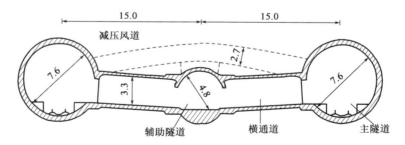

图 20-14 渤海海峡海底隧道横断面(尺寸单位:m)

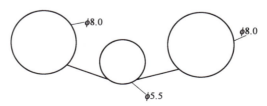

图 20-15 渤海海峡海底隧道断面(尺寸单位:m)

随着盾构装备的发展与技术应用层出不穷,配套的辅助技术也各显神通。作者认为20m级的盾构机制造与应用已具备条件。在满足建筑限界的前提下,考虑防灾救援、运营设备布置、内装修以及施工误差等,作者比选了几种海底隧道方案构思,主要包括:单洞单层四车道隧道方案、单洞两车道四管方案横断面、单洞四车道双管双层方案等,考虑到未来交通流量的增长和通行能力需求、新能源汽车的普及和推广应用,并考虑到逃生救援有利、行车舒适、接线方便、占用走廊资源少、通风照明效率高等,作者认为公路隧道采用双向六车道或八车道的隧道结构断面方案是较为合适的。

作者构思的隧道结构断面采用对向行驶双管加中间单管服务隧道布置方式,行车隧道横断面由车道板分为上、中、下三大部分,上部分主要布置排烟道,中间部分主要用于行车,为行车道层,下部分为服务层,左侧为疏散滑道或楼梯,中间为疏散通道和维修、消防专用通道,右侧为电缆通道;隧道外径为15.0~20.0m;服务隧道横断面采用上、下两层,上层为排风通道,下层为送风通道的布置方式。

诚然,上述仅是作者的构想方案。随着我国经济社会不断地高质量发展,随着科学技术、装备及材料技术水平的不断提升,我们相信交通这个国民经济的先行官将继续发挥重要作用,交通基础设施建设服务于国家经济社会高质量发展的作用也不会改变;同时,我们也相信台湾海峡跨海通道、琼州海峡跨海通道、渤海海峡跨海通道对区域发展战略和国家发展战略所具有的支撑作用,将推动三大跨海通道建设能够尽快提上国家战略思考层面,也相信时代会将建设的历史使命和机遇赋予中国的工程师们、中国的建设者们!

参 考 文 献

[1] 朱永灵,林鸣,孟凡超,等.港珠澳大桥[J].Engineering,2019,5(1):10-14.

[2] 孟凡超,刘明虎,吴伟胜,等.港珠澳大桥设计理念及桥梁创新技术[J].中国工程科学,2015,17(1):27-35.

[3] 林鸣,裴岷山,刘晓东,等.港珠澳大桥岛隧工程建造技术[J].东南大学学报(自然科学版),2023,53(6):955-964.

[4] 刘晓东,刘明虎,金秀男.我国大型跨海通道工程技术发展与展望[J].东南大学学报(自然科学版),2023,53(6):988-996.

[5] 孟凡超,苏权科,张鸿,等.海上装配化桥梁墩台建设关键技术[M].北京:人民交通出版社股份有限公司,2018.

[6] 孟凡超,张清华,谢红兵,等.钢桥面板抗疲劳关键技术[M].北京:人民交通出版社股份有限公司,2018.

[7] 孟凡超,苏权科,徐伟,等.长寿命钢桥面铺装关键技术[M].北京:人民交通出版社股份有限公司,2018.

[8] 林鸣,林巍.沉管[M].北京:科学技术出版社,2019.

[9] 林鸣,尹海卿,刘晓东,等.港珠澳大桥岛隧工程沉管隧道地基与基础[M].北京:科学技术出版社,2020.

[10] 中交公路规划设计院有限公司.港珠澳大桥工程可行性研究报告[R].珠海:2008.

[11] 中交公路规划设计院有限公司设计联合体.港珠澳大桥主体工程初步设计文件[Z].珠海:2010.

[12] 中交公路规划设计院有限公司设计联合体.港珠澳大桥主体工程岛隧工程施工图设计文件[Z].珠海:2012.

[13] 中交公路规划设计院有限公司设计联合体.港珠澳大桥主体工程桥梁DB01标段施工图设计文件[Z].珠海:2012.

[14] 刘晓东.港珠澳大桥总体设计与技术挑战[C]//第十五届中国海洋(岸)工程学术讨论会论文集(上),太原,2011:25-28.

[15] 孟凡超,刘明虎.基于港珠澳大桥的桥梁强国建设路径[J].重庆交通大学学报(自然科学版),2021,40(10):14-19,51.

[16] 刘晓东.港珠澳大桥沉管岛隧工程技术实践[J].中国公路,2017(1):76-78.

[17] 朱永灵,盛昭瀚,张劲文,等.港珠澳大桥工程决策理论与实务[M].北京:人民交通出版社股份有限公司,2020.

[18] 孟凡超,金秀男.装配化钢箱梁设计[M].北京:人民交通出版社股份有限公司,2023.

[19] 中华人民共和国交通运输部.中国水运工程建设实录(1978—2015)[M].北京:人民交通出版社股份有限公司,2021.

[20] 中华人民共和国交通运输部.公路桥梁景观设计规范:JTG/T 3360-03—2018[S].北京:人民交通出版社股份有限公司,2019.

[21] 孟凡超,刘明虎,张革军,等.港珠澳大桥景观设计[J].世界桥梁,2022,50(6):14-20.

[22] 刘明虎,孟凡超,李国亮,等.港珠澳大桥青州航道桥设计[J].公路,2014,59(1):44-51.

[23] 郑清刚,张强,王东晖,等.港珠澳大桥九洲航道桥设计[J].桥梁建设,2021,51(4):103-110.

[24] 陈艾荣,盛勇,钱锋.桥梁造型[M].北京:人民交通出版社,2005.

[25] 中交公路规划设计院有限公司.港珠澳大桥主体工程岛隧工程技术总结文件报告[R].珠海:2018.

[26] 中交公路规划设计院有限公司.港珠澳大桥主体工程桥梁工程DB01标段设计总结文件报告[R].珠海:2021.

[27] 中国国际工程咨询有限公司.国家重大工程档案社会事业和科学基础设施卷[M].北京:人民交通出版社股份有限公司,2021.

[28] 孟凡超,金秀男.装配化箱形组合梁设计[M].北京:人民交通出版社股份有限公司,2021.

[29] 刘明虎,孟凡超.港珠澳大桥青州航道桥结构设计方案研究[J].中外公路,2014,34(1):148-153.

[30] 刘明虎,李贞新,李国亮.港珠澳大桥青州航道桥结构约束体系研究与设计[J].桥梁建设,2013,43(6):76-81.

[31] 孟凡超,金秀男,张革军.跨海桥梁超大规模钢桥面铺装关键技术研究[J].土木工程学报,2023,56(3):58-69.

[32] 刘明虎,孙鹏,胡广瑞,等.港珠澳大桥青州航道桥"中国结"形钢剪刀撑设计与施工[J].桥梁建设,2016,46(1):81-87.

[33] 刘明虎,孟凡超,李国亮,等.斜拉桥施工期取代临时墩的拉索平衡结构体系研究[J].桥梁建设,2020,50(1):26-31.

[34] 金秀男,朴泷,陈黎,等.港珠澳大桥江海直达船航道桥钢箱梁安装方案研究[J].世界桥梁,2021,49(6):21-27.

[35] 吴冲.现代钢桥[M].北京:人民交通出版社,2006.

[36] 孟凡超.公路常规跨径钢结构桥梁建造技术指南[M].北京:人民交通出版社股份有限公司,2019.

[37] 赵秋,陈美忠,陈友杰.中国连续钢箱梁桥发展现状调查与分析[J].中外公路,2015,2

(35):99-102.

[38] 日本道路协会. 道路桥示方书·同解说[S]. 东京:丸善株式会社,2002.

[39] 日本桥梁建设协会. 钢桥构造细节设计指南[M]. 东京,2013.

[40] British Standard Institution. BS 5400 Part 3:Code of practice for design of steel bridges[S]. London,2000.

[41] AASHTO. LRFD Bridge Design Specifications[J]. Washington,D.C.:American Association of State Highway and Transportation Officials,1998.

[42] AASHTO. LRFD Bridge Design Specifications[J]. Washington,D.C.:American Association of State Highway and Transportation Officials,2004.

[43] European Committee for Standardization. Eurocode 3. Design of steel structures,Part 1-9:Fatigue strength of steel structures[S]. 2003.

[44] 中交公路规划设计院有限公司,日本株式会社长大. 港珠澳大桥主体工程桥梁设计手册文件[R]. 北京,2012.

[45] 孟凡超,金秀男. 装配化工字组合梁设计[M]. 北京:人民交通出版社股份有限公司,2021.

[46] 孟凡超,苏权科,卜一之,等. 正交异性钢桥面板的抗疲劳优化设计研究[J]. 公路,2014(10):1-6.

[47] 张清华,卜一之,李乔. 正交异性钢桥面板疲劳问题的研究进展[J]. 中国公路学报,2017,30(3):14-26.

[48] 林鸣,刘晓东,林巍,等. 沉管隧道与人工岛的理念与实现:港珠澳大桥岛隧工程[J]. 水道港口,2018,39(S2):23-31.

[49] 林鸣,刘晓东,林巍,等. 沉管隧道规划综述[J]. 中国港湾建设,2017,37(1):1-7.

[50] 林鸣,刘晓东,林巍,等. 沉管隧道半刚性管节[J]. 水道港口,2018,39(S2):1-13.

[51] 林鸣,刘晓东,林巍,等. 钢混"三明治"沉管结构综述[J]. 中国港湾建设,2016,36(11):1-4.

[52] 林鸣,林巍,刘晓东,等. 整体式主动止水最终接头技术及其与沉管管节的一体化[J]. 中国港湾建设,2017,37(11):1-11.

[53] 林鸣,刘晓东,林巍. 高流动性混凝土综述及在沉管隧道中的应用[J]. 中国港湾建设,2017,37(2):1-8.

[54] 林巍,梁杰忠,刘凌锋,等. 沉管隧道与人工岛技术发展及展望[J]. 隧道建设(中英文),2021,41(12):2029-2036.

[55] 孟凡超,吴伟胜,刘明虎,等. 港珠澳大桥桥梁耐久性设计创新[J]. 预应力技术,2010(6):11-27.

[56] 王胜年,李克非,范志宏,等.港珠澳大桥主体混凝土结构120年使用寿命耐久性对策研究[J].水运工程,2013,3(501):78-92.

[57] 谢红兵,刘明虎,马翔宇.港珠澳大桥环境友好型涂料技术指标研究与应用[J].中国涂料,2015,30(5):30-33.

[58] 中交公路规划设计院有限公司.港珠澳大桥主体工程桥梁DB01标段施工图设计耐久性设计专册文件[R].北京,2012.

[59] 港珠澳大桥管理局.港珠澳大桥混凝土结构耐久性设计指南[S].珠海:港珠澳大桥管理局,2013.

[60] 中交公路规划设计院有限公司设计联合体.港珠澳大桥项目设计指导准则专题研究报告[R].珠海:中交公路规划设计院有限公司设计联合体,2010.

[61] 陈韶章,苏宗贤,陈越.港珠澳大桥沉管隧道新技术[J].隧道建设,2015,35(5):396-403.

[62] 李英,陈越.港珠澳大桥岛隧工程的意义及技术难点[J].工程力学,2011,28(增刊Ⅱ):67-77.

[63] 李江.港珠澳大桥青州航道桥主塔检修平台设计[J].公路,2019,10:147-151.

[64] 陈景荣,黄智慧,金秀男,等.港珠澳大桥青州航道桥主体防雷设计[J].气象水文海洋仪器,2023,1:105-107.

[65] 邓广繁,金秀男,孙小飞.跨海大桥主墩基础安全预警指标体系及预警模型研究[J].公路交通科技,2019,15(03):149-151.

[66] 孟凡超,吴伟胜,张革军,等.海上装配化桥梁建设成套技术[J].中国公路,2020,11:31-33.

[67] 孟凡超,吴伟胜,刘明虎,等.港珠澳大桥桥梁钢管复合桩设计方法研究[J].工程力学,2015,32(1):88-95.

[68] 刘明虎,孟凡超,李国亮.港珠澳大桥青州航道桥工程特点及关键技术[J].桥梁建设,2013,43(04):87-93.

[69] 李明水,孙延国,廖海黎,等.港珠澳大桥大挑臂钢箱梁涡激振动特性及抑振措施[J].清华大学学报(自然科学版),2020,60(1):57-65.

[70] 高文博,张劲文,苏权科,等.港珠澳大桥钢结构制造策划与实践[J].钢结构(中英文),2021,36(6):1-23.

[71] 中交公路规划设计院有限公司.港珠澳大桥埋床法全预制海上桥梁墩台建设关键技术研究报告[R].北京:2015.

[72] 中交公路规划设计院有限公司.港珠澳大桥连续钢箱梁正交异性钢桥面板抗疲劳性能关键技术研究报告[R].北京:2015.

[73] 中交公路规划设计院有限公司.港珠澳大桥连续钢箱梁桥面系统长寿命最优设计方法及关键技术研究报告[R].北京:2015.

[74] 中交公路规划设计院有限公司.港珠澳大桥正交异性钢桥面板抗疲劳设计准则[R].北京:2012.

[75] 中华人民共和国交通运输部.公路桥梁钢结构防腐涂装技术条件:JT/T 722—2023[S].北京:人民交通出版社股份有限公司,2008.

[76] 中华人民共和国交通运输部.公路桥梁抗风设计规范:JTG/T 3360-01—2018[S].北京:人民交通出版社股份有限公司,2018.

[77] 钱冬生.钢桥疲劳设计[M].成都:西南交通大学出版社,1986.

[78] 日本道路協會.鋼道路橋の疲勞設計指針[S].日本东京:丸善株式会社,2002.

[79] 张鸣功,张劲文,高星林,等.港珠澳大桥桥梁钢结构制造关键技术及质量控制[J].广东公路交通,2015(3):14-17.

[80] 港珠澳大桥管理局.港珠澳大桥主体工程桥梁工程施工及质量验收标准[R].珠海:港珠澳大桥管理局,2014.

[81] 刘明虎,薛花娟.港珠澳大桥超高强度平行钢丝斜拉索设计与技术研究[J].桥梁建设,2014,44(5):88-93.

[82] 林鸣,林巍.沉管隧道结构选型的原理和方法[J].中国港湾建设,2016,36(1):1-5.

[83] 林鸣,刘晓东,林巍.钢混"三明治"沉管结构发展历史及设计方法适用边际研究[J].中国港湾建设,2016,36(12):1-7.

[84] 林鸣,林巍,刘晓东,等.港珠澳大桥沉管隧道路面问题的探讨与改良构思[J].中国港湾建设,2017,37(10):1-5.

[85] 刘凌锋,林巍,尹海卿,等.世界交通沉管隧道工程建造情况与我国沉管科技发展现状[J].中国港湾建设,2021,41(8):71-79.

[86] 中国交通建设股份有限公司.沉管隧道设计施工手册(设计篇)[M].北京:科学出版社,2019.

[87] 中国交通建设股份有限公司.沉管隧道设计施工手册(基础篇)[M].北京:科学出版社,2020.

[88] 中国交通建设股份有限公司.沉管隧道设计施工手册(预制篇)[M].北京:科学出版社,2019.

[89] 中国交通建设股份有限公司.沉管隧道设计施工手册(安装篇)[M].北京:科学出版社,2019.

[90] 中国交通建设股份有限公司.沉管隧道设计施工手册(综合篇Ⅰ)[M].北京:科学出版社,2019.

[91] 中国交通建设股份有限公司.沉管隧道设计施工手册(综合篇Ⅱ)[M].北京:科学出版社,2019.

[92] 中国交通建设股份有限公司.沉管隧道设计施工手册(综合篇Ⅲ)[M].北京:科学出版社,2019.

[93] 张志刚,林巍,刘晓东,等.港珠澳海底沉管隧道近陆域段管节防护设计[J].隧道建设,2015,35(11):1188-1193.

[94] 张志刚,林巍.港珠澳跨海集群工程海底沉管隧道防火设计[J].隧道建设,2017,37(06):717-721.

[95] 林鸣.建造世界一流超大型跨海通道工程:港珠澳大桥岛隧工程管理创新[J].管理世界,2020,36(12):202-212.

[96] 林鸣,刘亚平.港珠澳大桥岛隧工程创新技术[M].北京:科学出版社,2020.

[97] 林鸣,董政,梁桁,等.港珠澳大桥岛隧工程工厂法沉管预制[M].北京:科学出版社,2019.

[98] 林鸣,王强,尹海卿,等.港珠澳大桥岛隧工程外海沉管安装[M].北京:科学出版社,2019.

[99] 樊曦.伶仃洋上的踏浪者[M].合肥:安徽人民出版社,2020.

[100] 长江.天开海岳:走近港珠澳大桥[M].北京:人民文学出版社,2018.

[101] 肖珈.港珠澳大桥岛隧工程建设背景、历程、特性及意义[J].广西民族大学学报(自然科学版),2020,26(3):45-50.

[102] ZHOU Xuhong,ZHANG Xigang. Thoughts on the development of bridge technology in China[J]. Engineering,2019,5(6):1120-1130.

[103] 《中国公路学报》编辑部.中国桥梁工程学术研究综述2021[J].中国公路学报,2021,34(2):1-97.

[104] 陶慕轩,聂建国,樊健生,等.中国土木结构工程科技2035发展趋势与路径研究[J].中国工程科学,2017,19(1):73-79.

[105] 刘良忠,柳新华.国内外跨海通道的比较及启示[J].科技导报,2016,34(21):16-26.

[106] 石建光,吴旭.沿海混凝土结构耐久性设计中环境作用的分类分级[J].东南大学学报(自然科学版),2006,36(S2):27-31.

[107] 郭健.跨海大桥建设的主要技术现状与面临的挑战[J].桥梁建设,2010,40(6):66-69.

[108] 王东辉,何华武.我国铁路跨海大桥建造技术及发展[J].中国铁路,2021(9):18-25.

[109] 王武勤.桥梁工程技术发展与展望[J].施工技术,2018,47(6):103-108.

[110] 宋神友,刘学欣,刘建波,等.跨海交通集群工程绿色公路技术创新实践[J].公路,2022,67(3):218-224.

[111] 林元培,章曾焕,卢永成,等.上海东海大桥工程总体设计[J].城市道桥与防洪,2004(4):1-8,150.

[112] 王仁贵,孟凡超,王梓夫,等.杭州湾跨海大桥总体设计[J].公路,2006,51(9):1-7.

[113] 宋晖,王晓冬.舟山大陆连岛工程西堠门大桥总体设计[J].公路,2009,54(1):8-16.

[114] 梅新咏,徐伟,段雪炜,等.平潭海峡公铁两用大桥总体设计[J].铁道标准设计,2020,64(S1):18-23.

[115] 宋神友,陈伟乐.深中通道桥梁工程方案及主要创新技术[J].桥梁建设,2021,51(5):1-7.

[116] 宋神友,陈伟乐,金文良,等.深中通道工程关键技术及挑战[J].隧道建设(中英文),2020,40(1):143-152.

[117] (日)伊藤学,(日)川田忠树,等.刘健新,和丕壮,译.超长大桥梁建设的序幕:技术者的新挑战[M].北京:人民交通出版社,2002.

[118] 张喜刚,刘高,马军海,等.中国桥梁技术的现状与展望[J].中国公路,2017(5):40-45.

[119] 李军堂,秦顺全,张瑞霞.桥梁深水基础的发展和展望[J].桥梁建设,2020,50(3):17-24.

[120] 《中国公路学报》编辑部.中国交通隧道工程学术研究综述2022[J].中国公路学报,2022,35(4):1-35.

[121] 齐梦学.我国TBM法隧道工程技术的发展、现状及展望[J].隧道建设(中英文),2021,41(11):1964-1979.

[122] 景强,郑顺潮,梁鹏,等.港珠澳大桥智能化运维技术与工程实践[J].中国公路学报,2023,36(6):143-155.

[123] 鲍跃全,李慧.人工智能时代的土木工程[J].土木工程学报,2019,52(5):1-11.

[124] 徐阳,金晓威,李惠.土木工程智能科学与技术研究现状及展望[J].建筑结构学报,2022,43(9):23-35.

[125] 孙钧.海底隧道工程设计施工若干关键技术的商榷[J].岩石力学与工程学报,2006(8):1513-1521.

[126] 王杨,简方梁,吴彩兰,等.国外跨海通道建设经验对我国大型跨海通道建设的启示[J].铁道勘察,2021,47(06):1-6.

[127] 李亚东,王崇交.中外桥梁长寿命化研究进展及其思考[J].桥梁建设,2019,49(2):17-23.

[128] 知乎.大国重器[M].北京:中国科学技术大学出版社,2022.

[129] 刘晓东,刘明虎.未云卧龙 不霁贯虹——我国大型跨海通道建设成就与发展启示[J].桥梁,2024(2):38-42.

[130] 孙钧.台湾海峡隧道工程规划方案若干关键性问题的思考[J].隧道建设,2014,34(1):1-4.

[131] 陈宝春.世界海底隧道工程概况与台湾海峡通道构想[J].福州大学学报(自然科学版),2000,04:51-55.

[132] 吴之明.英吉利海峡隧道工程的经验教训与台湾海峡隧道构想的简介[J].清华大学学报(自然科学版),1996,(06):109-110.

[133] 王梦恕.水下交通隧道发展现状与技术难题:兼论"台湾海峡海底铁路隧道建设方案"[J].岩石力学与工程学报,2008,11:2161-2172.

[134] 王梦恕.台湾海峡越海通道方案前期研究[J].福建科学与工程学报,2012,29(03):4-11.

[135] 项贻强,杨赢.中国沿海跨海峡通道建设挑战与技术构想[J].中国市政工程,2016,05:1-5.

[136] 魏新江,李帅,杜世明,等.超长公路隧道运营通风控制技术与空气质量研究综述[J].现代隧道技术,2022,59(S1):1-12.

[137] 谭忠盛,王梦恕,葛先飞.台湾海峡自然条件及隧道方案初步研究[J].土木工程学报,2017,50(S1):1-7.

[138] 邓念兵,张博,韩兴博.台湾海峡隧道的通风与防灾救灾评析[J].福建交通科技,2019(02):54-58.

[139] 陈昂,陶伟明,朱勇,等.琼州海峡跨海隧道关键技术研究[J].铁道标准设计,2022,66(1):101-106.

[140] 谭忠盛,贺维国,王梦恕.琼州海峡工程地质条件及铁路隧道方案研究[J].隧道建设(中英文),2018,38(1):1-9.

[141] 孙永福,刘建友,赵巧兰,等.琼州海峡跨海通道工程前期研究及建议[J].铁道标准设计,2023,67(09):1-6+13.

[142] 王梦恕,宋克志.渤海湾跨海通道建设的紧迫性及现实条件和初步方案[J].北京交通大学学报,2013,31(1):1-10.

[143] 谭忠盛,王梦恕.渤海海峡跨海隧道方案研究[J].中国工程科学,2013,15(12):45-50.

[144] 刘建友,卢春房,赵巧兰,等.渤海海峡跨海通道工程建设前期研究与建议[J].铁道标准设计,2023,67(8):1-8.

[145] 王乐明,孟庆余,万自强,等.渤海海峡跨海通道隧道建设方案研究[J].铁道标准设计,2021,65(10):110-115.

[146] 渤海海峡跨海通道战略规划研究项目组.渤海海峡跨海通道战略规划研究总报告[R].北京:中国工程院,2011.

[147] 魏礼群,柳新华,刘良忠,等.渤海海峡跨海通道若干重大问题研究[M].北京:经济科学出版社,2007:1-48.

[148] 魏礼群,柳新华.渤海海峡跨海通道研究[M].北京:经济科学出版社,2009.

[149] 傅志寰,孙永福.交通强国战略研究(全三卷)[M].北京:人民交通出版社股份有限公司,2019.

[150] 孙元春,陈则连,尚海敏.渤海海峡跨海通道工程地质条件初步分析[J].工程地质学报,2021,29(6):1898-1906.

[151] 孙钧.对兴建渤海海峡跨海通道有关问题的思考[J].隧道建设(中英文),2018,38(11):1753-1763.

大 事 记

- 2009 年 12 月 15 日　港珠澳大桥正式开工建设。
- 2010 年 12 月 28 日　岛隧工程沉管隧道干坞预制动工。
- 2011 年 1 月 14 日　交通运输部批准主体工程岛隧工程开工报告。
- 2011 年 5 月 15 日　西人工岛首个大型钢圆筒完成振沉。
- 2011 年 9 月 22 日　东人工岛首个钢圆筒完成振沉;12 月 7 日,东人工岛顺利成岛。
- 2012 年 10 月 31 日　海中隧道首节沉管预制完成。
- 2012 年 12 月 16 日　航道桥桥墩桩基础开始施工。
- 2013 年 5 月 7 日　首节沉管在水下对接人工岛端口;7 月 30 日,岛隧工程首节 180m 标准管节完成浮运安装。
- 2013 年 6 月 3 日　首个承台墩身整体安装到位;6 月 21 日,首个整体埋床法墩台安装完成;12 月 3 日,首片组合梁架设完成。
- 2014 年 1 月 19 日　深海区首跨钢箱梁架设成功。
- 2014 年 8 月 19 日　岛隧工程最深处第 12 节海底隧道沉管安装成功。
- 2015 年 1 月 8 日　青州桥主塔成功封顶;2 月 3 日,九洲桥 206 号墩上塔柱整体竖转提升完成;8 月 23 日,江海桥首座钢索塔完成吊装;9 月 6 日,大桥 208 座海上墩台全部完工;11 月 22 日,九洲桥段主体完工。
- 2016 年 2 月 28 日　所有桥墩和人工岛主体工程完成;4 月 11 日,青州桥合龙贯通;6 月 29 日,主体工程桥梁全线合龙;9 月 27 日,主桥梁工程贯通。
- 2017 年 3 月 7 日　海底隧道最后一节沉管安装成功;5 月 22 日,海底隧道最终接头安装成功;7 月 7 日,主体工程全线贯通;12 月 28 日,主体工程桥面铺装完成;12 月 31 日,88 辆大巴车和工程车开过港珠澳大桥。
- 2018 年 1 月 1 日　大桥全线亮灯,主体工程具备通车条件;2 月 6 日,主体工程完成交工验收。
- 2018 年 3 月 15 日　经国务院批准,大桥澳门口岸管理区正式交付澳门特别行政区使用,依照澳门特别行政区法律实施管辖;9月28日,开始进行粤港澳三地联合试运。
- 2018年10月23日　港珠澳大桥开通仪式在广东珠海举行。
- 2018年10月24日　港珠澳大桥及各口岸正式通车运营。
- 2023年4月19日　港珠澳大桥主体工程通过国家竣工验收。

跋

桥亦是桥，桥已非桥。我们作为港珠澳大桥的设计者、建造全过程的亲历者，已将全部的精力和心血倾注其中。

港珠澳大桥被英国《卫报》赞誉为"新世界七大奇迹"之一，也被国内外媒体誉为"超级工程"。它不仅是国际跨海通道工程建设史上的一座里程碑，更是无数工程奇迹的结晶，承载了中国几代工程人的梦想与智慧。这座世界瞩目的超大型跨海集群工程，覆盖了桥、岛、隧工程全技术链与全产业链。

峥嵘岁月十五载，风雨兼程砥砺行。每一个光环的背后，都意味着在建设过程中翻越了一座座高山。港珠澳大桥凝聚着来自五湖四海建设者们的集体智慧和辛劳，是他们耗费 15 年的心血，完成了这个世界建桥史上看似不可能完成的任务。

在本书的最后，愿将我们的心声与读者分享。我们都是自己的"设计师"，希望每一个人都能搭建起属于自己的、通向未来的"桥梁"。

孟凡超：

机遇和命运将我与港珠澳大桥紧密联系在一起。自 2004 年初投入大桥可行性研究以来，这座大桥成了我用心、用情、用时最多的一项工程。人生难得有如此激情的 15 年，大桥就像是我辛苦哺育的孩子，弥足珍贵。作为设计师，需要有强烈的使命感，不怕挫折，坚韧不拔，勇于担当，敢于突破，顽强拼搏，乐于奉献。

(左 1 为孟凡超)

作为新时代工程建设领域的工程师,应将个人的命运与国家和中华民族伟大复兴的需求融为一体,通过不断奋斗,实现"两个一百年"奋斗目标。为此,设计师应努力做一名真正的工匠,秉持一种纯粹的匠心精神。

我认为,一名纯粹的工匠,应具备谦虚之心、恒定之心、仔细之心、执着之心。同时,还需拥有战胜困难的心、追求品质的心、追求极致的心、百年意识的心、精品意识的心、不断创新的心和不计名利的心。

刘晓东:

自 2004 年负责港珠澳大桥工程可行性研究,到 2010 年担任岛隧工程设计负责人,再到 2023 年见证大桥竣工验收,这是一段漫长而充满挑战的旅程。面对世界级跨海通道的巨大挑战,作为中国工程师,我们责无旁贷。港珠澳大桥是一个国际示范性工程,我们要为其注入中国智慧,展现自己的骨气和志气。大桥的诸多原创性技术革新,是中国对世界的贡献。要实现桥梁强国的跨越,唯有创新才是出路。然而,创新从来不是个人英雄的成就,团队的思维合力至关重要;创新不仅是开创,更是勇气和担当。

我认为,一名优秀的工程设计师,需要有哲学的、辩证的思想方法,设计过程中要追求方案的合理性,坚持技术的创新性,践行设计的精细化,并且要学会多问几个为什么。

刘明虎:

这是一个伟大的时代,这是一个恢宏的舞台。在这个舞台上,每个建设者演绎出激情多彩的人生。十年如一日,参与港珠澳大桥跨海桥梁和海底隧道的设计和研究工作,我倍感荣幸。祝愿港珠澳大桥永葆青春,岿然屹立在浩渺的伶仃洋上!

《调笑令·贺港珠澳大桥通过竣工验收》

（2023 年 04 月 19 日作）

桥隧,桥隧,

功勋自堪豪最。

蛟龙蛰海骋能,

长虹卧波飞腾。

腾飞,腾飞,

扬我中华雄威!

《又见港珠澳大桥》

（2021 年 03 月 20 日作）

轻轻的我来了,恰似我未曾离开;

我轻轻地招手,致意你绰约的风采。

波光里的滟影,在我的心头荡漾;

在伶仃洋的柔波里,我甘愿做一只浮标。

那蜿蜒的一线,不是路,是人间虹;

光影,揉碎在浩渺水面,沉淀着彩虹似的梦。

寻梦? 乘一叶轻舟,同邀那翩舞的海鸥;

满载一船霞晖,在海天一色中放歌……

金秀男:

　　写到此处,感慨万千。回首自己作为一名平凡的工程师从 2010 年加入团队进行现场设计,到 2012 年常驻珠海开展大桥设计服务工作,再到 2018 年完成交工验收并见证大桥通车,最后于 2023 年圆满完成国家竣工验收,似乎每一步都历历在目。时间是无情的,它不因青春的炽热而停驻;时间是有情的,它见证了每一个人的成长与蜕变。

在珠海的八年间,我无数次在星空下眺望伶仃洋之上建设中的大桥,期盼它早日建成。如果有人问:再来一次,你是否愿意? 我可能会回答:不知道。但如果问:你是否后悔走过的路? 我的答案是:不后悔。因为我曾学会与时间为伴,为心中的那一抹光拼尽全力。最后,在这里,我要感谢我的家人们和朋友们,是你们的支持与鼓励,让我坚持走到了最后!

张志刚:

从我刚开始参加港珠澳大桥项目,到2018年大桥正式通车,整整10年时间,工作经历历历在目。方案研讨、分析计算、会议审查等都让我难忘。简而言之,我在项目中最大的感悟就是两个字:"创新"。在港珠澳大桥项目中,创新无处不在。大的方面,桥岛隧组合的集群工程是重要的方案创新,因地制宜;小的方面,通过改变钢筋连接方式,提高了钢筋笼绑扎效率与混凝土浇捣质量,因症施策,充分体现了"小创新,大作用"的内涵。大桥建设中的诸多创新,始于无规范可循、需全力保证质量的工程需求,每一个创新都践行了"三个一"原则:拥有积极开放的态度,构建工程思维逻辑模型,经历科学严谨的求证闭环,缺一不可。

张革军：

十年坚守,在我的人生经历中永远烙上了"港珠澳大桥设计者"这一充满沉甸甸荣耀的印记!

全体大桥设计者和谐、坚守的人文精神和创新、匠心的专业素养为造就这一伟大的超级工程打下了坚实基础。

感恩伟大的时代,感谢团结的集体!

祝愿港珠澳大桥长久健康地屹立于繁华大湾区的美丽伶仃洋上!

刘凌锋：

能够参与港珠澳大桥这一世纪工程,我深感荣幸。2016年一毕业便投身这项宏伟建设,见证了港珠澳大桥岛隧工程最终接头从设计蓝图到施工合龙的全过程,工程每一细节都凝聚着我们团队的智慧和汗水。在建设过程中,我遇到了许多杰出的领导和同事,他们不仅是良师益友,更是我人生和职业道路上的指路明灯,我为能够参与这项超级工程感到无比自豪!

当架起时光望远镜再回首,我们的思绪可以随着时光向后倒退,退回流逝的岁月,退回当年,退到那片浩瀚的大海和那些无数个灯火阑珊的夜晚……虽然时间已经封存了一切波澜壮阔,但是立足现在、面向未来,我们将重整行装再出发。

港珠澳大桥竣工验收大合影

(左二:张革军,左五:孟凡超,右五:刘晓东,右四:刘明虎,右一:金秀男,合影中间:港珠澳大桥管理局原局长朱永灵)

索　引

A

安全通道　safety passage ·· 129
暗埋段　submerged section ·· 177

B

半刚性　semi-rigid ·· 143
爆炸荷载　explosion load ·· 56
标准化　standardization ·· 44
渤海海峡　Bohai strait ·· 383
不锈钢　stainless steel ·· 185

C

敞开段　open section ·· 176
沉管安装　immersed tube installation ·· 312
沉管接头　immersed tube joint ·· 146
沉管隧道　immersed tunnel ·· 141

D

大型化　large scale ·· 44
大直径钢管复合桩　large-diameter steel pipe composite pile ·· 97
岛壁结构　island wall structure ·· 130
岛桥结合部　island-bridge connection ·· 135
岛隧工程　island tunnel engineering ·· 125
岛隧结合部　island-tunnel connection ·· 134
地基基础　foundation ·· 149
地形地貌　topography ·· 372

地震　earthquake ························· 38

地质构造　geological structure ················ 37

F

防腐涂装　anti-corrosion coatings ··············· 200

防水等级　waterproof level ·················· 56

防灾　disaster prevention ··················· 165

防撞设施　collision protection facility ············· 56

非通航孔桥　non-navigable bridge ··············· 93

浮运　float transportation ··················· 163

腐蚀环境　corrosive environment ··············· 179

G

钢结构桥梁　steel structure bridge ··············· 329

钢桥面铺装　pavement of steel deck bridge ·········· 247

钢塔　steel tower ······················· 234

钢箱梁　steel box girder ···················· 237

高精度定位　high-precision positioning ············ 303

工厂化　industrialization ··················· 44

工程地质　engineering geology ················ 38

工程方案　engineering scheme ················· 46

工程管理　project management ················ 321

工程可行性研究　feasibility study ··············· 6

工程挑战　engineering challenges ··············· 43

管节结构　segment structure ·················· 141

H

焊接　welding ························· 246

航空限高　aviation height restriction ·············· 36

环保设计　eco-friendly design ················· 197

环境保护　environmental protection ·············· 197

环境影响　environmental impact ················ 198

混凝土结构耐久性　durability of concrete structures ······ 183

J

基床	foundation bed	289
挤密砂桩	compacted sand pile	292
技术标准	technical standards	54
技术状况评定	technical condition assessment	212
加工制造	manufacture	237
减光段	light dimming section	177
建设条件	engineering construction conditions	31
交通需求分析	traffic demand analysis	8
结构防护	structural protection	156
结构体系	structural system	270
精细化设计	refined design	322
景观设计	landscape design	58

K

抗风性能	wind-resistant performance	259
抗疲劳设计	anti-fatigue design	96
抗渗等级	anti-seepage level	192
抗震设计	seismic design	102
跨海通道	cross-sea passage	338
快速成岛	rapid island formation	284

L

连续梁桥	continuous beam bridge	68
铝合金	aluminum alloy	205

M

埋床式全预制墩台	embedded full-precast pier	220
明挖隧道	open-cut tunnel	176
模拟试验	simulation test	346

N

耐久性　durability ……………………………………………………… 179
耐久性设计　durability design ……………………………………… 180
耐候钢　weathering steel …………………………………………… 75

P

排水系统　drainage system ………………………………………… 200
疲劳　fatigue ………………………………………………………… 237
拼装　assembly ……………………………………………………… 230

Q

气象　meteorology …………………………………………………… 31
浅水区非通航孔桥　non-navigable span bridge in shallow water area …… 109
桥岛隧集群工程　bridge-island-tunnel engineering ………………… 4
桥梁工程　bridge engineering ……………………………………… 68
桥面板　bridge deck ………………………………………………… 110
桥位方案　bridge location plan ……………………………………… 50
清水混凝土　fair-faced concrete …………………………………… 318
琼州海峡　Qiongzhou strait ………………………………………… 371

R

人工岛　artificial island …………………………………………… 130

S

色彩设计　color design ……………………………………………… 66
设计创新　design innovation ………………………………………… 47
设计施工总承包　design and construction general contracting …… 323
设计使用寿命　design service life ………………………………… 329
深水区非通航孔桥　non-navigable span bridge in deep water area …… 93
生态环保　ecological and environmental protection ……………… 355
水文　hydrology ……………………………………………………… 33
隧道工法　tunnel construction method ……………………………… 126

隧道横断面布置　tunnel cross-section layout ······································· 129

T

通风　ventilation ··· 165
通航净空尺度　navigational clearance ··· 35
通航孔桥　navigable span bridge ·· 69

W

外海深插钢圆筒　deep-sea inserted steel cylinder ·· 284
维养通道　maintenance passage ·· 204
涡激振动　vortex-induced vibration ·· 257

X

细节构造　detailed structures ··· 239
现场连接　site installation ·· 98
线位方案　alignment plan ··· 357

Y

夜景设计　nightscape design ·· 66
运营维养　operation and maintenance ··· 204

Z

正交异性钢桥面板　orthotropic steel deck ··· 237
制造工艺　manufacturing process ··· 240
装配化　assembled ··· 45
纵断面布置　longitudinal section layout ·· 129
组合基础　composite foundation ··· 287
最终接头　final joint ·· 297